Date: 5/23/16

SP 332.02401 ANT
Anton, A. F.,
El paseo aleatorio hacia la
jubilacion :la inversion y el riesgo

El paseo aleatorio hacia la jubilación

La inversión y el riesgo en los Fondos de Pensiones

A.F.Anton

Título: *El paseo aleatorio hacia la jubilación. La inversión y el riesgo en los Fondos de Pensiones.*

Primera edición, Julio 2015

Reservados todos los derechos. Queda rigurosamente prohibida, sin la autorización escrita de los titulares del *copyright,* bajo las sanciones establecidas en las leyes, la reproducción total o parcial de esta obra por cualquier medio o procedimiento, incluidos la reprografía y el tratamiento informático, así como la distribución de ejemplares mediante alquiler o préstamo público

Esta publicación pretende proporcionar información ajustada a la materia, su venta no pretende proporcionar un servicio o una asesoría profesional. En caso de requerimiento de dichos servicios se debería contar con la colaboración profesional competente correspondiente.

© A.F. Anton 2015

ISBN-13: 978-1515147176

Prólogo

Una gran mayoría de la población activa alcanzará al finalizar su vida laboral la fase de retiro, en la que finalizará la etapa de actividad y su vida continuará en un nuevo entorno, sin obligaciones laborales y percibiendo una pensión a cargo del sistema público de pensiones. En España a esta etapa se le denomina jubilación, término que procede de júbilo, en otros países el término habitualmente más utilizado es la palabra retiro que expresa una situación apartada o distante de la actividad, al pasar a un segundo plano la perspectiva de las obligaciones laborales. En cualquier caso, ya se trate de algo jubiloso o de apartamiento a un plano secundario, se tratará de una experiencia personal única e irrepetible y desde una perspectiva económica en caso de insuficiencia de ingresos por ausencia de previsión no habrá posibilidad de corrección, el bienestar individual o familiar en la fase de jubilación durante el resto de la vida, por otra parte cada vez más prolongada, dependerá de tal cual haya sido preparada y planificada esta situación.

A principios del siglo XX la duración media de la fase de jubilación era muy exigua, en cambio a principios del siglo XXI las condiciones han cambiado radicalmente, no es improbable en el momento actual, que una persona de una unidad familiar sobreviva en la fase de jubilación por un periodo de tiempo al menos tan prolongado como haya podido ser la duración efectiva de su vida laboral.

La previsión ante esta situación cada vez más descansará en la responsabilidad y en el acierto de determinadas decisiones individuales a lo largo de la fase de actividad y también durante la fase de pasividad. El sistema público de pensiones, previsiblemente tenderá a garantizar unos ingresos mínimos básicos, quizás en algunas sociedades algo más, pero el mantenimiento de un determinado estilo o calidad de vida comparable con el disfrutado en la fase de actividad previa a la jubilación dependerá de disponer en dicha fase de unos ingresos complementarios a los derivados de la pensión pública de la Seguridad Social.

Este libro se ha escrito desde la experiencia profesional después de haber prestado durante varias décadas distintas funciones en entidades de mediación de seguros, entidades financieras y entidades aseguradoras. El objetivo es, sin perder la referencia de hacer accesible la información relevante de un modo didáctico, describir, con un mínimo rigor, los elementos clave que permitan a las personas comprender la problemática a la que se enfrentan y así capacitarlas para poder adoptar decisiones con conocimiento de causa en atención a sus propios intereses particulares, y por otra parte permitir a todos aquellos relacionados con tareas de gestión asesoramiento o comercialización de los productos de previsión, ejercer dichas funciones desde la perspectiva de la cobertura de las necesidades de sus clientes siendo conscientes de los riesgos derivados de las distintas opciones pudiendo transmitir la necesaria confianza en un entorno de aleatoriedad e incertidumbre.

Julio 2015

INDICE

Introducción   **1**

1 El ahorro finalista para la jubilación   **11**

La reforma de las pensiones públicas 11

Los instrumentos de previsión complementaria 18

El funcionamiento de los planes de pensiones 28

Las categorías de inversión de los planes de pensiones 36

Introducción al binomio rentabilidad-riesgo 47

Las aportaciones al plan de previsión 52

Determinación de la aportación 74

Inflación 80

Fiscalidad 87

La selección del instrumento y del oferente 93

Los factores de aleatoriedad 105

2 Las medidas estándar del riesgo financiero   **109**

El riesgo 109

El riesgo de mercado 115

    Volatilidad 116

    Ratio de Sharpe 120

    Ratio de Sortino 123

    Coeficiente Beta 124

    Tracking error 126

Alfa de Jensen..127

Índice de Treynor 128

Ratio de Información...129

R-Cuadrado..130

M2 131

Máxima caída de un fondo...132

Value at Risk. VaR 133

Conditional Sharpe Ratio..138

El riesgo de interés 143

El riesgo de crédito..152

Otros Riesgos financieros y extra-financieros 184

3 La normativa prudencial   200

Principios Generales..205

Inversiones aptas de los fondos de pensiones 208

Criterios de diversificación y dispersión..218

Liquidez de los fondos de pensiones..223

Criterios de valoración 224

Condiciones generales de las operaciones..226

Uso de Instrumentos Derivados...227

Organización y Gobierno Corporativo...228

La supervisión...235

4 La información sobre el riesgo en la práctica   239

Esquema de información..240

Principios de la política de inversión 243

Información periódica a participes y beneficiarios 250

Los gastos de gestión y depositaria 257

Los proveedores de información y análisis independientes 265

Otras fuentes de información 272

Utilización perversa de la información...276

5 Exposición al riesgo de mercado 279

Efectos del binomio rentabilidad-riesgo 283

La rentabilidad de las acciones como variable aleatoria 291

La renta variable en un esquema de previsión 314

La regla del 100 menos la edad alcanzada 323

Otras técnicas de rebalanceo 330

La regla del 4% y otras formas de disposición 333

El riesgo en otras clases de activos 345

Decisión individual. Capacidad y disposición 354

Inversión media de los fondos de pensiones 366

6 Hacia una nueva métrica del riesgo 373

El requerimiento de capital para una entidad aseguradora en Solvencia II 376

La pérdida en un fondo de pensiones en un escenario extremo .383

Traslación del criterio de la pérdida máxima en un escenario extremo a un Plan de Pensiones 396

Frontera eficiente vs. Oferta eficiente 400

7 El riesgo biométrico — 416

- Fallecimiento 421
- Incapacidad permanente 432
- Dependencia 436
- Longevidad 442
  - Distribución de las probabilidades de supervivencia 445
  - Género y unidad familiar 448
  - Tendencia de incremento de la supervivencia 451
  - Pérdida de capacidad 455
  - Cobertura del riesgo de longevidad 458

8 Final del proceso. Resumen y Conclusiones — 469

- Inicio de la fase de jubilación 469
  - Disposición sistemática 481
  - Disposición no sistemática 483
  - Renta Vitalicia integrada en el Plan de Pensiones 486
  - Prestación en forma de capital y contratación de una renta vitalicia individual u otro tipo de activo 493
  - Combinación de distintos esquemas 495
- Fiscalidad y condiciones de las prestaciones 500
- Recomendaciones finales 502
  - A nivel individual y familiar 505
  - Regulación y supervisión 506
  - Comercializadoras 514
  - Gestoras y Depositarias 517
- Conclusiones 520

Bibliografía 524

Páginas web 528

Glosario 529

Lista Cuadros y Gráficos 539

Introducción

¿Puede indicarme el camino a Inisfree?
¿Inisfree?, Unas cinco millas o quizás cinco y media
¿Ve Ud. aquel camino?
Si.
No lo tome, no sería el adecuado.

De la película "The Quiet Man". John Ford. 1952

Este libro no proporcionará al lector soluciones magistrales ni fórmulas mágicas para intentar resolver la problemática de la denominada previsión individual o previsión social complementaria y tampoco artes adivinatorias que le permitan obtener rendimientos excepcionales de las inversiones, como anuncian obras que tienen un amplio círculo de lectores que desean creer que ello es posible. Se tratará en cambio de informar acerca de cómo plantear la problemática de la jubilación, como definir los objetivos, y como establecer el procedimiento para su consecución. Como en el diálogo del inicio de la excepcional película de John Ford, *"The Quiet Man"*, se pretende dar una respuesta, al menos aproximada, respecto al establecimiento y a la cuantificación de los objetivos y sobre todo exponer qué caminos no serían los adecuados. Simplemente evitando los errores típicos de planteamientos no coherentes con los objetivos pretendidos estaría más que justificado el tiempo y el esfuerzo dedicado a su lectura.

La vida humana está rodeada de incertidumbre y aleatoriedad y estas circunstancias inciden en múltiples aspectos de orden social o personal, ya sean los cambios en el ámbito familiar, el estado de salud, los aspectos económicos, los cambios normativos, la longevidad, etc. Ante esta situación la respuesta humana es diversa, a veces lógica, a veces intuitiva, en otras ocasiones emocional. En cualquier caso ante la incertidumbre no existen garantías de que los mecanismos de adopción de decisiones por parte de las personas actúen eficientemente desde la perspectiva de selección de alternativas y uso racional de los recursos disponibles. Si bien la aleatoriedad está presente en todas las facetas de la vida humana es en la preparación de la jubilación donde las dudas y alternativas adquieren, desde una perspectiva económica, mayor relevancia. Ante una pregunta genérica del tipo ¿Qué hacer ante las previsibles necesidades en la jubilación?, caben múltiples respuestas. Desde no hacer nada, por ignorar el riesgo, o por parálisis en la capacidad de adoptar una decisión ante la múltiple dimensión de la problemática, a tomar una decisión de ahorro sistemático sin mucha convicción acerca de su idoneidad en cuanto a la suficiencia de la aportación a realizar o respecto a la estructura de la inversión que optimice el rendimiento.

El concepto de "*random walk*" o paseo aleatorio fue utilizado por primera vez por Carl Pearson en 1905 describiendo el movimiento aleatorio de un insecto volador e intentando dar respuestas a las cuestiones planteadas acerca de los resultados de dicho movimiento aleatorio. El cuerpo analítico desarrollado desde entonces y la capacidad de cómputo de los ordenadores actuales permiten ahora proporcionar solución tanto al resultado más probable derivado de la variación de una o más variables aleatorias como a la distribución de los posibles resultados, en tanto para un individuo lo relevante no son tanto los resultados medios más probables sino los resultados extremos y sus respectivas probabilidades. El hecho de que el comportamiento de una variable sea aleatorio no impide acotar los resultados, conocer las probabilidades de los distintos resultados y obtener una respuesta concreta a muchas cuestiones. La finalidad de este libro es proporcionar, ante la incertidumbre, una respuesta a las dudas ante las decisiones que, un individuo o una unidad familiar, deben adoptar en relación a garantizar la suficiencia de sus ingresos en la fase de jubilación.

La reforma de las pensiones en el mundo occidental tiende de una forma inexorable a reducir los niveles de protección de las pensiones públicas de una forma creciente. Ante esta tendencia, la única respuesta posible desde la perspectiva de optimización del gasto de una persona a lo largo de su ciclo vital, considerando separadamente la fase de actividad y la fase de jubilación, consiste en ahorrar sistemáticamente en la fase de actividad o fase de acumulación para acumular un capital y poder generar a partir del mismo un flujo de ingresos o rentas, que permitan mantener un determinado nivel de gasto en la fase de pasividad o de disposición. Este nuevo marco exige a los individuos, o a las unidades familiares, adoptar decisiones financieras novedosas respecto a las decisiones habituales adoptadas por las generaciones anteriores hasta el momento. Determinar el momento del inicio de un esquema de previsión, el régimen de aportaciones más adecuado a las necesidades futuras, elegir el instrumento financiero, o la combinación de ellos, en el que se vehiculará el ahorro de la forma más apropiada a las necesidades personales, optar entre las distintas alternativas ofertadas por las empresas especializadas en previsión, realizar la revisión periódica del esquema establecido, y sobre todo, asumir un nivel de riesgo financiero coherente con la aversión o tolerancia al riesgo, en función de la capacidad y disposición de cada individuo o unidad familiar, son algunas de estas nuevas decisiones que exigen disponer de una información estructurada, que en la mayoría de los casos no excluye, sino más bien lo contrario, la disposición de un adecuado y periódico asesoramiento que deviene un elemento imprescindible en el proceso.

Este libro pretende proporcionar una adecuada información que tendría la naturaleza de aconsejable para los actuales o futuros beneficiarios de los sistemas de previsión complementarios, de desear actuar con responsabilidad y conocimiento de causa en la adopción de decisiones que afectarán a la calidad de su propia vida y a la de los suyos, y una información inexcusable para los integrantes de las redes que comercializan y asesoran en los productos de previsión a sus clientes de desear actuar con rigor y profesionalmente, permitiendo igualmente a los estudiantes de estas materias conocer una aproximación complementaria a la estrictamente académica. Algunos términos y expresiones se acompañan de su equivalente en la lengua inglesa, impresos en letra cursiva, al objeto de relacionar el término utilizado con la literatura existente, mucho más extensa, en lengua inglesa y facilitar así la consulta de otras fuentes.

El libro se estructura en ocho Capítulos. En el primero se realiza una introducción a la última reforma del sistema público de pensiones, y al proceso de ahorro finalista para la jubilación, es decir el ahorro sistemático de un individuo que tiene como finalidad hacer posible en la fase de jubilación la disposición de una renta complementaria a la pensión del sistema público de pensiones de la Seguridad Social. Se analiza la dimensión ya alcanzada por los instrumentos específicos de previsión a nivel individual, planes de pensiones individuales y planes de previsión asegurados, examinando el esquema de funcionamiento de los planes de pensiones individuales en cuanto instrumento más relevante. Se introduce el concepto de "fondo de pensiones" como patrimonio afecto al cumplimiento de los objetivos de los planes de pensiones, examinando igualmente las distintas categorías de los mismos atendiendo a las distintas clases de inversión para introducir las primeras referencias al concepto de riesgo financiero, al binomio rentabilidad-riesgo y plantear uno de los aspectos más relevantes en la previsión individual cual es la determinación del régimen de aportaciones en coherencia con las necesidades objetivo y la ineludible revisión o monitorización en el devenir del tiempo adecuando periódicamente el esquema establecido con las necesidades revisadas. Necesidades que se configuran de forma que no se trata de un proceso de ahorro para atender situaciones imprevistas, sino al contrario un proceso para atender unas necesidades previsibles. Concluyendo con las referencias ineludibles referidas a la forma de selección del instrumento y la entidad, el efecto de la inflación, la fiscalidad y los factores de aleatoriedad que superan en mucho el marco estrictamente financiero.

En el Capítulo segundo se expone la definición del riesgo financiero y las distintas formas de medición o evaluación del mismo. Se analizan tres grandes grupos de riesgos financieros, el riesgo de mercado, el riesgo de crédito y el riesgo de interés, describiendo las métricas más habituales cuya interpretación es inexcusable para comprender las "medidas de riesgo" que en la práctica son comunicadas en la información periódica transmitida a partícipes y beneficiarios de los planes de pensiones. Sin una comprensión de la métrica utilizada en los distintos tipos de riesgo, y de su significado, no cabe para un partícipe o beneficiario evaluar el riesgo asumido en su posición inversora y ver su correspondencia con su capacidad y disposición al riesgo. De igual modo la comprensión de dichas métricas resulta imprescindible para aquellos profesionales que deben recomendar una opción u otra en función del binomio rentabilidad-riesgo diferenciado de cada fondo de pensiones. En lo referente al riesgo de mercado se describen los conceptos y ratios más básicos como la volatilidad y la ratio de Sharpe para concluir en la medida más integral del riesgo asumido cual es el denominado "valor en riesgo" más conocido como *value at risk*" o su acrónimo VaR. En lo relativo al riesgo de tipo de interés se expone la naturaleza específica de este riesgo describiendo la forma en que los cambios en los tipos de interés afectan al valor actual de los títulos de renta fija y se introduce el concepto de duración o *duration* como medición del riesgo inherente a las inversiones en renta fija ante los cambios de los tipos de interés. En tercer lugar se considera la relevancia del riesgo de crédito, es decir la potencial pérdida derivada del incumplimiento total o parcial de las obligaciones de pago contraídas por el emisor de un título de renta fija o un prestatario. Se analizan los componentes del riesgo y se repasa el papel de las agencias de calificación crediticia, como elementos necesarios pero no concluyentes en la evaluación de la pérdida por incumplimiento. Finalizando el Capítulo con una recopilación de las distintas clases de riesgos y la consideración específica de los denominados riesgos extrafinancieros.

En el Capítulo tercero se describe el modelo de normativa prudencial implementado en España aunque no desde una perspectiva estrictamente jurídica, sino como ejemplo de regulación en tanto elemento clave para proporcionar seguridad al sistema complementario de pensiones privadas y compatibilizar la precisa libertad de gestión con las limitaciones tendentes a evitar y corregir comportamientos imprudentes, erráticos o fraudulentos, en el sentido de no prevalecer el interés de los partícipes y asegurados frente a los intereses de otros agentes. En un entorno de incertidumbre el sistema de previsión complementaria, o sistema de previsión individual, debe proporcionar seguridad y ello sería incompatible con el menor atisbo de riesgo moral por parte de las entidades o sujetos intervinientes de ahí la necesidad de una robusta normativa y supervisión que impidan el riesgo de comportamientos no deseados. Se describen los principios generales, que resumen los objetivos y el papel de la declaración de los principios de la política de inversión, las clase de activos que son considerados aptos para las inversiones de los fondos de pensiones, los criterios de diversificación y dispersión, así como otros elementos clave en la normativa prudencial respecto a las inversiones como son el coeficiente de liquidez, los criterios de valoración, las condiciones generales de las operaciones, el uso de instrumentos derivados, y en especial, el modelo de organización y buen gobierno corporativo de todas las entidades intervinientes, entidad gestora, entidad depositaria, entidad comercializadora y entidad promotora así como respecto a sus administradores, directores, agentes y empleados para garantizar el buen funcionamiento del sistema y la protección a terceros.

En el Capítulo cuarto se considera la información relevante en el ámbito de los planes de pensiones. Esta información va desde la proporcionada a los partícipes y beneficiarios por parte de las entidades gestoras en cumplimiento de la normativa reguladora, tanto en el momento de la contratación, especialmente la relativa a la política de inversión del fondo, como la información periódica a remitir lo largo del desarrollo del plan, hasta la facilitada por el supervisor en su página web, pasando por la proporcionada por otras fuentes públicas y la facilitada por entidades especializadas. Se destaca lo relativo a la publicidad de las comisiones, evaluando su efecto a largo plazo en el valor final alcanzable y la potencial utilización perversa de la información por parte de comercializadoras con un bajo nivel de compromiso con sus clientes.

En el Capítulo quinto se realiza la aproximación al riesgo de mercado en una interpretación restrictiva del mismo en referencia al riesgo derivado de la inversión en renta variable, acciones o *equities* o cualquier otro instrumento de capital. Se realiza una primera aproximación al efecto del binomio rentabilidad-riesgo para posteriormente considerar la rentabilidad de las acciones como una variable aleatoria y considerar la dispersión de dicha variable en distintos plazos. Posteriormente se evalúan los aspectos, positivos y negativos, de la inversión en renta variable en cuanto constituya una parte del ahorro acumulado en un plan de previsión para considerar seguidamente cuales son los porcentajes teóricos de inversión en renta variable atendiendo tanto la edad como los efectos derivados de otras técnicas de rebalanceo. Se consideran igualmente las distintas formas de disposición del ahorro acumulado tanto desde la perspectiva de la garantía o margen de seguridad de su no agotamiento en la fase de jubilación como desde la perspectiva de la continuidad de una inversión parcial del saldo acumulado en renta variable. Seguidamente se realiza una descripción de lo que sería una forma de aproximación individualizada a la determinación de la participación de la renta variable atendiendo a la capacidad y a la disposición de cada individuo atendiendo a sus circunstancias personales. Finalmente se consideran otros riesgos en otras clases de activos y ejemplos de distintas estructuras de inversión o *asset allocation* con el objetivo de enmarcar los límites razonables de la decisión a adoptar por cada persona titular de un plan de previsión.

En el Capítulo sexto se describe lo que podría constituir una nueva métrica del riesgo de la inversión en los planes de pensiones. Se introduce el concepto de requerimiento de capital en una entidad aseguradora desde la perspectiva de la regulación de Solvencia II para concluir en la posibilidad de una nueva métrica en el binomio rentabilidad-riesgo que pueda ser utilizada en el ámbito de los planes de pensiones con el objeto de, entre otros, facilitar la decisión del ahorrador en la selección de aquellos planes, que por sus características y resultados, estarían ubicados sobre lo que se denomina la oferta eficiente.

En el Capítulo séptimo, se consideran los riesgos biométricos que soporta cualquier persona tanto en el camino hacia su jubilación como una vez alcanzada dicha situación. Se identifican y evalúan los riesgos de fallecimiento e incapacidad en la fase de actividad proponiendo coberturas estándar que pueden servir de referencia para las coberturas específicas que precise cada persona. Se presta especial relevancia a todo lo relacionado con la longevidad y la situación de dependencia así como la combinación de dichos riesgos con otros eventos como la inflación y la insuficiente rentabilidad de los activos para concluir en los mecanismos de cobertura disponibles.

Finalmente en el Capítulo octavo se realizan distintas consideraciones respecto al final del proceso de acumulación y las distintas alternativas existentes en la fase de disposición, así como respecto a los planteamientos de ajuste en caso de desequilibrio entre ingresos y gastos para tender hacia una consolidación presupuestaria a nivel individual o familiar, procediéndose igualmente a evaluar el impacto fiscal de las distintas opciones en la fase de prestaciones para concluir con las recomendaciones y sugerencias finales, a los distintos intervinientes, que se derivan del análisis realizado y las conclusiones del mismo.

1 El ahorro finalista para la jubilación

La reforma de las pensiones públicas

Desde finales del siglo XX circunstancias de distinta naturaleza, tanto de orden económico como demográficas y sociales, algunas objetivas y otras derivadas de la línea de pensamiento económico ortodoxo que se ha impuesto en un mundo económico cada vez más globalizado, hacen que en determinados países como es en el caso de España, la tendencia de la protección otorgada por las pensiones públicas sea menguante y en consecuencia corresponderá a las personas instrumentar los oportunos mecanismos de previsión individual para complementar las pensiones públicas que en pasadas generaciones constituyeron la parte fundamental de los ingresos familiares en la fase de la jubilación.

En concreto, las últimas medidas adoptadas en la normativa reguladora de la Seguridad Social en España entre 2011 y 2013, han supuesto retrasar con carácter general la edad ordinaria de jubilación de 65 a 67 años, aumentar, para el cálculo de la base reguladora de la pensión de jubilación, el periodo de cómputo de las bases de cotización de 15 a 25 años, incrementar, para acceder a una pensión del cien por ciento de la base reguladora, el número de años de cotización efectiva de 35 años a 38 y seis meses, incorporar un factor de sostenibilidad en el cálculo de la pensión inicial en función de la variación de la esperanza de vida y desvincular el automático incremento anual de las pensiones en función de la variación del índice de precios al consumo. Si bien se han previsto distintos periodos transitorios de adaptación a la nueva regulación, la tendencia marcada es inequívoca, las pensiones públicas proporcionarán en un futuro un menor grado de protección que el que han dispuesto pasadas generaciones. Se han realizado distintas estimaciones cuantitativas del impacto que la reforma puede suponer, es una tarea ardua y con grandes dificultades de precisión y menos aún a nivel individual ya que la reforma planteada afectará de forma muy distinta según sea la forma de la carrera de la cotización o la vida laboral de cada individuo. A título indicativo se puede manifestar que el efecto cuantitativo podría suponer en muchos casos en términos reales un nivel de ingresos post-empleo inferior entre un 30 y un 40 por ciento al correspondiente en la situación previa a la reforma. En el Cuadro adjunto se esquematiza el modelo actual de cálculo de la pensión pública de jubilación en España y los periodos transitorios de adaptación.

El ahorro finalista para la jubilación

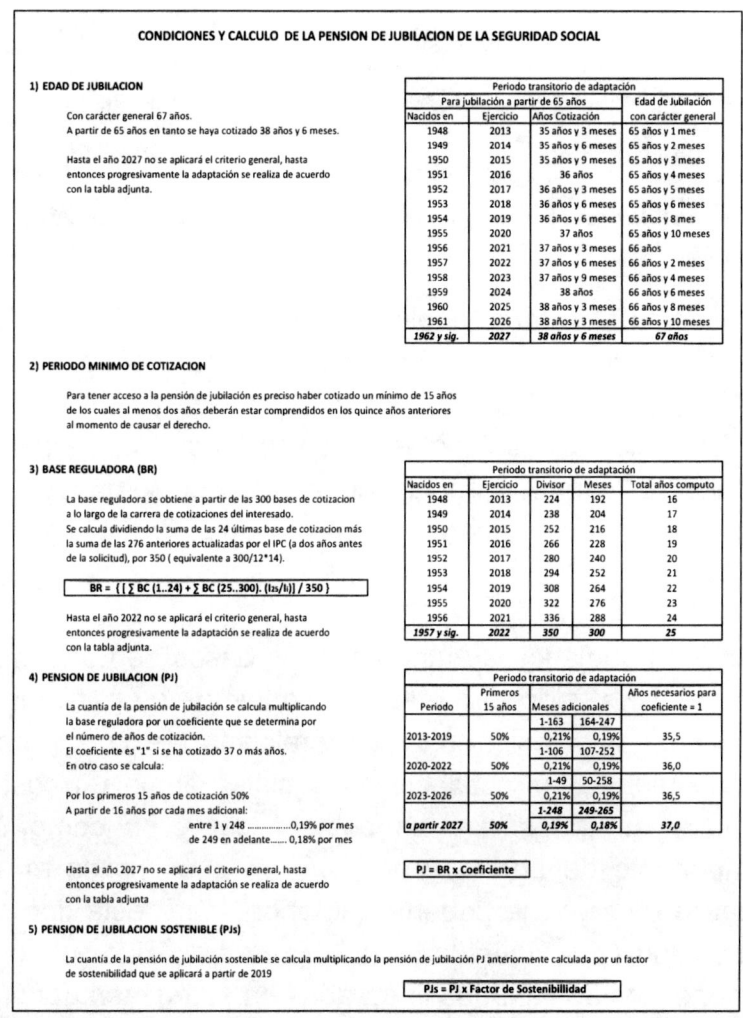

Figura 1. Condiciones y cálculo de la pensión de jubilación de la Seguridad Social

Adicionalmente al esquema expuesto las pensiones públicas, así como las bases de cotización, tienen unos límites, máximos y mínimos, que se establecen anualmente en cada ejercicio, estos límites, de una forma simplificada en cuanto existen múltiples particularidades, en el ejercicio 2015 son los siguientes:

	Importe máximo	Importe mínimo
Base de Cotización	43.272,00	9.079,20
Pensión Contributiva	35.852,32	8.883,00

Figura 2. Límites Base de Cotización y Pensión Contributiva ejercicio 2015

El modelo del sistema público de pensiones en España se cierra con los tipos de cotización aplicables sobre las bases de cotización, que coinciden con las remuneraciones salariales dentro de los límites expuestos, y que para las contingencias comunes[1] se cifran, en conjunto a cargo de empresario y trabajador, en un 28,30%.

Para los trabajadores autónomos las bases de cotización son de libre elección entre un mínimo y un máximo existiendo una visión muy generalizada de considerar, erróneamente, las cotizaciones sociales como un coste, como si se tratase de un coste fiscal y no como un componente de ahorro y previsión lo que implica en la práctica un nivel de cobertura inferior, para este tipo de trabajadores, a igualdad de ingresos, que el que disponen los asalariados integrados en el régimen general donde no existe discreción sino obligatoriedad respecto a la base de cotización.

La desviación entre la base de cotización máxima y la pensión máxima, del orden del 20% en 2015, supone un

---

[1] Aparte de las contingencias comunes se cotiza simultánea y obligatoriamente por un conjunto de otros conceptos, Desempleo, Fondo de Garantía Salarial, Formación Profesional, Accidentes de Trabajo y Enfermedades Profesionales que hacen que el total de las cotizaciones sociales se sitúe para los asalariados en el entorno del 38% de sus remuneraciones por debajo de la base máxima de cotización.

nivel de cotización superior a las posibles prestaciones de jubilación para el colectivo de asalariados con ingresos entre estos niveles lo que implica de hecho un cierto grado de progresividad en las cotizaciones sociales.

El sistema público de pensiones en España es un sistema de reparto[2], es decir con las cotizaciones sociales correspondientes a los trabajadores en activo se satisfacen las pensiones de los beneficiarios del sistema. No existe en consecuencia un esquema de capitalización a título personal, o de individualización de derechos, se trata por el contrario de un esquema "público", o "social", cuyas prestaciones dependen de la legislación de cada momento, ya que no existen legalmente "derechos adquiridos", y dichas prestaciones están supeditadas a la posibilidad de financiación del propio sistema o en última instancia por otros ingresos públicos. Si la actividad económica entrase en recesión, o si aspectos demográficos modifican el equilibrio entre cotizantes y pensionistas, o si el conjunto de las administraciones

---

[2] Un sistema de reparto internacionalmente se denomina como de *Pay-as-you-go* y su acrónimo es *PAYG*. La comparación internacional entre los distintos sistemas públicos de pensiones de cada país es una tarea ardua por la falta de homogeneidad entre ellos y en consecuencia las conclusiones de algunos análisis superficiales carecen de un mínimo rigor. El sistema público de pensiones en España cuenta con un específico esquema de financiación finalista a cargo de empresas y trabajadores del que se deriva la financiación de las pensiones. Podría asimilarse a efectos comparativos con un sistema privado obligatorio, administrado y garantizado por el Estado. La financiación neta (descontada la tributación por IRPF de las pensiones) requerida al Estado no es significativa en el momento actual y las tasas de aportación se corresponden con el nivel de las prestaciones. Si bien es cierto que las proyecciones realizadas, muestran claras insuficiencias del actual modelo, en sus actuales parámetros, en el futuro, requiriendo aportaciones crecientes, de desearse mantener el nivel actual de prestaciones, con cargo a los ingresos generales del Estado. Las reformas denominadas paramétricas, de 2011 y 2012 pretenden garantizar la sostenibilidad del sistema a largo plazo sin requerir financiación adicional.

públicas generan un déficit superior a lo establecido en el marco del compromiso europeo, se formarían unas condiciones deficitarias en el ámbito de la previsión social cuya única salida ortodoxa, en nuestro entorno económico, sería la reducción de las pensiones.

El mantenimiento de un nivel deseado de ingresos en la fase de jubilación, exigiría en consecuencia realizar un ahorro específico a título individual a lo largo de la fase de actividad que permitiese acumular un capital y a partir del mismo poder generar una renta complementaria a la pensión pública. Se renuncia de este modo a un posible gasto en la fase de actividad para posibilitar el mantenimiento de un nivel de gasto en la fase de pasividad o de retiro. Surge en consecuencia una nueva responsabilidad individual, de carácter personal o familiar, de desear mantener un determinado nivel o calidad de vida en la fase de jubilación.

Un esquema de previsión, en sus aspectos esenciales, es sencillo, se trata de renunciar a una parte del posible consumo y dedicar esta parte de la renta ahorrada en la fase de actividad para poder disponer, mediante el ahorro constituido, por las propias aportaciones y su rendimiento, a lo largo de una fase de acumulación, de un capital que a su vez permita generar unos ingresos complementarios a la pensión pública en la fase de jubilación o fase de prestaciones. De este modo se reduce el *gap* o diferencia entre el nivel de ingresos disponibles (ingresos reales menos aportaciones al sistema de previsión individual) en la última fase de actividad y el nivel de ingresos disponibles (pensión pública más prestaciones del sistema individual de previsión) en la fase de pasividad de manera que se optimiza la utilidad marginal del consumo a lo largo de la vida de la persona.

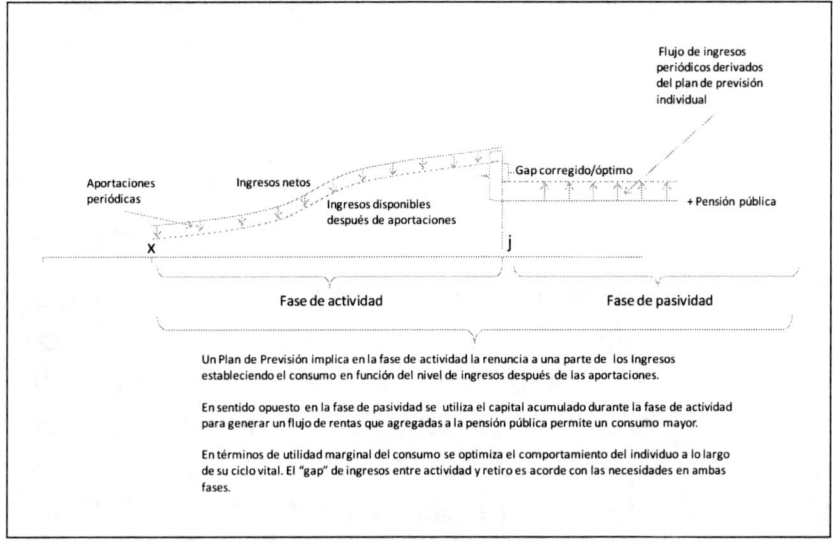

Figura 3. Representación gráfica proceso de previsión

En el momento actual y sea cual sea el nivel de ingresos de una persona en activo, confiar en que sus necesidades económicas en la fase de jubilación estarán suficientemente cubiertas por las pensiones del sistema público tiene muy poca verosimilitud. El denominado *gap* entre la pensión pública y los gastos necesarios en la fase de jubilación tiende a crecer en función del nivel de renta y en función del horizonte temporal de acceso al inicio de la fase de jubilación[3]. Cuanto mayor sea el nivel de renta o mayor la distancia temporal a la edad de jubilación mayor será el impacto, pero absolutamente todas las personas en activo e incluso los actuales pensionistas,

---

[3] Cuanto mayor sea la distancia al inicio de la jubilación mayor será el efecto de la última reforma de la normativa reguladora de las pensiones públicas.

aunque no sean conscientes de ello, se verán afectadas por la crisis de las pensiones públicas y las reformas normativas ya en vigor para conseguir la sostenibilidad del sistema y las garantías de su suficiencia a medio y largo plazo.

Los instrumentos de previsión complementaria

En España de acuerdo con el informe de la OCDE, "Pensions Outlook. 2012", la denominada tasa de reemplazo, es decir la cobertura de la pensión pública respecto a los ingresos salariales previos a la jubilación se cifra en un 84,9%. Esta tasa es una de las más altas de mundo[4], siendo la media en los países de la OCDE en dicho ejercicio del 50,1%.

En el ámbito internacional, en los países desarrollados, la previsión de las personas se instrumenta en base a la denominada teoría de los tres pilares (concepto acuñado en la Universidad de Lovaina), de forma que los ingresos en la fase de jubilación deriven de tres fuentes, una parte proporcionada por el sistema público de pensiones, otra parte proporcionada por los sistemas de previsión a nivel de empleo y una tercera parte proporcionada por los instrumentos de previsión individual. Dado el punto de partida de nuestra tasa de cobertura, la tendencia menguante del sistema público y las graves dificultades para el desarrollo de una previsión a nivel de empresa,

---

[4] En referencia a nuestro entorno la tasa de sustitución en Italia es el 71,7%, en Francia el 60,4% y en Alemania el 56,0%. Se ha indicado anteriormente que las comparaciones internacionales no son perfectamente homogéneas y su comparación debe realizarse con cautela.

corresponderá de una forma creciente el papel relevante a la denominada previsión individual.

Los planes de pensiones individuales, PPi, regulados en España desde 1988, son los instrumentos financieros más generalizados en la denominada previsión individual, o previsión social complementaria, con el objetivo de complementar las pensiones del sistema público en las contingencias cubiertas por este, es decir ante los eventos de jubilación fallecimiento, incapacidad o dependencia. En síntesis un plan de pensiones individual consiste en un proceso de ahorro finalista, de capitalización, dirigido a constituir un capital que a su vez haga posible generar un flujo de rentas para su titular en la fase de jubilación o, con menor probabilidad, en caso incapacidad o en caso de fallecimiento a otros beneficiarios designados. A diferencia del sistema público de pensiones, el funcionamiento de los planes de pensiones individuales se basa en un sistema de capitalización individual, los partícipes hacen "sus" aportaciones y deciden la distribución de los activos en los que se materializa el ahorro de los que obtendrán "sus" rendimientos netos. Las aportaciones realizadas y los rendimientos netos del ahorro determinaran un valor al final del proceso de acumulación del cual derivarán "sus" prestaciones en la fase de disposición.

Un instrumento de previsión alternativo, con el mismo tratamiento fiscal de los planes de pensiones, es en la legislación española, la modalidad de contrato de seguro denominada "plan de previsión asegurado", PPA, caracterizado por la garantía de la prestación, en forma de capital o en forma de renta, al estar asegurado un rendimiento positivo por parte de una entidad aseguradora, a diferencia del plan de pensiones en donde no existe una entidad garante salvo las excepciones de los denominados "planes de pensiones garantizados" que se comentarán más adelante.

Los planes de previsión asegurados son pues instrumentos de previsión social complementaria a nivel individual, equivalentes a los planes de pensiones individuales en cuanto a su finalidad y tratamiento fiscal, que tienen la naturaleza de contrato de seguro y en consecuencia la relación se establece entre una aseguradora autorizada a operar en el ramo de vida y un individuo, persona física, que aúne las condiciones de tomador, beneficiario para caso de supervivencia y asegurado. Los planes de previsión asegurados tienen su origen en el ejercicio 2003 y actualmente están regulados por la Ley del Impuesto sobre la Renta de las Personas Físicas, IRPF y su Reglamento. Un plan de previsión asegurado puede ser de la modalidad de seguro puro para caso de supervivencia (en el momento del acceso a la jubilación) o, mucho más frecuente, de la modalidad de seguro mixto en el que se combina la anterior prestación de supervivencia, que debe tener la condición de cobertura principal, con una prestación en caso de fallecimiento (o incluso invalidez)[5].

Los planes de previsión asegurados deben ofrecer una garantía de tipo de interés, o al menos que este no sea

---

[5] En este caso la norma prevé que la provisión matemática al final de cada ejercicio correspondiente a la cobertura de supervivencia debe ser igual o superior al triple de las primas satisfechas desde el inicio del contrato para la cobertura de las contingencias de muerte o invalidez. Esta cautela tiene su razón de ser en el deseo del legislador de impedir que bajo la forma de plan de previsión asegurado se instrumentasen seguros donde la cobertura de fallecimiento o invalidez fuese el objetivo real del contrato.

negativo. Esta circunstancia hace que el valor de la provisión matemática[6], es decir el valor actual en cada momento de la cobertura otorgada por el asegurador, sea creciente respecto a cualquier momento anterior. Este hecho a su vez constituye la razón de ser de los planes de previsión asegurados, el fomento de la previsión complementaria en segmentos de población extremadamente adversos al riesgo implícito de los planes de pensiones, o sin capacidad de comprensión de las oscilaciones del valor unitario de la participación de los mismos. Otra posible circunstancia justificativa de su existencia viene determinada por hacer posible, por parte de las aseguradoras, una respuesta ágil en determinadas situaciones o momentos del mercado financiero, pudiéndose ofrecer un específico "producto" de seguro equiparable a un plan de pensiones en cuanto a su finalidad y tratamiento fiscal, sin las barreras de entrada y costes implícitos en los planes de pensiones que exigen por razones de competitividad una dimensión mínima.

Los planes de previsión asegurados, como otros contratos de seguros, están sujetos a la exigencia de facilitar al tomador-asegurado en la contratación una "Nota Informativa" que debe especificar entre otros detalles el interés técnico de aplicación, los gastos previstos, las coberturas otorgadas por el contrato, el desglose de primas, el cálculo del valor traspasable en caso de rescate y en su caso las inversiones afectas. Por otra parte al menos trimestralmente los asegurados en un plan de previsión asegurado deben recibir información del valor de

---

[6] No obstante el valor de rescate de un plan de previsión asegurado si puede tener variaciones negativas en caso de que se trate de un contrato vinculado al valor de las inversiones como se comenta más adelante.

la provisión y en su caso, si fuera distinto, del valor de rescate.

Desde una perspectiva de riesgo asumido, el asegurado en un plan de previsión asegurado sustituye cualquier riesgo inherente a su participación en un fondo de pensiones por el riesgo de crédito de la propia entidad aseguradora que es la exclusiva garante de la cobertura otorgada por el contrato de seguro. Adicionalmente, en el caso más que probable de que contractualmente se haya establecido que el valor de rescate este vinculado al valor de mercado de unas determinadas inversiones denominadas afectas, el valor de rescate puede limitarse respecto al valor de la provisión por el valor de mercado de dichas inversiones, ello normalmente está recogido en una clausula denominada "coste de la desinversión", esto supone trasladar al asegurado el riesgo de mercado inherente de las inversiones afectas al plan de previsión al asegurado, si bien este riesgo solo es asumido en caso de movilización de los derechos a un plan de pensiones o a otro plan de previsión asegurado antes del vencimiento establecido.

También es significativo el hecho de que el requerimiento de capital, es decir los recursos propios requeridos a una aseguradora por la oferta de planes de previsión asegurados es muy superior al requerimiento de capital de una oferta de previsión bajo la forma de plan de pensiones. Esta circunstancia hace que teóricamente la oferta de planes de previsión asegurados debiera ser realizada en condiciones menos atractivas para el cliente que la oferta realizada en forma de plan de pensiones, ya que cuanto mayor sea el capital requerido mayor debería ser el margen de un contrato para remunerar los recursos propios de la entidad oferente. No obstante en determinados periodos, se ha observado un comportamiento inverso a lo económicamente razonable en el sentido de que los márgenes para la aseguradora que se derivaban de los planes de previsión asegurados eran inferiores a los márgenes (comisión de gestión) de los planes de pensiones. Ello ha podido ser por razones de competitividad o exceso de recursos propios en una determinada época, aunque la tendencia deberá ser que, por las razones expuestas, la oferta en formato plan de pensiones será, para los titulares de los planes de previsión, más conveniente para un partícipe/asegurado que la oferta realizada en formato de plan de previsión asegurado.

La evolución en España del número de partícipes/asegurados y el saldo acumulado de ahorro en forma de derechos consolidados/provisiones en los referidos instrumentos, planes de pensiones individuales y planes de previsión asegurados, en los últimos ejercicios puede observarse en el cuadro que sigue a continuación.

	Evolucion modalides de previsión complementaria individual					
	Planes de Pensiones		Planes de Previsión Aseg.		Total Modalidades	
Ejercicio	Patrimonio	Nº Contratos	Provisiones	Nº Asegurados	Recursos	Nº Contratos
2009	53.228	8.401.898	4.603	468.510	57.831	8.870.408
2010	52.453	8.600.512	6.155	652.500	58.608	9.253.012
2011	51.010	8.404.067	8.543	823.834	59.553	9.227.901
2012	53.009	8.197.212	10.871	1.028.699	63.880	9.225.911
2013	58.043	7.827.258	12.413	1.453.282	70.456	9.280.540
2014	64.144	7.824.182	13.058	1.070.074	77.202	8.894.256

importes en millones de euros

Figura 4.Evolución modalidades previsión social complementaria

Se deduce que a pesar de la fase recesiva del ciclo soportada en el periodo de referencia, 2009-2014, el número de contratos en conjunto entre ambos instrumentos, ha mantenido una relativa estabilidad, mientras que el ahorro acumulado ha crecido constantemente si bien ganando importancia relativa los planes de previsión asegurados cuyas provisiones a finales de 2014 representaban casi el 17% del ahorro total acumulado, manifestándose, no obstante, un relativo agotamiento en su capacidad de sustitución de la modalidad principal de previsión, los planes de pensiones individuales, cuya evolución con mayor detalle, en lo relativo al número de planes, patrimonio y partícipes, así como los valores medios de patrimonio por plan y el saldo medio acumulado por cuenta de partícipe, puede seguirse en el cuadro que sigue a continuación prácticamente desde el inicio de la regulación de la previsión complementaria en España en Diciembre de 1988.

El saldo en Fondos de Pensiones, en los que se integran los planes de pensiones individuales, representaba en 2013 el 5,1% del total del ahorro financiero de las familias, de acuerdo con la información contenida en el cuadro siguiente, habiéndose alcanzado esta cota tras veinticinco años de vigencia de su regulación. Sumando el efecto de los planes de previsión asegurados dicho ahorro se situaría en el entorno de un 6% del ahorro total[7].

---

[7] En relación al Producto Interior Bruto de España, el ahorro a 31-12-2013, en planes de pensiones individuales conjuntamente con los planes de previsión asegurados representa el 6,88% del PIB de dicho ejercicio. Las comparaciones internacionales no son homogéneas aunque se puede concluir que dicho peso relativo está en el tramo bajo respecto a otros Estados en nuestro entorno (Francia, 6%, Alemania, 14%, Reino Unido 127%, Suiza 122%, Holanda 166%). Se debe reiterar que una comparación simple de determinadas magnitudes en materia de previsión no aporta una información relevante por la falta de homogeneidad de los distintos sistemas públicos y privados.

El ahorro finalista para la jubilación

Ejercicio	Número de Planes	Patrimonio (millones)	Número de Partícipes	Dimensión media plan (millones)	Derechos medios partícipe
1990	164	1.022,3	530.551	6,23	1.927
1995	379	6.306,3	1.490.255	16,64	4.232
2000	557	21.494,2	4.230.592	38,59	5.081
2005	1.001	43.708,7	7.696.560	43,67	5.679
2010	1.271	52.551,9	8.601.775	41,35	6.109
2014	1.308	64.144,9	7.824.182	49,04	8.198

Figura 5. Evolución dimensión media y derechos consolidados medios en planes de pensiones

Los niveles alcanzados por los planes de pensiones, tras veinticinco años de vigencia de su regulación, no pueden considerarse totalmente satisfactorios en relación a los niveles deseables por las perspectivas expuestas de reducción de las pensiones públicas. Por una parte el número de "partícipes/asegurados" debe entenderse referido a número de cuentas de participación en planes de pensiones y números de contratos de planes de previsión asegurados, por lo que para aproximarnos a la penetración real de la previsión complementaria debe aplicarse un primer factor de reducción por la existencia de personas con varios contratos, es decir un mismo individuo que mantiene la condición de partícipe simultáneamente en varios planes de pensiones, circunstancia fomentada por aspectos relacionados con la forma de comercialización y la oferta de "fondos garantizados" como se verá más adelante. Por otra parte el número de contratos inactivos, sin aportaciones sucesivas, es muy alto, estimado en el entorno del 70% del total[8]. En conjunto, todo ello hace que el saldo medio

---

[8] En consecuencia los ratios simples utilizados para evaluar la penetración de los instrumentos de previsión por hogar (43,2%), o población (17,1%), están sesgados al alza no reflejando realmente la penetración efectiva de los instrumentos de previsión individual.

acumulado por cuenta de participación o contrato de PPA sea relativamente muy bajo en relación a la finalidad que justifica la existencia de dichos instrumentos. En resumen al final del ejercicio 2013, el total de personas con planes de pensiones individuales o planes de previsión asegurados operativos podría situarse en España en torno a tres millones de personas y el saldo medio acumulado por partícipe o asegurado situarse en el entorno de 25.000 euros. Estando estas cifras estarían muy alejadas de los resultados medios a partir de los datos estadísticos sin depurar que manifiestan casi nueve millones de partícipes/asegurados y un saldo medio por individuo algo superior a ocho mil euros.

AHORRO FINANCIERO DE LAS FAMILIAS 2013		
Clase de activo financiero	% Sobre el total	% Incremento 2013/2012
Depósitos bancarios	45,9	-1,9
Instituciones Inversión Colectiva	7,4	1,1
Seguros/Ent. de Previsión Social	10,0	0,0
Fondos de Pensiones	5,1	0,0
Inversión directa	28,7	1,2
Créditos	0,9	-0,2
Otros	2,0	-0,2
Total	100,0	

Fuente: Datos estimados por INVERCO

Figura 6. Distribución del ahorro financiero de las familias en 2013

Cualquier activo financiero es susceptible de ser utilizado en un proceso de ahorro a medio/largo plazo. La distribución del ahorro financiero de las familias que muestra el cuadro de INVERCO[9] referido al ejercicio 2013 revela que es razonable suponer que una buena parte del ahorro para la previsión en la fase de jubilación se instrumenta en la práctica en activos de distinta

---

[9] Asociación de Instituciones de Inversión Colectiva

naturaleza respecto a los específicos para esta eventualidad. No obstante conviene hacer una precisión que posiblemente hoy por hoy no es percibida por la ciudadanía y que reiteraremos a lo largo del Libro, la previsión para la jubilación no es para atender una potencial o más o menos probable contingencia futura, un "imprevisto" en términos coloquiales, sino para cubrir una necesidad cierta de insuficiencia de ingresos para atender un nivel de gasto deseable en el futuro de alcanzarse dicha fase. La necesidad de ingresos en la fase de jubilación no es algo que puede o no puede suceder, no es un imprevisto, es algo que sucederá, salvo que se haya fallecido prematuramente[10], y en este caso tampoco se eliminan las necesidades financieras simplemente se transforman en otro tipo de necesidades en el ámbito familiar para aquellas personas que en cierto modo dependían directa o indirectamente de los ingresos o de las pensiones públicas del fallecido.

---

[10] Como se verá más adelante con más detalle todas las personas a todas las edades tienen una probabilidad de fallecimiento que crece con la edad. El significado en el texto de fallecimiento prematuro no se corresponde a una definición técnica y quiere manifestar el acaecimiento de dicha contingencia cuando la probabilidad de dicho evento es muy baja.

El funcionamiento de los planes de pensiones

En España la vigente normativa establece que los planes de pensiones individuales[11] sean exclusivamente de "aportación definida" de modo que como consecuencia de las aportaciones realizadas y los rendimientos netos de las inversiones se vaya acumulando un saldo, denominado "derechos consolidados", de cuya magnitud dependerán, en caso de producirse algunas de las contingencias cubiertas por el plan de pensiones, jubilación, fallecimiento, incapacidad o dependencia, las "prestaciones" futuras, que podrán ser en forma de renta (varios pagos sucesivos) o en forma de capital (pago único), o de modo mixto (combinando las anteriores alternativas), si bien, atendiendo a la finalidad del instrumento y al tratamiento fiscal, lo más razonable y conveniente para el partícipe sería que las prestaciones en su momento, acaecida la contingencia, fuesen en forma de renta.

Los planes de pensiones individuales se integran necesariamente, de acuerdo con su normativa reguladora, en fondos de pensiones individuales que son patrimonios, sin personalidad jurídica, afectos a dichos planes y cuya titularidad corresponde en última instancia a los partícipes y beneficiarios de los planes de pensiones integrados en

---

[11] Aparte de los planes de pensiones de sistema individual coexisten en la normativa española los denominados planes de empleo, promovidos por las empresas a favor de sus trabajadores y los planes asociados, promovidos por cualquier tipo de asociación en beneficio de sus miembros. Estos dos tipos de previsión complementaria no serán objeto de consideración en este Libro.

el fondo. En consecuencia un partícipe de un plan de pensiones es indirectamente titular de la parte alícuota correspondiente del patrimonio del fondo de pensiones en el que está integrado su plan. Como se verá más adelante el concepto de "derechos consolidados" no informa de un valor alcanzado de naturaleza irreductible sino, expresándolo de una forma simple, del valor de mercado de la parte alícuota del valor total de los activos del fondo de pensiones que corresponde al partícipe, de modo que los referidos "derechos consolidados" pueden variar al alza o a la baja como consecuencia de la valoración diaria de los activos del fondo de pensiones.

Esquemáticamente las relaciones entre los distintos componentes del marco regulatorio de los planes de pensiones se puede visualizar mediante el diagrama que sigue a continuación en el que las transacciones económicas se representan por líneas continuas y cualquier otro tipo de relación mediante líneas discontinuas, destacándose igualmente las instancias de reclamación que en defensa de sus intereses puede utilizar cualquier partícipe o beneficiario. El objetivo del libro es centrarse en los aspectos económicos y especialmente en el binomio rentabilidad-riesgo derivado de las distintas categorías o clases de inversión susceptibles de integrarse en los fondos de pensiones, por ello otros aspectos de interés en el funcionamiento de los planes y fondos de pensiones solo serán considerados marginalmente[12].

---

[12] Como se observa en el diagrama la parte correspondiente a los movimientos económicos, casillas sombreadas, solo constituye una parte del amplio esquema regulado por la Ley 8/87 de Planes y Fondos de Pensiones.

En la práctica el esquema de funcionamiento de las aportaciones-prestaciones de un plan de pensiones, a través de su integración en un fondo de pensiones, es muy similar al de un fondo de inversión. Diariamente la entidad gestora de un fondo de pensiones calcula el valor unitario (o valor liquidativo) de la participación, que es el resultado de dividir el valor total de los activos del fondo, según las normas específicas de valoración que la normativa establece para cada tipo de activo, que tienden al valor de mercado o al valor razonable o *fair value*, de todos los activos con independencia de su naturaleza, por el número total de participaciones que hay en el Fondo y han sido asignadas a los partícipes de los planes de pensiones por cada una de las aportaciones realizadas.

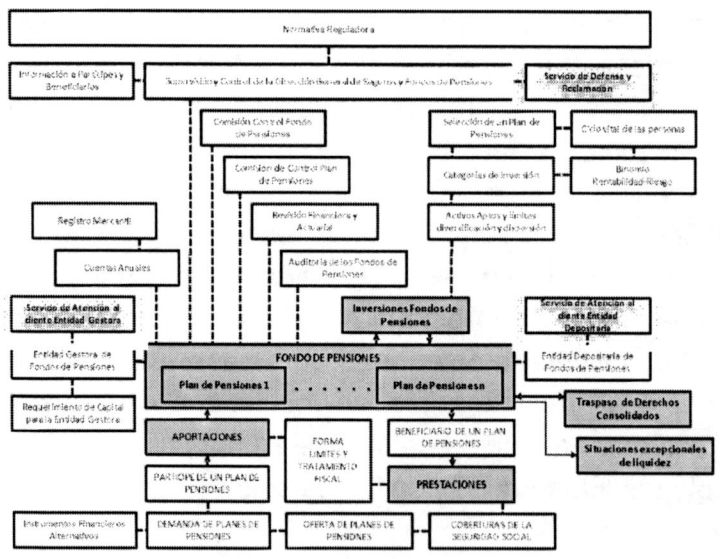

Figura 7. Esquema de las relaciones en los planes y fondos de pensiones

El partícipe de un plan de pensiones al realizar una aportación económica obtiene, (suscribe, o le son asignadas), un determinado número de participaciones, resultante de dividir la aportación monetaria realizada por el valor unitario de la participación en dicha fecha. Los derechos consolidados de un partícipe en cualquier momento son el resultado de multiplicar las participaciones acumuladas por el anterior proceso de asignación de aportaciones, por el valor unitario de la participación en el momento de cálculo de dichos derechos. Las participaciones asignadas en cada momento son homogéneas entre sí y permiten su adición sin más requisitos. En el valor unitario de la participación se incorpora automáticamente, por el procedimiento expuesto de cálculo del valor de la participación, el rendimiento neto[13] (positivo o negativo) obtenido por todos los activos en los que ha invertido el fondo, con independencia de su naturaleza.

Al satisfacerse las prestaciones a un beneficiario de un plan de pensiones se repite el mismo proceso pero a la inversa, el importe monetario a pagar en una determinada fecha, dividido por el valor unitario de la participación en dicho momento, determina el número de participaciones que se deberá minorar de las participaciones acumuladas que fueron asignadas hasta dicha fecha al beneficiario. El importe resultante del producto entre las participaciones restantes en la cuenta del beneficiario y el valor unitario de la participación en la fecha de la valoración constituyen los "derechos económicos" de un beneficiario en fase de prestaciones. No existe un proceso de "compra" o "venta" de participaciones sino un proceso de "suscripción-creación" y de "reembolso-eliminación" de participaciones[14].

---

[13] En el rendimiento neto se considera tanto los flujos derivados de las inversiones como la diferencia de valoración.
[14] Se suele decir en términos de mecánica interna de cálculo que una prestación equivale a una aportación negativa.

Este mecanismo de cálculo incorpora volatilidad, en el sentido de inestabilidad, en el valor de los derechos consolidados (o en su caso de los derechos económicos) ya que al variar día a día el valor unitario de la participación (que depende en última instancia de la valoración de los activos integrados en el fondo en cada momento según valor de mercado y las normas reglamentarias de valoración), varía en la misma proporción el valor atribuido a cada partícipe y beneficiario. En este sentido, como se ha indicado anteriormente la denominación de "derechos consolidados" puede inducir a confusión en cuanto para un partícipe en un plan de pensiones su posición económica es variable en función del valor liquidativo de la participación unitaria en cada momento. En contrapartida este mecanismo ofrece una efectiva protección a los partícipes y beneficiarios de los planes de pensiones de modo que sea cual sea el tipo de transacción, aportación, traslado de entrada o salida de derechos consolidados o prestación, en todos los casos, los partícipes que incrementan su inversión, o alternativamente los que la minoran, o en tercer lugar los que permanecen en el fondo sin alterar su posición, reciben la misma valoración y en consecuencia sea cual sea el movimiento que se registre en un fondo nunca nadie, partícipe o beneficiario, puede salir beneficiado o perjudicado respecto al resto.

El tratamiento fiscal de los planes de pensiones, y de los planes de previsión asegurados, se puede resumir, en estos momentos, indicando que las aportaciones/primas satisfechas (dentro de los límites legales) se deducen de la base imponible del Impuesto sobre la Renta de las

Personas Físicas, o IRPF, en el ejercicio en que se aportan y las prestaciones, en el momento en que se reciben, se agregan, con la naturaleza de rendimientos del trabajo, a la base imponible del ejercicio en el que se perciben. Este esquema es habitual en el entorno europeo y es idéntico al aplicable a las cotizaciones sociales y a las pensiones públicas de la Seguridad Social. El referido mecanismo hace que en términos de rendimiento financiero, el coste fiscal sería nulo si el tipo marginal del IRPF permaneciese constante en la fase de actividad y pasividad, o sería negativo en el caso, más probable, de que el tipo marginal del IRPF resultara inferior en la fase de pasividad respecto al soportado en la fase de actividad.

En el probable caso de que el coste fiscal sea negativo, un partícipe de un plan de pensiones en lugar de soportar un coste fiscal obtendría un beneficio fiscal por su participación en el instrumento de previsión. Expresado en términos financieros, se puede indicar que obtenida una determinada rentabilidad financiera por el plan de pensiones, el rendimiento neto financiero fiscal para el titular, es decir después del efecto impositivo, resultaría mayor que el rendimiento financiero, circunstancia que solo se puede producir en estos contratos (planes de pensiones y planes de previsión asegurados) en tanto en cualquier otra modalidad de ahorro el rendimiento financiero fiscal es o excepcionalmente cero o con carácter general siempre inferior al rendimiento financiero como consecuencia del coste fiscal soportado[15].

---

[15] La razón de este tratamiento fiscal privilegiado es la finalidad del ahorro y la contrapartida es, o mejor dicho era, la ausencia de liquidez, de modo que los derechos acumulados solo podían hacerse efectivos en el momento del acaecimiento de alguno de los eventos objeto de cobertura por la Seguridad Social. No obstante en la evolución de la normativa se han ido reconociendo

En cualquier caso la ausencia o limitación de liquidez de los instrumentos de previsión no constituye un compromiso de permanencia para un titular de uno de estos contratos en tanto los titulares de los mismos pueden, en las condiciones reguladas, movilizar o traspasar los fondos de un plan de pensiones o de un plan de previsión asegurado a cualquier otro plan de pensiones o plan de previsión asegurado, incluso traspasar los mismos desde un plan de pensiones a un plan de previsión asegurado o viceversa sin ninguna limitación o coste por el ejercicio de dicho derecho[16].

El funcionamiento del fondo de pensiones está estrictamente regulado de modo que a través de la colaboración de una entidad gestora y de una entidad depositaria, una normativa específica y la supervisión del regulador de la actividad, la Dirección General de Seguros y Fondos de Pensiones, los intereses de los partícipes y beneficiarios están razonablemente protegidos. Si bien ello no implica que exista un garante externo o una entidad que se responsabiliza de las prestaciones, ya que la garantía para el partícipe y beneficiarios de un plan de pensiones viene constituido exclusivamente por el valor de los activos integrados en el fondo de pensiones y por los mecanismos de buen funcionamiento y gobierno de las entidades gestora y depositaria, no existiendo en la

---

situaciones excepcionales de liquidez en razón de paro, enfermedad grave, desahucio o a partir de 2015, para las aportaciones siguientes, a partir del décimo aniversario de la aportación sin ningún otro requisito.

[16] Cuestión aparte es en su caso el compromiso de continuidad suscrito por el titular de un plan de previsión a cambio de algún tipo de compensación percibida "up front" en tanto es habitual que el incumplimiento del compromiso de permanencia suponga la devolución del premio o compensación percibido.

actualidad a nivel de fondos de pensiones un mecanismo similar al fondo de garantías de depósitos, lo que conlleva aconsejar a los partícipes y beneficiarios una especial cautela en sus decisiones a pesar de que se trate de un riesgo remoto sin antecedentes en los primeros veinticinco años de regulación.

Las categorías de inversión de los planes de pensiones

Si observamos de la información de INVERCO la distribución de los derechos consolidados entre las distintas categorías de inversión de los fondos de pensiones en los que se integran planes de pensiones del sistema individual a finales de 2014, podría concluirse que la aversión al riesgo por parte de los participes de los planes de pensiones y asegurados de los planes de previsión asegurados en España es muy acentuada prefiriéndose las categorías de baja volatilidad respecto a otras con variaciones del valor liquidativo de la participación más amplio. También podría contribuir a esta situación la "comodidad" en la forma de realización de la oferta por parte de algunas comercializadoras que ofertan los productos de previsión como cualquier otro producto financiero. Tratándose de una inversión con un horizonte temporal muy amplio, ya que para determinarlo habría que sumar al periodo restante hasta el inicio de la jubilación, para cada partícipe, el periodo medio adicional de supervivencia media durante la fase de disposición, la estructura de inversión observada parece excesivamente conservadora.

Distribución del patrimonio y partícipes según categoría de inversión 31-12-2014					
Categoría de inversión	Número de partícipes	Patrimonio (millones)	Número de Planes	Patrimonio medio Plan	Saldo medio partícipe
Renta Fija corto plazo	1.344.927	8.947	128	69.897.352 €	6.652 €
Renta Fija largo plazo	1.128.286	8.687	106	81.952.594 €	7.699 €
Renta Fija Mixta	2.205.616	14.110	244	57.829.361 €	6.397 €
Renta Variable Mixta	907.334	6.666	175	38.092.377 €	7.347 €
Renta Variable	718.839	6.729	183	36.772.628 €	9.361 €
Garantizados	1.519.180	19.005	472	40.265.195 €	12.510 €
Total PP individuales	7.824.182	64.145	1.308	49.040.466 €	8.198 €

Figura 8. Distribución del patrimonio y partícipes según categoría de inversión

Distribución relativa Inversión y asegurados por categorias de inversión al 31-12-2014		
Categoria de inversión	Número de partícipes	Patrimonio (millones)
Renta Fija cp	17%	14%
Renta Fija lp	14%	14%
Renta Fija Mixta	28%	22%
Renta Variable Mixta	12%	10%
Renta Variable	9%	10%
Garantizados	19%	30%

Figura 9. Distribución relativa inversión y partícipes por categorías de inversión

Los criterios establecidos por INVERCO (desde 2003) para integrar un fondo de pensiones en una determinada categoría son los siguientes:

Renta Fija a corto plazo: Invierte exclusivamente en instrumentos de renta fija con una duración media de la cartera inferior o igual a dos años.

Renta Fija a largo plazo: Invierte exclusivamente en instrumentos de renta fija con una duración media de la cartera superior a dos años.

Renta Fija Mixta: Invierte en instrumentos de renta fija y en renta variable sin que esta pueda alcanzar el 30% del total de los activos del Fondo.

Renta Variable Mixta: Invierte en instrumentos de renta fija y en renta variable teniendo la renta variable una participación entre el 30% y el 75% del total de los activos del Fondo.

Renta Variable: Invierte en instrumentos de renta fija y en renta variable teniendo la renta variable una participación superior al 75% del total de los activos del Fondo.

Garantizados: Son aquellos planes de pensiones a los que una tercera entidad les ha otorgado una garantía de valor de la participación a una fecha determinada.

Esta última categoría dentro de los tipos de inversión representa casi el 30% del patrimonio total de los planes de pensiones existentes en España. La existencia de una garantía otorgada por una tercera entidad hace que un plan de pensiones individual que por imperativo legal es de "aportación definida" se desnaturalice y sea percibido por el partícipe en un pseudo plan de prestación garantizada. La normativa (art. 77 del Reglamento de Planes y Fondos de Pensiones) regula expresamente esta modalidad, remarcando que la garantía no es otorgada por el propio plan, fondo o entidad gestora, sino por una tercera entidad (normalmente la entidad financiera comercializadora). Si bien queda prohibida la utilización, en la denominación del plan o del fondo, de los términos "garantía", "garantizado", "seguro" o "asegurado", para destacar que la garantía otorgada a los partícipes es una garantía externa que en el caso de ejecutarse no tendría la naturaleza de prestación, en el sector se ha utilizado la categoría de garantizados extensamente haciendo constar en las denominaciones de los planes términos del tipo "protección", "estabilidad", "tranquilidad", "solidez", "seguridad", "rendimiento fijo", "confianza", "consolidado", "100 x 100", y similares con el objetivo de captar las aportaciones de partícipes con extrema aversión al riesgo. La mecánica de la inversión de un fondo "garantizado" es simple, normalmente la entidad gestora realiza una compra a futuro de un determinado activo de alta calidad crediticia, y abre un periodo de suscripción hasta la fecha de ejecución de la compra del activo, de modo que la TIR del activo sea suficiente para atender la garantía y los gastos del fondo hasta la fecha de ejercicio de la garantía otorgada.

El partícipe en un fondo de pensiones de esta naturaleza cuenta con una garantía externa y ajena al propio fondo de pensiones. La entidad garante asume el riesgo de crédito del activo adquirido, a veces la asunción del riesgo no es total por las condiciones de la "garantía" otorgada en tanto que pueden llegar a excluir total o parcialmente o limitar el evento de crédito del activo adquirido lo cual no deja de ser al menos paradójico. Otra problemática de esta oferta es el requerimiento de capital para la entidad garante (quizás en su inicio no totalmente asumido, ni registrado contablemente, por algunas entidades) y la posibilidad de que en un momento determinado, anticipado a la fecha de la garantía, el valor alcanzado por la participación sea superior al valor final garantizado por lo que el mantenimiento de la posición en el plan de pensiones por parte del partícipe no es racional desde una perspectiva económica si existen otras opciones de inversión. Esta situación se ha producido de una forma generalizada en el segundo semestre de 2014 cuando la tasa interna de rendimiento o TIR derivada de la mayoría de los activos de los fondos garantizados por el periodo residual hasta la fecha de ejercicio de la garantía resultaba inferior en la mayoría de los planes garantizados a los gastos medios anuales de las entidades gestora y depositaria.

En resumen de la información de los anteriores cuadros se puede deducir que el saldo de las cuentas de posición en los fondos mixtos y de renta variable representa cerca del 40% de la cuenta de posición total de los planes de pensiones individuales. Ello implica que estimando la parte de la renta variable en cada una de estas categorías, la inversión total en renta variable de los fondos de pensiones en los que se integran planes de pensiones individuales podría ser del orden de un 20% del patrimonio total en planes de pensiones individuales y atendiendo al peso relativo de los planes de previsión asegurados, en el conjunto de los instrumentos de previsión, se podría afirmar finalmente que la inversión de los instrumentos de previsión individual en renta variable sería, al cierre de 2014, del orden del 17% , nivel que objetivamente estaría muy por debajo de un nivel óptimo como a lo largo del Libro se demostrará.

Las rentabilidades informadas por INVERCO para las distintas categorías de inversión en los últimos ejercicios (2004-2013) revelan varias circunstancias previsibles en función de los principios de la teoría de la inversión:

a) El rendimiento de los activos de renta variable a medio y largo plazo es potencialmente superior al rendimiento de los instrumentos financieros de renta fija.
b) La denominada volatilidad en sentido financiero, es decir la desviación estándar de los rendimientos, es más alta en la inversión en renta variable respecto a la volatilidad de la inversión en renta fija.
c) Los fondos mixtos, que combinan la inversión en instrumentos de renta fija conjuntamente con inversión en renta variable, obtienen resultados intermedios, tanto en términos de rendimiento como de volatilidad, respecto a los fondos que invierten casi exclusivamente en renta fija o en renta variable.

Todas las categorías de inversión incorporan riesgos de distinta naturaleza.

El gráfico, que sigue a continuación permite observar la rentabilidad obtenida anualmente a cada categoría en cada uno de los ejercicios en el periodo analizado así como los datos estadísticos de la serie, comprobándose la correspondencia entre los resultados obtenidos y los principios básicos de la inversión financiera anteriormente expuestos.

El paseo aleatorio hacia la jubilación

Ejercicio	Renta Fija Corto plazo	Renta Fija Largo plazo	Renta Fija Mixta	Renta Vble. Mixta	Renta Variable	Garantizados
2004	1,77	1,92	3,15	5,60	8,88	4,66
2005	1,04	1,78	5,33	12,16	18,73	4,64
2006	1,26	0,03	3,58	10,09	18,30	1,44
2007	1,94	0,75	1,32	2,96	3,93	1,48
2008	2,13	2,03	-8,79	-23,80	-38,40	-0,68
2009	1,80	3,96	6,05	14,21	27,20	3,77
2010	-0,64	-0,47	-1,54	-0,82	1,63	-3,96
2011	1,38	1,39	-2,21	-7,01	-10,40	1,15
2012	3,47	4,79	5,41	8,62	10,43	5,48
2013	2,08	4,66	6,11	12,51	22,19	9,41
2014	1,37	8,93	3,61	4,77	7,63	11,37
Periodo 2004-2014						
Promedio	1,60	2,71	2,00	3,57	6,37	3,52
Desv. standard	0,99	2,71	4,58	11,05	18,21	4,36
Valor final	119,02	133,69	123,07	137,97	164,70	145,07
TIR	1,60%	2,67%	1,90%	2,97%	4,64%	3,44%

Figura 10. Rentabilidades anuales de los planes de pensiones en el periodo 2004-2014 por categorías de inversión

En el periodo 2004-2014, que con once ejercicios completos puede considerarse suficientemente amplio a efectos expositivos, los fondos de pensiones de la categoría de Renta Fija a corto plazo han proporcionado un rendimiento anual medio del 1,60% mientras que los fondos de pensiones de la categoría de inversión en Renta Variable han proporcionado un rendimiento anual medio del 6,37%. Las otras categorías de inversión, Renta Fija a largo plazo, Renta Fija Mixta, Renta Variable Mixta y Garantizados han proporcionado rendimientos intermedios respecto a las dos primeras categorías entre un 2,00% y un 3,57%.

La volatilidad[17] de los rendimientos anuales, es decir la desviación estándar de dichos rendimientos, en el referido periodo ha sido del 0,99% en la categoría de Renta Fija a corto plazo y del 18,21% en la categoría de Renta Variable. De igual modo las volatilidades del resto de las

---

[17] Este concepto se explica con más detalle en el siguiente capítulo en el apartado de "Riesgo de Mercado".

categorías muestran resultados intermedios con valores límites comprendidos entre un mínimo del 2,71% y un máximo del 11,05%.

Como resultado de las rentabilidades anuales efectivamente obtenidas en cada categoría de inversión en las que se clasifican los fondos de pensiones se podría determinar el valor final alcanzado al final de 2014 por una inversión de 100 euros al inicio de 2004. En la categoría de Renta Fija a corto plazo el valor final sería de 119,02 y en la categoría de Renta Variable de 164,70. El resto de categorías mostraría resultados intermedios entre 123,07 y 145,07. El detalle de la evolución del valor final alcanzado en cada uno de los ejercicios de las dos categorías extremas de acuerdo con los rendimientos medios obtenidos en cada ejercicio se detalla en el cuadro que sigue a continuación.

Ejercicio	Renta Fija Corto plazo	Renta Variable
2003	100,00	100,00
2004	101,77	108,88
2005	102,83	129,27
2006	104,12	152,93
2007	106,14	158,94
2008	108,40	97,91
2009	110,36	124,54
2010	109,65	126,57
2011	111,16	113,40
2012	115,02	125,23
2013	117,41	153,02
2014	119,02	164,70

Figura 11. Valor final alcanzado por una inversión en Renta Fija a corto plazo o en Renta Variable

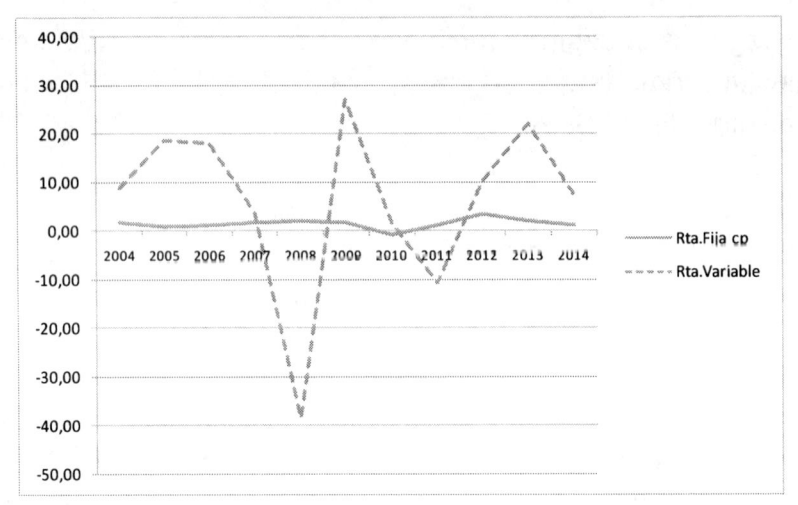

Figura 12. Rendimiento medio en cada ejercicio de las categorías de Renta Fija a corto plazo y Renta Variable en el periodo 2004-2014

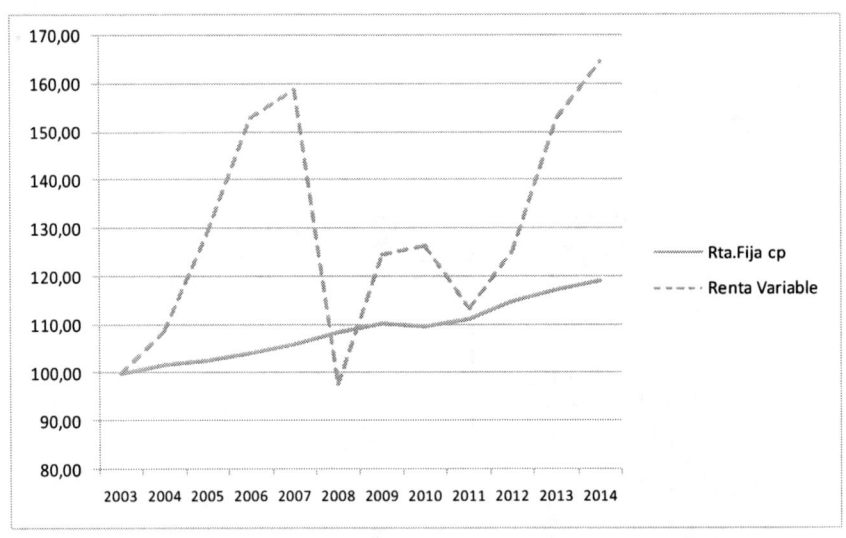

Figura 13. Evolución del valor alcanzado en cada ejercicio en las categorías de Renta Fija a corto plazo y Renta Variable. Periodo 2004-2014

Por otra parte, en el periodo considerado (2004-2014) el índice de precios al consumo en España ha mostrado una tasa positiva anual media compuesta del 2,19%, lo que hace que un valor inicial de 100 euros a inicios de 2004 equivalga en términos reales de capacidad de compra a un valor de 126,9 euros a finales de 2014. Cualquier rendimiento financiero que no permita alcanzar, en el mismo periodo, un valor final superior al efecto de la inflación supondría una tasa de interés real negativa, observándose en función de los cuadros anteriores que las categorías con mejores rendimientos reales han sido la de Renta Variable, con un valor final de 164,70 y la de Renta Variable Mixta, con un valor final de 137,97[18].

A efectos de simplificar la exposición, sin perder fiabilidad, consideraremos en adelante exclusivamente dos categorías alternativas de inversión, la inversión en renta variable, con alto potencial de rendimiento y máxima volatilidad, y la inversión en renta fija a corto plazo con mínima volatilidad pero también con mínimo potencial de rendimiento, incluso por debajo de la inflación. En los gráficos anteriores se puede observar la volatilidad de los rendimientos anuales y el valor final alcanzado en cada ejercicio en cada una de las referidas categorías.

El dilema para un partícipe de un plan de pensiones se va en consecuencia por todo lo expuesto perfilando. Si se desea superar la inflación y obtener una tasa de rentabilidad neta real positiva, se debería invertir asumiendo el riesgo de la renta variable. Pero entonces ¿qué nivel de riesgo se puede asumir?, ¿cómo puede un partícipe establecer un nivel de riesgo acorde con su natural aversión al mismo y su deseo de obtener una renta complementaria acorde con su necesidad futura?,

---

[18] También ha proporcionado en el periodo considerado una tasa real positiva significativa la categoría de los Fondos de Pensiones "Garantizados" pero por sus especiales características y la excepcional evolución de los tipos de interés en el periodo considerado y forma de otorgarse las garantías, proporcionadas de una forma externa, no son objeto de consideración en esta parte de la exposición.

¿tiene un determinado partícipe "capacidad" y "disposición" de soportar un riesgo?, a estas cuestiones se pretende proporcionar a lo largo del Libro una respuesta adecuada.

Introducción al binomio rentabilidad-riesgo

A título de mera introducción, ya que el tema será objeto de detallada consideración en siguientes Capítulos, parece conveniente comentar como la posibilidad de acceder a mayores rendimientos potenciales implica necesariamente soportar mayores y distintas clases de riesgos.

El riesgo de mercado de la renta variable, es decir la variación negativa del precio de una acción cotizada consecuencia de la oferta y la demanda, es un riesgo perfectamente conocido asumido y comprendido por la mayoría de la población. Una acción es un titulo de duración indefinida representativo de una cuota parte del capital social de una entidad y tendrá un valor en cada momento que dependerá de factores intrínsecos de la propia entidad, evolución del negocio, dividendos, expectativas de negocio, etc., dependiendo igualmente de otros factores exógenos, tipos de interés, aspectos macroeconómicos y en última instancia del equilibrio entre la demanda y la oferta sobre un determinado título, o acción, derivada de todo lo anterior. Si en un momento determinado, a un determinado precio, la oferta, es decir los títulos que sus tenedores desean vender, es superior a la demanda, los títulos que otros inversores desean comprar, los precios de las acciones tenderán a bajar hasta restablecerse el equilibrio entre oferta y demanda. A la inversa si la demanda es superior a la oferta, los precios tenderán a subir para retornar al equilibrio. Los mercados organizados de renta variable son muy eficientes y transparentes para todos sus participantes.

Los riesgos que afectan a los títulos o instrumentos financieros de renta fija, que denominaremos bonos en general, en los que con carácter general existe el compromiso por parte del emisor del reembolso del capital a un plazo determinado y, generalmente, un flujo periódico de pago de cupones hasta aquel vencimiento, no son tan fácilmente comprensibles por la ciudadanía y en consecuencia tampoco por la mayoría de los partícipes de los planes de pensiones, y lamentablemente tampoco por algunos de sus comercializadores. Entre estos riesgos podemos citar, el riesgo de crédito (posibilidad de incumplimiento del emisor obligado al pago o de sus garantes), el riesgo de interés (el efecto en el valor de un título derivado de que cuando los tipos de interés suben el valor actual de un bono baja), el riesgo de spread (el efecto en el valor de un título por variaciones de la calificación crediticia, o por las variaciones de los niveles generales aceptados por el mercado a las distintas calificaciones crediticias), o el riesgo de liquidez (cuando bajos niveles de negociación hacen que los precios se alejen de niveles racionales de equilibrio en términos de *fair value*). A veces estos riesgos se solapan unos con otros por lo que se producen variaciones de valor no intuitivas[19], comportando todo ello una sensación de comportamiento errático que genera la incomprensión e incertidumbre de los partícipes y de los comercializadores. Nótese, en la información de los cuadros anteriores, que las tres categorías de fondos de pensiones que invierten exclusivamente en renta fija, ya sea a corto plazo o a largo plazo o incluso los fondos garantizados, presentan

---

[19] Incomprensibles por la inmensa mayoría de los inversores, directos o indirectos a través de fondos, y para los que está especialmente dirigido este libro.

al menos un resultado anual negativo en el periodo considerado (2004-2014).

Adicionalmente tanto los instrumentos de capital, acciones, como los instrumentos de renta fija, bonos, incorporan a nivel de un fondo de pensiones un nivel de riesgo adicional, respecto a niveles medios observables en el mercado, o índices de referencia, por en su caso el denominado riesgo de divisa (variación de valor adicional a los riesgos anteriores por los títulos nominados en otra divisa y eventuales variaciones de paridad respecto a la moneda de referencia), como por razones de concentración sectorial (un sector puede tener un comportamiento dispar del conjunto del mercado), baja dispersión (concentración individual[20]) o estilo de inversión, focalización en segmentos específicos, etc. de modo que caben desviaciones significativas de casos particulares respecto a los índices de mercado, que expresan el comportamiento del conjunto.

En resumen toda inversión implica un riesgo y la experiencia empírica de los resultados obtenidos así como la teoría que mejor representa la realidad, demuestran que el binomio rentabilidad-riesgo determina que, dentro de determinados límites, cuanto mayor sea el riesgo asumido mayor es el rendimiento potencial. El problema radica en que un partícipe de un plan de pensiones en cuanto instrumento de ahorro finalista no es un especulador y tiene una alta aversión al riesgo, aversión que se acentúa ante una comunicación deficiente o una falta de convicción, a veces derivada de falta de la adecuada preparación por parte de los

---

[20] La más importante medida de seguridad en cualquier proceso de inversión es la dispersión y la diversificación.

comercializadores. Él, "más vale pájaro en mano...", o el no tener que dar "explicaciones" deriva hacia ofertas cada vez más conservadoras, renta fija, fondos garantizados, planes de previsión asegurados, cuyo efecto colateral es un rendimiento potencialmente inferior a la inflación y en última instancia unas prestaciones reducidas para el cliente. No asumir un determinado nivel de riesgo en la inversión, con un resultado incierto, supone de hecho asumir una pérdida financiera cierta en el proceso de ahorro que concluirá en la obtención de una rentabilidad inferior a la inflación y en consecuencia una renta complementaria potencialmente inadecuada para cubrir las necesidades individuales o familiares en la fase de jubilación.

El rendimiento neto medio en un proceso de inversión a largo plazo es un factor determinante del nivel de prestaciones finales susceptibles de obtenerse. Como se analizará más adelante no es el factor único pero sí un factor muy relevante. A título de ejemplo en un proceso de inversión a distintos plazos, suponiendo idéntico el régimen de aportaciones, los valores finales susceptibles de obtenerse ante distintos rendimientos netos alternativos variarían en función de los datos que se muestran en el cuadro siguiente.

El ahorro finalista para la jubilación

Duración	VALOR FINAL PROCESO DE ACUMULACION			
	Rendimiento medio			
en años	2%	4%	6%	8%
10	20.809	23.022	25.500	28.271
20	48.353	59.511	73.843	92.265
30	84.333	116.182	163.340	233.691
40	130.850	203.009	326.887	542.629

Aportación mensual prepagable de 150 euros incrementada anualmente un 1%

Figura 14. Valor Final de un proceso de acumulación según duración y rendimiento medio

Como era de esperar cuanto mayor sea la duración del proceso de ahorro y mayor sea la rentabilidad media mayor será el valor final. Por ejemplo, en función de la información e hipótesis del cuadro anterior, en un proceso de ahorro de duración de 20 años de obtener un rendimiento neto medio del 6% en lugar del 2% el valor final alcanzable sería un 53% superior (= 73.843/48.353 - 1). Si el proceso tuviera una duración de 40 años el mayor valor final alcanzado igualmente con un rendimiento del 6% en lugar del 2% sería del orden del 150% (= 326.887/130.850-1). En un proceso que obtuviera un rendimiento del 4% a lo largo de 40 años de duración el valor final acumulado sería de 203.009 euros, si el rendimiento fuera del 8% el valor final sería de 542.269, lo que en términos relativos supone que una diferencia de rentabilidad de también cuatro puntos porcentuales suponga ahora una diferencia de un 167%.

Se atribuye a Einstein la cita de que, "la regla del interés compuesto es la fuerza más expansiva que hay en el Universo". Si esta frase fue consecuencia de una experiencia personal no hay dudas acerca de que se refería a una operación financiera en la que el interés utilizado era alto y su duración prolongada.

Las aportaciones al plan de previsión

Tal cual ya se ha indicado el rendimiento financiero es una variable importante pero no es la única variable con efectos significativos a considerar en un esquema de ahorro a largo plazo. El valor final susceptible de obtenerse mediante un proceso sistemático de ahorro, es decir mediante aportaciones periódicas, con la finalidad de acumular un capital en un horizonte temporal prolongado para posibilitar a su vez un flujo de rentas en la fase de jubilación depende de las siguientes variables:

a) Importe de la aportación periódica inicial
b) Incremento de las aportaciones a lo largo del proceso
c) Duración del proceso
d) Rendimiento neto del instrumento utilizado

Obviamos la consideración del tratamiento fiscal por lo indicado anteriormente, solo el tratamiento fiscal reservado por la ley de IRPF a un PP o un PPA, puede suponer un beneficio fiscal. En cualquier otro instrumento (Plan Individual de Ahorro Sistemático, Fondo de Inversión, Depósito,..) el rendimiento financiero-fiscal siempre será inferior o excepcionalmente igual al rendimiento financiero, en cambio en un PP o PPA el rendimiento financiero-fiscal será superior al rendimiento financiero si el tipo marginal del IRPF en la jubilación es inferior al tipo marginal del IRPF en la fase de actividad, de ser iguales los tipos marginales el efecto fiscal en términos de TIR es nulo al coincidir el rendimiento financiero con el rendimiento financiero fiscal. En consecuencia el tratamiento fiscal privilegiado de los PP-PPA se reduce a un mejor rendimiento financiero por lo que, al igual que los gastos implícitos y explícitos que reducen el rendimiento bruto, podemos no considerarlos separadamente y considerar exclusivamente una tasa de rendimiento neto que incorpore todo ello, el beneficio fiscal en positivo y las comisiones en negativo.

La aportación inicial periódica de un plan de previsión determina, "ceteris paribus", es decir permaneciendo constante el resto de los factores, (duración, rendimiento, incremento de las aportaciones) un valor final que es proporcional a dicha aportación. Las variaciones del resto de los factores tienen consecuencias no proporcionales como se observará más adelante. Si con una aportación de 100 euros mensuales se obtiene un capital final de "x" euros, siendo idénticos el régimen de incremento de las aportaciones, la duración y el rendimiento neto durante todo el proceso de ahorro, con una aportación de 200 euros mensuales se obtendría un capital final de dos veces "x" euros.

Es posible que una buena parte de la comercialización de los planes de pensiones sea realizada en España atendiendo al beneficio directo a corto plazo derivado del efecto fiscal consecuencia de la minoración de la base imponible y el consiguiente efecto fiscal inmediato. Ello explicaría los habituales periodos álgidos en la comercialización de estos productos concentrados en el final del ejercicio y a lo largo del periodo de presentación del IRPF a mitad del año natural. El "beneficio" fiscal directo y observable al realizar una aportación equivale al producto de la aportación por el tipo marginal de IRPF. Así con un tipo marginal de IRPF (a lo que tributa el último tramo de ingresos) del 39% una aportación de 5.000 euros supone una menor factura fiscal inmediata de 1.950 euros, y la fácil percepción de este "rendimiento fiscal" inmediato es utilizada por las redes de las comercializadoras como argumento de venta lo que es a su vez bien valorado y fácilmente percibido por los clientes. De este modo una buena parte de los planes de pensiones no corresponden a un proceso sistemático de aportaciones con una perspectiva de ahorro finalista, realizado con ánimo de alcanzar un objetivo de previsión, sino a una decisión de inversión realizada aún a costa de perder la disponibilidad de la inversión en función de las limitaciones a su liquidez que se establecen normativamente en PP y PPA. "Menos liquidez tienen los pagos ya realizados a la Hacienda Pública", es un contra-argumento fácil que tiene buena acogida ante un nivel de cultura financiera no alta. Complementariamente la comercialización de planes de pensiones integrados en fondos de pensiones pertenecientes a la categoría de inversión de "garantizados" reduce adicionalmente la exposición comercial de orden financiero que sería necesaria en otros casos. En consecuencia es posible que buena parte del ahorro canalizado en los instrumentos de previsión no tengan un componente de previsión sino estrictamente de inversión y de ahorro fiscal no rigurosamente calculado.

Pero lo razonable desde la perspectiva económica de la previsión sería que las aportaciones a estos productos no se realizasen en función de un excedente de ahorro disponible en un momento determinado sino al contrario de una forma sistemática en función de un objetivo predeterminado. Antes se ha manifestado que por imperativo legal los planes de pensiones individuales deben ser de "aportación definida" es decir lo único que se define en el propio plan es el régimen de aportaciones, de forma que las prestaciones serán el resultado de las aportaciones realizadas y de los rendimientos obtenidos. Esto no obsta a que el cálculo de las aportaciones pueda ser realizado en función de las prestaciones, rentas complementarias en la fase de jubilación, objetivo o deseadas. Las entidades que ofertan planes de previsión normalmente ponen a disposición de sus clientes simuladores más o menos sofisticados que permiten calcular en función de una prestación objetivo la aportación periódica a realizar. La complejidad habitual de estas herramientas de cálculo hace que el uso de los referidos simuladores sea normalmente muy limitado incluso por parte de los empleados de las propias redes comercializadoras. Parece aconsejable al respecto migrar hacia esquemas más simples que sin pérdida de rigor faciliten tanto la comprensión por parte del cliente como la exposición por parte del comercializador.

Una variable ineludible en el cálculo del ahorro finalista para la jubilación es la inflación. Antes hemos observado cómo, en el periodo 2004-2014, 100 euros al inicio del periodo exigirían, de desearse mantener el poder adquisitivo, 127 euros al final del mismo, dentro de los objetivos de estabilidad en la zona euro hay un objetivo de mantenimiento de la inflación en el entorno del 2%. En un proceso de 30-40 años un dos por ciento de inflación hace que el valor final equivalente, en poder adquisitivo, a un valor inicial de 100 euros se sitúe entre 181,13 y 220,80 euros. En definitiva no considerar el efecto de la erosión del poder adquisitivo de la moneda por el efecto de la inflación, supone desvirtuar la fiabilidad de la previsión y la utilidad del proceso, y, en consecuencia su incorporación en el cálculo es ineludible si bien ello puede hacerse de una forma indirecta considerando en lugar de tasas de rendimiento nominales las tasas de rendimiento reales, es decir corregidas por la inflación, de las distintas clases de activos.

Como antes se ha visto el rendimiento neto, tanto en la fase de acumulación como en la fase de disposición, constituye un factor determinante de la aportación necesaria para un objetivo predeterminado. Se puede estimar que una combinación de activos con un nivel razonable de riesgo puede aportar a largo plazo un rendimiento financiero neto superior a la inflación en un tres por ciento, y podemos igualmente suponer que las aportaciones periódicas anuales pueden incrementarse anualmente en la tasa de inflación o en algo más. Las anteriores hipótesis son suficientes para, determinado un nivel objetivo de renta complementaria en poder adquisitivo actual, evaluar la renta equivalente en el momento del inicio de la jubilación, y a partir de ella el capital necesario para generar el flujo de rentas en la fase de jubilación también en términos reales, y finalmente con las formulas financieras habituales determinar la aportación necesaria inicial.

En resumen el proceso de simulación simplificado se reduce en establecer un nivel de renta deseado (R_0), en poder adquisitivo actual y determinar la duración del proceso de aportaciones (n). Simplemente con estas dos variables se puede determinar, bajo las anteriores hipótesis, con suficiente rigor la aportación periódica inicial (A_0) necesaria para alcanzar un capital al final del proceso de aportaciones (K_n) suficiente para generar una flujo de rentas (R_n, R_{n+1}, R_{n+2}, R_{n+3}, .. $R_{n+\omega}$) que mantengan el poder adquisitivo que representaba R_0 en un principio. En el diagrama adjunto se aprecia que supuesto un determinado tipo de interés real (por ejemplo un 3,5%) y una determinada tasa de inflación (por ejemplo un 2%) los únicos inputs necesarios para calcular la aportación periódica inicial es el nivel de renta deseado, "R_0" ,(en términos de valor actual) y el número de años hasta el inicio de la fase de jubilación, "n".

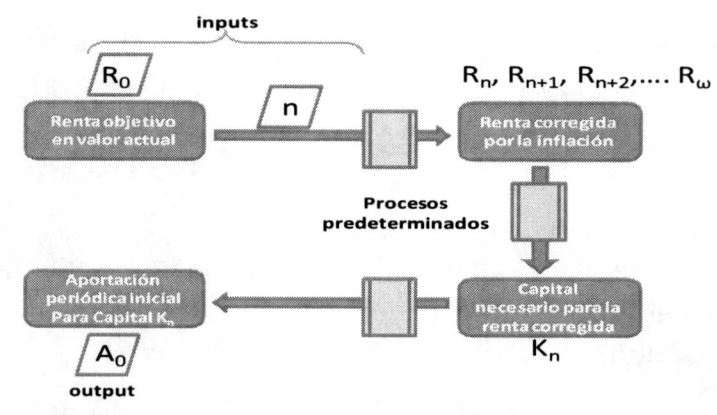

Figura 15. Diagrama proceso de cálculo de la aportación periódica en función de la prestación objetivo

Para ello en primer lugar se calcularía R_n (R_0 corregido por la inflación) en función de la inflación prevista y el número de años hasta el inicio de la fase de jubilación, seguidamente la relación entre dicha renta y el capital financiero equivalente K_n puede predeterminarse con las hipótesis más generalizadas[21] y finalmente el cálculo de la aportación inicial de un ahorro sistemático periódico durante "n" años equivalente al capital de cobertura K_n deriva de simples fórmulas financieras que se detallan más adelante. En consecuencia dado que la distancia hasta la jubilación, "n" está determinada en función de la

---

[21] Regla del 4% que se expone más adelante.

edad alcanzada y la distancia a la edad de jubilación, lo único relevante para el cálculo de un esquema de previsión para un individuo o unidad familiar es estimar cual debería ser, en valor actual, la renta complementaria que desease obtener del sistema individual, R_0.

Ilustremos lo anterior con un simple ejemplo, suponiendo los siguientes datos de partida:

- Número de periodos hasta la jubilación: 35 años
- Renta deseada en poder adquisitivo actual: 1.000 euros
- Inflación prevista: 2%
- Interés nominal: 5%
- Ratio de transformación renta mensual a partir de capital: 1/300 (regla del 4% que se verá más adelante)

La renta de 1.000 euros en poder adquisitivo en el momento actual dentro de 35 años será equivalente una renta de 2.000 euros (= 1.000 x $(1+0,02)^{35}$). Para disponer de una renta de 2.000 euros durante toda la jubilación en términos reales se precisa un capital de 600.000 euros (=2.000 x 300). Para acumular un capital final de 600.000 euros mediante un proceso de aportaciones periódicas incrementadas anualmente con la tasa de inflación, se precisa una aportación inicial aproximada de 415 euros mensuales (resultado de dividir 600.000 por el valor final de una renta unitaria al 5%, creciente 2%, durante 25 años, 1.444,54)[22].

---

[22] El valor final de una renta unitaria anual pagadera mensualmente, prepagable, creciente anualmente, puede calcularse con un buen grado de exactitud en dos pasos. Primero ponderando por 11/24 y 13/24, los valores actuales de una renta unitaria anual creciente postpagable y prepagable

En consecuencia el primer paso en el diseño de cualquier plan de previsión es establecer la prestación objetivo. Un plan de previsión solo tiene sentido si se realiza con un determinado objetivo, el ahorro, la "aportación definida" sin ningún objetivo se corresponde con un estadio previo del conocimiento respecto al nivel de desarrollo de la materia en el momento actual. Naturalmente como se verá a lo largo del Libro las necesidades variarán, los rendimientos sufrirán oscilaciones, la inflación no será la prevista, todo esto no debe ser objeto de especial preocupación ya que a lo largo del plan de previsión mediante el proceso de revisión se irán ajustando las aportaciones al objetivo que pueda establecerse de nuevo, y de acuerdo con valor efectivamente acumulado en función del rendimiento realmente obtenido, corrigiendo en su caso las desviaciones que hayan podido producirse en el resto de las hipótesis.

En el momento actual, para ingresos medios, (1.500-2.500 euros netos mensuales) un nivel bajo de protección complementaria para la jubilación podría cifrarse en 100 euros mensuales, un nivel de protección media en el entorno de 150 euros mensuales y un nivel alto en el entorno de 300 euros mensuales. Estos son meras aproximaciones cuantitativas a la problemática planteada

---

respectivamente. Para ello basta recordar que el valor actual de una renta unitaria creciente postpagable se calcula con la expresión [a_n=(1- q^n. v^n)/(1+i-q)] y la prepagable se calcula con la expresión [a'_n=1+q*(1- q^{n-1}. v^{n-1})/(1+i-q)]. Calculándose posteriormente el valor final en ambos casos multiplicando por $(1+i)^n$. Siendo, v=1/(1+i) y q=(1+α), siendo a su vez i, el tipo de interés anual y α, la tasa de expansión o crecimiento de los términos anualmente de la renta (por ejemplo para corregir el efecto de la inflación). Para mayor detalle, justificación y expresiones de cálculo alternativas puede consultarse, "Matemática Financiera. José Mª Ruiz. Centro de Formación del Banco de España. Madrid 1986.

y corresponde a cada individuo con el apoyo de un asesor de previsión cualificado determinar el nivel de renta objetivo en función de sus necesidades, patrimonio, otros ingresos regulares independientes de su situación de actividad, estado de salud, circunstancias familiares, y considerando muy especialmente las prestaciones de la Seguridad Social, tanto las directas de jubilación como las derivadas a favor del cónyuge[23] en caso de fallecimiento.

Como anteriormente se ha indicado la relación entre aportación y prestación es perfectamente proporcional de modo que disponiendo de la tabla de aportaciones correspondiente a una renta objetivo de 1.000 euros para idéntica duración e hipótesis puede calcularse la aportación necesaria para cualquier otro importe simplemente obteniendo el valor proporcional. Dicho de otro modo existe una ratio para cada conjunto de hipótesis entre la renta objetivo y la aportación periódica a realizar. En el ejemplo anterior esta ratio sería del 20,75% (= 415/2.000) considerando la aportación inicial y la renta inicial en términos monetarios, pero del 41,5% (=415/1.000) de considerar la aportación inicial y la renta inicial en términos constantes es decir en valor adquisitivo actual.

En los cuadros que siguen a continuación se determina la aportación inicial necesaria, para distintas duraciones de

---

[23] Se debe reiterar que en el régimen de autónomos hay discrecionalidad en la selección de las bases de cotización y en consecuencia las coberturas pueden ser muy dispares. Por otra parte nótese que si en una pareja de jubilados que ambos percibiesen pensión del sistema público la pensión de viudedad derivada en caso de fallecimiento de alguno de ellos está limitada por la cuantía máxima de la pensión, lo que hace que en determinados casos la pensión de viudedad sea mínima o incluso nula (si el supérstite ya cobraba la pensión máxima).

la fase de acumulación, tipos nominales de interés anual y tasas de crecimiento de los términos anuales, (supuestamente la inflación) para disponer de una renta objetivo de 1.000 en términos reales el momento de la jubilación. En el primero de ellos se considera una inflación e incremento de las aportaciones del 2% (objetivo del BCE a medio plazo) y en el otro del 3%. En ambos casos se considera que el capital necesario para proporcionar una renta mensual unitaria, corregida por la inflación, es 300 veces el importe de la renta inicial mensual, hipótesis del 4% que se justificará más adelante, significando aquí inicio, el inicio de la fase de disposición, es decir el final de la fase de acumulación.

Aportación inicial mensual necesaria para obtener una renta mensual de 1.000 euros mensuales en términos constantes
Tasa de Inflación: 2%
Incremento anual de aportaciones igual a la inflación

Duración	Renta equivalente	Capital a Acumular	2%	3%	4%	5%	6%	7%	8%
20	1.486	445.800	1.261	1.142	1.031	930	836	751	673
25	1.641	492.300	1.009	891	783	686	599	522	453
30	1.811	543.300	841	724	619	527	446	376	316
35	2.000	600.000	721	604	503	415	341	278	225
40	2.208	662.400	631	515	417	334	265	208	163
45	2.438	731.400	561	446	351	272	209	158	119

Figura 16. Aportación mensual periódica necesaria para una renta mensual unitaria de 1.000 unidades en términos reales a distintas duraciones y rendimientos con una hipótesis de inflación del 2%

El paseo aleatorio hacia la jubilación

Aportación inicial mensual necesaria para obtener una renta mensual de 1.000 euros mensuales en términos constantes
Tasa de inflación: 3%
Incremento anual de aportaciones igual a la inflación

Duración	Renta equivalente	Capital a Acumular	2%	3%	4%	5%	6%	7%	8%
20	1.806	541.833	1.395	1.267	1.148	1.038	937	844	758
25	2.094	628.133	1.143	1.014	896	789	692	605	528
30	2.427	728.179	975	845	728	624	532	451	381
35	2.814	844.159	855	724	608	507	420	345	282
40	3.262	978.611	765	634	519	420	337	268	212
45	3.782	1.134.479	696	563	449	354	275	212	161

Figura 17. Aportación mensual periódica necesaria para una renta mensual unitaria de 1.000 unidades en términos reales a distintas duraciones y rendimientos con una hipótesis de inflación del 3%

De la observación con detalle de los importes obtenidos se pueden extraer distintas conclusiones:

a) En cualquier caso el esfuerzo de ahorro requerido en la fase de acumulación para obtener una renta en la fase de jubilación no es banal. Ello aconseja utilizar los efectos fiscales previstos por la normativa de IRPF que permite minorar el esfuerzo exigido en el porcentaje que supone el tipo marginal del impuesto sobre la renta.

b) La inflación es un factor muy relevante. En un proceso de 35 años que la inflación sea del 2% o del 3% exige acumular, para una renta de 1.000 euros en términos de poder adquisitivo constante, un capital de 600.000 o 844.159 euros, un 40% más.

c) El efecto de la duración del proceso de ahorro es muy significativo. Con una inflación del 2% y un rendimiento del 5% una duración de 25 años exige una aportación inicial de 686 euros, si la duración fuese de 40 años se requeriría prácticamente la mitad 334 euros.

d) Nótese que intereses reales equivalentes[24] exigen aportaciones similares, por ejemplo un 2% de inflación y un 5% de rendimiento a 35 años exige una aportación de 415 euros, muy similar a la correspondiente con una inflación del 3% y un rendimiento del 6% también a 35 años, 420 euros.

Todos los cálculos que relacionan aportaciones con prestaciones están impregnados de un cierto misterio o complejidad especialmente cuando se explicitan las fórmulas para calcular el valor final de un proceso de aportación. La realidad del proceso puede plantearse de una forma mucho más sencilla y fácil de comprender. Un proceso de acumulación tiene una mecánica similar al de un cuadro de amortización de un préstamo hipotecario en el que el saldo final de cada ejercicio es función del saldo inicial, del tipo de interés y de las cuotas de amortización satisfechas. En un proceso de acumulación el saldo al final de cada ejercicio es función del saldo inicial, de la aportación realizada, y la rentabilidad (positiva o negativa) obtenida en cada ejercicio, y así en un proceso iterativo, el saldo al final de un ejercicio es el saldo inicial del ejercicio siguiente determinándose finalmente el valor final. A continuación se expone un ejemplo de cuadro de acumulación que cualquier lector puede construir con una hoja Excel.

---

[24] De una forma aproximada el tipo de interés real se puede estimar restando del tipo de interés nominal la tasa de inflación. Es decir con un interés nominal del 5% y una inflación del 2% el interés real aproximado sería del 3%. Exactamente el interés real equivalente en un escenario de inflación se determina mediante la expresión: $i'=[(i-q)/(1+q)]$, siendo q la tasa de inflación e i el tipo de interés nominal equivalente a una tasa de interés real del i' por ciento. En el ejemplo expuesto con un tipo del 5%, y una inflación del 2%, le correspondería un tipo equivalente real del 2,91%, no del 3,00%.

Si el rendimiento susceptible de obtenerse en cada ejercicio fuera otro distinto del ejemplo anterior, el resultado del valor final alcanzado sería distinto, lo que puede fácilmente comprobar el propio lector. De igual modo resultaría si la aportación inicial, las aportaciones periódicas o el incremento anual de estas fueran distintos de las consideradas en la hipótesis de cálculo.

A continuación se exponen dos resultados alternativos, en uno de ellos se ha estimado un rendimiento neto positivo constante del 3% en el otro del 6%.

El ahorro finalista para la jubilación

Proceso acumulación en un plan de previsión individual					
Ejercicio	Saldo Inicial	Aportación	Interés	Rendimiento	Saldo Final
1	10.000	3.600	3%	408	14.008
2	14.008	3.636	3%	529	18.173
3	18.173	3.672	3%	655	22.501
4	22.501	3.709	3%	786	26.996
5	26.996	3.746	3%	922	31.665
6	31.665	3.784	3%	1.063	36.512
7	36.512	3.821	3%	1.210	41.543
8	41.543	3.860	3%	1.362	46.765
9	46.765	3.898	3%	1.520	52.183
10	52.183	3.937	3%	1.684	57.804
11	57.804	3.977	3%	1.853	63.634
12	63.634	4.016	3%	2.030	69.680
13	69.680	4.057	3%	2.212	75.949
14	75.949	4.097	3%	2.401	82.448
15	82.448	4.138	3%	2.598	89.183
16	89.183	4.179	3%	2.801	96.164
17	96.164	4.221	3%	3.012	103.396
18	103.396	4.263	3%	3.230	110.890
19	110.890	4.306	3%	3.456	118.652
20	118.652	4.349	3%	3.690	126.691
21	126.691	4.393	3%	3.933	135.016
22	135.016	4.437	3%	4.184	143.636
23	143.636	4.481	3%	4.444	152.561
24	152.561	4.526	3%	4.713	161.799
25	161.799	4.571	3%	4.991	171.361
26	171.361	4.617	3%	5.279	181.257
27	181.257	4.663	3%	5.578	191.498
28	191.498	4.710	3%	5.886	202.094
29	202.094	4.757	3%	6.206	213.056
30	213.056	4.804	3%	6.536	224.396

Hipótesis: Aportación inicial de 10.000 euros y aportaciones anuales al inicio de cada ejercicio de 3.600 euros incrementandose anualmente en un uno por ciento y con una rentabilidad constante del 3%

Figura 18. Proceso de acumulación en un plan de previsión bajo la hipótesis de un rendimiento fijo del 3%

El paseo aleatorio hacia la jubilación

Proceso acumulación en un plan de previsión individual				
Ejercicio	Saldo Inicial	Aportación	Interés	Rendimiento	Saldo Final
1	10.000	3.600	6,0%	816	14.416
2	14.416	3.636	6,0%	1.083	19.135
3	19.135	3.672	6,0%	1.368	24.176
4	24.176	3.709	6,0%	1.673	29.558
5	29.558	3.746	6,0%	1.998	35.303
6	35.303	3.784	6,0%	2.345	41.431
7	41.431	3.821	6,0%	2.715	47.968
8	47.968	3.860	6,0%	3.110	54.937
9	54.937	3.898	6,0%	3.530	62.366
10	62.366	3.937	6,0%	3.978	70.281
11	70.281	3.977	6,0%	4.455	78.713
12	78.713	4.016	6,0%	4.964	87.694
13	87.694	4.057	6,0%	5.505	97.255
14	97.255	4.097	6,0%	6.081	107.433
15	107.433	4.138	6,0%	6.694	118.266
16	118.266	4.179	6,0%	7.347	129.792
17	129.792	4.221	6,0%	8.041	142.054
18	142.054	4.263	6,0%	8.779	155.097
19	155.097	4.306	6,0%	9.564	168.967
20	168.967	4.349	6,0%	10.399	183.715
21	183.715	4.393	6,0%	11.286	199.394
22	199.394	4.437	6,0%	12.230	216.061
23	216.061	4.481	6,0%	13.232	233.774
24	233.774	4.526	6,0%	14.298	252.598
25	252.598	4.571	6,0%	15.430	272.599
26	272.599	4.617	6,0%	16.633	293.849
27	293.849	4.663	6,0%	17.911	316.422
28	316.422	4.710	6,0%	19.268	340.400
29	340.400	4.757	6,0%	20.709	365.866
30	365.866	4.804	6,0%	22.240	392.910

Hipótesis: Aportación inicial de 10.000 euros y aportaciones anuales al inicio de cada ejercicio de 3.600 euros incrementandose anualmente en un uno por ciento y con una rentabilidad constante del 6%

Figura 19. Proceso de acumulación en un plan de previsión bajo la hipótesis de un rendimiento fijo del 6%

Otra aproximación al cálculo podría realizarse simulando que la rentabilidad neta susceptible de obtenerse en cada ejercicio tiene un comportamiento aleatorio, en el sentido de que no es conocida de antemano pero si conocemos una determinada forma de su distribución (por ejemplo suponer que se ajusta a una curva normal[25]) y unos

---

[25] Esta hipótesis no se corresponde con la experiencia empírica en procesos a largo plazo como se comentará más adelante.

parámetros, media y desviación estándar que la han caracterizado hasta el momento y pueden proyectarse hacia el futuro. El cuadro que sigue a continuación sería un ejemplo de este tipo de aproximaciones en el que la única modificación introducida es que ahora el tipo de interés aplicable en cada ejercicio, antes constante y predeterminado, se ha sustituido por la rentabilidad aleatoria calculada según la función de Excel, [=DISTR.NORM.INV(ALEATORIO();6%;15%)], que devuelve el valor inverso (el correspondiente al eje de abscisas) de la función de distribución de una variable aleatoria normal con media del 6% y desviación estándar del 15%.

El paseo aleatorio hacia la jubilación

Proceso acumulación en un plan de previsión individual					
Ejercicio	Saldo Inicial	Aportación	Rentabilidad	Rendimiento	Saldo Final
1	10.000	3.600	5,1%	693	14.293
2	14.293	3.636	12,0%	2.151	20.080
3	20.080	3.672	17,2%	4.091	27.843
4	27.843	3.709	13,9%	4.394	35.947
5	35.947	3.746	4,5%	1.804	41.497
6	41.497	3.784	-8,1%	-3.680	41.601
7	41.601	3.821	-2,1%	-955	44.467
8	44.467	3.860	15,1%	7.298	55.624
9	55.624	3.898	1,5%	873	60.396
10	60.396	3.937	13,8%	8.873	73.207
11	73.207	3.977	-11,9%	-9.172	68.011
12	68.011	4.016	-2,9%	-2.080	69.947
13	69.947	4.057	12,6%	9.301	83.305
14	83.305	4.097	28,9%	25.247	112.649
15	112.649	4.138	13,3%	15.504	132.291
16	132.291	4.179	5,6%	7.679	144.150
17	144.150	4.221	12,3%	18.254	166.625
18	166.625	4.263	12,8%	21.918	192.807
19	192.807	4.306	14,1%	27.703	224.815
20	224.815	4.349	6,2%	14.177	243.341
21	243.341	4.393	14,4%	35.592	283.326
22	283.326	4.437	15,8%	45.440	333.203
23	333.203	4.481	18,3%	61.815	399.499
24	399.499	4.526	12,2%	49.453	453.478
25	453.478	4.571	-20,7%	-94.944	363.105
26	363.105	4.617	-0,6%	-2.383	365.339
27	365.339	4.663	-0,4%	-1.529	368.473
28	368.473	4.710	-0,2%	-705	372.478
29	372.478	4.757	-3,3%	-12.630	364.604
30	364.604	4.804	-13,8%	-50.940	318.469

Hipótesis: Aportación inicial de 10.000 euros y aportaciones anuales al inicio de cada ejercicio de 3.600 euros incrementandose anualmente en un uno por ciento y con una rentabilidad aleatoria que sigue una distribución normal con una media del 6% y una volatilidad del 15%

Figura 20. Proceso de acumulación en un plan de previsión bajo la hipótesis de un rendimiento aleatorio.

El valor final obtenido en la anterior tabla solo proporciona el resultado de una simulación, de un camino aleatorio, para tener una idea más exacta del resultado probable deberían reiterarse múltiples simulaciones y a partir de los resultados obtenidos en cada una de ellas deducir cual sería el valor final más probable que obtendríamos al final del proceso así como la dispersión de los resultados susceptibles de obtenerse. Este método de evaluación se analizará con más detalle al considerar en el Capítulo 5º la determinación del porcentaje de inversión en Renta

El ahorro finalista para la jubilación

Variable que permitiría optimizar el proceso de ahorro desde la perspectiva de rentabilidad y del riesgo asumido pero, a título de referencia en estos momentos, la información sintetizando los resultados de reiterar las simulaciones a que nos referimos tendría la siguiente estructura:

Resultados medios tras dos mil simulaciones		TIR
VF Media Iteraciones	383.844	6,28%
VF Mediana Iteraciones	321.151	5,32%
VF Media Acotada 90%	**322.761**	5,35%
Suma de aportaciones	**135.226**	
VF Desviación Standard	230.743	
VF Percentiles		
0,10%	70.117	-4,46%
1,00%	93.497	-2,27%
5,00%	135.067	0,24%
25,00%	226.928	3,39%
50,00%	321.151	5,32%
75,00%	482.588	7,48%
99,00%	1.217.447	12,08%
VF Mínimo	63.742	-5,25%
VF Máximo	2.176.337	14,84%

Figura 21. Resumen resultados derivados de simular reiteradamente un proceso de acumulación bajo la hipótesis de rendimientos aleatorios

La consideración de "normalidad" en la distribución de los resultados del rendimiento de una categoría de inversión, como puede ser la renta variable, es una hipótesis contrastada a corto y medio plazo pero no a largo plazo en la que la experiencia empírica eliminaría la consideración de los resultados extremos por lo que en un proceso de duración 30-40 años deberán incorporarse límites a los resultados extremos derivados de evoluciones sin razonabilidad económica como se verá más adelante. Así por ejemplo en el cuadro anterior una media de valores finales descartando los extremos en un diez por ciento, determinaría un importe de 322.761 euros (VF Media Acotada 90%) muy similar al valor de la Mediana 321.151 euros.

También es posible delimitar la razonabilidad de los valores máximos y mínimos con un determinado nivel de confianza. Analizando los distintos percentiles de la distribución podemos afirmar que, a partir de las simulaciones realizadas, que el límite superior correspondiente al 25% de los valores finales más bajos, sería de 226.928 euros, así como que el límite superior de los valores finales correspondientes al 75% de los valores más bajos (es decir descartando el 25% de los resultados más altos) sería de 482.588 euros. Estos extremos determinan importes que desde la perspectiva de la razonabilidad económica corresponden a márgenes de confianza más amplios que los manifestados por los percentiles estadísticos. Y ello en tanto al considerar las TIR resultantes de los referidos importes, un 3,39% correspondiente al límite inferior y un 12,08% correspondiente al límite superior, se evidencia que tasas inferiores o superiores en un proceso de acumulación con aportaciones periódicas a largo plazo estarían fuera de la racionalidad económica y de la evidencia empírica del rendimiento de la renta variable a largo plazo.

De este modo se percibe que el partícipe de un plan de previsión en un esquema de rentabilidad efectiva sujeta al rendimiento estimado de los activos subyacentes no compara valores ciertos (aportaciones) con otros valores también ciertos (prestaciones), sino que las prestaciones, los valores finales, incorporan una relativa incertidumbre en función de los riesgos inherentes a las distintas clases o categorías de activos, o lo que es lo mismo en función de la asignación o peso relativo de cada clase de activo respecto al total de la inversión del fondo de pensiones en cada momento, lo que se denomina *asset allocation*.

En consecuencia no es suficiente comparar el valor medio estimado derivado del proceso de inversión en las distintas alternativas. La gestión de la incertidumbre por parte del partícipe y la adopción de decisiones por su parte implica necesariamente estimar la forma de distribución de las prestaciones probables optando en definitiva por la asignación del activo o *asset allocation*, que entre las distintas clases de instrumentos financieros y no financieros, sea más adecuada a sus intereses específicos atendiendo su capacidad económica y su disposición personal ante la aversión a las pérdidas. Para un partícipe de un plan de pensiones tan relevante le resulta conocer el valor probable del valor final del proceso de acumulación como el valor final mínimo resultante de dicho proceso con un margen de seguridad determinado.

En los ejemplos anteriores para determinar la equivalencia entre el valor final y las prestaciones en forma de renta que mantengan su poder adquisitivo, se ha utilizado la *rule of thumb* o regla general del 4%, muy corriente en el ámbito anglosajón, en el que la problemática de las pensiones privadas está mucho más desarrollada por su prevalencia frente a las pensiones públicas. Dicha regla se resume en estimar que la relación entre la renta inicial anual, que pueda mantener su poder adquisitivo en la vida residual de un jubilado, y el capital equivalente en el inicio de la fase de la jubilación es del cuatro por ciento[26].

Dicho de otra forma la relación entre una renta mensual, que mantuviese el poder adquisitivo, y el capital inicial en la fase de jubilación se obtiene multiplicando por 300 (1/0,04 * 12) la renta de jubilación deseada. A título de ejemplo una renta mensual de 1.000 euros durante la fase de jubilación que mantuviese su poder adquisitivo revalorizándose de acuerdo con el índice de precios al consumo exigiría un capital al inicio del periodo de jubilación de 300.000 euros. Esta regla del 4%[27] es una

---

[26] Se atribuye esta regla a William Bengen en función de un análisis empírico realizado en 1994 de los resultados probables en todos los posibles periodos de 30 años de disposición de los fondos ajustados a la inflación. En una posterior evaluación por parte del mismo autor se estimó también segura la utilización de una tasa del 4,5%. Aquí seguridad significaría que, con un determinado margen de confianza, los activos no se disponen en su totalidad antes del fallecimiento del partícipe. Más adelante se consideran otras aportaciones teóricas y se evalúa la razonabilidad de esta hipótesis y sus condiciones así como las probabilidades de error.

[27] La utilización de la *rule of thumb* del 4% aconseja tener en cuenta el momento del ciclo bursátil al jubilarse. La regla está contrastada con los datos históricos de Estados Unidos en el siglo XX manteniendo en cartera un porcentaje en renta variable entre el 25% y el 75% permitiendo ajustar las disposiciones futuras a la inflación por la mayor rentabilidad esperada de los instrumentos de capital. Si el momento de la jubilación coincidiera con una fase expansiva de las fluctuaciones de los valores bursátiles el cálculo de una primera disposición del 4% (y sucesivas corregidas por la variación del índice de precios al consumo) posiblemente agotaría el capital acumulado más rápidamente de lo previsto ya que las variaciones negativas en el valor de las acciones por las correcciones que suceden tras la fase alcista tendrían este efecto. En sentido opuesto una disposición inicial del 4% del valor acumulado cuando el inicio de la fase de jubilación es coincidente con una fase recesiva del ciclo bursátil puede determinar un régimen de disposiciones inferior al razonable en función del capital acumulado debido a las probables correcciones al alza de las cotizaciones después de la fase bajista. Lo anterior ha llegado a concluir a algunos investigadores que sería más razonable que la *rule of thumb* del 4% fuese sustituida por otra regla en función de los porcentajes sobre los salarios aplicados para calcular las

aproximación práctica muy útil para dimensionar la magnitud de la problemática a la que se enfrenta los individuos o las unidades familiares en materia de previsión y permite establecer una fácil relación entre la renta revalorizable objetivo deseada (renta constante en términos reales) y el objetivo de capital a acumular al inicio de la jubilación. En el Capítulo 5º se analizará con más detalle las implicaciones de la referida regla y su validez relativa en la actualidad atendiendo a las circunstancias presentes.

Todo lo anterior mantiene su utilidad en tanto de una forma regular y periódica sea monitorizado el proceso para observar si las circunstancias e hipótesis utilizadas al inicio del plan de previsión se mantienen, si la regulación de las pensiones públicas no se ha modificado, o si los factores de riesgo son los mismos, para en su caso proceder a la revisión del esquema, aumentando o reduciendo aportaciones, estableciendo nuevos objetivos, modificando la duración (cambiando la fecha de acceso a la jubilación o considerando la posibilidad de jubilación parcial) o cambiando la estructura de la inversión y en consecuencia el riesgo financiero asumido. El planteamiento de una edad de jubilación fija cierta y un cese definitivo de la actividad laboral a dicha fecha puede ser objeto de reconsideración.

Una falta de revisión periódica reevaluando resultados circunstancias e hipótesis puede ser un error fatal en la instrumentación del ahorro finalista para la jubilación. El modelo de cálculo para la determinación de la aportación

---

aportaciones realizadas a lo largo de la fase de actividad y de este modo corregir el posible sesgo errático de la regla del 4% según el momento de la jubilación coincida con la fase expansiva o recesiva del ciclo bursátil.

inicial en un plan de previsión puede ser mucho más complejo o sofisticado, incluso estéticamente más atractivo pero lo fundamental es la comprensión del esquema, fijar el objetivo, determinar la aportación y revisar periódicamente la adecuación de los resultados a las necesidades. Resulta revelador del gran recorrido de la readecuación del actual modelo de oferta por parte de muchas entidades comercializadoras, el hecho de que cuando un partícipe de un plan de pensiones ha solicitado la movilización de sus derechos en un plan a otra entidad se le suele realizar una llamada telefónica con el objetivo de retención del contrato, y detener el traspaso, y que esta llamada haya sido el único contacto del comercializador con el cliente durante muchos años.

Determinación de la aportación

El partícipe o asegurado en un esquema de previsión complementaria se enfrenta a una primera cuestión, ¿de qué cuantía deben ser las aportaciones periódicas? La respuesta de esta primera cuestión puede plantearse por dos vías distintas. En función del objetivo deseado tal cual se ha visto en el apartado anterior y en función de la capacidad de ahorro a partir del actual nivel de ingresos.

Aunque un plan de pensiones individual es por imperativo legal un plan de aportación definida, es decir lo único que se determina en el mismo es la cuantía de la aportación a realizar, es obvio que todo esquema de previsión pretende un objetivo[28] y qué en función de este objetivo deberán adecuarse las aportaciones a realizar.

Aproximadamente para conseguir una renta mensual vitalicia durante la fase de jubilación de 100 euros, revalorizable por la inflación, se estima necesaria una aportación mensual a lo largo de toda la fase de actividad no inferior a 28 euros, revalorizable igualmente por la inflación, a lo largo del proceso de acumulación. Esta regla del 28%[29], constituye una primera referencia en los ámbitos en los que la inversión en renta variable suele ser mucho más intensiva que en España, y permite una fácil aproximación a la dimensión de la problemática planteada. Para conseguir una renta mensual de 1.000 euros en poder adquisitivo actual, se precisaría una aportación mensual del orden de 280 euros, y por el principio de la proporcionalidad antes expuesto anteriormente, una renta mensual de 500 euros exigiría una aportación mensual no inferior a 140 euros. Por el mismo razonamiento de una aportación inicial de 30 euros no cabría esperar más que una renta de jubilación superior a 110 euros mensuales.

En esta aproximación a la cuantía de la aportación inicial, en un esquema de previsión, la renta objetivo puede estimarse en términos de valor absoluto, definiendo la renta deseada en términos de poder adquisitivo actual,

---

[28] Una conclusión de esto es la conveniencia de plantear, desde el inicio, por parte de las entidades comercializadoras, el objetivo pretendido por el esquema de previsión. En otro caso la falta de identificación del partícipe con los objetivos del contrato fomenta la caída de la cartera en lo relacionado a la continuidad de las aportaciones y en consecuencia la esterilización de una buena parte del esfuerzo comercial realizado en la captación de negocio.

[29] Este porcentaje es parecido al tipo de cotización que se establece en el sistema público de pensiones en España que se cifra para las contingencias comunes en un 28,3% aunque la comparación no es estrictamente homogénea.

por ejemplo 300, 500, o 1.000 euros mensuales y simplemente multiplicando por 0,28[30] se obtendría el importe inicial de la aportación en el esquema de previsión complementaria (84, 140 o 280 euros respectivamente en los ejemplos anteriores).

Si comparamos la regla del 28% con los cuadros vistos anteriormente (Figuras 16 y 17) relacionando la aportación necesaria para una renta mensual de 1.000 euros bajo distintas hipótesis de rendimiento duración e inflación, observaríamos que una tasa del 28% sería coherente con un duración del proceso de 40 años (por ejemplo la duración temporal entre 27 y 67 años) y un rendimiento neto real del orden del 4%. En las referidas tablas[31] para 1.000 euros de renta en términos reales en un periodo de 40 años, se ha calculado que para un 6% de rendimiento y un 2% de inflación se determinaba una aportación del 26,5% y para un 7% de rendimiento y un 3% de inflación una aportación del 26,8%. Resulta pues obvio que la regla del 28% no sería coherente con duraciones inferiores a 37 años ni con rendimientos netos en términos reales inferiores al 4%, lo que implica un específico *asset allocation* con un componente de renta variable superior a un planteamiento muy conservador.

---

[30] Esta primera aproximación no exime de un asesoramiento inicial y periódico que adecue la aportación en cada caso particular en función de la duración del proceso, el año efectivo de la jubilación, el sexo del partícipe, la reversión o no de la renta de jubilación (renta de viudedad derivada), el rendimiento efectivamente obtenido en el plan, las lagunas de aportación al sistema público de pensiones (por ejemplo en situación de desempleo sin cotizaciones), o el incremento sistemático o la variación de las aportaciones a lo largo de la fase de acumulación.

[31] Las tablas están expresadas en valores absolutos pero en cuanto hacen referencia a una renta objetivo en valor constante de 1.000 euros la obtención de los porcentajes es inmediata.

La renta objetivo del plan de previsión puede también establecerse por diferencia entre el nivel total de ingresos necesario en la fase de jubilación[32] (en correspondencia con los gastos derivados del nivel de calidad de vida deseado) y la cobertura de la pensión pública de la seguridad social[33] (y en su caso de otros ingresos recurrentes). Cuantificada de este modo la renta de jubilación que debería obtenerse del plan de previsión, el cálculo de la aportación sería casi idéntico a lo realizado anteriormente. Simplemente se multiplicaría la renta objetivo deseada por 0,28 para determinar la aportación inicial del plan de aportaciones periódicas en tanto se cumplieran las restricciones expuestas de duración y rendimiento neto real o con el porcentaje que se derivaría de las tablas de aportación necesaria en otro caso.

Otra forma de cuantificar la aportación inicial en el plan de previsión es a partir del nivel de ingresos en la fase de actividad. Una regla habitual en los planes de empleo es considerar que una aportación establecida por debajo del cinco por ciento de los ingresos salariales puede considerarse baja, una aportación entre el cinco y diez por ciento adecuada y una aportación por encima del diez por ciento excesiva. De una forma simplista esta regla en el ámbito de los planes de empleo puede trasladarse al ámbito de los esquemas de previsión individuales, en tanto considerando la teoría denominada de los tres pilares, cabe la interpretación de que la aportación de los

---

[32] Como referencia para determinar un nivel de ingresos en la fase de jubilación coherente con los ingresos en la fase de actividad se suele tomar un 75% de los últimos ingresos en la fase de actividad.

[33] Para el ejercicio 2015 la pensión máxima del sistema público de pensiones en España establece como pensión máxima el importe de 35.852 euros anuales. De este importe se deriva una cuantía mensual máxima después de la tributación por IRPF del orden de 2.400 euros mensuales.

pilares complementarios al sistema público, plan de empleo y plan individual podrían ser similares. En consecuencia por esta vía destinar un 7,5% de los ingresos salariales a la previsión individual complementaria constituiría otra forma de aproximación a la cuestión planteada. Y dividiendo por 0,28 el importe así calculado (en tanto se cumplan las restricciones a esta simplificación) evaluar si la prestación objetivo se corresponde con las necesidades individuales o familiares proyectadas.

No obstante esta regla simplificada que trasladada a un esquema de previsión individual complementario cuantifica la aportación a realizar en el mismo entre el cinco y el diez por ciento del nivel salarial, puede ser insatisfactoria según los niveles salariales de cada individuo en función de las características del sistema público de pensiones de la Seguridad Social, si, como es en el caso de España, la cotización al sistema público de pensiones se limita a una base máxima (43.272 euros en 2015) con una pensión máxima (35.852 euros en 2015) ya que de este esquema se deriva por parte del sistema público de pensiones una protección relativamente alta para los ingresos anuales inferiores a 35.000 euros y una ausencia absoluta de protección para la parte de la renta superior a este nivel. En consecuencia procede en la mayoría de los casos refrendar la idoneidad de las cuantía de las aportaciones derivadas de las aproximaciones anteriores en función de la cobertura que proporciona en cada caso el sistema público de pensiones así como considerar que la renta objetivo en la fase de jubilación suele establecerse de forma que el conjunto de ingresos en la fase de jubilación se sitúen en el entorno del 75% de

El ahorro finalista para la jubilación

los últimos niveles de ingresos totales en la fase de actividad.

En cualquier caso, se debe reiterar la necesidad de revisar y monitorizar la adecuación del esquema de previsión complementaria a la evolución de las circunstancias, no solo las derivadas de la situación particular de cada caso, sino también las consecuenciales de la evolución normativa reguladora del sistema público de pensiones, recordando que no hay derechos adquiridos, o la variación de la longevidad. El equilibrio o la correspondencia entre aportaciones y prestaciones es muy inestable e incluso las necesidades proyectadas en una fase inicial del proceso no tienen porque permanecer inalterables a lo largo del mismo. Ello aconseja que en las sucesivas revisiones periódicas, al menos quinquenales, se realice un replanteamiento de las necesidades-objetivo para realizar en consecuencia una adaptación de las aportaciones o del *asset allocation*. Este planteamiento es adicional a la revalorización de las aportaciones más o menos automática derivada de la inflación, ya que lo que se pretende es que las aportaciones se adecuen a una situación revisada de las necesidades, y de los ingresos y gastos, del momento en el ciclo de la vida o *life-cycling* no siendo tampoco excesivo sino al contrario muy aconsejable, prever que la tasa de incremento automática de las aportaciones periódicas sea algo superior a la tasa de variación de los precios en cuanto los ingresos, si evolucionan de acuerdo con las previsiones de la teoría del *life-cycling* podrían perfectamente soportar una tasa de ahorro creciente, algo por encima de la inflación, en un uno o un dos por ciento, a medio plazo hasta la jubilación, aunque esta hipótesis debería ser objeto de contraste con la evolución real de los ingresos y otras circunstancias en las sucesivas revisiones periódicas.

Inflación

Volviendo a la consideración de la variación de precios que pueden reducir la capacidad de compra de un ingreso en el futuro, y en tanto un escenario de existencia de un determinado nivel de inflación, aún controlada, es la hipótesis más previsible, en un espacio temporal de más de cuarenta años, las previsiones a realizar por cualquier persona no deberían nunca realizarse sin atender esta circunstancia. Las personas al adoptar decisiones financieras solemos fijarnos más en los valores nominales que en los valores reales, es decir las magnitudes corregidas por la potencial pérdida de poder adquisitivo derivada de la inflación, y esto puede constituir un error estratégico muy importante. Se debe tener en cuenta que un nivel mínimo de inflación, en un uno o un dos por ciento, en sí mismo no es un riesgo, es casi una certeza, o constituye el escenario central o más previsible, el riesgo en su caso derivaría de una evolución de la tasa de inflación por encima de estas previsiones. La cobertura de este riesgo solo es posible con rendimientos de las inversiones que se adecuen a la variación de la inflación.

En cualquier caso la desviación de la inflación por encima de las previsiones es una destructora del valor de los ahorros ya que salvo una inversión protegida al 100% de la inflación, como podría ser la inversión en renta variable o en instrumentos de deuda indiciados o referenciados a la evolución de la inflación, su efecto es nefasto para los ahorradores.

Un rendimiento neto real estimado en el entorno del, 2,91%, correspondiente a un rendimiento financiero nominal, derivado de una determinada combinación de activos, del orden del 5% anual y una inflación del 2%, sería equivalente, a nuestros efectos, en otros escenarios con una supuesta mayor inflación y un supuesto mayor rendimiento financiero nominal, o inversamente menor inflación y menor rendimiento nominal, por lo que una vía para evaluar el impacto de la inflación en los cálculos de un proceso de previsión sería realizar las estimaciones con rendimientos netos financieros en términos reales, no siendo necesario de este modo incorporar explícita o adicionalmente la variable inflación, máxime cuando la hipótesis subyacente en los modelos es que las aportaciones periódicas también se revaloricen con la inflación o algo más[34] y en tanto el modelo sea revisado cada tres o cinco años.

La consideración de tasas de rendimiento reales en lugar de tasas nominales pone de relieve que los instrumentos de renta fija a largo plazo, si bien no incurren en el denominado riesgo de mercado de la renta variable baten, por muy poco o ni siquiera alcanzan las tasas de inflación, siendo probables periodos con rendimientos reales negativos. Al contrario los instrumentos de capital, las acciones, han mostrado históricamente que su rendimiento ha superado significativamente las tasas de

---

[34] Como se ha indicado en el apartado anterior un plan de aportaciones con un esquema sistemático de incremento de las mismas en un uno por ciento anual por encima del índice de precios de cada ejercicio sería una tasa recomendable en un entorno de inflación estable.

inflación y ello en cuanto la inversión en acciones, realizada con criterio económico y muy diversificada, producirá teóricamente (y así lo evidencia la experiencia empírica) un rendimiento a largo plazo ligado al crecimiento económico y protegido de la inflación. Estas circunstancias han determinado, en los países en los que la problemática de la previsión individual está más avanzada, que la asignación de una parte mayoritaria de la inversión en renta variable sea una constante en cualquier plan de pensiones individual.

A título de mera referencia, ya que el tema se verá con más amplitud en el Capítulo 5º, de la información de la variación de valor de la cotización y de los dividendos satisfechos por las empresas que se han venido integrando en el índice bursátil "Dow Jones", en un periodo de cien años, entre 1909 y 2009, se deduce que la rentabilidad real de la inversión en renta variable en dicho periodo (con reinversión de los dividendos) ha sido en términos medios del 6,08%[35], mientras que la rentabilidad real de los Bonos del Tesoro en el siglo XX se estima en los Estados Unidos en un 1,60%.

La "ilusión monetaria" de atender con más intensidad las variaciones de valor nominales en lugar de considerar las variaciones de valor en términos de poder adquisitivo futuro ha tenido un claro exponente en la reciente reforma de las pensiones en España. Una de las correcciones introducidas ha sido la modificación de la indexación

---

[35] Según la evaluación realizada por Juan B. Serrano García en "El Inversor tranquilo". Madrid. Ediciones Díaz de Santos, 2013. Entre 1998 y 2014 los rendimientos efectivos se estiman inferiores en casi un 20% a la media histórica de cien años pudiendo constituir en estos momentos un mejor estimador al realizar proyecciones hacia el futuro usar las tasas de rendimientos más recientes.

automática anual de las pensiones de cada ejercicio al índice de precios al consumo por un "índice de revalorización" derivado de una fórmula más o menos compleja, con un mínimo del 0,25% y un máximo sumando a la inflación efectiva un 0,50%. Esta reforma ha coincidido con un periodo de inflación históricamente muy baja y ha hecho imperceptible sus efectos y no ha supuesto la más mínima contestación ni debate social ni en consecuencia "coste político" alguno. La revalorización, o no revalorización, de una renta supone un fuerte impacto en el capital necesario para su cobertura y en definitiva en el coste de su financiación, ya sea público en el caso de las pensiones de la Seguridad Social o privado en los sistemas complementarios individuales o colectivos (planes de pensiones de empleo), pero ello no es normalmente percibido en sociedades con una cultura financiera deficiente. Al contrario en sociedades más rigurosas, con una información más directa, la revalorización de las pensiones públicas se establece mediante un mecanismo que hace que la tasa de revalorización anual de las pensiones públicas sea la mayor entre la inflación y una determinada tasa mínima, o la mayor entre la inflación, una tasa mínima y la tasa de revalorización salarial.

En el cuadro que sigue a continuación se puede observar una aproximación al efecto individual medio derivado del cambio de indexación en la reforma del sistema público de pensiones en España. En términos exclusivamente financieros, considerando una renta de jubilación media de 1.400 euros mensuales que se incrementase anualmente al 1,75% respecto de la misma pensión con un incremento alternativo del 0,25% anual, durante un periodo de veintiún años, resultaría que el valor actualizado al inicio de la fase de jubilación de las diferencias futuras (perdidas para los pensionistas) (menores costes para la Seguridad Social) por la nueva revalorización "corregida", o una revalorización indexada al IPC, se cifraría bajo las hipótesis anteriores, en el entorno de entre 30.000 y 40.000 euros para la pensión media mensual de acceso a la jubilación en el sistema público de pensiones en España, del orden de 1.400 euros mensuales en 2014.

Ejercicio	Variación IPC en Hipótesis: 1,75%	Variación mínima 0,25%	Diferencia en cada ejercicio v.absoluto	Diferencia en cada ejercicio v.relativo
1	19.600,00	19.600,00	-	0,00%
2	19.943,00	19.649,00	294,00	1,50%
3	20.292,00	19.698,12	593,88	3,01%
4	20.647,11	19.747,37	899,74	4,56%
5	21.008,44	19.796,74	1.211,70	6,12%
6	21.376,08	19.846,23	1.529,86	7,71%
7	21.750,17	19.895,84	1.854,32	9,32%
8	22.130,79	19.945,58	2.185,21	10,96%
9	22.518,08	19.995,45	2.522,64	12,62%
10	22.912,15	20.045,44	2.866,71	14,30%
11	23.313,11	20.095,55	3.217,56	16,01%
12	23.721,09	20.145,79	3.575,30	17,75%
13	24.136,21	20.196,15	3.940,06	19,51%
14	24.558,59	20.246,64	4.311,95	21,30%
15	24.988,37	20.297,26	4.691,11	23,11%
16	25.425,67	20.348,00	5.077,66	24,95%
17	25.870,62	20.398,87	5.471,74	26,82%
18	26.323,35	20.449,87	5.873,48	28,72%
19	26.784,01	20.500,99	6.283,01	30,65%
20	27.252,73	20.552,25	6.700,48	32,60%
21	27.729,65	20.603,63	7.126,02	34,59%

Figura 22. Pérdida de valor real de una pensión pública en caso de desviarse la revalorización de la variación del índice de precios al consumo

De haber realizado el cálculo en términos actuariales, considerando las probabilidades de fallecimiento a distintas edades el efecto variaría según las tablas, actuales o proyectadas, el sexo y la edad inicial de acceso a las prestaciones (65 o 67 años) pero en términos medios sería similar, no aportando un cálculo más complejo mayor información de la pretendida en este apartado.

Si un pensionista deseara cubrir este impacto a lo largo de su carrera de cotización debería realizar una aportación mensual no inferior a 40 euros mensuales. Si la modificación legislativa se hubiera planteado en un aumento de las cotizaciones de los futuros beneficiarios en el anterior importe la respuesta social probablemente hubiera sido mucho más amplia que la derivada de la reforma planteada lo que confirma la escasa sensibilidad de las personas a los efectos derivados de la no cobertura de la inflación y la necesidad de que mediante el oportuno asesoramiento ello sea tenido en cuenta.

El efecto de la no adecuación de las rentas a la variación efectiva del IPC, tal cual ha derivado el sistema público en España, deviene en una circunstancia de mayor calado en el bienestar de la población jubilada ya que tal como se refleja en el cuadro anterior en un horizonte temporal amplio, cual es la esperanza de vida de un jubilado, el efecto llega a ser del orden del 34% (34,59 % en las hipótesis del cuadro anterior a los 21 años de jubilación). Pero adicionalmente el riesgo potencial, la concreción individualizada del riesgo, es más amplio que lo que se observa a través de dicho porcentaje. Como se reiterará a lo largo del libro, un problema creciente para la población es por una parte la tendencia a un incremento de la longevidad y por otra el hecho de que la esperanza de vida a una determinada edad no indica más que la edad que el cincuenta por ciento de las personas de la edad de referencia superaran o lo que es lo mismo que el cincuenta por ciento de las personas no alcanzarán. Expuesto de una forma simplificada si se indica que la esperanza de vida de una persona a los 65 años es de 20 años, esto indica aproximadamente que el 50% de las personas de 65 años fallecerán antes de los 85 años y el otro 50% superarán dicha edad y para estos la protección efectiva del sistema público de pensiones no revisado por la inflación será menguante. Y esto es de aplicación tanto para los actuales como para los futuros pensionistas.

En definitiva la combinación de la no cobertura de la inflación, la tendencia de la variación positiva de la longevidad y la propia dispersión de esta variable aleatoria, representada por la esperanza de vida, constituye una combinación potencialmente explosiva para la tranquilidad y bienestar de las personas en la fase de jubilación y muy en especial para las que resulten ser más longevas[36].

Con esta exposición quedan de manifiesto dos circunstancias, el importante efecto financiero de la forma de la revalorización de las prestaciones futuras en caso de no adecuarse a la inflación automáticamente y el riesgo regulatorio (riesgo derivado de la modificación de las normas) del sistema público de pensiones de modo que una casi imperceptible modificación[37], cual es el caso

---

[36] El saludo de Mr. Spok en "Star Trek" deseando "larga vida y prosperidad" deviene en un deseo también de ficción por todo lo expuesto.

[37] Con independencia del mayor coste, vía mayores cotizaciones, por el atraso de la edad de jubilación de 65 a 67 años, el efecto de estos dos años de retraso en el inicio de la pensión pública puede tener un efecto del orden del 6% en el menor valor, en términos de valor actual, de las nuevas pensiones. El efecto de la no adecuación automática de las pensiones a la

expuesto, supone para los actuales y futuros beneficiarios del sistema una importante alteración de sus coberturas que en consecuencia precisaran de un mayor soporte por parte del pilar de la previsión individual.

Fiscalidad

Un factor relevante a la hora de seleccionar un determinado instrumento para vehicular un plan de previsión individual es el tratamiento fiscal de los rendimientos obtenidos en el mismo según la normativa de la Ley del Impuesto sobre la Renta de las Personas Físicas (IRPF) en España. Un instrumento proporcionará un rendimiento financiero y dicho rendimiento soportará un coste fiscal lo que en definitiva determinará el rendimiento financiero-fiscal que será consecuencia de restar al rendimiento financiero el coste fiscal. En definitiva el aspecto relevante para los intereses del inversor es el rendimiento financiero-fiscal de las distintas alternativas.

Los planes de pensiones (PP) y los planes de previsión asegurados (PPA) tienen el mismo tratamiento fiscal[38],

---

variación del IPC supone una reducción adicional en el valor de las pensiones del orden del 19%. Sólo estas dos medidas suponen, en conjunto, una reducción de la protección efectiva del sistema público superior al 25% respecto a la situación anterior previa a la reforma.

Adicionalmente como el denominado factor de sostenibilidad que permite trasladar al pensionista el mayor coste derivado del incremento de la esperanza de vida media puede suponer un efecto entre el 0,75% y el 1,00% anual de reducción de las pensiones públicas. Con independencia de la "necesidad" o "inexistencia de alternativas" la afirmación "las pensiones públicas no se han tocado" es al menos matizable.

[38] Aplicable a partir de enero de 2015. Dada la frecuencia de cambio de la

que se puede resumir reiterando que constituyen la única alternativa en la que el rendimiento financiero fiscal puede ser superior al rendimiento financiero lo que implica que el coste fiscal sea negativo, sus principales características[39] se resumen en los puntos siguientes:

- Las aportaciones realizadas a un PP o a un PPA reducen la base imponible general del IRPF del ejercicio en que se realizan. Esta reducción tiene como límite la menor de las siguientes cantidades:
    - 8.000 euros.
    - 30% de los rendimientos netos de trabajo personal y de actividades económicas.

Estos límites actúan en conjunto para todas las aportaciones o primas realizadas en un ejercicio a cualquier sistema de previsión individual (planes de

normativa fiscal se aconseja la consulta de la normativa vigente en cada momento.

[39] Existe un régimen específico para personas discapacitadas o para las aportaciones a favor de tales personas y las prestaciones que se resume en:
- Para las personas discapacitadas con un grado de minusvalía física o sensorial igual o superior al 65%, psíquica igual o superior al 33% así como personas que tengan declarada judicialmente una incapacidad independientemente de su grado, el límite de aportación máxima así como la reducción de base imponible será 24.250 euros anuales.
- Adicionalmente, las aportaciones máximas realizadas a favor de una persona discapacitada con un grado de minusvalía física o sensorial igual o superior al 65%, psíquica igual o superior al 33% así como personas que tengan declarada judicialmente una incapacidad independientemente de su grado, será de 10.000 euros anuales, ello sin perjuicio de las aportaciones que pueda realizar el propio participe discapacitado. No obstante en este caso, el límite conjunto máximo de aportación será de 24.250 euros.
- En el caso de prestaciones en forma de renta derivadas de un plan de pensiones constituido a favor de una persona con discapacidad, la renta percibida en el ejercicio por el discapacitado estará exenta de tributación en el IRPF hasta la cuantía equivalente a tres veces la cuantía del IPREM.

pensiones, incluso planes de empleo o asociados, planes de previsión asegurados, primas a mutualidades de previsión social, seguros de dependencia, y EPSV).

- Los contribuyentes cuyo cónyuge obtenga rendimientos netos, cualquiera que sea su origen, inferiores a 8.000 euros podrán reducir en la base imponible las aportaciones realizadas a planes de pensiones de los que sea partícipe dicho cónyuge con el límite máximo de 2.000 euros.

- Los derechos consolidados de los planes de pensiones o las provisiones correspondientes a los planes de previsión asegurados no tributan por el Impuesto sobre el Patrimonio.

- Los rendimientos obtenidos por los fondos de pensiones están sujetos al Impuesto sobre Sociedades a un tipo de tributación del cero por ciento.

- En el momento de percibirse las prestaciones de un PP o PPA se incrementa la base imponible en el IRPF como rendimientos del trabajo personal independientemente de la contingencia originadora del pago de la prestación (incluso fallecimiento) o si el cobro deriva de un supuesto excepcional de liquidez. En consecuencia tales prestaciones tributarán como rendimiento del trabajo y estarán sujetas a la retención que practicará la entidad gestora o aseguradora y se integraran en la base imponible general del IRPF tributando según la escala progresiva de gravamen del mismo. En ningún caso se tributará por el Impuesto sobre Sucesiones.

En resumen lo que el cliente percibe en el momento de realizar una aportación a alguno de los referidos instrumentos es un beneficio fiscal inmediato, en la declaración de IRPF del próximo ejercicio, equivalente a aplicar a la aportación realizada, susceptible de reducción, el tipo marginal correspondiente a su nivel de base imponible general[40]. De este modo una aportación de 5.000 euros realizada por un partícipe con un nivel de renta en 2015 de 50.000 euros representa un menor "coste fiscal" en la liquidación de IRPF del referido ejercicio de 1.950 euros (=5.000 x 39%). Esta percepción es exacta, y de hecho facilita la financiación de las aportaciones, pero no completa ya que el día de mañana al recibir las prestaciones las mismas tributarán por el tipo marginal correspondiente. De este modo se puede afirmar que si el tipo marginal en el ejercicio de la aportación fuera igual al tipo marginal del ejercicio de la prestación el coste fiscal sería nulo, en términos de "tasa interna de rendimiento" o TIR[41], el rendimiento financiero fiscal sería

---

[40] Los tipos marginales de IRPF según el nivel de renta en la base imponible general del IRPF se resumen en el cuadro siguiente. Se aconseja la consulta a la normativa vigente para la adopción de decisiones.

Renta	2015	2016
Inferior 12.450	20%	19%
Entre 12.450 y 20.200	25%	24%
Entre 20.200 y 35.200	31%	30%
Entre 35.200 y 60.000	39%	37%
Superior a 60.000	47%	45%

[41] Se puede definir el TIR o tasa interna de rendimiento como el tipo de interés anual que hace equivalente el valor actual de los pagos y cobros de una operación financiera compleja y constituye la métrica más elemental para evaluar inversiones alternativas.

idéntico al rendimiento financiero[42]. No obstante si en el momento de percibir las prestaciones el tipo marginal de IRPF es inferior al tipo marginal del ejercicio en el que se realizaron las aportaciones (lo que es lo más habitual), el rendimiento financiero fiscal es superior al rendimiento financiero lo que supone que el coste fiscal resulte negativo. La magnitud de este efecto en términos de puntos básicos sobre la TIR del rendimiento financiero es una función del tipo marginal en el ejercicio de la aportación, la duración de la operación y la diferencia entre el tipo marginal en el ejercicio de la aportación y el tipo marginal en el ejercicio de la prestación situándose dicho efecto en un rango estimado entre 30 y 100 puntos básicos. Dicho en otros términos el régimen fiscal de los PP y PPA mejora el rendimiento financiero de las inversiones en términos de TIR entre un 0,30% y un 1,00% en la mayoría de los casos[43].

El resto de los instrumentos financieros susceptibles de ser utilizados para un esquema de previsión individual pueden agruparse, y ordenarse atendiendo a su coste fiscal, de menor a mayor, en las siguientes categorías:

   a) Planes de Ahorro a Largo Plazo. Plazo de 5 o más años (SIALP/CIALP)
   b) Planes Individuales de Ahorro Sistemático[44] (PIAS)

---

[42] Según el momento del ejercicio en el que se efectuase la aportación y el diferimiento hasta el momento de la presentación de la declaración anual de IRPF pueden perderse algunos puntos básicos. Un punto básico, también llamado "pipo", es 1/100 de un 1%.

[43] En las aportaciones realizadas a favor del cónyuge sin ingresos o con ingresos bajos el beneficio en términos de TIR puede ser muy superior por lo que desde la perspectiva fiscal esta opción sería, en caso de que fuera posible, la más interesante para una unidad familiar.

[44] En los PIAS el beneficio fiscal, cumpliendo determinadas condiciones y

c) Otros Contratos de Seguros de Vida Ahorro
d) Fondos de Inversión
e) Depósitos y otros sin tratamiento fiscal diferenciado

Todos ellos, con algunas diferencias, están sujetos y tributan por el Impuesto sobre el Patrimonio y en caso de transmitirse "mortis causa" sus prestaciones tributan con determinadas peculiaridades por el Impuesto de Sucesiones.

Categoría	Tributación en acumulación	Tributación al vencimiento	Tributación del Instrumento	Integración en Base Imponible
AHORRO 5	NO	NO	NO	NO
PIAS	NO	SI PARCIAL	NO	DEL AHORRO
OTROS CONTRATO SEGURO	NO	SI TOTAL	NO	DEL AHORRO
FONDO DE INVERSION	NO	SI TOTAL	SI limitada	DEL AHORRO
DEPOSITOS Y OTROS	SI	NO	NO	DEL AHORRO

Figura 23. Cuadro resumen del distinto tratamiento fiscal de diferenciadas alternativas para la instrumentación de un proceso de acumulación

Salvo en los contratos calificados como Planes de Ahorro a Largo Plazo y en los PIAS, en los que el coste fiscal del proceso de acumulación es cero en términos de TIR de la operación, el resto de contratos soportan un mayor o menor coste fiscal y en consecuencia en dichos contratos la rentabilidad financiera fiscal siempre es inferior a la rentabilidad financiera. En consecuencia la circunstancia de que el coste fiscal sea negativo, como puede suceder

---

entre ellas una duración mínima de cinco años y la percepción de las prestaciones en forma de renta, consiste en que la rentabilidad generada en el período de acumulación está exenta de IRPF. Las rentas vitalicias diferidas constituidas únicamente generan rendimiento del capital en el importe resultante de aplicar el coeficiente de integración que corresponda en función de la edad alcanzada por el rentista al inicio de la prestación.

en los PP y PPA, es una característica exclusiva de estos instrumentos de previsión, y por lo tanto desde la perspectiva de optimización fiscal deben ser los primeros instrumentos a considerar en la planificación de la previsión[45].

La selección del instrumento y del oferente

Cualquier persona inmersa en hallar la vía más adecuada para instituir su propio esquema de previsión individual debe encontrar respuesta a distintas cuestiones:

- ¿Cuánto debo aportar periódicamente?
- ¿Qué cobertura se precisa ante las contingencias de riesgo?
- ¿Cuál es la combinación de Renta Fija y Renta Variable adecuada?
- ¿Qué riesgos financieros derivan de la anterior selección?
- ¿Cuándo y cómo debo realizar un rebalanceo?
- ¿Con que periodicidad debo revisar el esquema?
- ¿Qué instrumento debo utilizar?
- ¿Qué entidad es la más adecuada?

Las seis primeras cuestiones son objeto de consideración en distintos apartados de los Capítulos del libro. En el presente apartado daremos respuesta a las dos últimas cuestiones. Hallar las respuestas más adecuadas a cada caso, por responsabilidad individual, exigirá una mínima

---

[45] Naturalmente su uso debe limitarse a la circunstancia de relativa falta de liquidez si bien existen opiniones que atribuyen a esta limitación una valoración positiva en tanto hace que el proceso de ahorro no se interrumpa o elimine ante cualquier gasto o inversión deseable que pueda surgir.

dedicación y un ejercicio de comprensión e información, así como de revisión a lo largo del proceso.

Es fundamental la elección de la entidad a la que se le va a confiar la cobertura de un objetivo del que depende el bienestar propio y de la unidad familiar. En cualquier caso, como veremos, existe la posibilidad de modificar la elección a lo largo del proceso pero esto ha de ser contemplado como una salida algo excepcional como consecuencia de no ver cumplidas las expectativas o haber errado en la elección realizada y no como una alternativa a utilizar periódicamente y mucho menos por motivos del regalo de un gadget más o menos atractivo o una prima que enmascara las comisiones efectivamente repercutidas en el futuro.

La selección de la entidad debería basarse en las siguientes consideraciones:

- Capacidad de asesoramiento efectivo
- Amplitud e idoneidad de la oferta en previsión
- Medios técnicos
- Calificación o Rating crediticio
- Proximidad
- Nivel de comisiones

El proceso de selección teóricamente se debería iniciar a partir de una mínima información sobre la problemática de la previsión seleccionando dos o tres entidades de entre las que tienen mayor cuota de mercado y tras un primer contacto realizar una selección final. En realidad "sentir" la necesidad de previsión y actuar en consecuencia será algo excepcional, lo más normal será haber sido contactado por un representante comercial, agente de seguros, correduría u operador de bancaseguros que habrá realizado una presentación de su oferta. En este caso lo más prudente sería iniciar un proceso de información y tras contactar con alguna otra entidad contrastar los datos y realizar la selección final.

La cualificación profesional del representante comercial de una entidad es un aspecto primordial, desde el punto de vista del autor, para la selección de la entidad con la que se contratará nuestro plan de previsión. El rigor profesional se observará en la capacidad de comprender la problemática individual del cliente y en la oferta ecuánime y adecuada para atender las circunstancias personales debiendo el potencial asegurado/partícipe huir de todo planteamiento comercial inexperto profesionalmente en el ámbito de la previsión en el que el componente "venta" o "colocación" se perciba como predominante. Una respuesta adecuada frente a unas necesidades de previsión es como la prescripción médica ante un problema de salud, nadie debería confiar en aquel cuyo discurso es vacio por falta de contenido. De igual modo el asesoramiento susceptible de recibir el cliente debe ser independiente de las personas, debe estar fundamentado en criterios de la entidad, con instrumentos de exposición específicos que son comunicados al cliente con el adecuado conocimiento de causa por parte de sus representantes.

En el cuadro que sigue a continuación puede observarse la penetración en el mercado de las distintas entidades al final del ejercicio 2013. Se puede observar que las diez primeras entidades tienen en conjunto una cuota de mercado de casi el 71% y entre ellas destaca la cuota correspondiente a las cuatro primeras entidades que alcanzan casi un 50% del total. La dimensión no es ninguna cualidad "per se" pero constituye una garantía de que por economías de escala la oferta sea muy adecuada en consideración a su competitividad, los medios técnicos adecuados, los costes más reducidos, el nivel de formación más alto etc.

Grupo Financiero	Provisiones seguros de vida	Patrimonio en fondos de pensiones	Patrimonio en EPSV	Total Previsión Complementaria	Cuota mercado
Caixabank	33.313,4	16.111,7	578,5	50.003,6	18,60%
BBVA	13.245,4	18.869,9	1.577,9	33.693,2	12,53%
Santander	16.788,1	9.363,6	625,2	26.776,9	9,96%
Mapfre	18.137,3	5.047,2	103,3	23.287,8	8,66%
Allianz	6.349,6	5.181,6	0,0	11.531,2	4,29%
Ibercaja	5.249,9	5.132,2	0,0	10.382,1	3,86%
Caser	6.102,8	3.051,8	2,5	9.157,1	3,41%
Zurich	7.788,8	1.035,9	10,4	8.835,1	3,29%
Aviva	5.327,6	3.431,1	29,3	8.788,0	3,27%
Kutxabank	483,9	848,1	6.743,9	8.075,9	3,00%
Subtotal 10 entidades	112.786,8	68.073,1	9.671,0	190.530,9	70,86%
Resto sector	41.888,2	24.339,5	12.107,6	78.335,3	29,14%
Total general	154.675,0	92.412,6	21.778,6	268.866,2	100,00%

Figura 24. Ranking de oferentes de productos de previsión social complementaria en España en 2013

Como se verá en otros capítulos una oferta "completa" incluyendo seguros de riesgo, rentas vitalicias, seguros de dependencia y similares hace posible optimizar los recursos destinados a previsión por parte de un individuo. Aquellas entidades que no mantengan una proporcionalidad en la oferta de los distintos instrumentos denotan una falta de comprensión o de interés de la problemática de la previsión y en consecuencia una potencial falta de idoneidad de su oferta.

De igual modo la adecuación de la oferta a las necesidades de la demanda puede estimarse a partir de la evolución de la cuota de mercado de las distintas entidades ya que un incremento sostenido de la cuota de mercado por parte de una entidad constituye un buen estimador de la adecuación de su oferta a la demanda. En el cuadro que sigue a continuación, referido a planes de pensiones individuales, se observa que, de entre las primeras entidades en el periodo 2001-2014, solo dos entidades han alcanzado una tasa media anual, de incremento en recursos de clientes en planes de pensiones individuales, superior al 10%, tasa muy superior de las conseguidas por el resto de entidades. En el mismo periodo la tasa de incremento anual media en el patrimonio de planes de pensiones individuales se cifra en un 7,8% lo que denota que determinadas entidades, incluso entre las primeras, han perdido significativamente cuota de mercado respecto a otras.

Grupo Financiero	\multicolumn{4}{c|}{Patrimonio en planes de pensiones individuales al cierre de cada uno de los ejercicios}	Tasa de incremento
	2001	2005	2010	2014	2001-2014
Caixabank	2.095	4.787	8.293	11.000	13,61%
BBVA	4.529	7.157	8.450	11.620	7,52%
Santander	4.698	7.206	7.474	8.376	4,55%
Mapfre	497	1.080	2.929	4.446	18,36%
Allianz	1.761	2.688	2.992	4.098	6,71%

Fuente: Estadísticas de Inverco. Se excluye la información relativa a Bankia por la falta de homogeneidad de la serie de dato en el periodo considerado como consecuencia de los procesos societarios. Importes en millones de euros

Figura 25. Comparación evolución patrimonio de los grandes grupos financieros entre 2001 y 2014

En la parte del ahorro canalizada hacia un plan de pensiones la garantía del partícipe deriva exclusivamente de los propios activos del fondo de pensiones en el que se integra el plan. La entidad gestora y la entidad depositaria son corresponsables del cumplimiento normativo por lo que si bien teóricamente cabría la posibilidad de un comportamiento fraudulento la posibilidad real de que se viese perjudicado un partícipe/beneficiario es remota[46]. No ocurre lo mismo respecto a las entidades aseguradoras en lo relativo a los contratos de seguros que haya concertado una persona, (Planes de Previsión Asegurados, Rentas Vitalicias, etc.), la capacidad del cumplimiento del compromiso por parte de una aseguradora dependerá exclusivamente de la cuantía de sus recursos propios por lo que la dimensión cuota de mercado y el rating crediticio atribuido a una aseguradora constituyen aspectos de esencial consideración en la selección de la entidad.

La proximidad constituye igualmente una circunstancia a considerar en la selección de la entidad en la que se instrumentará el plan de previsión, evidentemente hay múltiples gestiones que pueden realizarse a través de internet pero las revisiones periódicas, el asesoramiento o la atención del cliente o sus beneficiarios ante determinados eventos aconsejan la existencia de personas y oficinas de fácil acceso.

Se puede igualmente informar en este apartado que la oferta por parte de entidades gestoras de otros países de la Unión Europea como Holanda o Reino Unido en los que la actividad de la previsión individual está mucho más desarrollada que en España no incorpora elementos

---

[46] En el caso reciente de Banco Madrid finalmente los recursos de clientes en Fondos de Inversión y otros instrumentos se han declarado ajenos a las masas patrimoniales de la entidad en proceso de liquidación. Si bien las dudas planteadas han advertido acerca de que la seguridad de cualquier tipo de fondos en entidades con baja cuota de mercado es más problemática.

diferenciales ni aspectos más eficientes en cualquier aspecto que la oferta realizada por las primeras entidades nacionales, y ello posiblemente puede ser debido tanto a la dimensión local como a las restricciones y la dependencia en la actuación de las filiales supeditadas a sus servicios centrales.

El nivel de comisiones es igualmente un aspecto importante a considerar, como se verá con suficiente detalle en el Capítulo cuarto, constituyendo un aspecto relevante en la cuantía del valor final alcanzable en un proceso de ahorro sistemático. El potencial partícipe debería conocer los niveles medios de comisiones en las distintas categorías y las comisiones de los planes de las entidades susceptibles de elección final. Al respecto es importante observar si en la política de inversión de un fondo se manifiesta una alta participación de inversión en fondos de inversión sobre el activo total del fondo de pensiones. Esta táctica en determinadas entidades permite explicitar publicitariamente una oferta fundamentada en comisiones bajas cuando en realidad la suma de las comisiones directas más las indirectas de los fondos de inversión del propio grupo pueden ser incluso superiores a la media[47].

La selección de una u otra entidad no es un tema banal, ya sea por una política de inversión poco rigurosa, falta de atención o incapacidad de gestión, los rendimientos netos a los que finalmente accederá un partícipe pueden ser muy variables. En el cuadro que sigue a continuación se observa, para periodos relativamente prolongados, 10 y

---

[47] Esto no constituye una práctica ilegal en tanto el límite legal de gastos de gestión se aplica sobre el total y en estas ofertas las comisiones agregadas cumplen dicho límite, pero es un indicio de mala práctica comercial por falta de transparencia de información relevante en caso de no ser explicitados.

20 años, que en cada categoría de inversión se registran entre los distintos planes integrados en las distintas categorías desviaciones de rendimiento neto efectivo respecto a la media muy importantes.

Por ejemplo en la categoría de Renta Fija Mixta a diez años (en el periodo 2004-2014) el rendimiento promedio ha sido del 2,37% y sin embargo existen planes con rendimientos muy inferiores (mínimo del -0,04% anual) y también sensiblemente superiores (máximo del 5,05% anual). Para un periodo de veinte años (en el periodo 1994-2014) en términos relativos, en la misma categoría de inversión, los resultados de los distintos planes se concentran algo más respecto a los valores promedio, pero no obstante las diferencias siguen siendo muy significativas (y aún más especialmente por el efecto del tipo de interés a largo plazo en un proceso de acumulación), así frente a un valor promedio del 3,89% se registran distintos resultados de los planes entre un límite inferior del 1,87% y un superior del 6,10%.

Categorías de Inversión		Renta Fija corto plazo	Renta Fija largo plazo	Renta Fija Mixta	Renta Variable Mixta	Renta Variable
Periodo 2004-2014 10 años	Rdto. Mínimo	-0,08%	-0,03%	-0,04%	0,03%	-0,23%
	Rdto. Promedio	1,66%	2,46%	2,37%	2,73%	3,37%
	Rdto. Máximo	2,88%	4,59%	5,05%	7,91%	9,92%
	Nº Planes	74	44	161	118	110
Periodo 1994-2014 20 años	Rdto. Mínimo	1,96%	2,58%	1,87%	3,00%	1,43%
	Rdto. Promedio	3,07%	3,85%	3,89%	4,21%	4,94%
	Rdto. Máximo	3,87%	4,49%	6,10%	5,19%	8,45%
	Nº Planes	6	16	79	11	3

Fuente: Elaboración propia a partir estadísticas Inverco. Las tasas de rendimiento expuestas son anuales.

Figura 26. Comparación rendimientos promedio, mínimo y máximo en las distintas categorías de inversión

Una información relevante al respecto es el posicionamiento de la rentabilidad de un plan atendiendo a su posicionamiento en los cuartiles[48] o deciles[49] de la distribución de los resultados en una determinada categoría.

En los gráficos que siguen a continuación, para la misma categoría comentada en el párrafo anterior, Renta Fija Mixta, y un periodo de observación de veinte años, los distintos resultados de los planes de pensiones se distribuyen de una forma muy dispar siendo muy relevantes las diferencias observadas.

En la distribución por deciles se observa que de un total de 79 fondos con una rentabilidad promedio del 3,89%, los cuatro primeros deciles en rentabilidad muestran rendimientos medios entre el 4,30% y el 5,48% mientras que los cuatro últimos obtuvieron rendimientos entre el 2,58% y el 3,45%.

En la distribución por cuartiles se observa que en los dos primeros cuartiles se obtuvieron rendimientos medios entre el 4,20 y el 4,98% mientras que en los dos últimos entre 2,93 y 3,51%. Un partícipe adecuadamente asesorado debería acceder a los rendimientos correspondientes al menos al segundo cuartil.

---

[48] Cada cuartil agrupa de una forma ordenada de menor a mayor un 25% de los distintos resultados de la variable. Los límites de cada cuartil se determinan mediante tres valores de la distribución Q1, Q2, Q3, siendo Q2 el valor de la mediana.
[49] Mismo concepto que los cuartiles pero distribuyendo los resultados en diez tramos.

Renta Fija Mixta 1994-2004
Rendimientos medios en cada decil

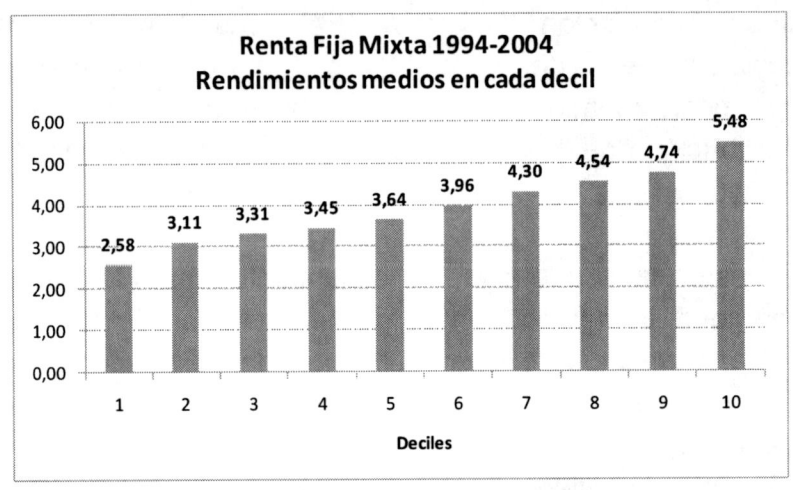

Decil	1	2	3	4	5	6	7	8	9	10
Rendimiento	2,58	3,11	3,31	3,45	3,64	3,96	4,30	4,54	4,74	5,48

Figura 27. Rendimientos medios por deciles en la categoría de Renta Fija Mixta

Renta Fija Mixta 1994-2004
Rendimientos medios en cada cuartil

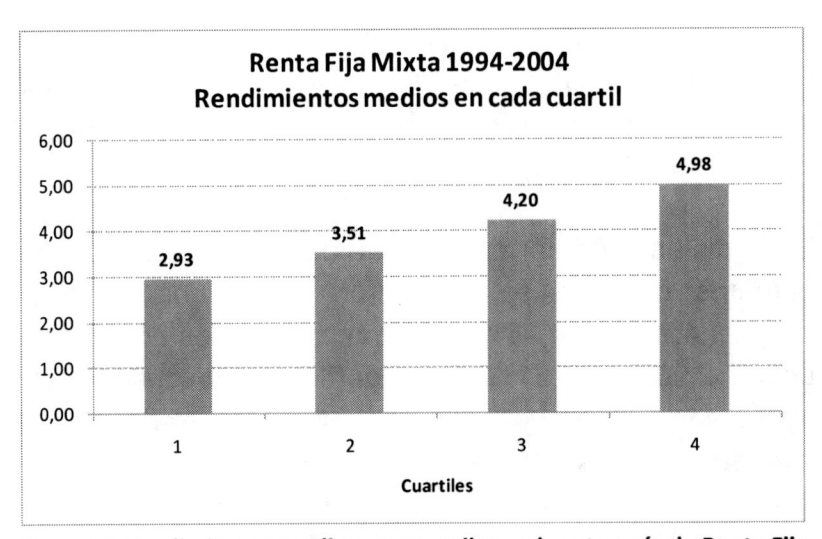

Cuartil	1	2	3	4
Rendimiento	2,93	3,51	4,20	4,98

Figura 28. Rendimientos medios por cuartiles en la categoría de Renta Fija Mixta

Es obvio que los fondos ubicados por debajo del segundo cuartil no constituyen una buena selección. El efecto de una buena selección es muy significativo para los intereses de un partícipe o beneficiario, por ejemplo en la misma categoría y periodo que la comentada en los cuadros anteriores, Renta Fija Mixta a veinte años, mientras que la rentabilidad promedio anual de la categoría se cifra en un 3,89%, la rentabilidad promedio correspondiente a los dos primeros cuartiles es de un 4,59% mientras que en los dos últimos del 3,22%. Una diferencia en el rendimiento anual de este orden implica una diferencia en el valor final de un proceso de inversión mediante aportaciones periódicas al cabo de veinte años de casi el 16%.

En consecuencia es tan importante la selección de la categoría de la inversión como la selección de la entidad[50]. Una vez seleccionada la entidad procedería la selección del o los instrumentos o vehículos que se fundamentaría en las siguientes consideraciones:

- Límites de aportación
- Liquidez de los instrumentos
- Tratamiento fiscal
- Rentabilidad esperada o deseada en términos reales[51]
- Riesgo financiero asumible
- Coberturas de los riesgos biométricos

---

[50] Si un Fondo de Pensiones no se gestiona adecuadamente el rendimiento alcanzado se puede desviar respecto del correspondiente a su categoría y así tal como se puede observar en el cuadro comparativo un fondo en la categoría de renta variable a largo plazo, 20 años, puede haber proporcionado un rendimiento inferior a la media de los fondos de renta fija a corto plazo.

[51] En los periodos de 10 y 20 años referidos anteriormente la tasa media de inflación ha sido del 2,01% en diez años y del 2,52% en veinte años. Rendimientos financieros por debajo de estas tasas suponen rendimientos en términos reales, es decir corrigiendo la pérdida del poder adquisitivo, negativos.

Determinándose en consecuencia las características iníciales del plan o modelo de previsión que a su vez deberían ser objeto de reconsideración periódica a lo largo de su desenvolvimiento.

En resumen cabe preguntarse qué se puede obtener de todo este proceso de selección, ¿recompensa dedicar tiempo y esfuerzo?, ¿cuál es el efecto que se puede esperar de una buena selección? En el gráfico adjunto se exponen los distintos resultados que cabe esperar en función de una adecuada selección de la categoría de inversión, idoneidad de la gestión, nivel de gastos y fiscalidad. La renta final susceptible de disponerse en la fase de jubilación como resultado de un proceso de acumulación bien asesorado frente a una actuación poco diligente prácticamente se duplica lo que justifica plenamente el esfuerzo de la atención al mismo. Aproximadamente la mitad de la diferencia entre la renta derivada de una selección óptima o indiferente, se obtendría por una adecuada estructura de la inversión a lo largo del proceso, por la *asset allocation*, mientras que la otra mitad de la diferencia, casi por partes iguales, derivaría o podría atribuirse a la selección de la entidad más eficiente, la reducción de los gastos de gestión y la fiscalidad del instrumento. Nótese que así como la selección de la categoría de la inversión puede comportar un aumento del riesgo, la selección de la entidad, la consideración de los gastos o la fiscalidad del instrumento no conlleva ningún coste asociado y justificaría un plus de casi un cincuenta por ciento respecto a la renta estándar que se obtendría en un proceso indiferente a la optimización.

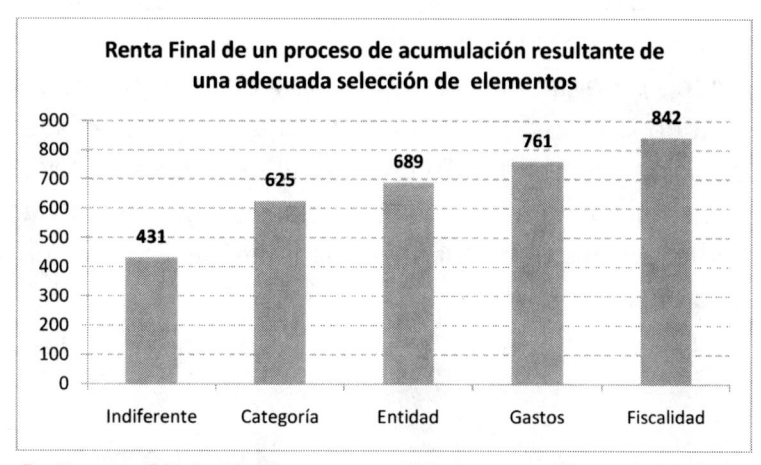

Renta Final de un proceso de acumulación resultante de una adecuada selección de elementos

Indiferente	Categoría	Entidad	Gastos	Fiscalidad
431	625	689	761	842

Renta susceptible de obtenerse como resultado de un proceso de acumulación durante 35 años de 200 euros mensuales, incrementado al 1% anual, bajo las hipótesis utilizadas en los distintos capítulos.

Figura 29. Elementos determinantes del diferencial en la prestación final

Los factores de aleatoriedad

Tal cual se ha descrito, el problema planteado, es decir la necesidad de obtención de ingresos en la fase de jubilación, y la solución expuesta, un ahorro sistemático en la fase de actividad que permita acumular un capital que a su vez haga posible generar un flujo de ingresos en la fase de retiro, el mismo podría ser representado esquemáticamente en el gráfico expuesto en el primer apartado de este Capítulo, y podría concluirse de su examen que nos hallamos ante un modelo con pocas incertidumbres más allá de determinados aspectos financieros de rentabilidad.

Pero nada más alejado de la realidad, el camino hacia la jubilación es una senda en la que interactúan un conjunto de variables aleatorias cuyo comportamiento es imprevisible en un periodo temporal que se puede extender durante más de 60 años de la vida humana (sumando la fase de acumulación en actividad y la fase de disposición en pasividad). Las variables que se relacionan de una forma compleja y aleatoria son de muy diversa naturaleza, tal cual esquemáticamente se expone en el gráfico adjunto.

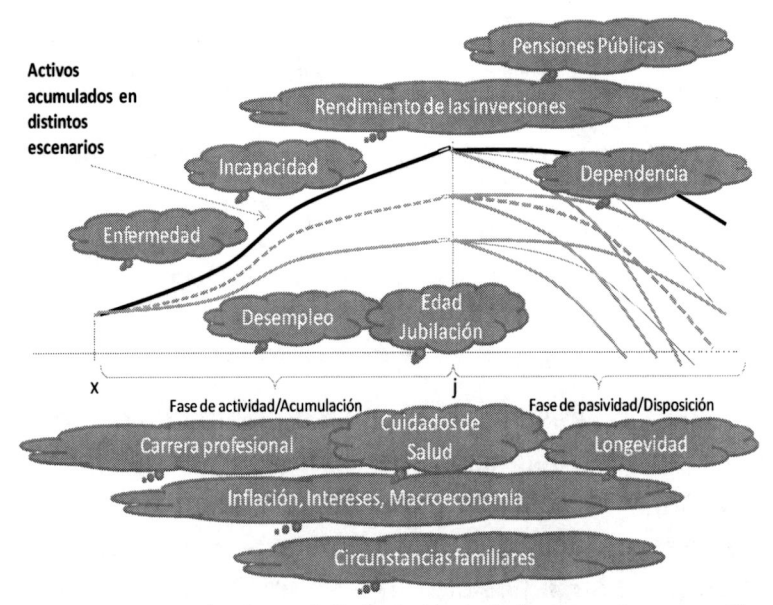

Figura 30. Factores de aleatoriedad a lo largo de las fases de aportación y disposición

Determinadas variables pueden ser dependientes de las decisiones que adopte un individuo y en consecuencia pueden ser consideradas variables bajo control, aunque siempre estarán influenciadas por factores externos que determinarán en definitiva un efecto u otro. Otras variables sin embargo son totalmente ajenas a la actuación de un sujeto individualmente considerado y deben considerarse como factores exógenos o independientes y por lo tanto fuera de nuestro control.

Ante esta situación el planteamiento más correcto es identificar los grandes riesgos, diferenciar sus componentes, evaluar sus efectos y establecer las coberturas más adecuadas en términos de "solución más razonable", para proceder periódicamente a una revisión del esquema e incorporar las modificaciones correctoras pertinentes. Todas las variables que inciden en el modelo de previsión individual, incluso aquellas que a priori parecen tener un comportamiento errático, son susceptibles de ser gestionadas desde la perspectiva de la racionalidad del comportamiento, siendo necesario insistir en la necesidad de disponer de un adecuado asesoramiento por parte de profesionales específicamente formados en previsión individual.

Los individuos deberán identificar sus necesidades potenciales, los riesgos inherentes a sus decisiones y revisar la adecuación de las previsiones con la situación real alcanzada en cada momento. Como observaremos, los riesgos y las necesidades, no son exclusivamente de carácter financiero pero un adecuado nivel de recursos hace mucho más llevaderas las consecuencias de otras situaciones y otras problemáticas en un camino que ineludiblemente todos vamos a recorrer. En los siguientes capítulos se examinará la incidencia de las variables más significativas, las decisiones a adoptar y la forma de gestionar el riesgo inherente a todo ello.

2 Las medidas estándar del riesgo financiero

El riesgo

La palabra riesgo está asociada con el peligro. El término procede de la palabra latina *resecare* cuyo significado, corte o amputación, se extendió a las consecuencias de las heridas que sufrían las tripulaciones de los barcos en caso de naufragio cerca de las rocas o acantilados. En español la palabra riscos, haciendo referencia a las alturas, parece tener el mismo origen referido a las fatales consecuencias de las caídas desde alturas considerables. En la mayoría de los idiomas el término para expresar el riesgo tiene la misma raíz, *risque* (francés), *risk* (inglés), *risiko* (alemán) o *risico* (holandés).

En nuestra exposición se entiende por riesgo la posibilidad de que el resultado efectivamente alcanzado en un proceso de inversión no sea el previsto sino que sea inferior o muy inferior al previsto. Con un ejemplo podemos exponer su significado. Una inversión financiera no es más que un intercambio de capitales financieros[52], en su versión más simple, se entrega un capital en un momento determinado, (C_0, t_0) para obtener en un

---

[52] Un capital financiero se identifica por dos componentes, la cuantía y el momento en el que debe realizarse su devengo, cobro o pago.

momento futuro otro capital financiero, (C_1, t_1) en el que la cuantía C_1 es mayor que C_0, siendo el intervalo que media entre los dos momentos de la operación, $[t_1 - t_0]$ la duración de la operación financiera. El rendimiento expresado en forma de porcentaje anualizado sobre la inversión inicial se denomina interés. La cuestión principal, a efecto del riesgo, es que en el momento futuro el obligado al pago del capital comprometido, C_1, pueda o quiera, o no, cumplir con su obligación o cumplir solo parcialmente el compromiso asumido o retrasar su cumplimiento. Estas contingencias, posibilidad de no cumplimiento, o cumplimiento parcial, o retraso en el cumplimiento constituyen un ejemplo de un riesgo financiero, más concretamente en este caso del denominado riesgo de crédito.

En el gráfico que sigue a continuación se representa de una forma simplificada el significado del riesgo. En un modelo determinista se considera como valor final simplemente el valor más probable como si fuera un valor cierto, en un modelo estocástico o probabilístico, que sin duda representa mejor la realidad, se considera como valor final un conjunto de valores, cada uno con una probabilidad determinada por la forma de la función de distribución de la variable aleatoria que asigna probabilidades a los distintos importes posibles, siendo esta aproximación mucho más representativa del riesgo inherente a la operación.

La forma de la función de densidad de la correspondiente distribución aleatoria de los posibles valores es determinante tanto del valor medio esperado como de los valores límites con distintos niveles de probabilidad o márgenes de seguridad.

Las medidas estándar del riesgo financiero

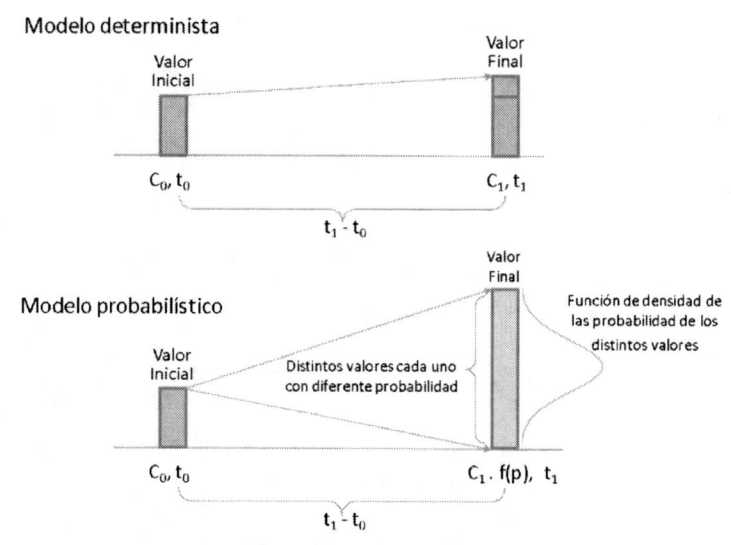

Figura 31. Representación gráfica del significado económico del riesgo distribuido normalmente

En el gráfico anterior se ha representado una distribución próxima a una distribución normal[53] o de Gauss, usualmente utilizada en el ámbito de la medición del riesgo de mercado, en el que se considera que los distintos valores probables se distribuyen simétricamente respecto a un valor central. En el ámbito del riesgo de crédito la distribución de probabilidades más representativa tendría una forma no simétrica, ya que hay pocas o casi nulas probabilidades de desviaciones positivas y muchas más de desviaciones negativas,

---

[53] La distribución normal o de Gauss conocida también como curva normal es una distribución de probabilidad continua que se ajusta a multitud de comportamientos observados en la naturaleza o en otras muchas variables relacionadas con aspectos sociales. La representación gráfica de la función de densidad de una distribución de probabilidad normal tiene forma de campana distribuyéndose simétricamente respecto a la media el resto de valores de modo que en función de la ecuación que la define: Y = [($1/\sigma.(2\pi)^{0,5}$). $e^{(-0,5 \cdot (x-\mu)^{\wedge}2)/\sigma^{\wedge}2}$]. Siendo μ la media y σ la desviación estándar.

111

aparte de estar mucho más concentrada en torno al valor medio tal cual se representa a continuación.

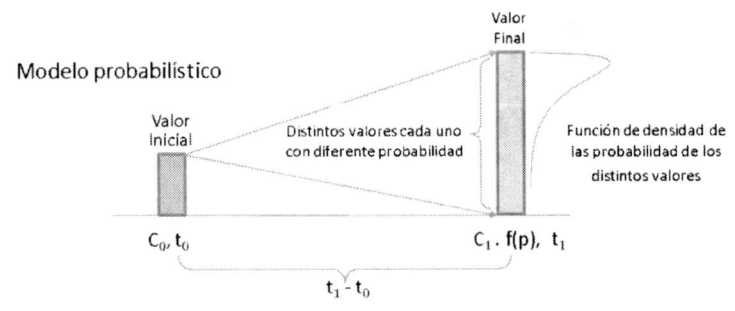

Figura 32. Representación gráfica del significado económico del riesgo con una distribución no normal

En el Capítulo anterior ya se ha hecho una breve introducción al riesgo financiero que se deriva de los instrumentos de inversión en los que se materializa el ahorro y en consecuencia el riesgo que soporta el titular de cualquiera de ellos y por ende los titulares últimos del patrimonio de un fondo de pensiones, los partícipes y los beneficiarios. El riesgo en la renta variable, *stocks o equity*, en la tenencia de acciones, puede ser más evidente, ya que está generalmente admitido que el precio de los títulos fluctúa constantemente en función de la oferta y la demanda en cada momento, fuerzas que además sobrerreaccionan normalmente por impulsos irracionales, *animal spirits*, una cobertura mediática muy amplia e intervinientes en el mercado de muy distinta naturaleza y con objetivos muy diferenciados. Pero los instrumentos de renta fija, bonos en general y depósitos, no están exentos de riesgos sea cual sea su plazo, emisor o garantía, especialmente cuando por cualquier circunstancia deba anticiparse su venta al vencimiento pactado, ya que como se verá más adelante, nada más alejado de la realidad que asimilar el término "renta fija" a "valor fijo o constante" . No existe ningún activo financiero exento de riesgo y tal cual se irán describiendo en este Capítulo existen múltiples tipos de riesgos[54], e incluso existen riesgos cuya distribución de probabilidades es desconocida sin olvidar la posibilidad de que aparezcan eventos por riesgos que en el momento actual ni siquiera han sido identificados. Todas las posibles contingencias deben ser valoradas en sus justos términos ya que en otro caso se puede producir una situación de parálisis en la adopción de decisiones (procrastinación) ante la percepción de una situación caracterizada por la incertidumbre. Aún en el entorno más aleatorio cabe adoptar las decisiones más adecuadas a los objetivos pretendidos.

Se dice que el peor de los riesgos es la falta de conocimiento o la ignorancia sobre los mismos, de nada sirve ignorarlos o minusvalorarlos, y de igual modo tampoco se deben minusvalorar las consecuencias de no querer asumir ningún tipo de riesgo, ya que ello por una parte es imposible y por otra parte esta opción alejaría con alta probabilidad la adopción de decisiones óptimas para los intereses de cualquier inversor.

Las normas de gestión de riesgos exigen en cualquier caso aparte de su identificación, su cuantificación. Consideraciones meramente cualitativas evaluando los

---

[54] En el ámbito de la teoría sobre la gestión de riesgos se utilizan los términos, Know-Know, Know-Unknow, Unknow-Unknow, y sus acrónimos K-K, K-U, U-U, para hacer referencia a los riesgos identificados y con conocimiento de su distribución de probabilidades o a aquellos otros que están identificados con una distribución de probabilidades desconocida o en último término aquellos que no han sido identificados y en consecuencia tampoco evaluados.

riesgos en categorías del tipo "bajo-medio-alto", o en una escala del "uno al diez", sin otra explicación no permiten una adecuada evaluación o gestión del riesgo. Por otra parte en el control del riesgo, las denominadas actividades de control, exigen el establecimiento de límites, cuya superación determinaría igualmente la ejecución de determinadas actuaciones previstas de antemano. Identificación, cuantificación, establecimiento de límites, actividades de control y actuaciones predeterminadas ante determinadas circunstancias, aparte de la comunicación de la información relevante y la revisión periódica del modelo constituyen los pilares sobre los que se fundamenta la gestión del riesgo.

Se ha indicado que en la evaluación del riesgo es tan relevante conocer la probabilidad media de acaecimiento del evento como la función de distribución de las distintas probabilidades con distintos impactos. En múltiples ocasiones estas funciones de distribución deben ser estimadas, tanto en lo referido a su estructura como en lo relativo los parámetros determinantes de su forma.

A continuación se describirán las características y los esquemas de medición de los tres grandes grupos de riesgos financieros, el riesgo de mercado, el riesgo de interés y el riesgo de crédito, repasando las medidas de riesgo normalmente utilizadas[55] para su evaluación y control, que en ocasiones combinan dos componentes, la rentabilidad y el riesgo, para relacionar un factor con otro y poder homogeneizar comparaciones de rentabilidad por

---

[55] En la literatura especializada, (Cogneau-Hübner 2009) se han llegado a identificar más de cien estimadores de medición del binomio rentabilidad-riesgo. Ello proporciona una idea del aspecto multidimensional de la medición del riesgo financiero.

"unidad de riesgo". Finalmente se realizará la consideración agrupada de otros riesgos elementales inherentes a las inversiones.

El riesgo de mercado

El riesgo de mercado es la potencial pérdida de valor de una posición o inversión en un instrumento financiero que cotiza en un mercado organizado. Aunque más específicamente, en ocasiones, se refiere exclusivamente a la potencial pérdida de valor de las acciones cotizadas, lo que se denomina riesgo de las acciones o *equity risk*. Utilizaremos en esta parte de la exposición esta segunda acepción ya que el riesgo de mercado observado en los instrumentos de renta fija deriva de otros riesgos subyacentes, riesgo de tipo de interés o riesgo de crédito que se considerarán separadamente más adelante.

Como medida de riesgo de mercado se utilizan distintas métricas y ratios que se utilizan igualmente para evaluar el desempeño o *performance* de la gestión por parte del gestor del fondo. Entendiendo como *performance* en este sentido la capacidad de un gestor de obtener de una forma recurrente rentabilidades superiores a los índices de rentabilidad del mercado en su conjunto[56] asumiendo

---

[56] Al respecto hay que señalar que existe una autorizada línea de opinión que sostiene la imposibilidad de que un gestor obtenga un rendimiento superior al mercado de forma recurrente en el tiempo y que justifica la forma de gestión "pasiva" frente a las formas de gestión "activas". Línea que comparte el autor con las matizaciones que se exponen más adelante y que se resumen en la forma de gestión denominada "moderadamente activa" en cuanto se estima que los mercados son eficientes y que los precios

idéntico riesgo. Los principales indicadores del riesgo de mercado pueden ser estimadores exclusivos del riesgo asumido o indicadores sintéticos que relacionan los rendimientos obtenidos con el riesgo asumido. A continuación procedemos a repasar los indicadores más usuales en ambas consideraciones, en cuanto medidor de riesgo puro y en cuanto medidor del rendimiento en relación al riesgo asumido.

Volatilidad

La volatilidad, es la desviación estándar[57] de los rendimientos de un activo en un periodo determinado[58], y constituye la medida de riesgo de mercado más generalizada. Se asume que un título cuyas cotizaciones en un mercado organizado han evolucionado en el pasado con una mayor volatilidad (es decir con amplias desviaciones de la rentabilidad en los distintos periodos respecto a la rentabilidad media) implica un mayor riesgo en el futuro para sus propietarios, de forma que en el momento en que deseen realizar su inversión y vendan sus títulos tienen una mayor probabilidad de experimentar una pérdida.

Esta métrica y su eficiencia debe matizarse por varios aspectos, en primer lugar equipondera de igual modo las

---

establecidos en los mismos reflejan el equilibrio en cada momento entre oferta y demanda con toda la información disponible en cada momento.

[57] La desviación estándar o desviación típica se representa por la letra griega sigma, "σ", y su expresión matemática es: $\sigma = \sqrt{\sum(X-\mu)^2 / n}$. Siendo, "μ", la media de la distribución. Si bien para estimar la desviación de una población a partir de una muestra se toma, para evitar el sesgo, en la anterior expresión (n-1) en lugar de n.

[58] El rendimiento de un activo, sin dividendos, para un periodo entre t y t+1 se calcula mediante la expresión $[(V_{t+1} - V_t)/ V_t]$. Siendo V_t el valor del activo en el momento t y V_{t+1} el valor del activo en el momento t+1.

desviaciones positivas que las negativas respecto a la rentabilidad media, en segundo lugar su valor es independiente del propio valor medio de la rentabilidad en el periodo de referencia, y por último se refiere a una experiencia pasada con factores explicativos subyacentes que no necesariamente serán coincidentes o pueden proyectarse en el futuro. Pero a pesar de estas limitaciones la volatilidad constituye la medida más generalizada en la evaluación del riesgo de un instrumento cotizado. Lo fundamental es percibir la volatilidad como un relevante indicador del riesgo de mercado que comporta un activo pero no como un estimador suficiente y eficiente para evaluar la posible pérdida que pueda generar el mismo por cualquier riesgo. Activos o carteras de activos o *portfolios* con muy baja volatilidad pueden tener factores subyacentes que aporten altas probabilidades de pérdidas significativas en el futuro en tanto la volatilidad no incorpora todos los factores de riesgo y nada garantiza además que los niveles de volatilidad en el futuro sean dispares de los registrados en el pasado.

En el primer capítulo se ha señalado que las rentabilidades anuales medias del conjunto de los fondos de pensiones en los que se integran planes de pensiones individuales en España en el periodo 2004-2013 en las categorías de renta fija a corto plazo y renta variable habían sido las que se muestran en el cuadro siguiente.

Ejercicio	Renta Fija Corto plazo	Renta Variable
2004	1,77	8,88
2005	1,04	18,73
2006	1,26	18,30
2007	1,94	3,93
2008	2,13	-38,40
2009	1,80	27,20
2010	-0,64	1,63
2011	1,38	-10,40
2012	3,47	10,43
2013	2,08	22,19
2014	1,37	7,63

Figura 33. Rendimientos anuales en el periodo 2004-2014 en las categorías de Renta Fija a corto plazo y Renta Variable.

Habiéndose igualmente manifestado en dicho capítulo que la desviación estándar de los rendimientos anuales en el referido periodo para cada una de las categorías de inversión, renta fija a corto plazo y renta variable, habían sido del 0,99% y del 18,21% respectivamente. La mecánica de cálculo de la desviación estándar de los rendimientos, de acuerdo con la nota 57, puede observarse en los cuadros que siguen a continuación:

Las medidas estándar del riesgo financiero

Planes de Pensiones. Categoría de Renta Fija a corto plazo

Ejercicio	Rendimiento en el ejercicio	Promedio Rendimiento	Diferencia Rdto-Prom.	Diferencia Cuadrado
2004	1,77	1,60	0,17	0,03
2005	1,04	1,60	-0,56	0,31
2006	1,26	1,60	-0,34	0,12
2007	1,94	1,60	0,34	0,12
2008	2,13	1,60	0,53	0,28
2009	1,80	1,60	0,20	0,04
2010	-0,64	1,60	-2,24	5,02
2011	1,38	1,60	-0,22	0,05
2012	3,47	1,60	1,87	3,50
2013	2,08	1,60	0,48	0,23
2014	1,37	1,60	-0,23	0,05
Promedio		1,60		
Varianza				0,97
Desviación standard				0,99

Planes de Pensiones. Categoría de Renta Variable

Ejercicio	Rendimiento en el ejercicio	Promedio Rendimiento	Diferencia Rdto-Prom.	Diferencia Cuadrado
2004	8,88	6,37	2,51	6,28
2005	18,73	6,37	12,36	152,66
2006	18,30	6,37	11,93	142,22
2007	3,93	6,37	-2,44	5,98
2008	-38,40	6,37	-44,77	2004,76
2009	27,20	6,37	20,83	433,70
2010	1,63	6,37	-4,74	22,51
2011	-10,40	6,37	-16,77	281,39
2012	10,43	6,37	4,06	16,45
2013	22,19	6,37	15,82	250,13
2014	7,63	6,37	1,26	1,58
Promedio		6,37		
Varianza				331,76
Desviación standard				18,21

Figura 34. Cálculo del rendimiento promedio y volatilidad en el periodo 2004-2014 en las categorías de Renta Fija a corto plazo y Renta Variable

Debe advertirse que el promedio de las rentabilidades de un periodo no coincide con el tipo anual de interés compuesto resultante de comparar el valor final con el valor inicial y el tiempo transcurrido[59].

La volatilidad se refiere siempre a un periodo temporal, en el ejemplo anterior un año, y a partir de la volatilidad correspondiente a un periodo puede calcularse la volatilidad correspondiente a distintos periodos. En el ejemplo anterior se ha calculado la volatilidad anual a partir de datos anuales y con los datos de un periodo de once años. En el caso de que se hubiera utilizado otra periodicidad en el cálculo de la desviación estándar de la variable rendimiento, por ejemplo considerando los

---

[59] El interés compuesto medio anual en un periodo determinado es equivalente a la TIR. Cuando en una operación financiera solo hay un pago inicial y un pago final se calcularía por la expresión: $[(VF/VI)^{1/n}-1]$, siendo VF el valor final, VI el valor inicial y n la duración de la operación. En el Capítulo 5º se verá una expresión que aproxima el cálculo de la TIR a partir del rendimiento medio y la volatilidad.

rendimientos mensuales, la volatilidad referida al periodo anual se calcularía multiplicando el valor obtenido a partir de los datos mensuales por la raíz cuadrada de 12, es decir la raíz cuadrada del número de veces que se contiene en un año el periodo de referencia en el que se ha medido la variación del rendimiento. Se acepta cuando se calcula la desviación estándar a partir de datos diarios de acciones cotizadas, que la volatilidad anual se obtenga multiplicando la desviación estándar de los datos diarios por la raíz cuadrada de 252 o 255 atendiendo los días de cotización en un ejercicio.

Ratio de Sharpe

La ratio de Sharpe[60] (1966), en su versión más generalizada, es una medida expost de la rentabilidad en función del riesgo asumido. Mide la rentabilidad por "unidad de riesgo" y para ello se identifica o asimila el riesgo asumido con la desviación estándar observada, es decir con la volatilidad. Se utiliza tanto como una medida del binomio rendimiento-riesgo como un indicador que permite evaluar la calidad o la *performance* de la gestión por parte de un gestor de una cartera de activos, como podría ser en el caso de un fondo de pensiones, la entidad gestora del mismo. Se define como el rendimiento generado por un activo, o una cartera, por encima del rendimiento proporcionado en el mismo periodo por un activo libre de riesgo[61], por cada unidad de riesgo asumida. Su expresión analítica más simple es:

---

[60] Formulado por W.Sharpe premio Nobel de Economía en 1990 cuyas aportaciones contribuyeron a la formulación del modelo conocido como *Capital Asset Pricing Model* (CAPM) que constituyó la referencia básica para la gestión de carteras en base al binomio rentabilidad y riesgo.
[61] Como rendimiento del activo libre de riesgo se suele tomar la correspondiente a la Deuda Pública de un estado de alta calidad crediticia

Las medidas estándar del riesgo financiero

$$R_{Sharpe} = S_R = [(r_c - r_f)/\sigma]$$

Siendo:

r_c : Rendimiento efectivamente obtenido en la cartera
r_f : Rendimiento de un activo libre, (f de *free*) de riesgo
σ : Desviación estándar de los rendimientos de la cartera

Si la referida ratio proporciona un resultado negativo es obvio que el rendimiento obtenido, al ser inferior incluso al correspondiente al activo sin riesgo, no ha sido satisfactorio. El uso de esta ratio está muy extendido en tanto es intuitiva y de fácil cálculo. Su utilización puede realizarse comparando distintas alternativas de inversión o en el ámbito del análisis de los resultados de una gestión. Si el valor de la ratio es superior a 1,00 se considera un resultado muy satisfactorio, mientras que valores entre 0,00 y 1,00, o entre 0,00 y 0,50, según la naturaleza de los activos, pueden considerarse como valores aceptables. Una de las principales limitaciones en el uso de la ratio de Sharpe es que la desviación estándar de los rendimientos de las distintas categorías de inversión no es comparable. Por ejemplo en los activos del mercado monetario si la desviación estándar fuera muy pequeña la ratio sería muy elevada perdiendo su significado. Otra limitación deriva de la hipótesis de distribución normal de los rendimientos, cuando la realidad ha demostrado reiteradamente que los sucesos "excepcionales" son mucho más frecuentes que los que se derivarían de las colas, de los valores extremos, de una distribución normal. La realidad de las cotizaciones en los mercados de renta variable presenta valores de pérdidas extremas en el corto plazo que no se

---

(AA-AAA) hasta doce meses.

corresponden con sus probabilidades teóricas según una distribución normal. También se ha objetado que no recoge adecuadamente la posibilidad de que la distribución de los rendimientos no se ajuste a una distribución normal por razón de su asimetría o por razón de la curtosis, (mayor o menor concentración alrededor de la media). Estas circunstancias se han resuelto considerando la alternativa de la referida ratio por la denominada ASR o *Advanced Sharpe Ratio*[62] o la ratio denominada *Modified Sharpe Ratio* que constituyen variantes de la ratio original para recoger no solo la volatilidad sino también la asimetría o la curtosis. A pesar de las limitaciones teóricas de la versión más simple de la ratio de Sharpe, esta ratio constituye un indicador generalizado e inexcusable en la consideración del binomio rentabilidad-riesgo de mercado y diversos estudios demuestran que un ranking de fondos realizado a partir de los resultados de la ratio de Sharpe se mantiene en términos muy similares al derivado de la utilización de ratios más elaboradas. No obstante se debe reiterar que no puede resumirse el riesgo de mercado de un fondo simplemente al ratio de Sharpe, se trata de una ratio eficiente pero no suficiente en la evaluación real del riesgo.

---

[62] $ASR_i = SR_i \cdot [1+(S/6) \cdot SR_i - (E/24) \cdot SR_i^2]$. Siendo S (Skew), la asimetría, el tercer momento adimensional respecto a la media de la variable aleatoria y E (Kurtosis), la concentración, el cuarto momento adimensional de la variable menos 3, (3 es el valor que corresponde a la distribución normal) y SR_i el ratio de Sharpe.

Ratio de Sortino

La ratio de Sortino (1983) es una variante de la ratio de Sharpe consistente en considerar en el numerador de aquel no la diferencia entre la rentabilidad efectivamente obtenida y la correspondiente al activo libre de riesgo sino la diferencia entre la rentabilidad efectivamente obtenida y la rentabilidad mínima objetivo de la inversión, *mínimum acceptable return (MAR)*, mientras que en el denominador como medida del riesgo se utiliza la semidesviación típica negativa respecto a dicho valor objetivo.

$$R_{Sortino} = [(r_c - MAR)/dr]$$

Siendo:

r_c : Rendimiento efectivamente obtenido en la cartera
MAR : Rendimiento mínimo objetivo
dr : Semidesviación típica negativa, es decir
considerando exclusivamente los rendimientos negativos, es decir aquellos por debajo del rendimiento mínimo objetivo

Técnicamente la medición del riesgo incorporando exclusivamente la dispersión de los rendimientos negativos (inferiores al objetivo marcado), constituye un refinamiento respecto a la ratio de Sharpe, (los rendimientos por encima de la media pueden no ser considerados como un "riesgo"), pero dada la subjetividad del rendimiento mínimo objetivo, que variará en función de la categoría de la inversión, la utilización de la ratio de Sortino no está tan extendida como el uso de la ratio de Sharpe, si bien resulta muy útil, complementariamente, para evaluar tanto el nivel de riesgo asumido como los resultados de una gestión. Sin embargo la crítica a la ratio de Sharpe al utilizar la desviación estándar de los rendimientos y en consecuencia incorporando como medida de riesgo también las desviaciones "positivas", no tiene empíricamente un contraste suficiente ya que no es excepcional que el riesgo de mercado este latente ante comportamientos expansivos de las cotizaciones aún en el caso de que sean positivos. Un resultado extraordinario, desviado de las tendencias, tanto bueno como malo constituye siempre, al menos, una señal de alarma[63]

Coeficiente Beta

El coeficiente beta, o simplemente beta, "β", es un indicador de la variación de las rentabilidades de una acción o de una cartera respecto a su índice de referencia. Su expresión analítica seria:

Beta = Covarianza (rdtos.portfolio; rdtos.indice) / Varianza(rdtos.indice)

Siendo:
Covarianza[64]: La covarianza entre los rendimientos observados de la cartera y los rendimientos observados del índice.
Varianza[65]: La varianza correspondiente a los rendimientos observados del índice de referencia.

---

[63] De igual modo un rendimiento sorprendentemente estable respecto al mercado constituye una advertencia respecto a su naturaleza. Han sido frecuentes los casos fraudulentos que fundamentaban su atractivo en la estabilidad de los resultados a lo largo del tiempo.
[64] Covarianza, $s_{xy} = \sigma_{xy} = 1/n \cdot \sum (X-\mu_x)\cdot(Y-\mu_y)$. Siendo X,Y las variables y μ_x, μ_y sus respectivas medias.
[65] La Varianza es el cuadrado de la desviación estándar. $\sigma^2 = \sum(X-\mu_x)^2/n$. Siendo X los distintos valores de la variable y μ_x su media aritmética.

En consecuencia la beta es una medida de la volatilidad de un título, una cartera o un fondo de pensiones, en referencia al riesgo sistemático (riesgo de mercado o riesgo no diversificable) correspondiente al mercado en su conjunto. Un título cotizado, o un fondo, con una beta superior a la unidad es indicador de que la variación probable de su valor en el futuro se ampliará respecto a los movimientos del mercado, es decir del índice o "benchmark" representativo del conjunto de títulos cotizados en dicho mercado, experimentando mayores rendimientos que el mercado (su índice) en periodos expansivos, pero mayores pérdidas en fases recesivas. Al contrario una beta inferior a la unidad constituye un indicador de que las variaciones del título o cartera serán proporcionalmente inferiores a los movimientos del mercado en su conjunto. En el caso de que la beta fuera igual a uno ello constituiría un indicador de que los movimientos esperados del título o la cartera serían similares a los movimientos del mercado en su conjunto. En consecuencia se considera que una beta superior a la unidad constituye un indicador de mayor riesgo subyacente, y en sentido contrario una beta inferior a la unidad revela una cartera más conservadora en el sentido de menor riesgo de mercado. A título de ejemplo las denominadas *"utilities"* es decir las acciones representativas de las entidades de suministros de servicios básicos suelen tener betas inferiores a la unidad en tanto las variaciones de sus cotizaciones suelen ser menos que proporcionales a los movimientos del mercado y por lo tanto su inversión se considera más segura, en cuanto tener un menor riesgo de mercado.

Tracking error

El "*tracking error*" mide la desviación de la rentabilidad de una cartera o un fondo respecto a un índice de referencia. Se trata de una medida de riesgo relativo es decir en relación al índice de referencia. Se utiliza para evaluar el tipo de gestión de una cartera así como para establecer límites a la gestión discrecional por parte del gestor. Si el "*tracking error*" es bajo se puede afirmar que la variación del valor de una cartera es de prever que se adecuará a la variación del índice de referencia, en cambio si el "*tracking error*" es alto se manifiesta la posibilidad de que la variación de valor de una cartera se aleje de la rentabilidad futura del índice. En función del valor del "*tracking error*" se habla igualmente de una gestión pasiva o de una gestión activa. Cuando el valor del "*tracking error*" se sitúa entre cero y un dos por ciento se habla de una gestión pasiva, el riesgo de mercado de la cartera se adecuará previsiblemente a las variaciones del índice. Por ejemplo un fondo que emulase un índice tendría un "*tracking error*" prácticamente de cero. Para valores superiores al cinco por ciento se considera que la gestión es activa y se asume un riesgo de desviación respecto al índice, o en otros términos se añade un riesgo específico o idiosincrático al riesgo sistemático. Valores del "*tracking error*" entre el dos y el cinco se consideran propios de una gestión activa pero limitando las variaciones a la evolución del índice. Desde una perspectiva del riesgo una gestión diferenciada del índice de referencia aporta un riesgo adicional, por ello es habitual en los mandatos de inversión, por ejemplo en los planes de pensiones de empleo, establecer límites al "tracking error" que no se deberán superar por el gestor del fondo de pensiones.

La expresión analítica del "tracking error" es:

$$TE = [\,Var\,(\,r_p - r_b)\,]^{1/2}$$

Siendo:
Var : Varianza de las variables
r_p : Rendimientos observados del portfolio (cartera o fondo)
r_b : Rendimientos observados del índice de referencia (benchmark)

Alfa de Jensen

Normalmente se utiliza la letra griega alfa, "α", para describir el rendimiento atribuible a la aportación de un gestor por encima del rendimiento del mercado. Al respecto existe una controversia acerca de si ello es posible. Distintos autores atribuyen un éxito temporal en la gestión de las inversiones a un factor aleatorio, otros análisis intentan demostrar que existe una capacidad de aportar valor de una forma recurrente. Sin entrar en más detalles si se puede concluir que ningún estudio ha revelado la existencia de una técnica de gestión, que descontados sus costes, supere el rendimiento medio del mercado, así como tampoco se ha demostrado la existencia de personas con capacidades adivinatorias. El "Alfa de Jensen" (1968), a pesar de que es más una medida de resultado de gestión que de riesgo puede considerarse igualmente en este apartado en tanto utiliza para su cálculo el coeficiente beta visto anteriormente, midiendo el rendimiento adicional al índice obtenido en una cartera por encima del riesgo asumido. Su expresión analítica es:

$$\alpha_{Jensen} = (r_p - r_f) + \beta (r_m - r_f)$$

Siendo:
r_p : El rendimiento del portfolio o fondo
r_f : El rendimiento del activo libre de riesgo
β : El coeficiente beta entre el fondo y el índice de mercado
r_m : El rendimiento del mercado

En definitiva el "alfa de Jensen" constituiría un indicador de la obtención de un resultado por encima del mercado y del riesgo asumido. Si la atribución de este resultado se debe a la calidad de la gestión o a factores aleatorios es algo indemostrable si bien todos los análisis estadísticos y entre ellos los realizados por el propio Jensen concluían que un alfa positiva y recurrente no era probable.

Índice de Treynor

Conocido también como "Treynor ratio" (1965), constituye una medida del rendimiento superior al correspondiente al rendimiento del activo libre de riesgo por encima del riesgo no diversificable. No pretende en consecuencia calificar la habilidad de la gestión sino el establecimiento de un ranking de fondos atendiendo a la rentabilidad de los mismos en función del riesgo específico asumido (no diversificable). Su expresión analítica es:

$$T = (r_p - r_f) / \beta$$

Siendo
r_p : El rendimiento del portfolio

r_f : El rendimiento del activo libre de riesgo
β : El coeficiente beta entre el portfolio y el índice de referencia

En definitiva el índice de Treynor mide la proporcionalidad del exceso de rendimiento sobre el activo libre de riesgo sobre la beta, su valor en términos absolutos tiene menos utilidad que en comparación al correspondiente a otros fondos o carteras homogéneas permitiendo construir un ranking de fondos en función de dicho índice o la posición o clasificación de un fondo por cuartiles atendiendo a este criterio. No recoge la baja o alta concentración subyacente en la cartera por lo que se aconseja su consideración simultáneamente a otros indicadores.

Ratio de Información

Conocido también como *information ratio* o *appraisal ratio* es una medida de rendimiento ajustado al riesgo asumido. Cuanto mayor sea el valor obtenido en la ratio de información mejor debe calificarse el resultado obtenido, remitiendo la medición a que lo fundamental no es el rendimiento en si mismo sino el rendimiento ajustado al riesgo, constituyendo la ratio de información otra aproximación a esta medición. Su construcción es muy parecida a la ratio de Sharpe, variando sus componentes. Su expresión analítica es:

$$IR = (r_p - r_b) / \sigma_{pb}$$

Siendo:
r_p: El rendimiento del portfolio o cartera
r_b: El rendimiento del *benchmark* o índice de referencia

σ_{pb} : La desviación estándar de las diferencias entre los rendimientos de la cartera y los rendimientos del *benchmark*

Nótese que en el numerador, $(r_p - r_b)$, es la aportación de rentabilidad por parte de la gestión activa (diferencia también conocida como prima de riesgo de la gestión activa), mientras que en el denominador de la ratio, la desviación estándar de las diferencias entre los rendimientos de la cartera y los rendimientos del *benchmark*, es precisamente el "*tracking error*" (TE) antes definido, lo que implica una ponderación del exceso de rentabilidad sobre el mercado o *benchmark*, respecto a la menor o mayor estabilidad de la cartera o fondo respecto al índice de referencia. Un valor alto de la ratio de información de un fondo es indicativo de que el fondo es más conveniente para el inversor que otro con una ratio más baja en cuanto el primero ha obtenido más rentabilidad ponderada por el riesgo adicional asumido.

R-Cuadrado

Es una medida relativa de riesgo que pretende aproximarse al riesgo específico de una cartera, o lo que es lo mismo al riesgo de pérdidas derivada de la misma, que no se corresponde con el movimiento del mercado. El coeficiente "R-Cuadrado", o coeficiente de determinación, es un estadístico utilizado para indicar cuanto explica la variación de una variable la variación de otra. Los valores de R-Cuadrado están comprendidos entre 0 y 1. Un valor de 1 o muy próximo a 1 indica que la variable explicativa o exógena es determinante de los movimientos observados en la variable explicada. En cambio un valor de cero o muy próximo a cero manifiesta que las referidas variables no están correlacionadas. En el ámbito financiero el R-Cuadrado de las rentabilidades de un fondo respecto a su índice de referencia manifestaría que parte de las fluctuaciones del valor de un fondo son explicadas por la variación del índice de referencia. El R-Cuadrado constituye pues una medida de riesgo indirecta en el sentido de que pone de relieve la parte de variaciones en la rentabilidad de una cartera que no tiene su origen en el riesgo sistemático del conjunto del mercado.

M2

La ratio M2, conocida también como M^2, fue concebida en 1997 por Franco Modigliani, premio Nobel de Ciencias Económicas en 1985 y su nieto Leah Modigliani, de ahí la denominación M2[66] en referencia a la letra inicial de los dos apellidos de sus creadores. La ratio M2 parte de la consideración de la ratio de Sharpe y en su primera versión simplemente ajustaba dicha ratio por la mayor o menor volatilidad del mercado respecto a la volatilidad del portfolio objeto de evaluación. Su expresión analítica es:

$$M2 = S_R \cdot \sigma_b = [(r_p - r_f)/ \sigma_p] \cdot \sigma_b = (r_p - r_f) \cdot \sigma_b /\sigma_p$$

Siendo:
S_R : ratio de Sharpe
σ_b : volatilidad del mercado o del *benchmark* de referencia
σ_p : volatilidad del portfolio
r_p : rendimiento medio del portfolio
r_f : rendimiento medio del activo libre de riesgo

---

[66] Inicialmente fue denominado ratio RAPA, acrónimo de "Risk-Adjusted Performance Alpha"

En posteriores versiones la ponderación, σ_b/σ_p, que se denomina factor de apalancamiento, ha sido sustituida por β_b/β_p.

Máxima caída de un fondo

Se trata de un indicador muy intuitivo y de fácil comprensión pero con una relativa utilidad como indicador predictivo. Se trata de una medida de riesgo que expresa la pérdida máxima experimentada por un fondo en un periodo determinado. Se suele presentar en dos formatos, la máxima caída acotada en un periodo determinado, por ejemplo día, un mes o un año, o calculando la diferencia entre una cotización máxima y una sucesiva mínima, indicándose en ambos casos, en términos porcentuales, la caída o pérdida de valor de la inversión si esta se hubiese adquirido justo en el valor máximo y vendido en el punto con su valor mínimo. Como en otros casos su validez es relativa, en comparación con los mismos resultados de otros fondos y muy especialmente si se trata de distintas categorías de inversión y debe utilizarse en combinación con otros ratios e indicadores. En términos del binomio rentabilidad riesgo el concepto de máxima caída tomando un único valor absoluto o tomando las "n" mayores caídas en un periodo determinado constituye el componente "riesgo" en las ratios de CALMAR (1991), Sterling (2004) y Burke (1994). La ratio de CALMAR (acrónimo de CALifornia Managed Accounts Reports) se atribuye a T.W.Young. En todos los casos para un periodo determinado, el numerador de estas ratios es el mismo, la diferencia del rendimiento del portfolio menos el rendimiento de un activo libre de riesgo, y las diferencias entre ellos están en la forma de computar en el denominador la "máxima caída", ya sea por su valor máximo en el periodo de referencia, por su valor medio o por la raíz cuadrada de la suma de las pérdidas máximas al cuadrado. Las expresiones analíticas son las siguientes:

$$\text{Calmar Ratio}: [\ (r_p - r_f) / -MD\ ]$$

$$\text{Sterling Ratio}: [\ (r_p - r_f) / (\ 1/N \cdot \sum -MD\ ]$$

$$\text{Burke Ratio}: [\ (r_p - r_f) / \sqrt[2]{\sum MD^2}\ ]$$

Siendo:
r_p : rendimiento medio del portfolio
r_f : rendimiento medio del activo libre de riesgo
MD: Pérdida máxima (*Máximum drawdown*)

Value at Risk. VaR

El concepto de "*Value at Risk*", "*VaR*", o "valor en riesgo", está muy extendido desde su divulgación por la banca JP Morgan[67] elaborado a partir de 1990 para controlar la potencial pérdida de la cartera de negociación de aquella entidad bancaria, habiéndose extendido su aplicación desde entonces en múltiples evaluaciones incluso en todo lo relacionado con los requerimientos de capital para las entidades financieras, de crédito y aseguradoras. El VaR

---

[67] El concepto del VaR era conocido teóricamente desde años atrás, al menos desde 1963 en la obra de Baumol, pero fue el banco J.P. Morgan la primera entidad en sintetizar en un solo informe que concluía en un solo importe la situación neta de riesgo derivada del conjunto de posiciones de la cartera de negociación de aquella entidad. El informe fue internamente denominado "informe de las 16.15" en tanto constituía el documento de referencia de la Reunión de Tesorería diaria de la entidad celebrada a dicha hora en sus oficinas de New York. A partir de 1994 la metodología y la información de soporte del cálculo de la matriz de covarianzas entre las distintas clases de activos fue hecho público para uso general dando origen a una entidad especializada en la gestión de riesgos Riskmetrics Group.

de una cartera indica la pérdida máxima esperada (se puede expresar en valor absoluto o en porcentaje sobre el valor inicial de la cartera) en un determinado horizonte temporal (t), con un determinado nivel de confianza o seguridad (se utiliza normalmente la letra griega alfa para su representación). En consecuencia el VaR tiene dos componentes discrecionales, el periodo de referencia y el nivel de confianza y por lo tanto existen múltiples cálculos de VaR según sea el periodo elegido, por ejemplo de un día a un año, o según el nivel de confianza utilizado, usualmente entre un 95% y un 99,95%. Si el VaR calculado de una cartera a 10 días (horizonte temporal) al 95% (nivel de confianza), fuese del 7%, ello significaría que en el 95% de las ocasiones las pérdidas reales de dicha cartera, supongamos de un valor de mercado de un millón de euros, en el referido periodo de 10 días, no excederían de 70.000 euros (= 1.000.000 x 7%). O considerando el suceso complementario, el VaR calculado anteriormente manifestaría que en un 5% (100-95%) de las ocasiones, las pérdidas susceptibles de producirse en un periodo de diez días superarían el nivel de 70.000 euros, del 7% del valor de la cartera en el referido ejemplo.

En consecuencia no hay un solo VaR sino tantos como combinaciones de horizontes temporales y niveles de confianza consideremos. El VaR sin indicación de estos dos parámetros no proporciona una información útil o relevante y mucho menos homogénea. Pero adicionalmente debe atenderse la circunstancia de que el cálculo del VaR puede realizarse por al menos tres procedimientos distintos que pueden proporcionar resultados muy distintos. El primer procedimiento consiste en calcular el VaR a partir de datos empíricos, y tras ordenar los resultados históricos en el periodo de

Las medidas estándar del riesgo financiero

referencia, tomar el valor mayor de las pérdidas observadas que deja un 95% (si el nivel de confianza fuera del 95%) de las observaciones a un lado y un 5% al otro. El segundo procedimiento fundamenta el cálculo del VaR a partir de simulaciones por ejemplo mediante el denominado método de Montecarlo. Se aproxima el cálculo del VaR reiterando una simulación varios miles de veces, asumiendo unos parámetros en el cálculo estocástico, ordenando posteriormente los resultados y determinando el valor de pérdidas que constituye el límite del 95% de los casos (si este fuere el nivel de confianza). El tercer procedimiento para el cálculo del VaR es su estimación a través de una aproximación paramétrica suponiendo una determinada distribución de las probabilidades de la variable aleatoria de los rendimientos y los parámetros definidores de la misma. Por ejemplo si la distribución de probabilidades que se considerase adecuada fuera la distribución normal, bastaría conocer la media y la desviación estándar de la variable, para determinar la pérdida máxima con un determinado nivel de confianza.

En el gráfico que sigue a continuación se representa el significado del VaR tanto en términos de cuantía como de probabilidad en el supuesto de que la distribución de los posibles resultados se aproxime a una distribución normal (utilizada habitualmente en el riesgo de mercado). En el eje horizontal, o de abscisas, se representan los distintos valores de los resultados susceptibles de obtenerse y la superficie entre el eje y el contorno de la representación gráfica de la función de densidad entre dos puntos expresaría la probabilidad de que el resultado se encontrase entre ambos límites. Recordándose que la superficie total bajo la función de densidad es la unidad.

Con la misma hipótesis de normalidad, si considerásemos exclusivamente la variable aleatoria de pérdidas en el eje de abscisas el esquema y el VaR se representan en el gráfico 36.

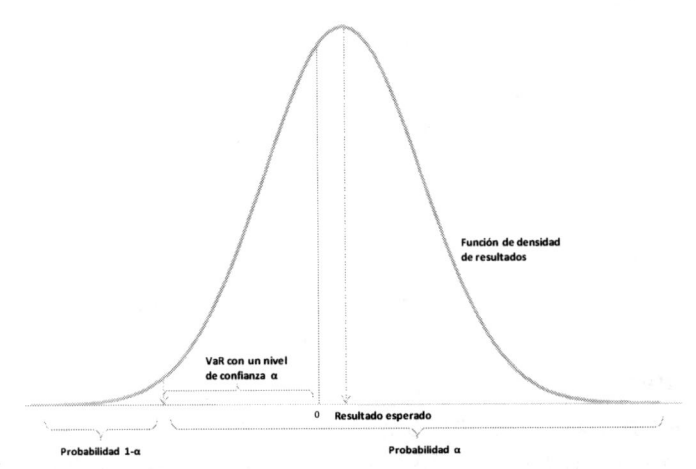

Figura 35. Representación gráfica del significado del VaR en función de resultados

La expresión analítica del VaR asumiendo la distribución normal de los resultados se calcularía a partir del valor esperado (media) y la desviación estándar:

$$VaR = -(r_p + z_\alpha \cdot \sigma)$$

Siendo:
r_p : Rendimiento medio del portfolio
α : El nivel de confianza
z_α: El cuantil correspondiente de la distribución normal para una probabilidad α

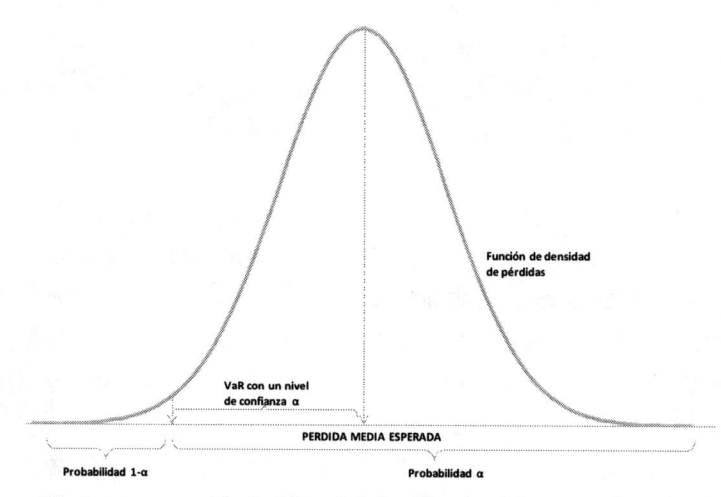

Figura 36. Representación gráfica del significado del VaR en función de las pérdidas probables

Constituyendo el VaR una medición de riesgo cabe establecer la ratio de resultado libre de riesgo sobre el VaR, denominada *"Excess Return on VaR (EVaR)"*, que se calcula dividiendo la rentabilidad de un activo, o de una cartera, por encima de la rentabilidad libre de riesgo, por el VaR de dicho activo o cartera, expresándose analíticamente, utilizando la misma notación que en ocasiones anteriores:

$$EVaR[68] = (r_p - r_f) / VaR$$

El concepto y la métrica del VaR ha devenido con el tiempo en la principal medida para estimar los requerimientos de capital de las actividades financieras

---

[68] También se considera como medición basadas en el VaR la siguiente expresión: [$(r_p - r_f) / (VaR/V_0)$] siendo V_0 el valor de la cartera al inicio del periodo.

bajo supervisión, entidades de crédito y aseguradoras, y en las evaluaciones del tipo del rendimiento ajustado al riesgo sobre el capital, "*Risk-Adjusted Return on Capital*" de acrónimo *RAROC*, especialmente relevante en las operaciones de crédito.

A pesar de la existencia de detractores del VaR como medida de riesgo en base a determinadas insuficiencias teóricas y a la posibilidad de obtener distintos resultados como consecuencia de variaciones en la forma de cálculo es indudable que en la actualidad el VaR constituye una referencia inexcusable para la evaluación del riesgo ya que constituye un método que agrega los efectos de distintas clases de activos, es holístico en el sentido de que integra distintos factores de riesgo y en términos de probabilidades facilita una magnitud intuitiva y fácilmente comprensible, la pérdida máxima en determinadas condiciones.

Conditional Sharpe Ratio

En la línea de avanzar en la evaluación del riesgo iniciada por las estimaciones a partir del VaR ha surgido el denominado CVaR, *Conditional VaR*[69] que focaliza la información en las pérdidas posibles más allá del intervalo de confianza, estimando la pérdida esperada en el caso

---

[69] A pesar de que se utiliza el mismo acrónimo hay que diferenciar el "Conditional VaR" expuesto en este apartado del "Continous VaR" (Don Rich, 2003). Este último evalúa la mayor pérdida probable no al final del periodo de referencia sino en cualquier momento del mismo, en consecuencia este "Continous Var" siempre proporcionará una valor superior al VaR y es de especial consideración cuando el periodo de referencia es largo, a efectos de control del riesgo de mercado, por ejemplo a partir de tres meses. El "Conditional VaR" es también denominado, "Expected Shortfall" (ES), "Conditional Tail Expectation" o "Tail VaR", lo que da una idea de la posible confusión ante términos no generalmente aceptados.

de que el VaR sea superado. En consecuencia lo relevante para el CVaR es considerar exclusivamente los posibles valores de las pérdidas que superan el límite del VaR. Interpretando que el VaR es un máximo esperado con un α% de confianza el CVaR es una media de las pérdidas esperadas en el (1-α)% de los casos, en la cola de las pérdidas. Gráficamente se puede representar el significado del concepto en el gráfico adjunto.

Al igual que el cálculo del VaR, el cálculo del CVaR puede realizarse por métodos empíricos, simulaciones por el método de MonteCarlo o parametricamente. Uno de los especiales problemas en las colas de la distribución de la variable de resultados es que la hipótesis de normalidad no se corresponde con la realidad en esta parte de la distribución, y la evidencia empírica en las colas no es relevante estadísticamente por lo que los modelos alcanzan más complejidad sin garantías de representar fielmente la realidad.

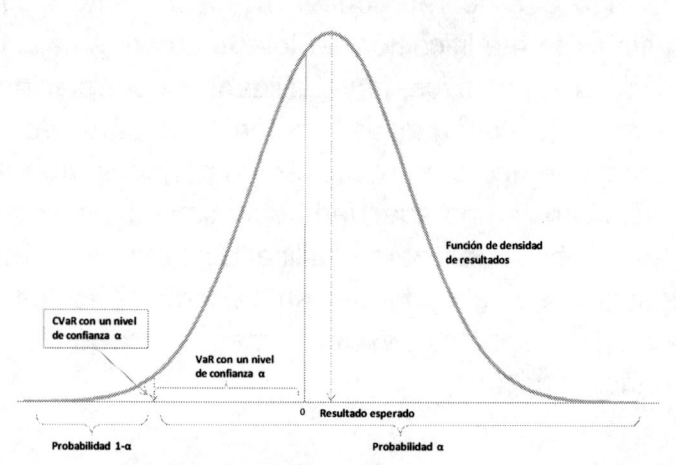

Figura 37. Representación gráfica del significado del "Conditional VaR" en función de resultados

La ratio relacionando la rentabilidad de un activo por encima de la rentabilidad de un activo libre de riesgo utilizando la CVaR se denomina "*Conditional Sharpe Ratio*" y fue expuesta por Argawal y Naik en 2004 con la siguiente expresión y el mismo significado de sus componentes expuesto anteriormente:

$$CSR = (r_p - r_f)/CVaR$$

Se debe reiterar que en este apartado se ha pretendido exponer y dar a conocer las distintas formas y ratios que permiten una aproximación al riesgo de mercado derivado de un portfolio. No existe una medida única y en consecuencia ninguna medida excluye la utilización de otras. Se debe advertir igualmente que las medidas de riesgo a veces con elaboraciones matemáticas complejas son tan seductoras como peligrosas y pueden proporcionar una falsa sensación de seguridad, en manos inexpertas, de no evaluar los fundamentos económicos de los precios de mercado de los instrumentos de capital. Si hay algo que se reproduce invariablemente en todas las crisis es la modificación de los parámetros calculados en periodos expansivos, la volatilidad, las correlaciones[70], o la matriz de covarianzas, obtenida a partir de datos históricos, que no se reproducirán en periodos recesivos y en consecuencia una adecuada aproximación al riesgo de mercado deberá realizarse utilizando tanto las técnicas expuestas como a partir del análisis de otras ratios en función de aspectos exclusivamente económicos en escenarios recesivos.

---

[70] Más adelante se verá al comentar la "frontera eficiente" como una forma de reducir la volatilidad de una cartera se puede realizar combinando distintos activos con covarianza inferior a la unidad.

Otra crítica generalizada a la mayoría de los medidores de riesgo tradicionales viene por no aportar ninguna ponderación del nivel de pérdidas estimado ponderando en los mismos términos y condiciones los importes de potenciales pérdidas tanto si son próximas al valor promedio como si están alejadas, por extremas, de este valor. Esto podría ser un planteamiento correcto sólo si el inversor expuesto al riesgo fuese neutral a las consecuencias del mismo, es decir le fuese simétricamente indiferente la pérdida que la ganancia y sin límites de pérdida máxima preestablecidos. Pero la naturaleza humana hace que normalmente el inversor tenga "aversión al riesgo" es decir la desutilidad derivada de la pérdida de una unidad monetaria es superior a la utilidad derivada de la ganancia de una unidad monetaria y la desutilidad de la pérdida de dos unidades monetarias es superior al doble de la pérdida de una sola unidad monetaria. En palabras más llanas el ser humano no mantiene una actitud equidistante entre el placer y el dolor. Prefiere evitar el dolor que tener la misma probabilidad de un placer de la misma intensidad. Y tampoco produce la misma desutilidad el doble de la pérdida de un diez por ciento del capital que la pérdida un veinte por ciento. Hay límites en las pérdidas que tanto las personas como las entidades ni desean ni se pueden permitir franquear. Esta circunstancia en los medidores de riesgo más avanzados se atiende en la línea de los denominados *Spectral Risk Mesures*, en los que se ponderan los niveles de pérdidas según la aversión al riesgo del inversor, suponiendo que una cuantía de pérdidas a un nivel más elevado es más indeseable que la misma cuantía a un nivel de pérdidas más bajo. Resulta obvio que se entra en un campo más subjetivo en el que la conclusión es que la evaluación del riesgo se particulariza y resulta ineludible contar con un asesoramiento profesional que pondere en la selección de las inversiones alternativas las circunstancias personales, capacidad económica y disposición hacia el riesgo, de un individuo o de una unidad familiar.

Finalmente se puede indicar que los distintos indicadores de riesgo están altamente correlacionados en muchos casos. Como resultados de distintos trabajos analíticos se ha concluido que la correlación entre los distintos indicadores se mueve en un rango de valores entre 0,92 y 1,00 lo que justificaría en determinados casos utilizar una sola ratio para realizar una primera aproximación al binomio rentabilidad-riesgo implícito en un portfolio. Pero una primera aproximación a partir de una ratio o varias ratios no parece suficiente, lo aconsejable es complementar el análisis con otros indicadores y estimadores de fundamentos económicos a nivel micro y macroeconómico y no omitir en ningún caso la aproximación derivada del VaR. Más adelante en el Capítulo 6º se sugiere que una aproximación al VaR de un fondo de pensiones en términos de homogeneidad, que incorpora tanto el riesgo de mercado de las acciones como otros tipos de riesgos en cualquier otro activo (crédito, interés, concentración, spread, iliquidez, etc.) podría constituir una forma eficiente para conocer y evaluar el riesgo inherente del conjunto de las inversiones que constituyen el patrimonio de un fondo de pensiones.

El riesgo de interés

El riesgo de interés también denominado riesgo de tipo de interés es el riesgo asociado a las pérdidas derivadas de la variación del valor de un activo o instrumento de renta fija como consecuencia de una variación en la estructura temporal de los tipos de interés. Es un riesgo mucho más sutil que el riesgo de mercado identificado para las acciones y mucho menos conocido o divulgado, pero no por ello sus consecuencias potenciales dejan de ser muy relevantes. Cuando se invierte en un instrumento de renta fija el inversor a cambio del precio de adquisición de un título adquiere el derecho de cobro del flujo de pagos que se derivan del compromiso asumido por el emisor del título, comprensivo normalmente de unos pagos periódicos (anuales, semestrales, trimestrales etc.) y un pago único al vencimiento. Estos pagos comprometidos son conocidos y predeterminados en el sentido de que están fijados o está fijada de antemano una regla para su determinación (por ejemplo referidos al Euribor o a la inflación más un margen preestablecido). Pero que los pagos sean ciertos o fijos o determinables no implica que el valor del título adquirido sea constante a lo largo del tiempo. Al contrario este valor variará desde el mismo momento de la inversión hasta el vencimiento básicamente por dos razones, por el riesgo de crédito que veremos en el siguiente apartado y por el riesgo de interés que consideraremos a continuación.

Un partícipe o beneficiario de un plan de pensiones integrado en un fondo de pensiones de la categoría de renta fija o en cualquier otra categoría en la que se hayan integrado instrumentos de renta fija, en cuanto titular último de los activos integrados en el fondo, adquiere el mismo riesgo de interés que si se tratase de un inversor que directamente adquiriera los referidos títulos. La existencia del plan de pensiones y del fondo de pensiones distancia al partícipe o beneficiario de la titularidad de los activos pero no de los riesgos inherentes a los mismos, que se manifestarán en su caso, a través de los cambios en el valor unitario o liquidativo de las unidades de participación o unidades de cuenta asignadas a cada partícipe/beneficiario por las aportaciones realizadas.

En el momento de la adquisición de un título de renta fija, suponiendo que se realiza en condiciones de mercado, computando por una parte el importe pagado por el inversor al adquirir el título de renta fija y por otra el flujo de pagos futuros que se derivarán de la titularidad del título, puede determinarse un tipo de interés que hace que el valor actual del flujo de pagos futuro coincida con el importe pagado. Este tipo de interés o Tasa Interna de Rendimiento (TIR) de la operación permite comparar las rentabilidades de los distintos activos en términos de homogeneidad[71] (respecto a su rendimiento financiero pero no respecto a otros riesgos implícitos), de este modo en el momento inicial existe una identidad entre el valor de adquisición y el valor actual del flujo de pagos futuros a través de la TIR implícita de la operación en el momento de ejecución de la inversión.

---

[71] Suponemos por razones expositivas que es de aplicación un solo tipo de interés a distintos plazos. En la realidad los tipos de interés son distintos para cada plazo determinando conjuntamente la denominada estructura temporal de tipos de interés (ETTI) o curva de tipos de interés. En la exposición del riesgo de interés consideraremos la existencia de un solo tipo a los distintos plazos para facilitar la comprensión del mismo.

El riesgo de interés surge al variar al alza el tipo de interés ya que en este caso el valor del título de renta fija se repreciará calculándose de nuevo el valor actual del flujo de pagos futuros que, al realizarse a un tipo de interés de cálculo ahora superior, determinará un valor actual inferior al valor actual en el momento de la adquisición o en el momento previo al cambio de la estructura temporal de los tipos de interés. Esta diferencia entre el valor de adquisición, o el valor alcanzado por un título, y el nuevo valor actual, inferior, implica una pérdida para el titular de un bono. En consecuencia para un inversor en renta fija y en relación al riesgo de interés la contingencia es el aumento de los tipos de interés de mercado y la consecuencia es la pérdida de valor entre el coste de adquisición (o el último valor calculado) y el valor actual de los flujos futuros calculado ahora con los tipos más altos.

Para un acreedor en las mismas condiciones el riesgo de tipo de interés es justo a la inversa, es decir que los tipos de interés bajen y ser constantes sus obligaciones de pago. En consecuencia si los tipos bajan el valor actual de su compromiso aumenta respecto al valor inicial o respecto al último valor calculado. Si los flujos de cobro/pago de un título se referencian a un tipo de interés variable, por ejemplo, Euribor a seis o doce meses, las fluctuaciones de valor del índice de referencia comportan un riesgo mucho más reducido para los deudores o acreedores ya que el periodo de tiempo relevante a efectos de la exposición al riesgo de interés se acorta hasta la próxima fecha de revisión.

La razón de estas variaciones es obvia, si en un momento determinado un inversor ha adquirido un título de renta fija que le proporcionará un determinado flujo financiero y el valor actual de este flujo, teóricamente coincidente con el precio de compra, se ha determinado con el tipo de interés vigente en aquel momento, si los tipos suben, en el mercado en el que se intercambian estos activos, la "demanda" exigirá un precio inferior de mercado a aquellos títulos emitidos en condiciones que ahora están fuera de condiciones de equilibrio de mercado (ahora los intereses son más altos), para que se restablezca de nuevo el equilibrio entre el valor de mercado en aquel momento y el valor actual del flujo de pagos ciertos futuros.

La unidad de medida generalmente aceptada para evaluar el riesgo de interés de un instrumento de renta fija es la "duración" o *duration* del mismo y está referido a unidades temporales normalmente años. El concepto de duración es distinto del concepto de vencimiento, si bien en un título de los denominados de "cupón cero" es decir con un solo pago al vencimiento de interés y principal la duración de dicho título en un momento determinado coincide con el plazo de tiempo residual desde aquel momento hasta el vencimiento previsto.

El concepto de duración, que se suele representar por la letra D, fue acuñado por F. Mac Aulay en 1938 al considerar un bono de renta fija como una cartera integrada por el conjunto de los pagos futuros derivado de las obligaciones asumidas por el emisor del bono, los cupones y el pago del principal. De este modo la duración de un bono se obtenía de acuerdo con la siguiente expresión:

Las medidas estándar del riesgo financiero

$$D = 1/P_0 \cdot \sum_{t=1,n} (t \cdot Q_t)/(1+r)^t$$

Siendo:

D : Duración financiera
P_0 : Valor del Bono en el momento actual
r : Tipo de interés
Q_t : Flujo de caja derivado del bono (intereses o principal)
n : Número de periodos hasta el vencimiento

Así por ejemplo para un bono de duración diez años con un tipo de interés del 6%, cupones por intereses anuales y pago del nominal al vencimiento, se determinaría, de acuerdo con la expresión anterior, una duración de 7,80 años. Expresado en otros términos el referido bono tendría la misma duración que un bono cupón cero por el que el emisor solo tuviera la obligación de pago de un solo importe, comprensivo del capital y los intereses, a un vencimiento de 7,8 años desde su emisión. En el cuadro que sigue a continuación, supuesto un tipo de interés en el momento actual del 6%, se detalla el proceso de cálculo implícito en la anterior expresión, se calcula el valor actual de cada pago derivado del bono, se multiplica cada uno de estos importes por la distancia temporal respectiva de los mismos al momento actual, se realiza el sumatorio de dichos cálculos y dicho sumatorio se divide finalmente por el valor actual.

Fecha	Nominal	Intereses	Nom+Interes	Valor Actual	t	Val.Act. x t
15/12/2014	-100.000		-100.000			
15/12/2015		6.000	6.000	5.660,38	1	5.660,38
15/12/2016		6.000	6.000	5.339,98	2	10.679,96
15/12/2017		6.000	6.000	5.037,72	3	15.113,15
15/12/2018		6.000	6.000	4.752,56	4	19.010,25
15/12/2019		6.000	6.000	4.483,55	5	22.417,75
15/12/2020		6.000	6.000	4.229,76	6	25.378,58
15/12/2021		6.000	6.000	3.990,34	7	27.932,40
15/12/2022		6.000	6.000	3.764,47	8	30.115,79
15/12/2023		6.000	6.000	3.551,39	9	31.962,52
15/12/2024	100.000	6.000	106.000	59.189,85	10	591.898,46
Suma...........				100.000,00		780.169,23
Duración......				780.169,23	/	100.000,00 = 7,80 años
Duración financiera corregida...........				7,80	/	1,0600 = 7,36

Figura 38. Calculo de la duración de un bono con vencimiento a diez años con pago periódico de cupones e interés del 6%

Una vez obtenida una referencia para poder comparar cualquier bono con independencia del patrón de pagos comprometido y con cualquier vencimiento a través del concepto de la duración, mediante un paso más se puede evaluar la sensibilidad de la variación del valor de un bono ante una variación de los tipos de interés. Para ello se acuñó un nuevo concepto, el de la duración modificada o duración financiera corregida, que se suele representar como D*, cuya expresión es:

$$D^* = D / (1+r)$$

Siendo:
D* : Duración modificada
D : Duración
r : Tipo de interés

Supuesto un tipo de interés del 6%, en el ejemplo del cuadro anterior, con una duración de 7,80 se determinaría una duración modificada de 7,36 que expresaría la sensibilidad en la variación del valor del bono ante un cambio de tipos de interés. Para ello simplemente se multiplicaría el valor del bono en un determinado momento por la modificación de tipos y por la duración

Las medidas estándar del riesgo financiero

financiera modificada. Supongamos que el tipo de interés se incrementara instantáneamente en un 1%. Según el concepto de duración modificada la variación del valor del bono sería el resultado de reducir el valor del bono antes de la modificación de tipos por el efecto de dicha variación que en el ejemplo expuesto sería:

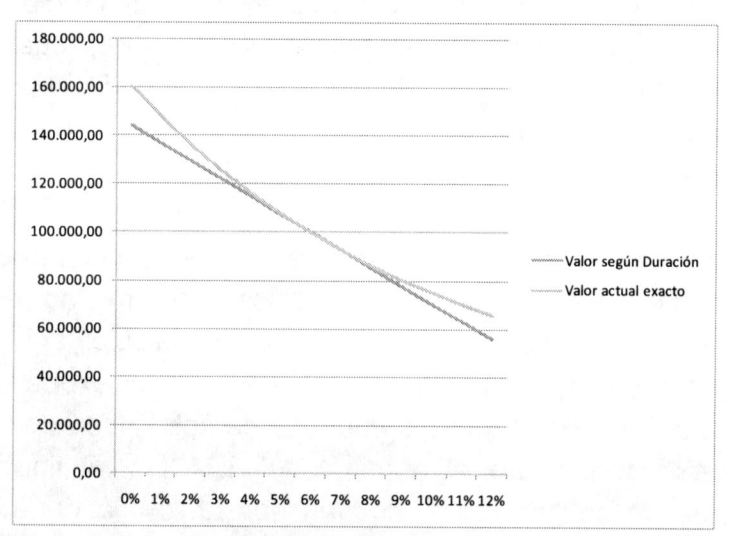

$$100.000 - [7,36 \times (-1\%) \times 100.000] = 92.640$$

Figura 39. Gráfica del efecto de la convexidad en la valoración de un bono utilizando la Duración

La duración y la duración modificada expresan claramente el riesgo de tipo de interés de un bono pero su exactitud se limita a pequeñas variaciones de los tipos de interés. La variación exacta del valor de un bono derivada de la variación del tipo de interés no es lineal (tal cual se deriva de la expresión de la duración modificada) sino convexa tal cual se representa en el gráfico anterior desarrollado con el mismo bono utilizado en el ejemplo expuesto. Ello implica que la duración modificada al constituir una estimación lineal de una relación entre el valor actual y el interés de cálculo no lineal, incorpora un sesgo de sobrevaluación de la variación exacta de la caída del precio de un bono ante las subidas de los tipos de interés.

En el cuadro que sigue a continuación se puede medir este efecto con los datos del ejemplo utilizado previamente. Partiendo de un tipo de interés del 6%, una subida de un uno por ciento en los tipos de interés, supondría una variación negativa exacta del precio del bono de -7.023,58 (= 92.976,42 - 100.000), cuando aplicando el concepto de la duración modificada la variación de la caída del precio del bono se habría estimado en -7.360 (= 92.640 - 100.000).

Se debe advertir igualmente que la duración de un bono, y en consecuencia la duración modificada del mismo, está condicionado por el tipo de interés de cálculo, así por ejemplo un bono similar al utilizado en la exposición anterior pero en el que los cupones se calculasen con un interés anual sobre el nominal del 2,50% y el tipo de interés de cálculo fuera también del 2,50%, la duración pasaría a ser de 8,97 años en lugar de los 7,80 años calculados anteriormente.

Las medidas estándar del riesgo financiero

Tipo interés	Valor Actual	V.A.según Duración	Diferencia	Diferencia porcentual
0,00%	160.000,00	144.160,00	15.840,00	26,40%
1,00%	147.356,52	136.800,00	10.556,52	22,29%
2,00%	135.930,34	129.440,00	6.490,34	18,06%
3,00%	125.590,61	122.080,00	3.510,61	13,72%
4,00%	116.221,79	114.720,00	1.501,79	9,26%
5,00%	107.721,73	107.360,00	361,73	4,68%
6,00%	100.000,00	100.000,00	0,00	0,00%
7,00%	92.976,42	92.640,00	336,42	-4,79%
8,00%	86.579,84	85.280,00	1.299,84	-9,69%
9,00%	80.747,03	77.920,00	2.827,03	-14,68%
10,00%	75.421,73	70.560,00	4.861,73	-19,78%
11,00%	70.553,84	63.200,00	7.353,84	-24,97%
12,00%	66.098,66	55.840,00	10.258,66	-30,26%

Figura 40. Diferencias en la valoración de un bono atendiendo a la duración

Fecha	Nominal	Intereses	Nom+Interes	Valor Actual	t	Val.Act. x t
15/12/2014	-100.000		-100.000			
15/12/2015		2.500	2.500	2.439,02	1	2.439,02
15/12/2016		2.500	2.500	2.379,54	2	4.759,07
15/12/2017		2.500	2.500	2.321,50	3	6.964,50
15/12/2018		2.500	2.500	2.264,88	4	9.059,51
15/12/2019		2.500	2.500	2.209,64	5	11.048,18
15/12/2020		2.500	2.500	2.155,74	6	12.934,45
15/12/2021		2.500	2.500	2.103,16	7	14.722,14
15/12/2022		2.500	2.500	2.051,87	8	16.414,93
15/12/2023		2.500	2.500	2.001,82	9	18.016,39
15/12/2024	100.000	2.500	102.500	80.072,84	10	800.728,36

Suma............ 100.000,00 897.086,55
Duración...... 897.086,55 / 100.000,00 = 8,97 años
Duración financiera corregida............ 8,97 / 1,0250 = 8,75

Figura 41. Cálculo de la duración de un bono a diez años con un interés del 2,50%

Se debe hacer notar igualmente que el riesgo de interés puede ser muy relevante cuando en la cartera de un fondo se integran títulos con vencimiento muy amplio, por ejemplo si el bono del cuadro anterior tuviera un vencimiento a veinticinco años el 15-12-2039, en lugar del 15-12-2024 anterior, la duración modificada resultaría ser de 18,42 y ello significa que ante un incremento de los tipos de interés del 1,5%, es decir que los tipos pasasen del 2,50% al 4,00%, (cosa más que razonable en un bono con vencimiento a veinticinco años) la pérdida de valor cuasi instantánea del bono, de acuerdo con los cálculos de la duración, sería del orden del 27,63% (=1,5 x 18,42).

El efecto de la convexidad es despreciable para pequeñas variaciones de los tipos de interés y en absoluto la inexactitud derivada de la convexidad reduce la validez del concepto de duración como el mejor estimador, a pesar de su simplicidad, del riesgo de tipo de interés de un bono[72].

El riesgo de crédito

El riesgo de crédito es inherente a cualquier actividad económica y constituye el riesgo financiero más relevante en la historia económica de la humanidad, siempre existirán en la cartera de activos de cualquier persona o entidad partidas que correspondan a derechos económicos cuya materialización efectiva dependerá del efectivo cumplimiento de la obligación asumida por el deudor. Naturalmente en aquellas actividades en las que

---

[72] Un bono denominado FRN acrónimo de "Floating Rate Note" es un bono en el que los cupones correspondientes a los intereses se determinan en función de un índice financiero, normalmente el Euribor a seis meses. La duración financiera en este tipo de bonos se calcula considerando exclusivamente la distancia temporal hasta la próxima fecha de revisión del tipo de interés de cálculo. En consecuencia en estos bonos, la duración es muy corta al igual que el riesgo de tipo de interés. El inversor reduce el riesgo de tipo de interés pero no es inmune al riesgo derivado de la incertidumbre del valor de los flujos de caja.

la inversión en activos financieros constituya un aspecto fundamental y esencial de su actividad como es el caso de un fondo de pensiones el riesgo de crédito adquiere mayor relevancia.

Por riesgo de crédito se suele entender el riesgo derivado del incumplimiento de la obligación de pago por parte del deudor. Las variaciones de valor de una inversión derivadas de las variaciones de la calificación crediticia del deudor o de la percepción del mercado sobre la solvencia de un deudor, o del riesgo de crédito en general, se consideran normalmente "riesgo de spread" que es una variante del riesgo de mercado. El incumplimiento de las obligaciones contraídas por el emisor de un título se asimila al concepto de "*default*" si bien desde un punto de vista contractual es muy importante la definición que se haga de este término en cuanto caben variadas y diferentes delimitaciones del mismo, como puede ser el incumplimiento de pago por más de 90 días de cualquier cuantía o sólo a partir de determinadas cuantías, presentación de solicitud de concurso de acreedores, solicitud de reestructuración de deudas, etc.

En la gestión de un fondo de pensiones se debe ser consciente del riesgo de crédito que se puede asumir en función de los principios de la política de inversión definidores del nivel de aversión o tolerancia al riesgo de crédito, y en consecuencia es ineludible un perfecto conocimiento del riesgo de crédito inherente en cada momento por cualquier tipo de operación, tanto por sí misma como por su incorporación en la cartera ya existente. Y como en cualquier riesgo toda asunción de riesgo debe ser debidamente compensada, o ser remunerada en función del riesgo asumido, ya que en otro caso se producirá una ineficiente asignación de recursos y a la larga un incremento de la probabilidad de pérdidas e incluso de quiebra.

El nivel de riesgo de crédito que puede afrontar un fondo de pensiones dependerá pues del apetito al riesgo derivada de su política de riesgos. Un fondo de pensiones debería establecer el límite de riesgo de crédito que estaría dispuesto a asumir con determinadas hipótesis de probabilidad y espacio temporal. Estos límites se pueden establecer en función de distintos criterios. A título de ejemplo el más conservador sería asumir como límite de pérdidas, con un determinado margen de seguridad, la totalidad o una parte del rendimiento financiero esperado en un ejercicio. Otro nivel sería asumir la pérdida de los rendimientos esperados más una cuantía establecida como una proporción del patrimonio, generándose en este caso un retroceso en el valor de los derechos consolidados y/o económicos de los participes y beneficiarios de producirse el evento de crédito.

A partir de la consideración de la probabilidad de acaecimiento de la contingencia de incumplimiento en un determinado periodo, se puede calcular la pérdida esperada por riesgo de crédito así como la pérdida no esperada con un determinado nivel de confianza. La pérdida por encima de este último nivel son las denominadas pérdidas excepcionales. En las actividades objeto de supervisión, por sus consecuencias sistémicas, es decir por la capacidad de extensión de una situación de crisis individual al conjunto del sistema económico, como es el caso de la actividad bancaria y la actividad de las entidades aseguradoras, corresponde al órgano supervisor en cada caso (Banco de España, Dirección General de Seguros) establecer las métricas de cálculo y los procesos y los parámetros a utilizar tanto en la determinación del límite de riesgo asumible como en la evaluación del riesgo efectivamente asumido y como derivada, los riesgos que pueden o no pueden ser asumidos en el ejercicio de su actividad. Este control se ejerce directamente prohibiendo determinadas operaciones o indirectamente "requiriendo" una mayor cuantía de los recursos propios a las entidades que ejercen aquellas actividades reguladas.

Un fondo de pensiones no es una actividad reglada en el anterior sentido en tanto su solvencia no supone la posibilidad un riesgo sistémico, aunque las consecuencias para sus partícipes y beneficiarios pueden ser muy lamentables, y en consecuencia corresponderá a la comisión de control del mismo a través de los principios de la política de inversión establecer los límites de riesgo y el seguimiento o monitorización de los riesgos asumidos e indirectamente dicha función debe condicionar la actuación de la gestora del fondo de pensiones al aprobar nuevas operaciones que impliquen nuevo riesgo de crédito considerando adicionalmente al ya asumido en la cartera. Si bien no existen parámetros objetivos de obligado cumplimiento, la actuación de un fondo de pensiones debe guiarse tanto por los principios generales de la normativa reguladora como por los principios específicos limitativos de su política de inversiones así como por el criterio de prudencia en la gestión de los intereses de los partícipes y beneficiarios. Si bien es cierto que nada prohíbe asumir riesgos en la gestión de las inversiones, sino más bien lo contrario en tanto toda inversión conlleva un riesgo, y la actividad de un fondo de pensiones se ejecuta invirtiendo, asumir riesgos con absoluto desconocimiento de sus consecuencias, sin control o por encima de determinados límites puede en última instancia considerarse una conducta dolosa y consiguientemente punible para los gestores del fondo.

Operativamente, la gestión del riesgo de crédito, complementariamente al establecimiento de los límites de la política de inversiones a definir y establecer previamente, se realiza en tres niveles, en el momento de decidir asumir un riesgo derivado de una operación individual, durante el mantenimiento del activo en el portfolio o cartera del fondo y en la gestión conjunta de la cartera en la que se integran las inversiones individuales.

En todos los niveles los aspectos fundamentales a considerar vienen constituidos por la probabilidad de acaecimiento del evento, y por el impacto o pérdida derivada en caso de acaecimiento del mismo, que a su vez es consecuencia del nivel de exposición y la severidad de la pérdida, y en último extremo por la correlación entre las distintas exposiciones.

En la asunción de un riesgo, como consecuencia de la decisión de inversión, a veces denominado "originación", lo esencial es determinar qué importe se puede asumir, tanto desde la perspectiva individual como sectorial, qué precio o margen debe solicitarse como contraprestación al riesgo asumido y en qué condiciones puede asumirse el riesgo, es decir con o sin colaterales que minoren en su caso el impacto final en caso de evento de crédito. Normalmente los inversores suelen, en base a criterios objetivos, clasificar a los emisores limitando la exposición máxima individual atendiendo a sus características más significativas de acuerdo con su experiencia, y la experiencia en general, en el cumplimiento de sus obligaciones, dimensión, actividad económica, garantías adicionales, calificación crediticia, etc. Es menos frecuente considerar la agregación sectorial o las correlaciones, circunstancias que pueden ser igualmente muy importantes por sus efectos. A nivel de una operación individual la variable más relevante es la asignación de una probabilidad de pérdida diferenciada a las distintas clases de activos según sus garantías adicionales conocidas como "colaterales".

Como en cualquier otra clase de riesgo, en el riesgo de crédito puede calcularse una pérdida media esperada que es el resultado del producto de la probabilidad de acaecimiento del evento por la cuantía expuesta y por un coeficiente de severidad que es el complementario al porcentaje de recuperabilidad en caso de evento. Analíticamente se expresa:

$$PME = EXP \times PD \times S \qquad [1]$$

Siendo:
PME: Pérdida media esperada
EXP: Cuantía expuesta al evento de crédito
PD: Probabilidad de incumplimiento o "*default*"
S: Severidad. Siendo S=(1-R), y
R: Porcentaje del saldo deudor susceptible de recuperación una vez producido el incumplimiento.

Para una posición en concreto con una inversión digamos a título de ejemplo de 100.000 euros con una probabilidad estimada de insolvencia en doce meses del 1% y un factor de recuperación del 70% los valores de la pérdida media esperada y de la desviación estándar de la variable aleatoria (al final de un ejercicio habrá cumplido con su obligación o habrá incumplido, se habrá producido el evento o no), se determinarían de acuerdo con lo que se indica a continuación.

Considerando un factor de "1", si se produce el incumplimiento y un factor de "0", si no se produce, la pérdida media esperada o lo que es lo mismo la media de la variable aleatoria de la pérdida esperada será:

$$PME = 0,01 * (1*100.000*0,30) + (1-0,01)*(0*100.000*0,30) = 0,01 * 100.000 * 0,3 = 300$$

Resultado que naturalmente coincide con el resultado de la expresión expuesta anteriormente en [1]. Pudiéndose demostrar que la desviación estándar (σ) de esta variable se calcula por la expresión:

$$\sigma = (PD - PD^2)^{1/2} * EXP * S = (0,01 - 0,0001)^{1/2} * 100.000 * 0,3 = 0,09950*100.000*0,3 = 2.985$$

Si la probabilidad de incumplimiento fuera del 8% las anteriores expresiones proporcionarían los siguientes resultados:

$$PME = 2.400$$
$$\sigma = 8.139$$

Es obvio que para una única posición los valores de la variable aleatoria de la pérdida efectiva tomarán al final del ejercicio en función de lo indicado un valor de 30.000 euros (100.000 x 30%) si ha acaecido el evento o cero si no ha acaecido. Los valores medios obtenidos anteriormente, 300 o 2.400 y las desviaciones estándar correspondientes, 2.985 o 8.139, según las distintas probabilidades de incumplimiento supuestas (1% y 8%), son útiles para su incorporación en la consideración conjunta de una cartera constituida por múltiples posiciones similares. Por si solos e independientemente, aparte de una mera apreciación del riesgo individual, no permiten ninguna gestión, salvo su consideración a efectos de determinar el margen necesario en la operación originaria para cubrir el riesgo soportado.

El factor más relevante en el cálculo de la pérdida media esperada es la probabilidad de incumplimiento. La probabilidad de incumplimiento en una operación individual debe contemplarse desde la consideración de su aportación a la cartera en la que se incluye. Una operación, individualmente considerada, al final de un periodo de referencia, o habrá cumplido su compromiso de pago y en este caso la pérdida realizada será cero, o no habrá cumplido su compromiso, y en este caso la pérdida efectiva sería el producto de la exposición por la severidad. Lo significativo, a efectos de contraste de una buena gestión, es que la asignación de probabilidades a las distintas operaciones individuales haya sido realizada de modo que la pérdida media de la cartera, -que es la suma de las pérdidas medias de sus componentes-, se adecue a la experiencia registrada en el ejercicio y dentro de los límites de la política de inversión.

En consecuencia de una forma sistemática, en periodos de tiempo delimitados, la pérdida media esperada de una cartera, sobre la que se fundamente la gestión del riesgo, debe contrastarse con la pérdida efectiva de dicha cartera en el proceso denominado "*back testing*" y seguidamente analizar las causas de las desviaciones en las asignaciones realizadas de probabilidad de incumplimiento. Tan significativo puede ser una subestimación como una sobreestimación de la probabilidad de incumplimiento, en tanto de la primera se derivarán pérdidas por riesgo de crédito no previstas, y de la segunda un déficit de optimización en la selección de las inversiones cuyas consecuencias también son negativas para los intereses de los partícipes de los planes integrados en el fondo de pensiones al haberse sobrevalorado el riesgo de incumplimiento y en consecuencia haber incurrido en un coste de oportunidad por no haber seleccionado adecuadamente las inversiones dentro de los límites de la política de riesgos.

No debe perderse la perspectiva de que la pérdida efectiva por los eventos de crédito es una variable aleatoria cuyo valor central, la pérdida esperada, constituye una referencia inexcusable, pero insuficiente para sintetizar la realidad. Las pérdidas reales pueden desviarse, y de hecho lo harán, respecto al valor medio esperado y alcanzar al final del periodo de referencia valores inferiores o superiores a dicho valor medio. En definitiva la pérdida derivada del riesgo de crédito es una variable aleatoria que puede tomar múltiples valores, si bien cada uno de ellos con una determinada probabilidad que podríamos conocer si disponemos del correspondiente modelo. En consecuencia captar la dimensión del riesgo de crédito exige la consideración simultánea de una segunda dimensión. Por una parte el nivel medio o pérdida esperada, tal cual se ha descrito anteriormente, y por otra la posibilidad de desviación respecto a dicho valor.

Las pérdidas por encima del valor medio son denominadas pérdidas no esperadas, es decir serían aquellas pérdidas superiores a los valores esperados pero posibles con probabilidades diferenciadas para cada nivel. A diferencia del riesgo de mercado la función de distribución de probabilidades que mejor se adapta para representar los eventos de crédito no es una distribución normal sino más bien a una distribución beta[73] ya que las pérdidas en este caso no se distribuyen simétricamente, como en la distribución normal respecto al valor medio, sino con una "cola gruesa" o *fat tail*, tal cual gráficamente se representa seguidamente en comparación con la función de densidad correspondiente a la distribución normal.

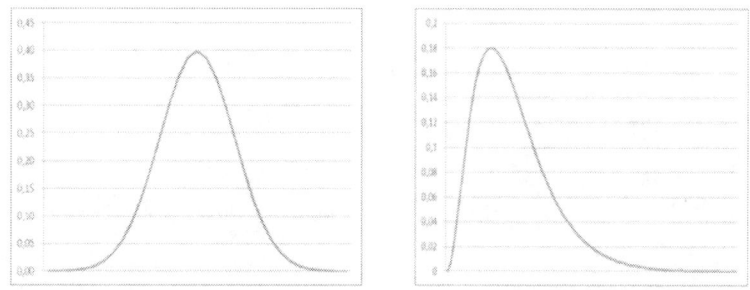

Figura 42. Distribución Normal y distribución Beta

Conjuntamente con la pérdida esperada debe considerarse la pérdida no esperada que algunos autores en primera instancia la asimilan a la desviación estándar pero con mayor precisión se corresponde con los niveles de pérdida por encima de las pérdidas esperadas dentro de un nivel de confianza predeterminado. Es decir si

---

[73]La distribución Beta se define por dos parámetros α y β conteniendo el primero información sobre la altura de la función de densidad y el segundo respecto a la amplitud de su cola. En función de los valores de la media, μ y de la desviación estándar, σ, de una variable aleatoria se pueden calcular los valores de α y β, correspondientes a una distribución Beta a partir de las siguientes expresiones:

$$\alpha = (1-\mu)(\mu/\sigma)^2 - \mu$$
$$\beta = \alpha/\mu - \mu$$

Entre las funciones Excel se incorpora la correspondiente a la obtención de los valores de la función de distribución acumulativa de una distribución Beta.

consideramos adecuado un nivel de confianza del 99,5% esto significaría calcular un límite del nivel de pérdidas de modo que sólo una vez de cada doscientas ocasiones, [(1-0,995)$^{-1}$], las pérdidas efectivas superarían este límite. Las pérdidas por encima del nivel de las pérdidas esperadas (con un nivel de confianza y periodo predeterminados) se califican como pérdidas excepcionales. Gráficamente estos conceptos se exponen seguidamente:

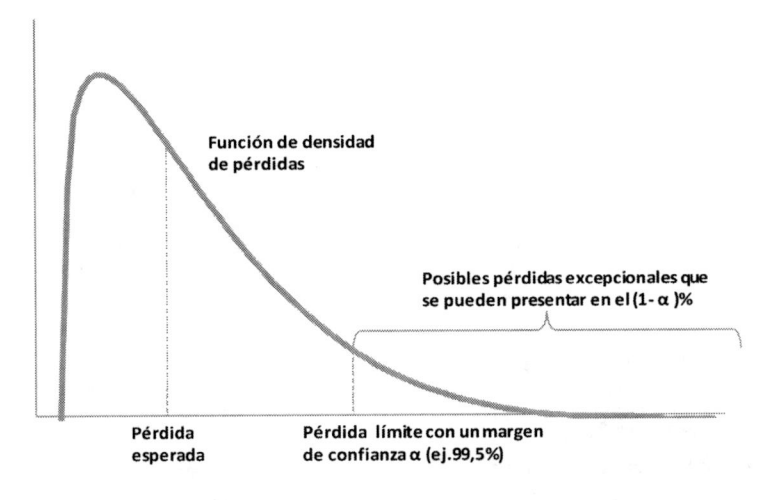

Figura 43. Representación gráfica de la pérdida esperada, pérdida límite con un margen de confianza y pérdidas excepcionales

Asignar las probabilidades de evento de crédito, es decir de incumplimiento por parte de un emisor de su obligación de pago, es una tarea dificultosa y exige una aproximación objetiva a través de la denominada calificación crediticia o *rating* que, en definitiva, en función de unos parámetros objetivos predictivos del probable incumplimiento derivados de los datos del emisor del activo, y externos, asignan a cada emisor o activo en una categoría y a cada categoría se le puede atribuir en

Las medidas estándar del riesgo financiero

función de la experiencia histórica una determinada probabilidad de incumplimiento.

Un determinado nivel de *rating*, es el resultado de aplicar un modelo de evaluación sobre las magnitudes observables de las cuentas contables de una entidad y otras circunstancias de su gestión, que tiene por objetivo explicitar y ponderar adecuadamente aquellas ratios que se consideran que constituyen indicadores eficientes de la proximidad o lejanía de un emisor a una situación de incumplimiento. La categorización por tramos de los emisores permite en un segundo proceso asignar las probabilidades de *default* o incumplimiento en función de la evidencia empírica. En consecuencia los modelos que persiguen la clasificación de los emisores en las distintas categorías se deben construir con técnicas cuantitativas adecuadas detectando las propias correlaciones existentes entre los distintos estimadores.

Los modelos de evaluación de la probabilidad de incumplimiento, que tienen su origen en el trabajo de Altman en 1968, pueden tener un fundamento económico basado en principios teóricos o en el soporte de una base estadística en la que se pueda observar la relevancia de los factores que se consideran significativos y predictivos de desencadenar un evento de incumplimiento. En todo caso los resultados de un modelo nunca deberían ser determinantes de la aprobación o rechazo de un riesgo ya que el mejor modelo nunca podrá sustituir la opinión experta y cualificada de un profesional evaluador, pero a la inversa cualquier opinión experta no refrendada por los resultados proporcionados por un modelo de evaluación, debería ser objeto de especial revisión en el proceso de adopción de decisiones de un gestor que asuma a través de una inversión cualquier tipo de riesgo de crédito. En cualquier caso, en un fondo de pensiones en el que se asuma un determinado esquema como referencia para la aceptación de un riesgo, en función de su calificación crediticia, las desviaciones de las inversiones realizadas respecto al esquema establecido deberían ser muy escasas, ya que en otro caso se podría concluir en una falta de coherencia entre el modelo y la práctica.

Al respecto es importante destacar que en el juicio humano, aún en el caso de que pretenda ser objetivo, circunstancia que en algunos casos no se puede garantizar y especialmente respecto a la evaluación del riesgo de crédito cuando puede haber incentivos económicos indirectos, puede haber comportamientos sicopatológicos, y presentarse ciertos sesgos y en consecuencia producirse carencias de "buen juicio" que la implementación de un modelo puede compensar. Nos referimos a comportamientos psicológicos, comprobados en estudios realizados sobre el tema, que tienden a la sobreestimación del propio conocimiento, a la subvaloración de errores de apreciación acaecidos con anterioridad y en dificultades de ponderar adecuadamente indicadores con información relevante contradictoria, que en conjunto limitan la adecuación del juicio humano en la evaluación de la información financiera respecto al riesgo de crédito. Circunstancia que lamentablemente está demostrado que se acentúan en tanto aumenta la relevancia del puesto ocupado, y en consecuencia incrementando el potencial impacto de las decisiones adoptadas. En definitiva la opinión "experta" puede proporcionar valor pero también incorporar un sesgo no deseado que es preciso evitar.

Las medidas estándar del riesgo financiero

En esencia un modelo de evaluación del riesgo de crédito pretende, como resultado de un proceso, asignar una calificación a un emisor. El modelo ideal sería aquel que fuera simultáneamente sencillo de operar y altamente predictivo del incumplimiento. En la realidad las gestoras deben optar por un "*secondbest*" asumiendo un manejable nivel de complejidad y renunciando a una máxima capacidad de predicción. Conseguir una buena adecuación del modelo de evaluación a la realidad es muy importante en tanto, tal como se ha indicado anteriormente, de sobrevalorar o subvalorar los riesgos se derivan efectos negativos para los intereses de los partícipes del fondo. En muchas ocasiones un modelo de evaluación no puede utilizarse sobre cualquier sector económico de una forma indiscriminada, es más práctico disponer de distintos modelos adecuados a las características de los distintos sectores. En todos los casos el input de un modelo de evaluación del riesgo de crédito es la información financiera, en consecuencia si esta información no tuviese garantías de fiabilidad, cualquier conclusión tendría una alta probabilidad de ser errónea y en consecuencia ante la duda convendría rechazar la propuesta de inversión. De igual modo en los casos en que la propiedad o el equipo directivo impliquen un riesgo moral[74], de cualquier tipo, las conclusiones del modelo no serán válidas para evaluar el riesgo real de incumplimiento. De igual modo el mejor consejo en estos casos es no asumir el riesgo derivado de la inversión planteada.

---

[74] El riesgo moral hace referencia a la asimetría de la información entre dos partes. En el riesgo de crédito el riesgo moral se referiría a la presentación de una información por parte del emisor que este conoce que no se ajusta a la realidad con el objetivo de confundir al inversor.

Los modelos de evaluación del riesgo de crédito suelen partir de la consideración de ratios más que de la consideración de valores absolutos precisamente para eliminar el efecto de la dimensión. Naturalmente la misma advertencia realizada respecto a la aplicación de un modelo en cualquier sector debe realizarse respecto a la utilización del mismo modelo ante cualquier tamaño del emisor analizado. Siempre será más eficiente disponer de esquemas simples pero diferenciados por sector y dimensión.

Aunque parezca obvio nunca debe perderse la perspectiva al valorar la probabilidad de un posible incumplimiento que en su caso esta circunstancia acaecerá en el futuro. Normalmente la información de los modelos se sustentará sobre la información actual o del pasado, entonces lo relevante es incorporar de una forma objetiva y eficiente las tendencias que puedan detectarse para cada emisor, o del sector en el que se integra su actividad y completarlo con un análisis de carácter prospectivo y macroeconómico, y ello deberá realizarse mediante la incorporación tanto de series históricas como la consideración de información cualitativa, cuantificada y ponderada de algún modo, que mejore la información de carácter estática y referida al pasado.

Distintas formas de evaluación determinarán distintos resultados, y ninguna metodología es perfecta y se ha impuesto sobre otros modelos de evaluación, pero se suele concluir que un modelo de evaluación del riesgo de crédito eficiente debería incorporar entre cinco y diez ratios a partir de la consideración de entre diez y veinte inputs.

Los modelos concluyen ponderando los valores obtenidos por las distintas ratios en base a la información estadística utilizada en aras a la predictividad perseguida y determinando finalmente una nota cuantitativa sintética que permite la calificación del emisor o la emisión[75] en un determinado nivel de entre distintos niveles a los que corresponde a cada uno de ellos una determinada probabilidad de evento de crédito. Como procede en la utilización de cualquier modelo periódicamente deben monitorizarse los resultados obtenidos para recalibrar las ratios y las ponderaciones a efectos de mejorar la predicción perseguida.

La tarea de evaluación propia del riesgo de crédito puede verse refrendada, aunque nunca sustituida, ni técnica ni por la normativa reguladora, por las calificaciones crediticias otorgadas por las denominadas agencias de calificación siendo las más reconocidas "Moody's Investors Service", "Standard &Poor's" y "Fitch Ratings". Su trabajo normalmente está referido a emisores del Sector Público y a entidades y corporaciones de gran dimensión, y a sus respectivas y diferenciadas emisiones de instrumentos de deuda, y constituye una referencia inexcusable para aproximarnos a la problemática de asignación de una probabilidad de incumplimiento a un emisor de instrumentos financieros, a una entidad

---

[75] Una determinada emisión realizada por un emisor puede tener una mejor o peor calificación crediticia que la que corresponda al emisor en función de garantías adicionales o factores condicionales de pago. A título de ejemplo una Cédula Hipotecaria emitida por un Banco aparte del compromiso y los recursos propios del Banco dispone como garantía la cartera de créditos hipotecarios de la entidad por lo que tendría una mejor calificación que la correspondiente al emisor. Inversamente una Deuda Subordinada emitida por el mismo Banco que en su Nota de Valores exponga que se condiciona el pago del cupón en un ejercicio a la obtención de beneficios por el Banco tendría una peor calificación que la correspondiente al emisor.

aseguradora o bancaria o directamente a los activos financieros emitidos con características especiales que agravan o mitigan el riesgo del propio emisor. Teóricamente el trabajo de las agencias de calificación es sencillo y se basa en aplicar lo expuesto anteriormente. Consiste en evaluar objetivamente mediante modelos calibrados a lo largo de su experiencia, las características intrínsecas del deudor, o en su caso de una emisión, utilizando información pública, e información reservada de la entidad que les contrata, para que a través de un modelo cuantitativo y una metodología propia, asignar, y hacer pública bajo su opinión, una determinada categoría al deudor o emisor parecida a las calificaciones académicas en el mundo anglosajón, que van desde una calificación de máxima solvencia, AAA o Aaa, a una calificación de insolvencia, representada por la letra D, inicial de *default*. Las escalas de las agencias más reconocidas se reproducen el cuadro que sigue a continuación en el que se expone una interpretación sintética del significado de las distintas calificaciones.

En el ámbito de la inversión se considera que las calificaciones iguales o superiores a BBB incorporan una probabilidad muy baja de incumplimiento, mientras que las calificaciones inferiores implican una probabilidad que las hace desaconsejables para determinadas finalidades. Las emisiones calificadas al nivel de BBB o superiores son consideradas como "*Investment grade*" mientras que las calificaciones inferiores se reconocen como "*Non investment grade*" o también, "*Speculative grade*" o más despectivamente como bonos basura o bonos chatarra, "*Junk bonds*".

Las medidas estándar del riesgo financiero

	Escala Fitch y S&P	Escala Moody's	Significado
Investment Grade	AAA	Aaa	Máxima calidad y extrema capacidad para cumplir con obligaciones, riesgo remoto
	AA	Aa	Muy alta calidad y capacidad para cumplir con obligaciones, riesgo muy bajo
	A	A	Alta calidad y fuerte capacidad para cumplir con obligaciones, riesgo bajo
	BBB	Baa	Calidad media y satisfactoria capacidad para cumplir con obligaciones, riesgo moderado
No Investment Grade	BB	Ba	Capacidad adecuada pero debilidad, ante contingencias, en el cumplimiento de obligaciones
	B	B	Capacidad suficiente pero alta vulnerabilidad, ante contingencias, en el cumplimiento de obligaciones
	CCC	Caa	Baja calidad y alto riesgo de incumplimiento
	CC	Ca	Muy alta vulnerabilidad y muy alto riesgo de incumplimiento
	C	C	En situación próxima a un posible incumplimiento
	D	D	En situación de incumplimiento

Figura 44. Cuadro de calificaciones crediticias a largo plazo

Las distintas calificaciones, aunque no son perfectamente homogéneas y ni siquiera comparables entre las distintas agencias de calificación ya que en el caso de Fitch y Standard &Poor's se califica la distancia a la situación de insolvencia mientras que en Moody´s se ordena en base a la posible pérdida de la inversión, implican en definitiva para cada nivel una distinta probabilidad de incumplimiento y/o una probabilidad de pérdida. A partir de datos históricos se puede concluir que las calificaciones en los dos niveles superiores (AAA / AA) incorporan una probabilidad anual de incumplimiento muy baja, del orden del 0,5 por mil anual, las calificaciones medias (A / BBB), una probabilidad también baja del orden del 2,0 por mil anual, mientras que las calificaciones inferiores a BBB (BB / B / C), muestran probabilidades medias de incumplimiento siempre superiores al uno por ciento anual aumentando significativamente a medida que baja la calificación.

Los porcentajes indicados no constituyen más que una referencia de magnitud para que el lector pueda observar dos circunstancias. Primero que hasta las máximas calificaciones incorporan un riesgo de crédito y segundo que el riesgo de crédito aumenta exponencialmente a medida que empeora la calidad crediticia. Una probabilidad del dos por mil significa que un evento de crédito en esta categoría se produce, en un año, en un solo caso de entre un colectivo de quinientas entidades con dicha calificación, es una probabilidad baja pero no despreciable. Una probabilidad del 2,6% (media entre BB y B) significa aproximadamente que una de cada cuarenta entidades puede en un año incumplir con sus obligaciones. La diferencia entre el nivel BBB y BB es radical, es la frontera entre lo que es razonable asumir en un proceso de inversión y lo que se debe evitar en la administración de recursos ajenos en la que otros titulares asumen el riesgo[76].

Las calificaciones crediticias a largo plazo suelen acompañarse por unas notas complementarias. Así por ejemplo en la escala creada por Fitch y utilizada también por S&P, se adiciona un símbolo, más o menos, creándose en consecuencia en cada clase tres subcategorías, las que tienen "+", las que tienen "-", y las intermedias sin "+" o "-". Moody's incorpora por su parte para las tres categorías los números uno, dos o tres. También suele añadirse a la calificación su perspectiva, es decir la probable tendencia en caso de variación, que puede ser positiva, estable o negativa, indicando la primera y la última la posibilidad de un cambio de la calificación crediticia a mejor o a peor, es decir la tendencia de la probable nota en la revisión futura de la calificación crediticia.

---

[76] Salvo en fondos de inversión constituidos con la finalidad de alcanzar la rentabilidad propia que potencialmente se deriva de este tipo de activos y que obliga a una muy específica forma de gestión.

Las medidas estándar del riesgo financiero

Aparte de la más conocida escala de calificaciones a largo plazo, expuesta anteriormente, las agencias también califican la capacidad de cumplimiento de las obligaciones a corto plazo, entendiendo este referido a los próximos doce meses, de los emisores y entidades, resumiéndose las escalas y una síntesis de su significado en el cuadro que sigue a continuación.

Escala Fitch	Escala S&P	Escala Moody's	Significado
F1+	A1	P1	Máxima calidad, capacidad excepcionalmente fuerte en el cumplimiento de obligaciones
F1+	A1	P1	Muy alta calidad y fuerte capacidad en el cumplimiento de obligaciones
F2	A2	P2	Satisfactoria capacidad para el cumplimiento de las obligaciones
F3	A3	P3	Adecuada capacidad pero vulnerable ante contingencias para el cumplimiento de obligaciones
B	B		Capacidad mínima para atender los compromisos asumidos
C	C		Alta probabilidad de incumplimiento de los compromisos
D	D		En situación de incumplimiento

Figura 45. Cuadro de calificaciones crediticias a corto plazo

La calificación a corto plazo es la más relevante por ejemplo en el ámbito de la selección de una entidad que realice las funciones de Depositaria de un fondo de pensiones o en la selección de una entidad bancaria para formalizar un depósito.

El trabajo de las agencias de calificación crediticia tuvo su origen a inicios del siglo XX publicando manuales, fichas e informes resumidos, acerca de las características financieras de los emisores de deuda y en especial de las entidades ferroviarias que operaban en los Estados Unidos al objeto de facilitar a los potenciales inversores, que debían pagar por adquirir dichas fichas e informes, las decisiones de inversión en títulos de renta fija emitidos por aquellos emisores, mejorando su conocimiento acerca de las características financieras de los mismos pudiendo comparar y tener una referencia sencilla de la "calidad crediticia" de los mismos. El lema, *"Remove the Doubt"*, de las fichas de la calificadora Standard Services (actualmente Standard & Poor's) en 1913, es suficientemente esclarecedor del servicio facilitado a los inversores, en muchos casos simples ahorradores individuales. A partir de la década de los sesenta la generalización del uso de las fotocopiadoras planteó la inviabilidad comercial del modelo original ya que la opinión crediticia era entonces susceptible de divulgarse sin costes significativos, surgiendo entonces un nuevo modelo basado en el pago por parte del emisor del informe calificador. Ello conlleva un potencial conflicto de intereses entre la agencia de calificación y el emisor que le ha encargado el trabajo, lo que ha originado dudas acerca de si los informes emitidos han sido objetivos en todos los casos o si por el contrario han prevalecido intereses comerciales respecto a la información objetiva de las agencias calificadoras. Este comportamiento no sería razonable ya que pondría en peligro el activo reputacional de las agencias que constituye la piedra angular sobre el que se sustenta su actual modelo de negocio.

El papel actual y la presencia generalizada de los informes de las agencias de calificación entre los emisores y las emisiones que pretenden acceder a los mercados tuvieron un impulso esencial en la propia regulación financiera. El origen se produjo en la legislación bancaria de Estados Unidos considerándose no aptos para la inversión de las entidades bancarias aquellos activos de renta fija que no tuviesen una, "alta calificación crediticia de acuerdo con la definición contenida en los manuales de mayor reconocimiento". De esta exigencia se pasó posteriormente a la obligatoriedad de disponer de un determinado nivel de calificación o incluso la aplicación de coeficientes diferenciados según la calificación crediticia de los distintos bonos. La exigencia posteriormente paso al ámbito de las entidades aseguradoras, y directa o indirectamente a los fondos de inversión y fondos de pensiones. En definitiva una labor profesional y privada devino en una necesidad ineludible y a la vez ajena a la propia regulación produciendo una confusión y una relevancia de las "opiniones" de las agencias quizás nunca deseada pero de hecho instituida en lo más profundo del actual esquema regulatorio.

Aún no plenamente superada, en 2015, la crisis financiera iniciada en 2007, el papel de las agencias de calificación ha sido recientemente muy controvertido. Entre los frentes abiertos se ha planteado si una agencia puede emitir o no una opinión aún en el caso de que el emisor no hubiera solicitado sus servicios o hubiera cancelado su contrato, planteándose también la problemática de si en el informe de calificación caben consideraciones o juicios de valor de orden subjetivo, especialmente cuando el emisor es una institución pública, e igualmente si el proceso de calificación no admite apelación aún en el caso de detectarse flagrantes errores de cálculo. No obstante el principal frente crítico al que se han enfrentado las agencias de calificación, reside en los efectos derivados de la calificación proporcionada por las agencias a miles de emisiones de múltiples clases de instrumentos de renta fija sustentados por otros activos subyacentes y comercializados por tramos algunos de ellos con la máxima calificación crediticia. La extensión de estas emisiones a través de todo el sistema económico fue posible gracias a la calificación crediticia de las mismas, así como a los no confesables intereses de casi todos los intervinientes en el proceso de distribución, lo que condujo a la crisis financiera mundial del 2008 de magnitud muy superior a sus antecesoras y que pudo haber conducido a un colapso global del sistema. Las agencias de calificación no fueron las causantes de la crisis pero sin su actuación, en el origen, calificando productos estructurados con una base metodológica que la experiencia ha demostrado no adecuada a la realidad, la crisis, tal cual la hemos conocido y padecido, no se hubiera producido. La defensa de las agencias ante esta atribución de responsabilidad se fundamenta en que ellas emiten una "opinión" que no constituye una recomendación y que su opinión no sustituye el juicio experto y profesional. Desde esta perspectiva parece que la culpabilidad de la extensión de la crisis es atribuible en mayor grado de responsabilidad a la incapacidad técnica y a los modelos de retribución de los intervinientes en los mercados financieros. Como se indica jocosamente en ámbitos de la gestión de inversiones "el uso de los *ratings* no supone dejar de usar el cerebro". De una forma más rigurosa el Reglamento de Planes y Fondos de Pensiones, artículo 81 bis, indica que: "...En todo caso se evitará la dependencia exclusiva y automática de las calificaciones crediticias en las políticas de inversión de los fondos de pensiones gestionados", de lo que se deduce la complementariedad de los *ratings* respecto al juicio profesional y experto que obligatoriamente un gestor debe realizar y documentar en el momento de seleccionar una inversión y en la gestión posterior.

En tanto existe un amplio y profundo mercado en el que se negocian títulos con distinta calificación es susceptible de observarse el precio del riesgo de crédito atribuible a las distintas calificaciones y de aquí pueden estimarse las probabilidades de incumplimiento que el mercado valora en cada momento. De igual modo y en sentido inverso si en el mercado se determina para un determinado título un precio no acorde con su calificación crediticia se registra una señal de mercado indicativa de la posibilidad de que la calificación otorgada no se adecue a la realidad según la percepción del mercado. No obstante la desviación estándar de las cotizaciones de mercado observadas (y en consecuencia su volatilidad) es resultado de múltiples sentimientos por parte de la oferta y la demanda que superan una evaluación objetiva del riesgo de crédito, por lo que la referencia al mercado es complementaria pero no sustitutiva de las aproximaciones más tradicionales al riesgo de crédito.

Una especial consideración merecen las denominadas matrices de transición que manifiestan la probabilidad de que un emisor calificado con un determinado *rating* se mantenga en dicho nivel o migre a niveles superiores o inferiores en un periodo determinado. En definitiva las matrices de transición de las calificaciones crediticias son el mejor estimador de la probabilidad de insolvencia de un emisor calificado dentro de una determinada categoría. Aunque con independencia de ello ya se ha manifestado que normalmente se considera que el riesgo de cambio de valor de una posición inversora como consecuencia de cambios en la calificación crediticia no tiene consideración de riesgo de crédito sino de riesgo de spread.

De la información de las matrices anteriores se deduciría que un emisor calificado BBB tendría una probabilidad del 90,70% de mantener su calificación en un ejercicio y del 66,24% durante cinco ejercicios. De igual modo la probabilidad de default para un emisor calificado BBB, se estimaría en un 0,21% en doce meses y en un 2,84% para un periodo de cinco años.

Matriz de transición de calificación crediticia en un periodo de 12 meses (media sectorial entre 1970 y 2012)

De: a>	AAA	AA	A	BBB	BB	B	CCC-C	D
AAA	91,32	8,10	0,49	0,02	0,05	0,01	0,02	0,00
AA	0,63	89,79	8,93	0,52	0,05	0,05	0,01	0,02
A	0,04	2,21	91,29	5,74	0,49	0,13	0,03	0,07
BBB	0,02	0,16	3,94	90,70	4,09	0,70	0,18	0,21
BB	0,02	0,05	0,24	6,45	83,50	7,75	0,92	1,08
B	0,00	0,03	0,15	0,33	6,35	83,28	5,74	4,12
CCC-C	0,00	0,00	0,08	0,18	1,01	12,57	56,05	30,11

Matriz de transición de calificación crediticia en un periodo de 60 meses (media sectorial entre 1970 y 2012)

De: a>	AAA	AA	A	BBB	BB	B	CCC-C	D
AAA	65,69	27,22	5,74	0,73	0,24	0,10	0,06	0,22
AA	2,36	61,91	29,53	4,66	0,73	0,34	0,07	0,40
A	0,16	8,25	67,63	18,73	3,07	1,04	0,23	0,89
BBB	0,12	1,04	14,79	66,24	10,66	3,56	0,76	2,84
BB	0,03	0,19	2,44	21,45	43,41	17,11	2,38	12,98
B	0,03	0,06	0,57	4,13	16,19	41,39	6,36	31,27
CCC-C	0,00	0,00	0,21	1,33	3,52	17,70	8,05	69,18

Elaboración propia a partir datos del sector

Figura 46. Matrices de transición de calidad crediticia para un periodo de un año y de cinco años

La consideración de la matriz de transición entre calificaciones hace evidente que no sea correcta la estimación de la probabilidad de default para un periodo de varios ejercicios simplificando su cálculo a partir de las tasas anuales. Así para una calificación BBB, de acuerdo con el cuadro anterior, la probabilidad de "no default" en un ejercicio es del 99,79% (1-0,21%), el cálculo de la probabilidad de "no default" en cinco ejercicios si no hubiera transiciones intermedias sería del 1,05% (1-$0,9979^5$), resultado muy inferior, en términos relativos, al porcentaje de la experiencia derivado de las posibles transiciones intermedias entre las distintas calificaciones, que eleva la probabilidad de default en un periodo de cinco años a un 2,84%. La conclusión, como era de esperar, es evidente, la dispersión en los resultados esperados aumenta con el tiempo más que proporcionalmente. Se debe advertir que la información estadística media es una mera aproximación al riesgo real. De hecho las diferencias cíclicas y sectoriales son muy significativas constituyendo las calificaciones un soporte a la evaluación del riesgo que necesariamente debe ser complementada mediante una opinión experta que incorporará una perspectiva de la situación macroeconómica, sectorial y de la propia empresa.

Debe observarse que de todo lo expuesto cabe una consideración a la inversa. Si una entidad tiene un objetivo determinado de calificación crediticia, digamos por ejemplo, situarse en el intervalo entre, BBB+ y BBB, su gestión, en lo relativo a las decisiones susceptibles de ser adoptadas, debería ejecutarse de modo que las decisiones fuesen coherentes con dicho objetivo. Ello podría parecer muy limitativo para la función de dirección pero en realidad es una consecuencia ineludible de una actuación ordenada. No puede pretenderse obtener una calificación determinada y actuar adoptando decisiones, cuyos riesgos agregados alejen a la entidad de dicho objetivo.

El trabajo de las agencias de calificación pasa a ser controvertido cuando se detectan fallos o errores en su metodología de evaluación o errores de cálculo o de evaluación de los inputs de los modelos. Si bien se han detectado insuficiencias en las "opiniones" emitidas en las calificaciones referidas a emisiones, al contrario sus conclusiones a nivel de emisores han resultado ser muy consistentes en el tiempo y estimadores muy eficientes del riesgo de crédito.

Para un fondo de pensiones el riesgo de crédito pasa a ser gestionable y relevante estadísticamente cuando se pasa de una consideración individual derivada de cada uno de los activos a una consideración conjunta integrando todas las operaciones integradas en una cartera. Ello nunca debe hacer perder la perspectiva de que el riesgo integrado en una cartera es consecuencia del riesgo derivado de cada una de las operaciones, de modo que de una mala política de originación se derivarán necesariamente resultados agregados no deseados. No cabe esperar de ningún modo que al agregar malos riesgos individuales, es decir riesgos con alta probabilidad de evento de crédito, puedan obtenerse mejores resultados agregados, de hecho la pérdida media de una cartera es simplemente la suma de las pérdidas esperadas de cada una de las operaciones individuales. Por donde la agregación produce un potencial, y a veces remoto, beneficio, desde la perspectiva de gestión del riesgo, es por el hecho de que en sentido opuesto a la pérdida esperada, la desviación estándar de una cartera no es la suma de las desviaciones estándar de las posiciones individuales sino que la desviación estándar de la cartera agregada será muy inferior a dicha suma, siempre que las posiciones individuales no estén altamente correlacionadas. La correlación es una medida estadística de la asociación entre los cambios de dos variables aleatorias. El coeficiente de correlación entre dos variables alcanza el valor de "1", cuando ambas variables varían en paralelo y de "0", cuando la variación de dichas variables es totalmente independiente. Lamentablemente el comportamiento de todas las variables tienen tendencias ajustadas a los ciclos económicos y las correlaciones no son constantes y tienden a aumentar muy considerablemente en las fases recesivas del ciclo y en sentido opuesto los deterioros que acaecen en la fase expansiva del ciclo tienden a ser independientes. Al respecto un error típico en la gestión del riesgo de crédito[77] es considerar que la tendencia en una fase del ciclo puede proyectarse sin corrección alguna hacia el futuro. En la fase recesiva del ciclo, lamentablemente, todo está altamente correlacionado y la existencia o falta de garantías adicionales que reduzcan o minoren la severidad ante el evento de crédito son determinantes de desviaciones insospechadas a partir de datos históricos.

Sin embargo una cartera extensa, por la ley de los grandes números, hace que los resultados medios se desvíen poco del valor medio esperado y una cartera de riesgos bien diversificada, es decir constituida por riesgos de baja y similar cuantía y poco correlacionados, hace que igualmente la volatilidad de los resultados respecto a la media esperada sea menor.

Una forma de delimitar si una cartera de riesgos puede considerarse concentrada o diversificada puede realizarse a través de cualquier variante del denominado "Herfindahl-Hirschman - Index" conocido también como "HHI" que se construye básicamente, aunque existen algunas variantes, dividiendo la suma de los cuadrados de las exposiciones por el cuadrado de la suma de las exposiciones. Se suele considerar que si la ratio resultante es inferior a 0,1 la cartera está bien diversificada individualmente, mientras que si el resultado es superior a la unidad se detectaría una situación de muy alta concentración. A título de ejemplo en el cuadro

---

[77] Otro aún más grave es ignorar la existencia de los ciclos o creer que es cosa del pasado.

adjunto se exponen la mecánica de cálculo de dos situaciones caracterizadas por una baja y una media-alta concentración.

Similares procedimientos pueden también utilizarse para analizar la concentración sectorial, si bien los límites utilizados para calificar la concentración a nivel sectorial en relación al riesgo de crédito son menos exigentes que en lo relativo a la concentración individual en tanto es obvio que el número de sectores sobre los que cabe diversificar el riesgo es mucho más limitado, si se considera como es habitual que un sistema económico se desagrega normalmente en un total de veinte sectores económicos.

	Análisis de concentración			
	Ejemplo 1		Ejemplo 2	
	x	x^2	x	x^2
Posición 1	10	100	50	2500
Posición 2	12	144	20	400
Posición 3	12	144	5	25
Posición 4	6	36	5	25
Posición 5	10	100	5	25
Posición 6	8	64	2	4
Posición 7	10	100	1	1
Posición 8	8	64	4	16
Posición 9	12	144	1	1
Posición 10	12	144	7	49
Total	100	1040	100	3046
HHI= $\sum(x^2)/(\sum(x)^2)$ =	0,10		0,30	

Figura 47. Ejemplo de evaluación de una ratio HHI de concentración

La situación alcanzada por una cartera en cuanto a su concentración sectorial o geográfica constituye una visión complementaria adicional a los límites directos de concentración o dispersión individual. La consideración conjunta de las concentraciones sectoriales o geográficas constituye un límite adicional para la admisión de cualquier nuevo activo que individualmente pudiera parecer razonable pero al integrarla en una cartera ya sobreexpuesta al sector o territorio debería rechazarse. Prácticas de esta naturaleza constituyen mecanismos elementales de seguridad en la gestión que contribuyen a reducir drásticamente el riesgo de crédito que periódicamente originan situaciones no deseables en los sistemas financieros con las nefastas consecuencias derivadas posteriormente al conjunto del sistema económico. Un buen ejemplo de la inoperatividad de estos mecanismos de control ha sido el caso de la crisis del sistema financiero español iniciada en 2007 derivada de concentraciones de riesgo en el sector inmobiliario y especialmente en el sector promotor que la experiencia ha demostrado que eran totalmente insostenibles.

Una forma simplificada de evaluar la desviación estándar de una cartera de más de cien componentes y bien diversificada y con correlaciones entre las posiciones similares puede aproximarse de una forma simplificada mediante la expresión:

$$de_c \approx N * (\rho)^{1/2} * de_i$$

Siendo:
de_c: desviación estándar de la cartera
N: número de posiciones
de_i: desviación estándar media de cada una de las posiciones individuales
ρ: correlación media estimada entre dos posiciones individuales cualesquiera

Recordándose que, en cualquier caso, la pérdida media esperada de la cartera es la suma de las pérdidas esperadas de cada una de las posiciones que la integran.

Como en toda la gestión de riesgos una vez aproximada la problemática mediante las métricas susceptibles de utilizarse, media esperada de pérdidas, pérdida máxima con un nivel de confianza, niveles de concentración individual, sectorial o geográfica, procede la gestión y seguimiento del mismo corrigiendo los planteamientos de inversión que determinan niveles no deseados de riesgo y observando la tendencia de los indicadores periódicos a efectos de constatar la efectividad de las medidas adoptadas.

En el ámbito financiero y exclusivamente en lo referido a emisores de bonos de gran dimensión, existe la posibilidad de obtener cobertura del riesgo de crédito mediante los denominados derivados de crédito. Los derivados de crédito son contratos financieros en los que el flujo de pagos y en consecuencia las obligaciones de cada parte se condicionan al acaecimiento de un evento de crédito. Los derivados de crédito tuvieron su origen en la conveniencia de proporcionar cobertura al riesgo de crédito derivado de determinadas posiciones mantenidas por parte de un inversor que deseaba mantener las posiciones de inversión y simultáneamente reducir o eliminar total o parcialmente el riesgo derivado de las mismas. Con el devenir del tiempo los derivados de crédito se han convertido en un contrato negociable como cualquier otro instrumento financiero en el mercado pudiendo los intervinientes en las transacciones perseguir un objetivo de cobertura, tal cual se ha expuesto, o meramente un objetivo especulativo o de inversión esperando en este caso una variación de precios, en función de sus expectativas, que permita obtener un beneficio futuro en una transacción inversa a la inicial. A la desregulación en el uso de estos y otros tipos de derivados similares se le atribuyen efectos no deseados a nivel del sistema financiero en tanto que lejos de proporcionar estabilidad incorporan una creciente y exponencial volatilidad de las cotizaciones. A título informativo se puede señalar que en el ejercicio 2000 el volumen total de derivados de crédito era del orden de 0,8 billones de dólares, en 2005 se alcanzaban los 12 billones y en 2012 se superaban los 32 billones de dólares. Tasas de crecimiento recurrentes anuales superiores al 15% en un periodo no expansivo de la economía son indicadores de un uso desproporcionado de estos productos respecto a la evolución de la economía real.

El derivado de crédito más negociado es el denominado "*Credit Default Swap*" reconocido también por su acrónimo CDS. Un CDS es un contrato financiero en el que una parte (comprador de protección) que desea protección respecto a un evento de crédito de una determinada entidad por un nominal y un periodo determinado, se obliga al pago (al vendedor de protección) de una prima periódica (*CDS spread*) hasta el vencimiento estipulado del contrato de CDS o en su caso hasta la declaración del evento de crédito, y a cambio tiene el derecho, en el momento de que acaeciese el evento de crédito, de vender el nominal cubierto, y el vendedor de la protección tiene recíprocamente la obligación de comprarlo, por el importe del nominal cubierto. Los pagos periódicos de las primas pueden establecerse sobre la base de distintos periodos y en el momento de acaecer el evento de crédito puede estipularse la entrega física de los títulos cubiertos y el pago íntegro o la entrega, por el vendedor de protección, de un importe monetario calculado por la diferencia entre el nominal y la media de cotización del título en un periodo previo al default sin la transmisión real de la propiedad de los títulos.

Este tipo de operaciones se suelen realizar entre entidades financieras, bancos y aseguradoras, o por fondos de inversión o pensiones, aunque al no necesariamente ser motivadas por objetivos de cobertura, su expansión y amplio mercado, permiten múltiples planteamientos como instrumentos de inversión o protección genérica incluso a través de la negociación de los denominados índices de spreads de CDS (CDX NA IG en Estados Unidos y iTraxx en Europa) que para distintos periodos proporcionan la posibilidad de comprar o vender cobertura simultánea e idéntica sobre un conjunto, o cesta, de entidades de alta calificación crediticia. Normalmente la utilización de cualquier derivado por los fondos de pensiones es objeto de especial consideración por parte de la normativa reguladora de la actividad.

Otros Riesgos financieros y extra-financieros

El partícipe de un plan de pensiones deviene indirectamente en inversor en los activos del fondo de pensiones en el que se integra el plan y asume las consecuencias inherentes a todos los riesgos de dichos activos que constituyen a su vez el patrimonio del fondo de pensiones. La evolución que experimentará el valor de la participación será consecuencia de los eventos, favorables y desfavorables, que puedan suceder sobre los activos que forman el fondo. Si bien los riesgos considerados en los apartados anteriores, riesgo de mercado, riesgo de interés, o riesgo de crédito, son los principales riesgos financieros que en caso de materializarse se trasladan automáticamente al valor de la participación y es algo cuya relación causa-efecto es perceptible por el partícipe de un plan, otros riesgos que pueden afectar igualmente al valor de los activos también pueden en última instancia perjudicar los intereses del partícipe o beneficiario de un plan de pensiones o como titular de otro instrumento de previsión personal por lo que aunque se trate de riesgos menos conocidos y poco perceptibles, por más lejanos, no por ello en caso de evento sus consecuencias dejarán de afectar los intereses de los partícipes/beneficiarios si bien la traslación de la pérdida se observará posiblemente a través de alguno de los riesgos financieros principales.

El inversor en cualquier instrumento financiero, fondo de pensiones, contrato de seguro en forma de Plan de Previsión Asegurado o en cualquier otra modalidad, fondo de inversión, depósitos, y en general en cualquier clase de activo financiero, debe asumir que cualquier inversión conlleva el riesgo de que no se vean cumplidas sus expectativas, no existe ninguna inversión exenta de riesgo, el riesgo cero no existe. Según la naturaleza del instrumento, el "riesgo de la inversión", no alcanzar los objetivos pretendidos, asumido por el inversor, en su calidad de partícipe, beneficiario, asegurado o tomador, con independencia de que sea adecuadamente percibido, será mayor o menor, y este riesgo es consecuencia de la agrupación y combinación de los riesgos más elementales inherentes a cada instrumento que determinan al agregarse el riesgo total asumido por el inversor.

A continuación se realiza una breve descripción de todos los riesgos que pueden afectar a un inversor en un plan de previsión, individual o colectivo, complementando en algunos casos el detalle ya expuesto en este y en otros Capítulos del Libro.

- Riesgo de Mercado

Cualquier inversión en un activo cotizado experimentará fluctuaciones de valor. Un partícipe o un asegurado (en este caso en un contrato de seguro vinculado al valor de las inversiones) experimentarán, en su cuota parte correspondiente, el mismo efecto, la misma fluctuación. El comportamiento de un mercado de valores es impredecible, pueden existir tendencias, o factores explicativos que prevean, en base a la experiencia y a la teoría, ajustes de las cotizaciones a largo plazo pero nunca existirá una garantía plena de ello e incluso las estimaciones de probabilidades que se realizan en función de series históricas podrían no ajustarse a factores explicativos del futuro desconocidos en el momento actual. Adicionalmente es conocido que los mercados sobre-reaccionan ante los estímulos, y la irracionalidad, a veces exuberante, del comportamiento de la oferta y la demanda (respecto a los modelos explicativos que disponemos) puede extenderse durante largos periodos de tiempo. Todo ello conlleva la posibilidad de que un inversor no vea cumplidas sus expectativas, en forma de dividendos o revalorización, e incluso pueda perder parte de su inversión.

Adicionalmente al riesgo inherente a las fluctuaciones en el índice de un mercado de valores, es decir al comportamiento en conjunto del mercado, o riesgo sistemático, pueden producirse circunstancias inherentes a la situación y expectativas de cada empresa cotizada que hace que en ausencia de una inversión que replique exactamente al conjunto del mercado, se añada un factor de fluctuación adicional conocido como riesgo específico o idiosincrático. Si las posiciones inversoras se distribuyen entre un número limitado de emisores, aumentando la concentración individual o lo que es lo mismo reduciendo la dispersión, se asume un mayor riesgo de mercado como consecuencia de dicha concentración.

De igual modo una concentración de las inversiones en un sector o en un número limitado de sectores, o en un área geográfica, tiene como consecuencia una menor diversificación y un aumento del riesgo de mercado de la inversión respecto al mercado en su conjunto.

- Riesgo de Interés

Al invertir en instrumentos de renta fija, es decir en títulos que devengan unos intereses preestablecidos, el inversor asume el riesgo de la pérdida de valor del activo en caso de un incremento de los tipos de interés. Si el tipo de interés para un determinado plazo aumenta, o la estructura temporal de tipos de interés, o curva de tipos de interés, se desplaza hacia arriba, (para cada plazo el tipo de interés aumenta), o se modifica incrementándose su pendiente, el precio de mercado o el valor de un activo de renta fija disminuye. La sensibilidad de esta variación aumenta en función de la duración financiera media de los instrumentos de renta fija en los que se haya materializado la inversión.

- Riesgo de Crédito

En cualquier inversión se puede producir la circunstancia de que el obligado al pago de los intereses o del principal no cumpla con dicha obligación. En consecuencia un evento de incumplimiento o *default* por parte del emisor de un instrumento de renta fija supone una pérdida de valor para el tenedor de dicho activo. Incluso la pérdida de valor, en una situación extrema, puede ser el total de lo invertido en caso de que la insolvencia sea absoluta y la tasa de recuperación nula. Un caso muy especial de riesgo de crédito es el potencial incumplimiento de las obligaciones por parte de un banco o una aseguradora. Al respecto los mecanismos de supervisión para la protección de los intereses de los clientes de los servicios financieros hacen que la probabilidad de dicho evento sea muy reducida pero ello no obsta a que se deba ser muy cuidadoso con la selección de un banco[78] o una aseguradora en función de su calidad crediticia, nacionalidad, dimensión y características del grupo financiero en el que pueda estar integrada.

- Riesgo de contraparte

Un riesgo similar al riesgo de crédito es el denominado riesgo de contraparte. Este riesgo identifica la potencial pérdida de valor derivada del impago o incumplimiento por parte de la contraparte de una operación financiera en la que un inversor haya ejecutado la parte correspondiente a su obligación y la otra parte contratante

---

[78] Los depósitos de un banco en España están protegidos hasta 100.000 euros por cliente por el Fondo de Garantía de Depósitos. Este mecanismo de seguridad no se extiende a nivel de aseguradoras o de fondos de pensiones.

no cumpla con lo establecido en los términos pactados. Este riesgo es especialmente relevante en operaciones con instrumentos financieros derivados o las realizadas en mercados no regulados o en husos horarios distintos. Dentro de este riesgo se puede incluir el riesgo de impago de liquidaciones atribuido a fallos en el procedimiento de liquidación. El riesgo deriva, en caso de evento, en las pérdidas de valor consecuentes.

- Riesgos de divisa

Un inversor particular realiza su inversión en una divisa específica, en nuestro caso normalmente en euros, y es posible que a través del instrumento de previsión la inversión, total o parcialmente, se canalice finalmente en activos nominados en otras divisas. Cualquier posible depreciación de una divisa extranjera frente a la divisa de referencia del inversor constituye un riesgo, al que se expone dicho inversor, con la consiguiente probable pérdida de valor de su inversión. El riesgo de divisa es un riesgo transversal que puede afectar a cualquier instrumento referenciado a otra moneda.

- Riesgo de inflación

El riesgo de inflación es el riesgo de que un activo pierda valor en términos reales como consecuencia de una depreciación monetaria, superior a las previsiones realizadas en el momento de la inversión, derivada de proceso inflacionario mayor del previsto. Un activo sin ninguna protección, directa o indirecta, respecto al comportamiento de la inflación hace que los inversores puedan ver reducido en términos reales el poder adquisitivo de los capitales financieros que perciban en el futuro en tanto han sido pactados en términos monetarios al inicio de la operación. Las distintas divisas soportan adicionalmente diferentes niveles de riesgo de inflación.

- Riesgos de cobertura

Para limitar la exposición ante distintas clases de riesgo, es posible que el gestor de un fondo contrate instrumentos derivados para cubrir total o parcialmente un riesgo inherente, de cualquier clase, de los activos integrados en un Fondo de Pensiones. La contratación de estos instrumentos supone a su vez otro tipo de riesgos consecuenciales al nuevo contrato formalizado con dicha finalidad de cobertura, como es la posibilidad de que la cobertura contratada no sea perfecta o incluso no sea adecuada a la exposición que se deseaba cubrir, incurriéndose entonces en un coste adicional y en una ausencia o defecto de cobertura que puede ocasionar una pérdida al inversor final.

- Riesgo de liquidez

Como consecuencia de la variación en las condiciones normales de mercado, con carácter general, o para determinados emisores, monedas, o emisiones concretas, es posible que no puedan ejecutarse en circunstancias normales órdenes de compra y venta sobre distintos activos, lo que puede derivar, en caso de necesidad de ejecución de una venta, cambios de precios considerables y consiguientes pérdidas de valor. Las acciones de las empresas de baja capitalización tienen una menor liquidez que las acciones de las empresas de alta y muy alta capitalización por lo que es inherente a las mismas un mayor riesgo de liquidez. Cuando un activo pierde liquidez, por falta de frecuencia de negociación o profundidad de mercado, existe el riesgo de que no pueda venderse o de que ello únicamente pueda realizarse con un importante descuento sobre el *fair value* o valor razonable que se habría determinado en condiciones normales de liquidez en el mercado. Una situación anómala de liquidez puede afectar a la valoración de los activos y en consecuencia suponer una pérdida de equidad entre los partícipes de un fondo que permanecen respecto a los que reembolsan sus participaciones. De igual modo la adquisición de activos en situaciones de falta de liquidez puede suponer un riesgo de precio de adquisición superior al que se hubiese obtenido en circunstancias normales de liquidez.

- Riesgo de depositaria y de gestora

El riesgo de depositaria y de gestora hace referencia a las posibles pérdidas derivadas en caso de eventos de incumplimiento, errores operacionales, quiebra, default, negligencia, dolo o actividad fraudulenta por parte de los empleados, alta dirección o administradores de las entidades Depositaria y Gestora de un Fondo no cubiertas por los mecanismos de protección establecidos y que repercutan negativamente en el valor liquidativo de las participaciones de un Fondo de Pensiones. A pesar de que se trata de un riesgo remoto, ya que en primera instancia serían los recursos propios de estas entidades los que deberían soportar las pérdidas consecuentes, su impacto puede ser elevado o muy elevado para los intereses del inversor lo que aconseja requerir una elevada dimensión, fortaleza financiera y una alta calidad crediticia a las entidades que ejercen dichas funciones.

- Riesgo de dimensión del Fondo

Si un fondo no alcanza una dimensión mínima o se reduce desde un determinado nivel, por traspasos a otras entidades o por prestaciones concentradas en un reducido espacio temporal, a un tamaño inferior a lo razonable económicamente puede devenir inviable y hacer asumir a los partícipes y beneficiarios que permanezcan en el mismo pérdidas derivadas del riesgo de dimensión. En este evento las pérdidas pueden derivar por gastos fijos repercutibles a los partícipes en proporción no razonable o por la imposibilidad de una gestión adecuada de las inversiones.

- Riesgo de gestor

Si bien es más propio de los Fondos de Inversión que de los Fondos de Pensiones, estos últimos tampoco están exentos de este tipo de riesgo. Nos referimos al riesgo derivado de aquellos fondos gestionados bajo criterios muy personales (los denominados fondos de autor o de gestor estrella) en los que la forma de gestión deriva de procedimientos de actuación no fácilmente reproducibles por otras personas, lo que en caso de ausencia del gestor estrella, por cualquier motivo, supone una posible discontinuidad en el modelo de gestión del Fondo derivando normalmente en pérdidas de valor de los activos del Fondo en el proceso de reestructuración del modelo de gestión que repercute en definitiva negativamente en los intereses de los partícipes.

- Riesgos políticos

No referimos a las consecuencias de determinadas decisiones de los poderes públicos en la regulación de un sector, o a nivel macroeconómico, o en caso de inversiones localizadas en el exterior relativas a la repatriación de beneficios o restricciones a los movimientos en divisas (riesgo de transferencia) o cambios regulatorios relativos a la inversión extranjera, que pueden afectar negativamente el valor de determinados activos susceptibles de verse afectados por este tipo de decisiones y en consecuencia repercutir negativamente en los intereses de los partícipes de un Fondo expuesto a dicho riesgo.

- Riesgo legal

Cambios normativos de distinto orden incluso modificaciones en el tratamiento fiscal de determinados hechos imponibles pueden modificar las expectativas inicialmente previstas en una inversión y en consecuencia afectar al valor actual de los activos. El riesgo legal es la posibilidad de que se produzcan dichos cambios reduciéndose el valor de los activos afectados.

- Riesgo de cambios de las políticas de inversión u otras condiciones

Cualquier fondo puede, a través de los procedimientos específicamente previstos por la normativa reguladora, modificar la política de inversión, los objetivos, o los gastos de gestión (dentro de los límites legales). Estas modificaciones pueden no ser adecuadas a los objetivos de un partícipe por lo que surge un riesgo de esta naturaleza si como consecuencia de una modificación el partícipe del Fondo no revisa la adecuación de su inversión y permanece en un Fondo con una estructura de inversión que no se adecua a sus necesidades y experimenta una pérdida de valor de su inversión por dicho motivo.

- Riesgo de la comisión por rendimiento

En los fondos que prevén que una parte de la comisión de gestión se devengue en función de rendimientos[79] dichas comisiones se devengan en función de las ganancias realizadas y latentes al cierre de cada periodo de cálculo por lo que es posible un devengo de comisiones por rendimiento sobre ganancias no realizadas que puedan no ser efectivas en el futuro. Ello implica para el partícipe un riesgo de coste de gestión adicional en perjuicio de sus intereses.

- Riesgo de Fondos Garantizados

La estructura de inversión en los fondos garantizados (mediante una garantía externa) o en los fondos objetivo se establece de modo que los activos integrados en un

---

[79] La normativa reguladora en 2015 en España, prevé la aplicación de una comisión por gestión máxima anual del 1,5% sobre el patrimonio del fondo o bien hasta un 1,2% conjuntamente con una comisión variable por resultados de hasta el 9%. Este segundo esquema a pesar de aplicarse sobre el más alto valor liquidativo alcanzado anteriormente (*high-water mark*), con un límite temporal de tres años, implica el denominado "riesgo de la comisión por rendimiento" en tanto cabe que una vez devengada, y consiguientemente repercutida al partícipe, el valor de la participación no se recupere en el límite temporal establecido, o bien que el partícipe o beneficiario salga del fondo antes de la recuperación. Puede ser un riesgo significativo en fondos invertidos en activos muy volátiles.

Fondo generen unos rendimientos suficientes para alcanzar el valor final garantizado u objetivo y poder atender los gastos de gestión previstos a lo largo del horizonte temporal previsto. En caso de que como consecuencia de un cambio al alza en el valor de mercado de los activos integrados en el Fondo, normalmente relacionado con disminuciones de los tipos de interés, se produzca una situación en la que a futuro, el rendimiento efectivo a valor de mercado sea inferior a los gastos recurrentes, la permanencia del partícipe en el Fondo solo le garantiza una pérdida del valor alcanzado hasta la fecha de la garantía. El riesgo de esta situación es el coste de oportunidad, en caso de producirse la situación descrita, derivado de que el partícipe no abandone el fondo hacia otras opciones en las que la diferencia entre el rendimiento esperado menos los gastos de gestión sea positiva. Por otra parte otro tipo de riesgo de fondo garantizado derivaría de la posibilidad de incumplimiento de la garantía otorgada por la entidad garante en caso de controversia acerca del cumplimiento de las condiciones que disparan el pago de la garantía. Si bien igualmente que en otros casos, en las entidades con amplia cuota de mercado, por el riesgo reputacional que conllevaría debe considerarse un riesgo remoto.

- Riesgo de derivados

Los instrumentos financieros derivados, es decir aquellos activos financieros cuyo precio deriva o se calcula a partir del precio de otro activo financiero, denominado subyacente, son activos aptos, con las limitaciones de la normativa reguladora, para la inversión de los fondos de pensiones, pudiendo ser adquiridos con fines de cobertura o como inversión. Los gestores de los fondos de pensiones pueden mediante los instrumentos derivados proteger (cobertura) el valor de otros activos o perseguir los resultados por la propia variación de valor (especular) de los derivados adquiridos. La utilización de estas estrategias exige un especial seguimiento, control interno y una mayor capacidad técnica por parte de los gestores. Los principales riesgos inherentes al uso de instrumentos financieros derivados son los siguientes:

- Insuficiente capacidad, técnica y/o humana, en establecer una adecuada política de inversión en derivados o en la ejecución y seguimiento de la misma.
- Inadecuada correlación entre la variación del valor del instrumento financiero derivado y la variación de valor de los activos subyacentes (riesgo de base).
- Posible inexistencia de un mercado secundario líquido para un instrumento derivado en un momento dado con el consiguiente riesgo derivado del modelo de valoración[80] y el consecuente riesgo de liquidez.
- Posibilidad de pérdida potencial derivada del uso de determinados instrumentos financieros derivados muy superior a la razonablemente prevista.
- Riesgo de insolvencia o impago de una contraparte en el contrato de derivado.

---

[80] El riesgo de modelo de valoración o *Risk Modeling Evaluation* ha pasado de una consideración casi exclusivamente técnica o de detalle a ser considerado un aspecto fundamental en la gestión y protección de la solvencia de las entidades con una amplia diversificación de activos que en muchos casos no disponen de un precio de mercado incuestionable.

- Riesgos legales y operativos en el caso que la documentación contractual soporte de los instrumentos financieros derivados carezca de validez legal, no refleje con la debida precisión las condiciones acordadas, o se vean afectadas por modificaciones normativas o reguladoras.

- **Riesgo en mercados emergentes**

En general los riesgos en mercados emergentes son los propios de las transacciones financieras comunes en los mercados desarrollados y comentados anteriormente pero acentuados con un mayor riesgo derivado, en su caso, por una menor liquidez y un mayor riesgo de liquidación y de depósito de valores por deficiencias de dichos mercados. Adicionalmente, específicamente en los mercados emergentes otros riesgos de orden reglamentario, legal, político y de normativa contable, son cualitativamente muy superiores a los mismos riesgos en mercados desarrollados. Por todo ello la protección de los derechos derivados de un activo financiero en un mercado emergente puede ser muy inferior a la propia de la de los mercados más desarrollados y en consecuencia se pueden ver perjudicados los intereses de los partícipes y beneficiarios de un fondo por la exposición a las inversiones localizadas en países emergentes.

- **Riesgo operacional.**

Por riesgo operacional se entiende la posibilidad de sufrir pérdidas como consecuencia de la falta de adecuación en los procesos de seguridad, en los sistemas, comunicaciones, equipos técnicos y humanos, o por fallos o errores en la ejecución de las actividades, así como por hechos externos que tuviesen el mismo efecto. Normalmente se considera el riesgo legal definido anteriormente incluido en la categoría de riesgo operacional. Si el evento de riesgo operacional fuera imputable a la actividad de las entidades gestora o depositaria y estas entidades atendieran su responsabilidad no se perjudicarían los intereses de los partícipes del fondo.

- Riesgo de negocio

Por riesgo de negocio se recoge la incertidumbre derivada de la posibilidad de sufrir pérdidas consecuencia de hechos adversos de cualquier tipo (internos o externos) que afecten negativamente a la capacidad de una entidad de lograr sus objetivos, en ventas o producción y como consecuencia de ello se afecte negativamente a su cuenta de resultados y por esta vía a la cotización de las acciones de la entidad o a su capacidad para hacer frente a sus obligaciones.

- Riesgo Reputacional

Es el derivado de actuaciones de la entidad, o relacionadas con la actividad de la entidad, como de proveedores, clientes, empleados, alta dirección o administradores que constituyan una publicidad negativa relacionada con sus prácticas, relaciones de negocios y modo de ejercicio de su actividad, que pueda causar una pérdida de confianza en la entidad, y por esta vía afectar a la continuidad, total o parcial, de su negocio con los consecuentes efectos en su calidad crediticia y cotización de sus acciones.

- Riesgos extrafinancieros

Con esta denominación se consideran los potenciales riesgos para el inversor derivados de la titularidad de activos cuyo valor pueda verse afectado por las consecuencias de actividades que incumplan criterios éticos, medioambientales y de buen gobierno. En una acepción más amplia se consideran también los efectos negativos potenciales a terceros derivados de los mismos conceptos. La Inversión Socialmente Responsable, ISR, es la forma de gestión preventiva respecto a las consecuencias derivadas de los "riesgos extrafinancieros" eludiendo las posiciones en activos sensibles a esta situación.

3 La normativa prudencial

En este capítulo se describe la normativa reguladora de la actividad de los Fondos de Pensiones en España en lo relativo a la gestión de las inversiones y a las métricas y el control del riesgo inherente a las mismas. No se trata de una exposición de carácter interpretativo de la normativa reguladora sino de una descripción de las normas desde la perspectiva económica con el ánimo de enunciar uno de los elementos claves para la seguridad de un sistema privado de pensiones cual es la regulación prudencial de la actividad.

La normativa reguladora de las inversiones de los Fondos de Pensiones en España constituye un buen ejemplo de normativa prudencial tendente a conjugar un alto grado de libertad o discrecionalidad en la gestión de las inversiones por parte de las entidades gestoras de los fondos de pensiones y simultáneamente establecer unas condiciones limitativas, en función de la seguridad en el cumplimiento de los objetivos de los planes de pensiones integrados en aquellos, sin perder la perspectiva de las obligaciones derivadas de los acuerdos internacionales asumidos por España y los objetivos, en aras al fomento de la actividad económica, de facilitar la financiación de determinadas clases de inversión que pudieran considerarse convenientes desde una perspectiva macro del sistema económico.

El esquema de garantías establecido en la normativa se fundamenta en una serie de pilares, principios generales, definición de inversiones aptas, criterios de diversificación y dispersión, criterios de valoración, coeficiente mínimo de liquidez, condiciones generales de las operaciones, cautelas en operaciones con derivados y principios de buen gobierno. En ningún caso la normativa reguladora debería considerarse como una carga administrativa o burocrática que tiene su razón de ser "de obligado cumplimiento" sino al contrario debería ser considerada como un conjunto de normas generadoras de valor tanto para el lado de la oferta, entidad gestora, comercializadora y depositaria, como, en el lado de la demanda, para el partícipe o beneficiario. Del cumplimiento de la normativa solo derivan beneficios para todos los intervinientes. Incluso las entidades más avanzadas, con equipos de dirección más capacitados, y ello puede constituir un aspecto competitivo diferenciador, deberían establecer criterios aún más rigurosos en el modo de instituir su oferta, gestionar las inversiones y reducir los riesgos potenciales tanto en defensa de los intereses de los partícipes como de su propio negocio y reputación. Debe recordarse que en el ámbito de los fondos de pensiones, salvo el caso excepcional de los fondos clasificados en la categoría de inversión como "garantizados", no existe ninguna garantía adicional o ajena al propio fondo. No son de aplicación práctica las garantías instituidas a nivel de depósitos o de valores en custodia por el Fondo de Garantía de Depósitos o el Fondo de Garantía de Inversiones. Los partícipes y beneficiarios de los planes de pensiones solo disponen de la garantía que proporciona la correcta administración y la asunción de riesgos en cada fondo de pensiones ya que los activos de los fondos de pensiones constituyen su única y exclusiva garantía. Mientras ello sea así, o incluso si se extendiera una garantía de mínimos similar a la otorgada por el Fondo de Garantía de Inversiones, en cualquier caso, seguiría siendo muy relevante todo lo relacionado con el riesgo implícito o inherente a las inversiones de un fondo de pensiones e igual de importante para los partícipes y beneficiarios será conocer y comprender el nivel de riesgo asumido en correspondencia con el nivel de riesgo que pueden o desean asumir y en consecuencia adquiere una máxima relevancia la calidad de la información proporcionada por las gestoras respecto los riesgos asumidos en sus fondos de pensiones.

Garantías instituidas en la normativa de Fondos de Pensiones

- Principios Generales
- Condiciones Operatoria
- Criterios Valoración
- Control Derivados
- Coeficiente Liquidez
- Límites Concentración
- Inversiones Aptas
- Organización y Gobierno

Figura 48. Garantías instituidas en la normativa reguladora de los fondos de pensiones

Fundamentalmente los riesgos soportados por los partícipes y beneficiarios de un plan de pensiones integrado en un determinado fondo de pensiones son los intrínsecos de las inversiones que constituyen el patrimonio del fondo, en tanto las consecuencias de los riesgos operacionales serían en su caso soportadas por los recursos propios de la entidad gestora o depositaria, o ambas, en caso de que el evento de pérdida derivado del acaecimiento de una contingencia se hubiera producido por un error o una falta atribuible a dichas entidades. En consecuencia es altamente improbable que un partícipe o beneficiario de un plan de pensiones soporte en última extremo las consecuencias de un evento operacional, aunque ello podría ser posible en caso de insuficiencia de recursos propios de dichas entidades ante un evento de excepcional magnitud.

Ni los Planes de Pensiones, ni los contratos de seguro sobre los que se instrumentan los Planes de Previsión Asegurados, tienen la consideración de productos MIFID[81] y en consecuencia no disponen de la protección al inversor que otorga con carácter general esta Directiva, ni son de aplicación los instrumentos instituidos por la misma (test de idoneidad, test de conveniencia y

---

[81] La Directiva de Mercados de Instrumentos Financieros, MiFID, regulada en España por la Ley 47/2007 y el Real Decreto 217/2008 tiene como objetivo proteger al inversor a la vez que impulsar su actuación responsable. Para ello establece un protocolo de actuación de los intermediarios financieros que garantice su honestidad, transparencia de la información y rigurosidad en las ofertas y en el asesoramiento, buscando la adecuación de las características de los distintos productos financieros con el perfil de riesgo del cliente, determinado a su vez por los test de conveniencia e idoneidad. Los planes de pensiones y los seguros están excluidos de la normativa MIFID por lo que la específica normativa de Seguros y Planes de Pensiones debe proporcionar la adecuada protección de los partícipes-beneficiarios y asegurados en cuanto titulares de los distintos instrumentos de previsión complementaria. Esta situación solo puede calificarse positivamente en tanto la protección efectiva fuera al menos similar a la proporcionada por la normativa MIFID.

correspondencia entre el riesgo de un producto financiero y el resultado de la evaluación del perfil de riesgo del cliente) , por lo que la protección institucional deriva de la normativa específica de los planes de pensiones y contratos de seguros bajo la supervisión de la Dirección General de Seguros y Fondos de Pensiones.

Todo lo contrario al pensamiento del autor es la tesis de que, en lo relativo a la intervención o la regulación de las actividades financieras, por parte del supervisor público, dicha actuación no constituye una solución sino un problema. Buscando el símil con la paloma que vuela y cree que si no fuera por la resistencia del aire su vuelo sería más ligero, no dándose cuenta que la sustentación que le permite volar es la propia resistencia del aire, la línea de pensamiento que cree que una "desregulación" sería mejor, no aprecia que sin la adecuada regulación y supervisión no sería posible la existencia de una actividad de previsión por la desconfianza de los usuarios a comportamientos humanos indeseables que en cualquier caso se deben evitar.

A continuación se describen los aspectos más relevantes de la normativa reguladora de la operatoria y de la selección y administración y control de las inversiones de los fondos de pensiones en España y otros aspectos de gobernanza. Esta exposición se realiza esquemáticamente siguiendo la interpretación subjetiva de las normas por el autor, y ha prevalecido la didáctica de la comunicación en la comprensión de los objetivos regulatorios sobre el texto literal o la interpretación de las distintas disposiciones y normas, lo que aconseja complementar su lectura, si se considerara necesario, con los textos legales vigentes y las distintas interpretaciones y respuestas a consultas que haya realizado el supervisor.

Principios Generales

Los principios generales constituyen la piedra clave del esquema de protección instituido en la normativa reguladora, en cuanto recogen los elementos esenciales y los objetivos pretendidos así como las referencias inexcusables de interpretación de las normas de mayor detalle.

Más específicamente, la normativa establece que la gestión de las inversiones de los fondos de pensiones deberá ser realizada en interés de los partícipes y beneficiarios de los planes de pensiones integrados en los mismos, interés que prevalecerá en caso de conflicto de intereses con el resto de entidades intervinientes en la gestión y administración. De igual modo se establece que la gestión de las inversiones y la administración de las entidades deberá ser realizada por personas calificadas por la normativa como honorables y que cuenten con la adecuada cualificación y experiencia profesional.

Se regula igualmente que las inversiones deben realizarse de acuerdo con los criterios de seguridad, rentabilidad, diversificación, dispersión, liquidez, congruencia monetaria y de plazos, lo que implica la atención de un objetivo multidimensional por parte del gestor responsable de las inversiones, que deberá necesariamente encontrar un equilibrio entre los distintos criterios en tanto algunos de ellos pueden resultar antagónicos. De igual modo se regula que la inversión se realizará mayoritariamente en valores e instrumentos financieros admitidos a negociación en mercados regulados manteniéndose el resto de los activos en niveles prudenciales. Este principio en definitiva establece que la inversión de los fondos de pensiones en España se referirá mayoritariamente a activos financieros cotizados en mercados regulados suponiendo, en su caso, el resto de las inversiones una inversión complementaria respecto a una categoría principal.

Un elemento esencial en la gestión de las inversiones en un fondo de pensiones es su adecuación a la denominada declaración de principios de política de inversión, documento que obligatoriamente todo fondo de pensiones deberá disponer y al que deberá proporcionar suficiente publicidad. La definición de la "política de inversión" de un fondo de pensiones corresponde a la comisión de control del fondo, o a la entidad promotora en caso de que los planes de pensiones individuales integrados en el fondo de pensiones sean todos del mismo promotor, y deberá ser actualizada en caso de cambios, de modo que en cualquier momento la "política de inversión" de un fondo de pensiones debe corresponderse exactamente con la gestión realizada en el mismo. La "política de inversión" deberá hacer referencia a los siguientes aspectos:

a) Criterios utilizados en la selección de las inversiones del fondo de pensiones.
b) Métodos de medición de los riesgos inherentes a las inversiones realizadas.
c) Procesos de gestión de control de los riesgos inherentes a las inversiones con especial consideración a todo lo relacionado con los

productos estructurados, instrumentos derivados y activos no negociados en mercados regulados.

d) Criterios aplicables en la distribución estratégica de las inversiones, por clases de activo, concentración etc., estableciendo en su caso límites máximos y/o mínimos adicionales a los límites legales de obligado cumplimiento.

e) Actividades de control establecidos acerca del cumplimiento de los principios instituidos.

f) Vigencia y revisión de los criterios de la "política de inversión"

g) Definición, en el caso de que sean objeto de consideración, de los denominados riesgos extrafinancieros atendiendo criterios éticos, sociales, medioambientales y de buen gobierno, de los principios utilizados en la evaluación y selección de los activos a integrar en el fondo atendiendo dichos criterios, así como los elementos de seguimiento del cumplimiento de dichos principios y ejercicio de derechos políticos[82].

Resulta evidente la remisión a la "política de inversión" de todo lo relacionado con la identificación, evaluación, medición y control de los riesgos derivados de las

---

[82] La denominada inversión socialmente responsable (ISR) es aquella que toma en consideración, aparte de los criterios financieros, criterios extrafinancieros (ASG) relativos a consideraciones éticas, sociales, medioambientales y de buen gobierno de las empresas. De esta forma la ISR es un instrumento de promoción de políticas de inversión responsables en las entidades tomando en consideración tanto los intereses del capital como del resto de los "stakeholders" o partes interesadas en un sentido muy amplio, trabajadores, consumidores, sociedad y medioambiente. Los estudios empíricos demuestran que la incorporación de estos criterios tienden a mejorar el binomio rentabilidad-riesgo en tanto un modelo de actividad económica sostenible difícilmente puede sustentarse ajeno a estas consideraciones, especialmente a largo plazo.

inversiones de los fondos de pensiones, aspecto que será objeto de consideración en su puesta en práctica más adelante.

En su caso los derechos inherentes a los activos del fondo, incluyendo los derechos políticos, serán ejercidos por la comisión de control directamente o a través de la entidad gestora, velando por los intereses de partícipes y beneficiarios que en cualquier caso deben prevalecer respecto a los de otros intervinientes.

Inversiones aptas de los fondos de pensiones

Los activos que se pueden integrar en un fondo de pensiones deberán estar incluidos en alguna de las categorías que se relacionan a continuación, cuya definición permite establecer más adelante los límites de concentración autorizados por la normativa en cada uno de ellas, siendo muy importante la identificación de un activo apto con la categoría que específicamente le corresponde, ya que las diferencias en los límites de diversificación y dispersión establecidos por el supervisor entre las distintas categorías en aras a criterios prudenciales son muy diferenciados.

1) Valores e instrumentos de renta fija y variable admitidos a negociación en mercados regulados y susceptibles de tráfico generalizado e impersonal.
2) Activos financieros estructurados.
3) Acciones y participaciones en Instituciones de Inversión Colectiva (IIC) cualificadas.
4) Depósitos en entidades de crédito

5) Bienes inmuebles y derechos reales inmobiliarios.
6) Créditos hipotecarios o pignoraticios o frente a la Hacienda Pública.
7) Instrumentos Derivados.
8) Acciones y participaciones de entidades de Capital Riesgo (CR).
9) Valores e instrumentos de renta fija y variable distintos de los incluidos en el apartado 1) siempre que cumplan determinados requisitos.
10) Provisiones matemáticas de entidades aseguradoras.
11) Fondos de Pensiones abiertos.

Con mayor detalle a continuación se describen las características exigidas a las anteriores categorías, nótese que una característica, a veces de detalle, implica la inclusión de un activo en una u otra categoría.

1) Valores e instrumentos de renta fija y variable admitidos a negociación en mercados regulados y sean susceptibles de trafico generalizado e impersonal en un mercado financiero regulado. Entendiéndose por mercado regulado aquel que ubicado en un país de la OCDE cumple las condiciones establecidas en la Directiva 2004/39 CE de 21-04-2004 y aquellos otros que cumplan determinados requisitos que la autoridad de control española considera equivalentes. Entendiéndose por trafico generalizado e impersonal cuando se cumplan alguno de los siguientes requisitos:

   i. Se negocien electrónicamente o formen parte del índice representativo del mercado

ii. Si se trata de valores e instrumentos financieros de renta fija de los que sea posible obtener cotización en alguna de las tres últimas sesiones del mercado previas a la fecha de redacción de los estados contables.

iii. Si se trata de valores e instrumentos financieros de renta fija respecto de los que un agente financiero por cuenta propia ofrezca precios con fines de negociación y cierre de operaciones. En este caso el agente financiero deberá ser entidad de crédito o sociedad de valores radicado en un país de la OCDE sujeto a supervisión prudencial y con una calificación crediticia no inferior a "BBB".

2) Activos financieros estructurados. Entendiendo por tales la combinación de dos o más activos o instrumentos derivados o combinación de ambos incorporados en un único negocio jurídico en el que el valor del activo estructurado venga determinado por el valor de los instrumentos que lo integren, denominados colaterales, o que el riesgo de crédito del estructurado dependa del riesgo de crédito de los colaterales o que el activo estructurado contenga instrumentos derivados cuyo subyacente se referencie a una calificación, índice o evento de crédito. Los activos financieros estructurados pueden ser negociables, admitidos a negociación en un mercado financiero de tráfico generalizado e impersonal, o no negociables. Los activos financieros estructurados negociables deberán

disponer con carácter general de una calificación crediticia mínima de "AA" o de "A" en el caso de que el riesgo de crédito este condicionado por el riesgo de crédito de los colaterales o contenga instrumentos derivados cuyo subyacente se referencie a una calificación crediticia, índice o evento de crédito. Si un activo financiero estructurado negociable perdiera los requisitos exigidos deberá cumplir, para ser un activo apto, los requisitos exigidos a los estructurados no negociables, que son los siguientes:

i. Cumplir con las condiciones establecidas en el apartado noveno (9.i) referido a valores no negociados.
ii. Cumplir con reglas de titularidad y disposición establecidas con carácter general.
iii. Cumplir con requisitos de liquidez establecidos con carácter general.
iv. Los activos colaterales integrantes en la estructura estarán debidamente identificados y pertenecer a alguna de las categorías que determinan su aptitud para la inversión en un fondo de pensiones, debiendo estar depositados en entidad financiera con sede en el Espacio Económico Europeo.
v. Los límites de diversificación y dispersión establecidos con carácter general serán de aplicación tanto al activo estructurado como a cada uno de los componentes de la estructura.

3) Acciones y participaciones en Instituciones de Inversión Colectiva (IIC) que denominaremos cualificadas en tanto cumplan en forma extractada las siguientes condiciones:

  i. IIC de carácter financiero y reguladas por la Ley 35/2003 de IIC
  ii. IIC establecidas en el Espacio Económico Europeo (EEE) y sometidas a la Directiva CEE 85/611,
  iii. IIC de carácter inmobiliario constituidas en el EEE y sometidas a específicos controles de acuerdo con su naturaleza.
  iv. Otras IIC de carácter financiero radicadas en países de la OCDE que no tengan la consideración de paraíso fiscal que cumplan los siguientes requisitos:

   a) Que sus acciones o participaciones no presenten ninguna limitación a su libre transmisión.
   b) Que sus estados financieros sean objeto de auditoría y conste una opinión favorable.
   c) Que la inversión individualmente considerada o en conjunto con otros fondos de pensiones no pueda suponer un control sobre la institución en la que se invierte.
   d) Que ni directa o indirectamente exista ninguna vinculación o pertenencia con el grupo de la gestora.

La normativa prudencial

4) Los depósitos en entidades de crédito podrán ser a la vista o a plazo, debiendo ser en este caso el plazo inferior a 36 meses, que puedan hacerse líquidos en cualquier momento sin que el principal del depósito pueda verse disminuido en caso de disposición anticipada, debiendo la entidad de crédito depositaria tener su sede en una Estado miembro de la Unión Europea y los depósitos por su parte estar nominados en monedas que se negocien en mercados de divisas de la OCDE.

5) Bienes inmuebles y derechos reales inmobiliarios que reúnan los requisitos establecidos en el apdo. 10 del art. 50 del Reglamento de Ordenación y Supervisión de Seguros Privados[83]

6) Créditos hipotecarios. Siempre que se trate de primera hipoteca y esté constituida sobre

---

[83] Los requisitos establecidos en la normativa reguladora de los Seguros privados en lo relativo a la inversión en inmuebles de una forma extractada son los siguientes:

a) Deberá tratarse de suelo rústico o suelo que conforme a la legislación urbanística española se defina como urbano o urbanizable, edificios terminados, o pisos o locales.
b) Estar situados en el territorio de un Estado miembro del Espacio Económico Europeo.
c) Estar inscritos en el Registro de la Propiedad a nombre de la entidad aseguradora.
d) Haber sido tasados por una entidad tasadora autorizada para la valoración de bienes en el mercado hipotecario.
e) En el caso de cuotas o participaciones proindiviso, deberán estar registralmente identificadas y ser libremente transmisibles.
f) Si se trata de inmuebles hipotecados y el gravamen afecta a varios bienes, deberá individualizarse la responsabilidad de cada uno.
g) Estar asegurados en correspondencia con el valor de tasación contra el riesgo de incendio y otros daños al continente.

inmuebles que reúnan los requisitos establecidos en el apartado anterior y demás requisitos exigibles por la legislación hipotecaria. Créditos pignoraticios en tanto el activo garante cumpla las condiciones de activo apto para la inversión de los fondos de pensiones. Así como los créditos por retenciones a cuenta del Impuesto de Sociedades (los fondos de pensiones están sujetos a dicho impuesto pero a tipo cero por lo que recuperan todas las retenciones que se les pueda haber practicado, si bien con una especial problemática por las retenciones practicadas en el exterior) frente a la Hacienda Pública.

7) Un instrumento financiero derivado es un determinado tipo de contrato cuyo valor en todo momento "deriva" del valor de otro activo financiero, tasa de referencia o índice, denominado subyacente. Los derivados pueden ser adquiridos en mercados organizados o por acuerdo bilateral entre dos partes. En consecuencia dichos instrumentos, que pueden ser adquiridos con la finalidad de cobertura o de inversión, pueden estar negociados o no estar negociados en un mercado regulado. En el caso de que el instrumento derivado este negociado en un mercado regulado se entenderá que es apto y que existe liquidez a través de la cámara de compensación reguladora del mercado de derivados negociados en el mismo, no admitiéndose en caso de subyacentes no financieros la posibilidad de liquidación mediante la entrega física de los subyacentes. En el caso alternativo de instrumentos derivados no negociados en mercados regulados se exige el

cumplimiento, para ser apto, de los siguientes requisitos:

i. Haberse contratado con una entidad financiera domiciliada en un país de la OCDE con calificación crediticia mínima de "BBB".
ii. Existencia de clausulas contractuales que permitan en cualquier momento su liquidación o cesión a terceros
iii. Incorporación en las clausulas contractuales de documentación precisa acerca del método de valoración del instrumento derivado.
iv. Si el derivado se hubiera contratado con una entidad perteneciente al grupo de la entidad gestora del fondo de pensiones se deberá acreditar que el contrato se ha realizado a precios de mercado.
v. No son admisibles en subyacentes no financieros la liquidación mediante entrega física de los mismos.

En relación con el uso de instrumentos derivados los fondos de pensiones deberán mantener una razonable política de diversificación del riesgo de contraparte, evaluando el riesgo conjuntamente con el riesgo inherente de otros activos. Será exigible la disposición de específicos y adecuados mecanismos de control interno, disponiendo de medios y experiencia necesarios para este tipo de inversiones, verificando la adecuación de las operaciones con instrumentos derivados con los objetivos del fondo de pensiones, debiendo la comisión de control, entidad gestora, entidad depositaria y entidad promotora extremar la diligencia al respecto.

8) Acciones y participaciones de entidades de capital riesgo reguladas en la Ley 25/2005 de 24 de noviembre reguladora de las entidades de capital riesgo y de sus sociedades gestoras.

9) Valores e instrumentos de renta fija y variable distintos de los incluidos en el apartado 1., siempre que cumplan determinados requisitos. En esta categoría se incluyen las siguientes subcategorias:

   i. Valores e instrumentos financieros no cotizados en mercados regulados o que no sean susceptibles de tráfico generalizado e impersonal pero si cumplan otros requisitos.
      a. No presentar limitación a su libre transmisión
      b. Emitidos por entidades radicadas en la OCDE en las que no concurra el carácter de paraíso fiscal
      c. La entidad emisora audite sus estados financieros obteniendo una opinión favorable
      d. En ningún caso y de ninguna forma la entidad gestora pueda ejercer el control sobre el emisor.
      e. No exista ni vínculos ni participaciones directas o interpuestas entre gestora y emisor ni entre sus respectivos grupos

ii. Acciones y participaciones de entidades de capital riesgo distintas de las contempladas en el apartado 8) anterior cumpliendo los requisitos anteriores y otros específicos atendiendo a la naturaleza de la inversión en sociedades de capital riesgo.

iii. Instrumentos del mercado monetario, de vencimiento inferior a 18 meses, siempre que sean líquidos y a pesar de su no negociación en un mercado regulado sea susceptible de determinarse con precisión su valor y cumplan alguno de los siguientes requisitos:

   a. Emitidos o garantizados por el Estado u otros organismos equiparados a estos efectos.
   b. Emitidos por una empresa cuyos valores se negocien en un mercado regulado
   c. Emitidos o garantizados por una entidad del ámbito de la OCDE sujeta a supervisión prudencial

10) Provisiones matemáticas de entidades aseguradoras por los riesgos asumidos por estas. Estas provisiones constituyen un pasivo para la entidad aseguradora y se corresponden con el valor actual de las obligaciones asumidas por el asegurador (neto de las primas futuras en su caso) por las prestaciones aseguradas.

11) Fondos de Pensiones abiertos. En tanto la normativa permite que existan fondos de pensiones "inversores" que inviertan los recursos del plan de

pensiones o planes de pensiones adscritos al mismo en otros fondos de pensiones abiertos que actúan como receptores de aquellos fondos e invierten los mismos atendiendo los criterios exigidos por la normativa. El acuerdo de canalización de recursos de un fondo de pensiones "inversor" a otro fondo de pensiones, "abierto", debe ser adoptado por la comisión de control. En sentido opuesto un fondo de pensiones "cerrado" no admite inversiones de otros fondos.

Criterios de diversificación y dispersión

Las inversiones de los fondos de pensiones, aparte de cumplir con los criterios de aptitud, deberán cumplir con los requisitos de diversificación y dispersión. El principio de diversificación entre las distintas clases de activos tiende a evitar una excesiva dependencia con alguna de ellas, y el principio de dispersión, pretender evitar una excesiva concentración respecto a un emisor o un determinado grupo de empresas. En desarrollo de estos principios generales la norma prevé la aplicación de un conjunto de límites que pretenden reducir el riesgo de las inversiones y en consecuencia aumentar la seguridad para partícipes y beneficiarios en tanto la concentración[84] de cualquier naturaleza conlleva un riesgo superior.

---

[84] Se debe reiterar hasta la saciedad que la concentración de riesgos es la primera causa de la crisis de las entidades financieras y que la dispersión y la diversificación constituye la primera línea de defensa de los intereses de un inversor.

Se establece como criterio de diversificación un límite mínimo y máximo entre las distintas clases de activos aptos:

a) Al menos el 70% del total de la inversión del fondo de pensiones deberá realizarse en las siguientes categorías:
   1) Valores e instrumentos financieros negociados en mercados regulados
   2) Depósitos bancarios
   3) Instrumentos derivados negociados en mercados organizados
   4) Créditos hipotecarios
   5) Inmuebles
   6) Instituciones de Inversión Colectiva Inmobiliaria
   7) Acciones y participaciones en Instituciones de Inversión Colectiva cualificadas (excluyendo inversión libre)

b) La inversión en las siguientes categorías de activos no podrá alcanzar el 30% del valor total del fondo:
   1) Inmuebles, derechos reales inmobilliarios
   2) Créditos hipotecarios
   3) Acciones y participaciones en IIC inmobiliaria
   4) Participaciones en el capital social de entidades no cotizadas en mercados regulados que tengan como objeto social exclusivo (90% de su activo) la tenencia y gestión de inmuebles de inmuebles.

Complementariamente a los anteriores criterios de diversificación se establecen otros criterios específicos de dispersión al objeto de perfilar una concentración no deseable de acuerdo con las siguientes especificaciones.

a) No son de aplicación límites a los valores e instrumentos financieros emitidos o avalados por el Estado, o sus organismos autónomos, Comunidades Autónomas, Corporaciones Locales o por administraciones públicas equivalentes de estados pertenecientes a la OCDE o por Instituciones Internacionales de las que España sea miembro, si bien es de aplicación un límite del 10% sobre el saldo nominal de una misma emisión.

b) De entre los activos aptos negociados en mercados regulados, la concentración máxima, por cualquier clase de activo excluidos los depósitos bancarios, en un solo emisor será del 5% (10% en el mismo grupo de empresas[85]), pudiendo alcanzarse una concentración de hasta el 10% en el caso de que el conjunto de los que superen el 5% no alcance el 40%.

c) De entre los activos aptos no negociados en mercados regulados la concentración máxima por emisor será del 2% (4% a nivel de grupo).

d) De entre los activos aptos cotizados en el Mercado Alternativo Bursátil (MAB), el Mercado Alternativo de Renta Fija (MARF), o acciones y participaciones en entidades de capital riesgo la concentración máxima permitida será del 3% (6% a nivel de grupo).

---

[85] Un límite de concentración máximo del 1-2% resultaría más óptimo que los límites legales. Esta circunstancia justificaría la inversión en fondos de mayor dimensión que siguiesen criterios prudenciales en tanto los de menor dimensión no pueden por razones operativas mantener una política de dispersión tan rigurosa.

e) A nivel de participaciones en Instituciones de Inversión Colectiva cualificadas el límite máximo de concentración se cifra en un 20% que se reduce a un 5% en el caso de las Instituciones de Inversión Colectiva de Inversión Libre o no cualificadas. Estos límites serán de aplicación igualmente para el conjunto de IIC gestionadas por una misma entidad o grupo.

f) La inversión en un solo instrumento derivado apto se limita a un 5% de cumplir determinadas condiciones de diversificación, negociación o subyacente o a un máximo de un 2% (4% a nivel de grupo) de no cumplirlas.

g) Todos los límites anteriores no serán de aplicación cuando en la declaración comprensiva de los principios de la política de inversión del fondo de pensiones se establezca como objetivo la réplica o reproducción de un determinado índice de renta fija o variable. En caso de réplica la concentración podrá alcanzar hasta un 20% ampliable hasta un 35% previa autorización del supervisor. En caso de fondos referenciados la concentración a nivel de emisor podrá alcanzar un 10%, ampliable otro 10%, mediante la utilización de instrumentos financieros derivados negociados en mercados organizados.

h) La inversión máxima en una entidad de crédito y en su grupo, por cualquier clase de activos incluyendo los depósitos pero excluyendo las posiciones en IIC gestionadas por una empresa del grupo, no podrá superar el 20%.

i) La inversión de un fondo de pensiones en valores o instrumentos financieros emitidos o avalados por una misma entidad no podrá superar el 5% en valor nominal del total de los valores e instrumentos financieros en circulación de aquella. Este límite se eleva al 20% respecto a IIC cualificadas y respecto a valores o participaciones emitidas por sociedades o fondos de capital riesgo.

j) No se podrá invertir más del 10% del activo de un fondo de pensiones en un solo inmueble, crédito hipotecario, derecho real inmobiliario o sociedad no cotizada de tenencia exclusiva (90% de su activo) de inmuebles.

k) La inversión en una sola IIC inmobiliaria se limita a un 20% del fondo, aplicándose igual límite al conjunto de fondos gestionados por una misma gestora o grupo.

Los límites anteriores se aplicarán de acuerdo con los criterios de valoración aplicables a cada clase de activo, que son objeto de consideración más adelante, excluyendo del total activo a estos efectos las partidas derivadas del aseguramiento de prestaciones, o la parte de la cuenta de posición canalizada a otros fondos de pensiones (abiertos). Los límites anteriores deberán cumplirse a nivel de cada fondo de pensiones y a nivel de balance consolidado del conjunto de los fondos de pensiones administrados por una misma entidad gestora.

La normativa prevé la posibilidad de que el supervisor pueda establecer adicionalmente otras condiciones y porcentajes, conformes con la normativa comunitaria, para establecer o concretar el cumplimiento del principio de congruencia monetaria. Esta posibilidad en el momento de edición de esta obra no ha sido desarrollada.

Liquidez de los fondos de pensiones

En lo referente a la liquidez que deben mantener los fondos de pensiones la normativa española establece que los fondos de pensiones calcularán periódicamente un "coeficiente de liquidez", que deberá estar materializado en depósitos a la vista y en activos del mercado monetario con vencimiento no superior a tres meses, según las previsiones de requerimiento de activos líquidos en función de las prestaciones y otras salidas estimadas del fondo contrastadas con los ingresos previstos y con el adecuado margen de confianza, con el objetivo de que el fondo pueda hacer frente a las salidas sin incurrir en un riesgo de liquidez por dificultades de venta de activos en un momento determinado. Se prevé que con carácter excepcional y de forma transitoria los fondos puedan contraer deuda con el objetivo de obtener liquidez para el pago de prestaciones previa comunicación al supervisor.

Criterios de valoración

Los criterios de valoración de las distintas clases de activos constituyen un aspecto esencial en la instrumentación del esquema de garantías instituido por la normativa prudencial. Y ello en cuanto tal cual se ha descrito en el primer capítulo, en el funcionamiento de los planes de pensiones integrados en un fondo de pensiones es esencial que cualquier movimiento económico de entradas o salidas del fondo en ningún caso pueda suponer un beneficio o pérdida a los que ejecutan la transacción o a los que permanecen en el fondo. Este principio de equidad resulta esencial para la estabilidad de un fondo de pensiones y para evitar acciones en perjuicio de los intereses del mismo.

El objetivo es en consecuencia determinar para cada clase de activo el "*fair value*" o valor razonable de equilibrio que convendrían en una transacción contrapartes con suficiente información y conocimiento, lo que equivaldría a un precio de mercado en la hipótesis de un funcionamiento eficiente del mismo. Los criterios de valoración para las distintas clases de activos son:

    a) Los valores e instrumentos financieros negociables de renta fija o variable se valorarán a su valor de realización aplicando los siguientes criterios según la naturaleza de los mismos:

        i. Los valores e instrumentos financieros negociados en un mercado regulado se valorarán de acuerdo con su cotización al cierre del día o en su defecto al último publicado o al cambio medio ponderado si no existiera precio oficial de cierre. En caso de negociación en varios mercados se tomará el precio en el que se haya producido el mayor volumen de negociación.

 ii. Los instrumentos de renta fija no negociados en un mercado regulado se valorarán por el valor actual de los flujos financieros futuros utilizando para dicha actualización el tipo de interés de la Deuda Pública asimilable por su vencimiento incrementada por una prima adicional en función de las especiales características de cada emisión, liquidez, solvencia, riesgo país y cualquier otro riesgo inherente.

 iii. El resto de instrumentos se valorarán atendiendo a criterios racionales valorativos bajo el principio de máxima prudencia.

b) Los inmuebles se valorarán de acuerdo con su valor de tasación, que se debe realizar, al menos con una frecuencia anual, por una entidad autorizada para tales servicios en la regulación hipotecaria, deduciendo en su caso el importe de la responsabilidad hipotecaria pendiente.

c) Los créditos se valorarán de acuerdo con el valor actual de los flujos utilizando el mismo tipo de interés que sería de aplicación en el epígrafe a)-ii. anterior, con el límite máximo del valor de la garantía.

Condiciones generales de las operaciones

Las operaciones de inversión por parte de los fondos de pensiones son decididas por la entidad gestora y ejecutadas mediante la colaboración de la entidad depositaria. Ambas entidades son responsables frente al fondo de pensiones de cualquier perjuicio que se derive de una actuación negligente en defensa de los intereses de los partícipes y beneficiarios.

Con carácter general las operaciones en mercados regulados se ejecutarán de manera que incidan de manera efectiva en los precios con la concurrencia de demanda y oferta plurales debiendo ejecutarse de acuerdo con el precio de mercado salvo que pudieran ejecutarse en condiciones más favorables. Corresponde a la entidad depositaria comprobar que efectivamente todas las operaciones se han realizado a un precio de mercado sin sesgo en el intradía.

Los activos de los fondos de pensiones deberán ser de libre disposición por el mismo y ser indubitada su titularidad de modo que aún en el caso de que sean utilizadas subdepositarias, especialmente para valores extranjeros, tanto en la ejecución como en el depósito, aún siendo posible la utilización de cuentas globales, o cuentas ómnibus, deberá ser posible distinguir entre las posiciones de la propia depositaria y las de sus clientes y dentro de estos las de los fondos de pensiones. En cualquier caso los activos deberán hallarse en el Espacio Económico Europeo por lo que cualquier depositario utilizado deberá tener autorización para operar por medio de establecimiento permanente en dicho espacio.

Las anotaciones en cuenta fuera del Espacio Económico Europeo exigirán la garantía o aval del depósito por parte de entidad de crédito autorizada para operar por medio de establecimiento permanente en el Espacio Económico Europeo.

Los bienes de los fondos de pensiones solo podrán ser objeto de garantía para asegurar el cumplimiento de las obligaciones del fondo. En ningún caso las obligaciones del fondo frente a terceros podrán exceder del 5% del total de activos del fondo.

Cuando se produzca un incumplimiento sobrevenido en la declaración comprensiva de la política de inversión o en cualquiera de los límites reglamentarios se dispondrá de un plazo de un año para proceder a su regularización. Si un activo perdiera su aptitud para integrarse en un fondo de pensiones el plazo de regularización es de seis meses.

Uso de Instrumentos Derivados

Un derivado es un instrumento financiero cuyo valor depende, o "deriva", del valor de otros activos denominados subyacentes. La normativa de supervisión debe manifestar una especial cautela en la regulación de este tipo de activos ya que por una parte pueden resultar imprescindibles para una adecuada gestión de la política de inversión, y el control de los riesgos financieros, pero por otra parte pueden incorporar un riesgo potencialmente muy superior al de otras clases de activos.

Los instrumentos derivados pueden adquirirse por un fondo de pensiones con dos finalidades diferenciadas, para asegurar una adecuada cobertura de los riesgos ya asumidos, eliminándolos o reduciéndolos, debiéndose en este caso identificarse los activos y sus instrumentos de cobertura, justificando la eficacia de la misma en caso de que el subyacente no fuera idéntico al activo a cubrir, o como instrumentos de inversión, con la finalidad de una inversión propia o autónoma sin ánimo de cobertura de los riesgos inherentes a otras posiciones inversoras.

La normativa establece que deberá ser especialmente considerado el denominado riesgo de contraparte, es decir el potencial incumplimiento de la parte obligada al vencimiento del derivado, debiéndose valorar diariamente las posiciones en derivados y comprobar que no se sobrepasan los límites de dispersión establecidos agregando en su caso el resto de activos de la misma contraparte.

Los instrumentos derivados contratados como inversión no podrán exponer al fondo de pensiones a pérdidas potenciales que superen el patrimonio del mismo. Límite que "per se" e independientemente del resto de la normativa de supervisión parece excesivo.

Organización y Gobierno Corporativo

Los Principios Generales de las inversiones enmarcan la actuación de los distintos intervinientes en la gestión y administración de un fondo de pensiones en lo relativo a los procesos de inversión. Tienen la naturaleza de intervinientes aparte de la entidad gestora y la entidad depositaria, la entidad comercializadora, los miembros de las comisiones de control o quien haga sus veces, los cargos de administración y dirección de las anteriores, los empleados, los agentes y los apoderados de las mismas. La normativa de supervisión se establece tanto en lo referido a la actuación directa de los intervinientes como la posible actuación indirecta mediante figuras u otras entidades interpuestas por razones de eficiencia en la gestión o en la administración o custodia. A partir de aquellos Principios y de lo regulado en las distintas disposiciones, de una forma extractada se pueden enumerar las siguientes condiciones que enmarcan los límites y condiciones de la organización y gobierno de los intervinientes.

1) De forma genérica corresponde al Consejo de Administración de la entidad gestora la responsabilidad de definir, implementar y supervisar todas las medidas efectivas en el ámbito de las inversiones en defensa de los intereses de los partícipes y beneficiarios, correspondiendo a la Dirección de la entidad la responsabilidad de su ejecución
2) Las inversiones se ejecutarán en interés de los participes y beneficiarios.
3) En caso de conflicto de intereses prevalecerán los de los partícipes y beneficiarios.
4) Las inversiones serán realizadas de acuerdos con criterios de seguridad, rentabilidad, diversificación, dispersión, liquidez, y congruencia de plazos adecuados a sus finalidades.
5) La actuación se someterá a lo dispuesto en los principios de política de inversión, emitida para

cada fondo de pensiones y debidamente publicitada.

6) Se deben aprobar parámetros sobre los que se desarrollará la política de inversión con especial referencia a la tolerancia global al riesgo y la liquidez de las posiciones en diferentes escenarios.

7) La actuación se someterá a las disposiciones normativas vigentes en cada momento, activos aptos, límites, liquidez, regularizándose circunstancias sobrevenidas dentro de los plazos legales.

8) La gestión será realizada por personas honorables con adecuada cualificación y experiencia profesional.

9) Se dispondrán de medios y recursos para una administración ordenada y en especial para el registro de las operaciones y la valoración diaria de la unidad de cuenta o valor unitario o liquidativo de la participación.

10) Se dispondrán de medios y recursos suficientes para la valoración acorde con la normativa de cualquier activo integrado en el fondo.

11) Se dispondrán de medios y recursos suficientes para el control de los riesgos inherentes a las inversiones, y en especial en la evaluación del riesgo de crédito, no depender exclusivamente de las calificaciones crediticias emitidas por agencias de rating.

12) Se dispondrán de recursos y medios suficientes para la medición de los riesgos inherentes a las inversiones así como de procedimientos de gestión de control de dichos riesgos.

13) Se extremarán las medidas de supervisión en todo lo relacionado con instrumentos derivados, activos

estructurados, participaciones en sociedades de capital riesgo y activos no negociados en mercados regulados. Dichas inversiones deberán ser objeto de un registro diario justificativo de la idoneidad de las operaciones efectuadas. Y se deberá actuar en este ámbito con medios y experiencia adecuados justificando que las operaciones con derivados son apropiadas a los objetivos del fondo.

14) Se dispondrá de normas específicas en todo lo relativo a la utilización de derivados y activos financieros estructurados disponiendo de capacidad de elaboración y mantenimiento de modelos internos que permitan estimar el valor en riesgo y la pérdida máxima potencial en el peor de los escenarios posibles.

15) Se dispondrá de un adecuado Control Interno, con las funciones propias del mismo (Identificación de riesgos, Evaluación (probabilidades e impacto), Actividades de control en los procesos, y Elementos de comunicación, Monitorización y revisión del sistema de Control) que actuando sobre todos los riesgos inherentes aumente la probabilidad de cumplimiento de los objetivos de la política de inversión.

16) La función de revisión de los procedimientos de Control Interno serán ejecutados por personal con suficiente conocimiento y experiencia así como plena independencia respecto a las funciones ejecutivas de la gestora. En consecuencia el receptor de los informes de revisión será el Consejo de Administración de la entidad gestora el cual al menos anualmente deberá evaluar la eficiencia del mismo.

17) Serán de aplicación principios de segregación de tareas y funciones entre la autorización de las inversiones, su ejecución, y su control y registro (front, middle, y back office).
18) Se deberá garantizar la posibilidad de reconstrucción de cualquier transacción atendiendo a su origen, partes intervinientes, su naturaleza y momento y lugar de ejecución y depósito,
19) Se deberá disponer de un Reglamento Interno de Conducta, regulando las transacciones personales, aplicable a los administradores, dirección, y resto de de empleados que, inspirado en el código general de conducta de los mercados de valores, garantice los intereses de los partícipes y beneficiarios, evite potenciales conflictos de intereses y que permita acreditar que las decisiones de inversión a favor de un fondo se adoptan con carácter previo a la transmisión de la orden de ejecución.
20) Se deberá acreditar que en ningún caso puedan realizarse entre el fondo y cualquiera de los intervinientes en su administración ningún tipo de transacción, ni directamente ni a través de persona o entidad interpuesta (salvo las operaciones habituales de una entidad financiera que actúe como depositaria y en condiciones de mercado).
21) Los procedimientos de control interno se extenderán en su caso a las actividades que sean objeto de exteriorización
22) Se plantea un doble mecanismo de control entre la entidad depositaria y la entidad gestora de un fondo de pensiones que implica un intercambio sistemático de información entre ambas entidades.

Como consecuencia de esta labor de vigilancia mutua:
a. La entidad gestora debe supervisar el funcionamiento de la entidad depositaria del fondo en cuanto al cumplimiento de sus obligaciones y en caso de observancia de cualquier anomalía o incumplimiento normativo que en un plazo de un mes no fuera corregido lo deberá comunicar a la DGSyFP
b. La entidad depositaria supervisará el cumplimiento de las obligaciones de la entidad gestora y de igual modo al observarse un incumplimiento o anomalía que no fuera corregido en el plazo de un mes lo deberá comunicar a la DGSyFP. Adicionalmente la entidad depositaria deberá:
   i. Controlar que la disposición de fondos se corresponden con las operaciones propias de los planes y fondos de pensiones.
   ii. Al menos trimestralmente comprobar que las inversiones ejecutadas se corresponden con los límites reglamentarios y la política de inversión del fondo de pensiones.
   iii. Comprobación de que las operaciones se realizan a precio de mercado.
   iv. Verificación de los métodos de valoración y de los criterios establecidos para el cálculo del valor liquidativo de la participación unitaria.

En resumen de lo que se trata es de que exista una estructura de gobernanza, es decir del arte o manera de ejercer la dirección, que se corresponda con una estructura perfectamente establecida. El buen gobierno no debe identificarse exclusivamente con la honradez sino con la actuación de la alta dirección, trasladada a todos los niveles, bajo unas pautas preestablecidas entre las que sin duda el comportamiento honorable es una condición necesaria. En la gestión de una entidad de gestión para la previsión social[86] no parece prudente ni adecuado un estilo de dirección o de gestión basado en el personalismo o en el comportamiento individual conocido como "de autor", al contrario se corresponde con una actividad reglada en la que no cabe este tipo de personalismos y la organización y el equilibrio deben prevalecer. Precisamente para que el buen gobierno no quede solamente en palabras procede la implementación de una estructura bien definida, en la que sea cual sea el nivel en el que se adopten decisiones relevantes, que puedan afectar a los intereses de terceros, partícipes beneficiarios o asegurados, dichas decisiones estén inmersas en un proceso o un esquema tal cual se reproduce en el diagrama que sigue a continuación, que tienda a garantizar los principios anteriormente extractados.

En este esquema deben prevalecer algunos de los elementos esenciales del Control Interno, del tipo división de funciones, decisiones objetivas y justificadas, supervisión monitorización y actuación bajo una normativa interna coherente con los objetivos generales. Las

---

[86] Ni en ninguna entidad financiera, de crédito o aseguradora.

La normativa prudencial

funciones, o las decisiones respectivas, no enmarcadas en el anterior esquema o en cualquier otro similar constituyen el germen de un riesgo de mal gobierno cuyas consecuencias son imprevisibles en cuanto a su impacto y en consecuencia tanto la regulación como la labor de la supervisión deben evitar.

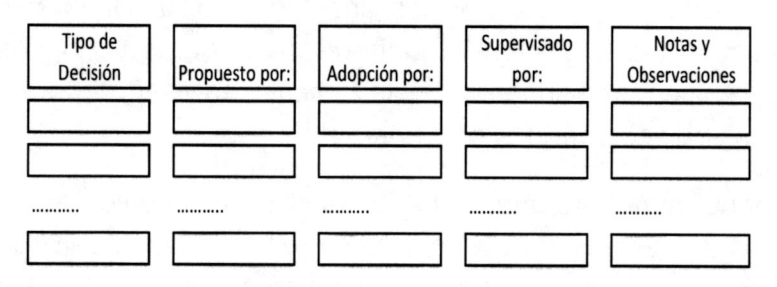

Tipo de Decisión	Propuesto por:	Adopción por:	Supervisado por:	Notas y Observaciones
....	....	....	....	....

Figura 49. Modelo de registro de decisiones bajo una estructura de buen gobierno en un fondo de pensiones

La supervisión

La supervisión efectiva de una actividad financiera es la piedra angular de la normativa reguladora. Una normativa puede ser excelente pero sin un control efectivo por parte del ente que tiene la responsabilidad de la supervisión deviene ineficaz.

Básicamente existen dos modelos de supervisión en el ámbito financiero, el primero se caracteriza por la concentración de la supervisión de todas las entidades financieras con independencia de su actividad específica en una sola entidad, el segundo se caracteriza por la existencia de organismos de supervisión diferenciados según sea la naturaleza de la actividad financiera. En España se ha optado hasta la actualidad por esta segunda opción correspondiendo al Banco de España la supervisión de las entidades bancarias y otros establecimientos financieros, a la Comisión Nacional del Mercado de Valores, CNMV, todo lo relacionado con los mercados de valores y las instituciones de inversión colectiva y a la Dirección General de Seguros y Fondos de Pensiones la supervisión de la actividad aseguradora y de los planes y fondos de pensiones.

Ambos modelos tienen sus ventajas e inconvenientes, la ventaja de un supervisor único es la capacidad de extender unos estándares similares en todas las actividades financieras y poder extender su actuación con unidad de criterio en grupos financieros que extienden su actuación en las distintas actividades, la ventaja de supervisores diferenciados reside en la mayor especialización alcanzable y en la mejor capacidad de adaptación de la labor de supervisión atendiendo a la naturaleza de las distintas actividades sin sesgo en la dedicación de los recursos hacia una u otra actividad.

La necesidad de una adecuada supervisión y de la regulación consecuente parece fuera de cualquier duda razonable, la importancia de lograr un buen funcionamiento de las entidades, de la estabilidad de las mismas y de la protección administrativa de los inversores no precisa mucha aclaración. No obstante periódicamente se plantean perspectivas que ponen en duda la idoneidad de una "excesiva regulación" financiera, que defienden que el exceso regulatorio constituye más un problema que una solución a los objetivos últimos pretendidos, abogando por soluciones del tipo autorregulación, o sustitución de la regulación extensiva por una intensidad supervisora sólo para casos definidos y similares. Pero al respecto la evidencia empírica parece concluyente, son demasiadas las evidencias de prácticas inadecuadas que no parece plausible reducir las cautelas, sino más bien parece precisa una permanente adecuación a las circunstancias con ánimo de mejorar su eficacia.

La supervisión de la actuación de la actividad de los Fondos de Pensiones por parte de la Dirección General de Seguros y Fondos de Pensiones, se instrumenta, sobre todos los sujetos y entidades intervinientes, Gestoras, Depositarias, Comercializadoras, aparte de las preceptivas autorizaciones y registros, en dos planos diferenciados. Por una parte un seguimiento y análisis a distancia, mediante el control de los estados contables y otra información estadística requerida periódicamente y por otra parte mediante la proximidad derivada de las visitas de inspección. En ambos casos el objetivo es conseguir un adecuado conocimiento real actualizado y profundo de la situación y forma de actuación de las entidades involucradas en la oferta de planes de pensiones. Más concretamente lo que se pretende es conocer el grado de cumplimiento de la normativa, las practicas de buen gobierno y la adecuación de la gestión de los riesgos.

La evaluación de determinados aspectos de orden cualitativo requieren la proximidad de los servicios de inspección, ya que la cultura de gestión difícilmente puede evaluarse de la consideración de estados contables y otra información estadístico contable. Y precisamente el "perfil de la entidad" es clave para conocer el "perfil de riesgo" en el ejercicio de la actividad. Nótese que lo relevante es prevenir, anticiparse, no corregir y para ello hay determinados indicadores relativos a la calidad del Gobierno Corporativo, Control Interno, organización, (definición de políticas, existencia de manuales de procedimientos, rigurosidad en los códigos de conducta), calidad de los recursos humanos, suficiencia de recursos técnicos y humanos, papel de las funciones de auditoría interna y externa, que deben evaluarse "in situ" para corregir las situaciones de déficit, mediocridad, o cultura no alineada con los principios regulatorios mucho antes de que deriven en incumplimientos normativos que degeneren en perjuicios para los partícipes o beneficiarios y en pérdida de imagen y reputación de la actividad en su conjunto.

4 La información sobre el riesgo en la práctica

De lo expuesto en los Capítulos anteriores parece obvio que la consideración de los riesgos inherentes a las distintas clases de activos que representan alternativas de inversión en los fondos de pensiones constituye un aspecto fundamental para la adopción de las decisiones más pertinentes atendiendo los intereses del inversor, y en consecuencia la disposición de la adecuada información sobre los riesgos deviene fundamental.

Para describir la realidad de como se transmite la información acerca del riesgo inherente a las inversiones a los partícipes y beneficiarios de los planes de pensiones se deben analizar distintos tipos de documentos y fuentes de información de distinta procedencia, de las propias entidades gestoras, del supervisor, de asociaciones de entidades del sector, y de proveedores independientes.

El esquema de información establecido en España, tras veinticinco años de recorrido de la oferta de planes de pensiones, puede calificarse en su conjunto como amplio y correcto aunque también con recorrido de mejora en función de la divulgación de las mejores prácticas, comparaciones en términos de homogeneidad, comparativas internacionales y desarrollo de la información sobre el riesgo. Del análisis por entidades gestoras se aprecian diferencias cualitativas muy significativas pudiendo ser el aspecto más negativo, en determinados casos, la consideración de que la transmisión de la necesaria información sobre el riesgo derivado de las inversiones se contempla como un aspecto de cumplimiento meramente formal. Esta situación se evidencia cuando el modelo de información es reiterado sin grandes diferencias entre los distintos fondos de una misma gestora aunque los fondos sean de distinta categoría, o cuando la información se presenta de forma muy extractada, en términos vagos e imprecisos o bajo un formato de difícil comprensión para un partícipe medio y en el peor de los casos con una falta absoluta de relevancia del riesgo. La falta de transparencia en la comunicación hacia el partícipe y una deficiente calidad de la misma puede ser un indicador de algo mucho más relevante, y potencialmente peligroso, cual sería una inadecuada actitud de los gestores hacia los riesgos que asumen los titulares últimos de los fondos. Un gestor que pierda la perspectiva de que los exclusivos interesados del fondo de pensiones son los partícipes y beneficiarios de los planes integrados en el mismo y que su función es la de administrar unos activos cuya titularidad real en última instancia corresponde a aquellos no focaliza su actividad adecuadamente. Una regulación expresa y con mayor detalle de los elementos mínimos informativos y la definición de métricas homogéneas podría ser una vía para mejorar el modelo de información.

Esquema de información

De acuerdo con la normativa reguladora de la actividad de planes y fondos de pensiones, vigente en 2015, las obligaciones de información hacia los partícipes y beneficiarios pueden esquematizarse en el diagrama que sigue a continuación.

Información previa a la contratación	Información en la contratación	Información periódica	Información en caso de contingencia
DDFP Información del producto Denominación y registro Identificación entidades Política de inversiones Nivel de Riesgo Rentabilidad histórica Ausencia garantías Advertencia pérdidas Carácter no reembolsable Comisiones y gastos Contingencias cubiertas Supuestos liquidez Procedimientos prestación Régimen fiscal Límite aportaciones Movilidad D. Consolidados Referencia Web	•Boletín de Adhesión •Certificado Pertenencia •Especificaciones del Plan •Datos Defensor Partícipe •Declaración comprensiva de los principios de la política de inversión	**Trimestral** Información evolución activos y datos de rentabilidad **Semestral** Información evolución activos y datos de rentabilidad Información situación y evolución derechos **Anual** Certificado DC o DE al final del ejercicio Certificado de aportaciones y prestaciones	•Información apropiada sobre las prestaciones y posibles reversiones •Opciones de cobro y grados de garantía •Riesgo inherente a las opciones •Procedimientos establecidos

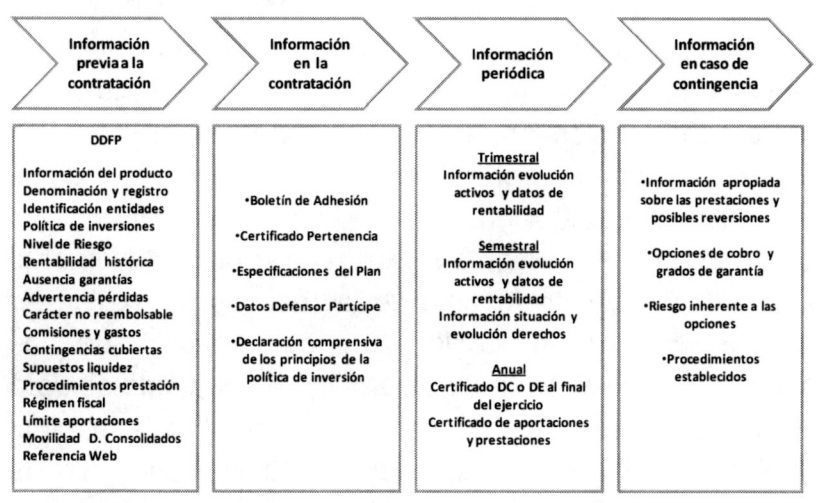

Figura 50. Esquema de obligaciones de información a partícipes y beneficiarios

Del anterior esquema se deduce que la información a proporcionar al partícipe y o beneficiario de un plan de pensiones es amplia y se estructura en cuatro momentos diferenciados, a) con carácter previo a la contratación, b) en el momento de la contratación, c) a lo largo del desarrollo de la pertenencia en el plan y d) ante una situación de contingencia.

Antes de contratar, el potencial partícipe debe poder acceder a un documento con los datos fundamentales para el partícipe, DDFP, que pretende evitar la posible no adecuación del instrumento de previsión a las necesidades del potencial partícipe. En el diagrama anterior se relacionan los apartados que por imperativo legal deben incluirse en el DDFP y se debe convenir que el detalle es exhaustivo aunque en la concreción y puesta en práctica del modelo residirá la idoneidad de cada caso.

En el momento de contratar el partícipe debe recibir un Boletín de Adhesión, un Certificado de Pertenencia (si lo solicita), la declaración comprensiva de los Principios de la Política de Inversión, las Especificaciones del Plan y los datos del Defensor del Partícipe en el caso de que dicha información no estuviera en las propias Especificaciones del Plan de Pensiones. A nuestros efectos el documento básico para el conocimiento de los riesgos asumidos por el partícipe es la declaración comprensiva de los Principios de la Política de Inversión ya que como se verá en el siguiente apartado incluye entre otros aspectos, también muy relevantes, todo lo relacionado con la gestión de los riesgos.

A lo largo del desarrollo del plan de pensiones, el partícipe o en su caso el beneficiario, deben ser informados con periodicidad trimestral, semestral y anual acerca de la evolución de sus derechos, rentabilidad alcanzada, cambios normativos, cambios de gestión, activos integrados en el fondo de pensiones, modificaciones en las normas de funcionamiento del fondo de pensiones en el que se integra el plan, modificaciones en las especificaciones del plan, cambios de la política de inversión, cambios de las comisiones de gestión y de depósito, así como el detalle a título individual de las aportaciones realizadas en el ejercicio, y en su caso de las prestaciones recibidas en el mismo, y todo ello en el plazo máximo de un mes desde el cierre del periodo natural de referencia. La información periódica puede ser recibida en soporte papel o por medios telemáticos a solicitud del partícipe o beneficiario.

En situación de contingencia, es decir en caso de haberse producido algunos de los eventos[87] previstos para que puedan devengarse las prestaciones de los planes de pensiones, el potencial beneficiario debe acceder a la información acerca de los procedimientos establecidos para la solicitud de las prestaciones así como recibir cumplida información acerca de las distintas formas de percepción de las prestaciones, opciones de cobro, grado de garantía, riesgos inherentes y en su caso la posibilidad de reversión a otros potenciales beneficiarios.

Estando pendiente del desarrollo normativo la información periódica a facilitar a los partícipes acerca del nivel de prestaciones que se podrá derivar del plan de pensiones y de otros instrumentos de previsión.

Principios de la política de inversión

La divulgación y la calidad de la exposición de los principios de la política de inversión constituyen el primer aspecto y el más relevante en la difusión de la política de riesgos en el fondo de pensiones y en consecuencia el primer eslabón de la cadena que protege al partícipe o beneficiario de un plan de pensiones. Recordemos que la política de inversión es el documento que debe disponer todo fondo de pensiones conteniendo una declaración de la clase de activos y la estructura objetivo o forma de distribución del conjunto de las inversiones integradas en

---

[87] Recordemos que las contingencias cubiertas son la jubilación o situación equivalente, la situación de incapacidad permanente, el fallecimiento o la declaración de dependencia.

el fondo. Esta estructura de inversión objetivo, que puede ser flexible en tanto se definan en los principios límites o márgenes de variación respecto a un escenario central, debe ir acompañada de los métodos de medición de los riesgos inherentes a las distintas clases de activos así como de una descripción de las actividades de control implementadas en el sistema de control interno del fondo para la gestión global del riesgo.

La política de inversión debe ser facilitada al partícipe al contratar y debería estar suficientemente publicitada para ser de fácil acceso en cualquier momento. La mejor práctica sería que fuera accesible como el resto de la documentación legal en el portal web de la gestora y/o comercializadora y puesta a disposición de los partícipes y beneficiarios permanentemente actualizada. La política de inversión debe actualizarse periódicamente para mantener una correspondencia entre la gestión desarrollada en cada momento y los principios inspiradores de la misma. Una falta de actualización sería un indicador de alarma en cuanto manifestaría una situación en la que la gestión real del día a día no se enmarca en una política predefinida, o una falta de consideración hacia los que en definitiva asumen el riesgo, lo que en cualquier caso implicaría una actuación alejada de lo que podrían ser consideradas las buenas prácticas en la gestión de un fondo de pensiones.

Al ámbito financiero es trasladable la máxima política de que en ausencia de equilibrio de poderes y de control todo acaba en perjuicio de intereses legítimos, en nuestro caso los de los partícipes y beneficiarios. Lo importante no es tanto establecer el régimen penal para los infractores sino el esquema de regulación y supervisión que impida el delito o las prácticas inadecuadas. Siendo más condescendientes, diríamos que sin el oportuno control enmarcado en un ámbito de actuación predefinido, la adecuación de la rentabilidad conseguida con los objetivos de rentabilidad y riesgo será una mera casualidad. Y lo que es mucho peor, los niveles de riesgo efectivamente asumidos sólo serán conocidos en caso de eventos que generen pérdidas. Si un gestor de un fondo de pensiones en el que se integran planes de pensiones del sistema individual no se siente obligado en el ejercicio de sus funciones a actuar y a dar explicaciones respecto a los principios de la política de inversión del fondo, exactamente igual como lo haría siguiendo el "mandato" recibido por una comisión de control de un fondo de pensiones de empleo que hiciera un seguimiento regular y sistemático de la gestión, el sistema establecido no se adecua a las necesidades de los partícipes y más pronto que tarde el participe, o el beneficiario, sufrirá las consecuencias.

Un primer tipo de error, más habitual que el deseado, es informar de la "política de inversión" no tal cual se define en la normativa reguladora sino confundiendo el término con el referido a la "categoría de inversión" o "clase de inversión" en la que se incluye el fondo de pensiones en razón al tipo y composición de sus activos, pudiendo ser además laborioso acceder al documento en cuestión. Un segundo tipo de error es reducir la declaración de principios de la política de la inversión a un comunicado con un marcado componente comercial con expresiones inconcretas del tipo, "se maximizará la rentabilidad", o "se minimizará el riesgo de las inversiones", que se alejan del imperativo normativo y del sentido común.

Otro tipo de error que ya podría calificarse como una mala práctica es cumplimentar el documento con la técnica del "copiar y pegar" a partir del texto de la normativa reguladora, o reducir el documento a la mínima expresión[88], construyéndose una ficción de principios de política de inversión dirigida a cubrir un expediente sin convicción, o posiblemente sin conocimiento, del alcance de lo requerido por la normativa prudencial.

Una estructura, construida a partir de la información de las gestoras que, a juicio del autor, desarrollan más y mejor la declaración de principios de la política de inversión del fondo de pensiones y en consecuencia asumen explícitamente un mayor compromiso para el buen funcionamiento del fondo en beneficio de los partícipes y beneficiarios tendría la siguiente forma:

a) Definición de la vocación inversora del fondo de pensiones estableciendo la categoría o clase de fondo de pensiones atendiendo a la clasificación de INVERCO expuesta anteriormente.

b) Exposición del objetivo de rentabilidad en coherencia con la estructura de la vocación inversora indicando el índice de referencia o *benchmark* de referencia del fondo de pensiones y el periodo de permanencia mínimo en el que la probabilidad de cumplimiento de las previsiones de rentabilidad es significativamente alta.

---

[88] Circunstancia que podría ser en parte razonable en un fondo de pensiones de los llamados "garantizados" pero no en ninguna otra categoría.

c) Manifestación de un indicador sintético del riesgo asumido por el partícipe o beneficiario, normalmente evaluado cualitativamente, del tipo bajo-medio-alto y correspondencia de dicho nivel con el perfil de riesgo del inversor también a un nivel cualitativo del tipo, conservador-moderado-agresivo. Muy contadas gestoras han avanzado un paso más y han entrado en evaluaciones más cuantitativas, informando de la volatilidad, o del VaR de las posiciones en renta variable.

d) Establecimiento, dentro de los activos aptos, de las clases de activos que se integrarán en el fondo de pensiones exponiendo igualmente los límites relativos, adicionales a los legales, de las distintas clases y tipos de instrumentos financieros, limitaciones al uso de inversiones en monedas no euro, limitaciones por sector de actividad económica en el que se enmarca la actividad de los distintos emisores, limites en función de los países en los que se han emitido los valores, calificaciones crediticias mínimas exigidas, límites referidos a la duración financiera corregida de la renta fija, y en lo relativo a la integración de instrumentos de renta variable, niveles de capitalización mínimos exigidos, volúmenes mínimos de cotización diaria, límites de concentración admisibles y otros condicionante similares.

e) Estilo de la inversión, definiendo el tipo de gestión a desarrollar en la selección de las inversiones y a lo largo de su permanencia. Actuación activa o pasiva, preferencia por títulos representativos de entidades, de valor o de potencial crecimiento, "*value*" o "*growth*", criterios de selección de valores cotizados en relación a determinados parámetros (PER, Valor Mercado/Valor Contable, etc.), preferencia por una selección basada en el análisis fundamental o en el análisis técnico, seguimiento total, parcial o no seguimiento de índices representativos del mercado, selección de valores en función del nivel de dividendos, rotación prevista de los activos, y otras cuestiones similares

f) Exposición acerca del uso de instrumentos derivados, especialmente si se limitarán los mismos a la finalidad de inversión, y en qué términos, o para cobertura de otras inversiones, o se extenderán al ámbito especulativo o apalancando la inversión.

g) Descripción de la estructura organizativa dentro de la gestora del fondo de pensiones en el proceso de selección y ejecución de órdenes sobre las inversiones indicando la segregación de funciones y las responsabilidades de las personas o comités encargados de las distintas tareas.

h) Descripción de los riesgos inherentes a los activos que se van a integrar en el fondo de pensiones. Describiendo los mismos, riesgo de mercado, riesgo de interés, riesgo de crédito, riesgo de divisa, riesgo de liquidez, riesgo país, riesgo legal, etc. en función de la clase y origen de los activos susceptibles de integrarse en el fondo de pensiones.

i) Detalle de la metodología de medición del riesgo inherente a las distintas clases de inversiones manifestando las métricas que se utilizarán en el fondo, que según la "vocación inversora" del fondo de pensiones serán del tipo de las expuestas anteriormente[89], "volatilidad", "semidesviación", "tracking error", "VaR", "Ratio de Sharpe", "Ratio de Informacion", "Beta", "Coeficiente de correlación", "R2", etc., conteniendo una definición precisa de la interpretación realizada y de los parámetros utilizados.

j) Descripción de los procedimientos de control interno en relación con la gestión del riesgo y de seguimiento de resultados previstos, forma de supervisión en el cumplimiento de los límites establecidos, normas de segregación de funciones, independencia de la función de control, disposición de manuales de gestión, ejecuciones automáticas, mecanismos de evaluación de pérdidas potenciales a corto plazo, procedimientos internos de valoración, medios de medición interna del riesgo de crédito.

k) Definición de los principios utilizados en la selección de inversiones, seguimiento de las mismas, señales de alerta y ejercicio de los derechos políticos derivados considerando en su caso los criterios de inversión extrafinancieros de orden social, medioambiental o de buen gobierno. El cumplimiento de esta circunstancia permite en su caso que el fondo de pensiones adquiera la

---

[89] Su consideración detallada se ha realizado en el Capítulo 2

calificación de inversión socialmente responsable (ISR).

En algunos foros se han detectado opiniones acerca de la inutilidad de comunicar los principios de la política de inversión a los partícipes si de una forma casi generalizada no se van a examinar y posiblemente mal entender. Aparte de que esta perspectiva no es compartida por el autor hay dos circunstancias que eliminan cualquier discusión al respecto. La primera es que se trata de una obligación normativa que es de obligado cumplimiento. La segunda es que no se trata tanto de que todos los clientes lo entiendan sino de que los gestores comprendan y e interioricen que fuera de un marco de actuación predefinido no cabe ninguna actuación adecuada.

Información periódica a partícipes y beneficiarios

La comunicación hacia los partícipes y los beneficiarios es un aspecto fundamental en la gestión de cualquier esquema de previsión social y muy especialmente en los planes de pensiones individuales. En cuanto los planes de pensiones están integrados en fondos de pensiones y los fondos de pensiones se asimilan en su funcionamiento a los fondos de inversión, el esquema de comunicación hacia el partícipe no difiere mucho entre un fondo de inversión y un plan de pensiones. Se ha llegado a manifestar que la verdadera batalla en la ganancia de cuota de mercado en la industria de las pensiones está más en la calidad de las comunicaciones que en la obtención de unos "pipos"[90] más de rentabilidad en la gestión de las inversiones.

Los planes de pensiones del sistema individual normativamente se clasifican en la categoría de aportación definida (*Defined Contribution, o DC*[91]), contractualmente esta clasificación es indubitada, lo único que se establece en un plan de pensiones de sistema individual es la cuantía y la periodicidad de las aportaciones que el partícipe decide realizar, pero es obvio que el interés último del partícipe no es aportar a un plan, sino aportar al mismo para poder obtener un ingreso regular en la fase de retiro, su objetivo es la prestación no la aportación. De alguna forma las gestoras de esquemas de previsión social deben tener en cuenta esta circunstancia ya que en otro caso el esfuerzo exigido a la red comercial se incrementa innecesariamente por ineficiente. El aconsejar aportaciones "per se", salvo por el efecto fiscal inmediato, no constituye la mejor práctica comercial. La mejor práctica aconsejaría comunicaciones individualizadas o al menos por categorías de tipo de partícipe, ello técnicamente no comportaría una especial complejidad, informando de los aspectos relevantes del plan para la persona y focalizando la información hacia el valor final y la renta susceptible de constituirse en la fase de retiro. Incluso en los países con amplia experiencia histórica en el desarrollo de instrumentos de previsión complementaria, las encuestas revelan que casi un tercio de los partícipes ignoran circunstancias muy relevantes de su plan individual y algo más de dos tercios desconocen

---

[90] Un "pipo" es en la jerga financiera un punto básico es decir un 1/100 de un uno por ciento, conocido como *basis point* o *bp*.
[91] Los planes de prestación definida en el ámbito anglosajón se reconocen como *Defined Benefit o DB*.

la adecuación de dichos planes a sus necesidades futuras, lo que supone la existencia de un largo recorrido de mejora en este sentido[92].

La comunicación puede incurrir también en dos errores conectados entre sí que conviene eliminar. La industria de fondos de inversión está dirigida a un determinado tipo de cliente con un determinado nivel de formación financiera, que si bien es normalmente baja, es algo mayor del probable nivel cultural financiero medio de la población. Y en tanto los esquemas de previsión tienden a ser de uso universal la adecuación de la comunicación a este nivel parece inexcusable. Al originarse la industria de fondos de pensiones sobre las estructuras de los fondos de inversión ha prevalecido un modelo de información no diferenciado. Esta circunstancia hace que en las encuestas realizadas a los partícipes sobre la calidad de las comunicaciones de las gestoras de fondos de pensiones, prevalezca una calificación negativa usando términos como confusa, aburrida, difícil, complicada o excluyente en el sentido de falta de empatía, respecto a una calificación positiva que se derivaría de términos del tipo directa, concreta, de fácil comprensión, interesante o comprometedora[93]. Aparte del diseño de la comunicación, buena parte de esta problemática reside en la utilización de una jerga financiera que no es comprensible para un partícipe medio. Un primer filtro para evaluar la idoneidad de la comunicación es su comprensibilidad por parte de

---

[92] Hay entidades que se han planteado disponer de distintos modelos de comunicación con distintos niveles de extensión y complejidad. Incluso existen planteamientos acerca del modo de comunicación hacia clientes con capacidad de comprensión limitada por razones de edad o enfermedad.

[93] En el sentido de sentirse identificado como parte de una institución que considera adecuada a sus intereses y con respecto a la misma considera conveniente su continuidad y el incremento de las aportaciones futuras.

los empleados menos expertos de la comercializadora ya que no se puede pretender que los clientes tengan un nivel de formación superior a aquellos.

Un segundo error en la comunicación y relacionado con lo anterior es no identificar que la parte principal de un fondo de pensiones, no es la gestora, es el partícipe, y en consecuencia la comunicación debe ir dirigida a aquel no en calidad de "cliente" sino en calidad de "titular", en última instancia, de unos activos cuya finalidad es la previsión complementaria. La gestión, por imperativo legal, debe realizarse en atención exclusiva a los intereses de los partícipes y beneficiarios, pero lo anterior tanto debe interiorizarse por los sujetos involucrados en la gestión, como trasladarse en la comunicación hacía los destinatarios finales de la actividad. Los principios de claridad y transparencia deberían ser perceptibles y en la comunicación deben incorporarse tanto aspectos cualitativos como aspectos cuantitativos relativos a los costes rendimientos y riesgos asumidos.

A continuación analizaremos como en la práctica se materializan estos principios extractando la información de las cinco principales entidades en el ámbito de la previsión complementaria individual identificadas en el Capítulo primero. La información periódica se estructura, como era de esperar, cumpliendo con las normas expuestas anteriormente si bien existen diferencias muy significativas entre las distintas entidades.

- Denominación del plan de pensiones y vocación inversora extractando el perfil de inversión objetivo y en algunos casos el *benchmark*[94] de referencia.

---

[94] Benchmark es una palabra inglesa de múltiples acepciones utilizada en

- Información de orden legal identificando plenamente aparte del propio plan de pensiones y su fecha de promoción, a la entidad promotora, entidad gestora, entidad depositaria, entidad comercializadora, entidad auditora y el fondo de pensiones en el que se integra el plan. En su caso composición de la comisión de control o equivalente, así como la identificación del Defensor del Partícipe.
- Información básica con detalle de la categoría en la que se incorpora el plan de acuerdo con la clasificación de Inverco así como magnitud del patrimonio, número de partícipes y número de beneficiarios.
- Información sobre los costes por comisión de gestión, la comisión de depositaria, otros costes (gastos bancarios repercutibles, gastos de auditoría, gastos extraordinarios, gastos por servicios exteriores, o amortización de gastos de establecimiento).
- Nivel de riesgo correspondiente a la política de inversión desarrollada en el fondo de pensiones, normalmente a nivel cualitativo con indicación de la posición del fondo en escalas que varían entre uno y cuatro, o entre uno y siete. Sólo en un caso se informa de la volatilidad diaria.
- Información de la distribución del patrimonio entre las distintas clases o categorías de activos con el apoyo de gráficos del tipo de sectores circulares. De igual modo en algunos casos se informa de la distribución de la inversión por sectores de

---

este caso para identificar, en el proceso de comparación del resultado de una gestión, una referencia válida y en consecuencia poder establecer una comparación homogénea y objetiva.

actividad, divisas, localización geográfica o por vencimientos.
- Información sobre la rentabilidad, manifestando de acuerdo con la normativa reguladora el rendimiento punto a punto referido a la parte transcurrida del presente ejercicio, el rendimiento obtenido en el ejercicio anterior, y la tasa interna de rendimiento (TIR) correspondiente a tres, cinco, diez, quince y veinte años. Mediante gráficos se refuerza la transparencia en este dato representándose la evolución del valor de la participación a lo largo de un periodo. En un caso se manifiesta el posicionamiento de la rentabilidad del plan en el ranking de los fondos de la misma categoría y quintil ocupado en cada periodo.
- Información de las principales posiciones invertidas (cinco o diez primeras en cada clase de inversión) con indicación del peso relativo de cada una sobre el total de la inversión. Información comparativa del peso relativo de las distintas clases de activos en la fecha del informe y en la correspondiente al periodo anterior.
- Información sobre operaciones vinculadas con empresas del grupo y en su caso informe extractado de cumplimiento de los procedimientos de control.
- Identificación personal del gestor responsable, antecedentes y experiencia, y comentario de situación económica y expectativas de los mercados así como los hechos relevantes de orden normativo.
- Información en su caso de la aplicación de criterios socialmente responsables.

En función de lo anterior los aspectos que podrían ser objeto de consideración para la mejora de la información hacía los partícipes y beneficiarios podrían resumirse en los siguientes apartados.

- Información acerca de la calidad crediticia de los activos de renta fija integrados en el fondo de pensiones.
- Información acerca de la duración financiera corregida de los instrumentos de renta fija.
- Desagregación del rendimiento bruto obtenido por las distintas clases de activos.
- Comparación de la rentabilidad obtenida a distintos plazos con el *benchmark* de referencia.
- Gastos totales soportados por el plan en comparación con la media sectorial correspondiente a la categoría de inversión.
- Glosario de términos utilizados y en especial los relativos al riesgo asumido y a la gestión del riesgo.
- Nivel de rotación de las carteras integradas en el fondo
- Evaluación del VaR sobre una base homogénea de cálculo
- Acceso en página web de la Memoria del Defensor del Partícipe y del Beneficiario y en su caso del extracto de las actas de inspección del supervisor sobre el fondo de pensiones
- Información de los gastos adicionales derivados de la utilización de otros fondos de inversión.
- Acceso en página web a la memoria y cuentas anuales del Fondo de Pensiones junto con la opinión de auditoría.

De todo este planteamiento una posible derivada sería la propuesta de atribuir al "Defensor del Partícipe" funciones relacionadas con la comunicación y los mecanismos de mejora de la formación y comprensión de la información por parte de los partícipes y beneficiarios.

Los gastos de gestión y depositaria

Si bien los gastos de gestión constituyen un coste cuyo devengo es cierto y su consideración está implícita en la información sobre la rentabilidad de un plan de pensiones en cuanto en el valor liquidativo de la participación ya se han descontado los gastos de aplicación, dada su naturaleza y en tanto la información sobre los gastos de gestión constituye también un aspecto muy relevante para los intereses de los partícipes y beneficiarios de los planes de pensiones se ha incluido su consideración en este Capítulo.

Los planes de pensiones al integrarse en los fondos de pensiones soportan tres tipos de gastos, los gastos de gestión, los gastos de depositaria y los gastos inherentes al funcionamiento del fondo y del plan que sean repercutibles a los partícipes y beneficiarios.

Los gastos de gestión, depósito o de cualquier otra naturaleza no se explicitan cuantitativa e individualizadamente a nivel de la cuenta de cada partícipe, si bien el esquema es transparente y cualquier partícipe o beneficiario puede calcular los costes soportados individualmente en cada caso. El esquema instituido en la mecánica del funcionamiento de los planes de pensiones hace que estos gastos sean deducidos diariamente en el cálculo del valor liquidativo de la participación, en el que se incorpora neta la diferencia entre la rentabilidad y revalorización de los activos por una parte (aunque sea negativa) y los gastos de gestión, por lo que ningún partícipe o beneficiario puede observar el coste efectivamente soportado, observa simplemente un rendimiento neto (positivo o negativo).

Los gastos de gestión son los gastos repercutidos por la entidad gestora por el ejercicio de sus funciones de gestión y administración del fondo, normalmente de esta parte de gastos se satisface un porcentaje a la entidad comercializadora que realiza las funciones de atención directa al cliente, no explicitándose normalmente la parte de los gastos de gestión transferidos a la comercializadora. Del total de gastos de gestión, menos los importes transferidos a la comercializadora y deducidos los costes propios del ejercicio de la actividad de gestión deriva el beneficio de la entidad gestora que permite la retribución de los recursos propios de dicha entidad, en definitiva la retribución a los accionistas de la entidad gestora. Los recursos propios mínimos requeridos para el ejercicio de la actividad de gestión de fondos de pensiones se establecen mediante una escala creciente menos que proporcionalmente en función del volumen de fondos administrados. El capital desembolsado mínimo requerido a una entidad gestora se establece en España en 600.000 euros y tiene la función de constituir una mínima barrera de entrada a la aparición de aventureros o chiringuitos financieros que pudieran adoptar la forma de entidad gestora de fondos de pensiones. Adicionalmente, los recursos propios de la entidad gestora deberán incrementarse en función del activo total del fondo o fondos gestionados de acuerdo con la siguiente progresión:

El 5 por mil del activo total cuando éste no exceda de 60 millones de euros.
El 3 por mil de lo que exceda de 60 millones hasta 600 millones de euros.
El 2 por mil de lo que exceda de 600 millones hasta 3.000 millones de euros.
El 1 por mil de lo que exceda de 3.000 millones hasta 6.000 millones de euros.
El 0,5 por mil de lo que exceda de 6.000 millones de euros.

Este esquema hace que las gestoras de poco tamaño tengan un requerimiento de capital más alto proporcionalmente que las gestoras de tamaño medio o grande. Aplicando las anteriores condiciones una gestora con un patrimonio gestionado de 50 millones de euros tendría un requerimiento de capital sobre activos gestionados del 1,7%, una gestora con 500 millones bajo gestión tendría un requerimiento de capital del 0,44% y una gestora con 5.000 millones de patrimonio gestionado requeriría recursos propios por un 0,19% del patrimonio gestionado. Este esquema de requerimiento de capital decreciente es acorde con los riesgos efectivamente soportados por las entidades gestoras, fundamentalmente de carácter operacional, y tiene el efecto de que, potencialmente, los márgenes exigidos por las gestoras de mayor tamaño para atender la retribución del capital requerido puedan ser inferiores a los márgenes de las gestoras de menor tamaño, lo que redunda en que probablemente la oferta más conveniente para los intereses de los partícipes y beneficiarios pueda encontrarse, al menos desde esta perspectiva, en las entidades con mayor cuota de mercado.

Legalmente se establece un límite máximo a las comisiones de gestión aplicables a los planes de pensiones. A partir de Octubre de 2014 la comisión de gestión máxima aplicable a un plan de pensiones no podrá superar el 1,50% anual del valor de la cuenta de posición del plan. No obstante cabe también la posibilidad de aplicar alternativamente una comisión de gestión en función de resultados, siendo de aplicación en este caso un límite máximo del 1,20% sobre la cuenta de posición más un porcentaje sobre la cuenta de resultados del fondo con el límite máximo del 9%.

Las comisiones medias aplicadas en los planes de pensiones individuales en los últimos ejercicios por el conjunto del sector pueden observarse en el cuadro que sigue a continuación.

COMISION MEDIA DE GESTION %	2007	2008	2009	2010	2011	2012	2013
Fondos de pensiones personales	1,53	1,65	1,41	1,46	1,52	1,42	1,39

Figura 51. Evolución comisión media de gestión en planes de pensiones individuales en el periodo 2007-2013

Se observa que las comisiones medias aplicadas en 2008 alcanzaron un máximo de un 1,65% sobre el patrimonio gestionado manteniéndose desde entonces una tendencia decreciente que ha determinado una comisión de gestión media en 2013 de un 1,39%. Este nivel de comisiones puede considerarse medio-alto pero al mismo tiempo este nivel debe matizarse por la práctica comercial generalizada de otorgar "premios" en metálico o en especie, en las campañas de captación y traspaso de derechos consolidados que hacen, aunque de una forma poco transparente y posiblemente poco equitativa, que una parte de las comisiones aplicadas con carácter general retorne a los partícipes por los referidos premios y promociones y en consecuencia los ingresos reales de las entidades de gestoras de fondos de pensiones por comisiones, netos de premios, puedan situarse realmente en el entorno del uno por ciento.

Las comisiones de depósito son calculadas por la entidad gestora de la misma forma que las comisiones de gestión, siendo repercutidas a los partícipes y beneficiarios con la misma mecánica mediante su descuento diario, en la parte devengada sobre el patrimonio, en el valor liquidativo de la participación unitaria y liquidadas periódicamente a las entidades depositarias por las funciones detalladas en un capítulo anterior. De acuerdo con el cuadro adjunto estas comisiones se han ido también ajustando a la baja pasando de un máximo de un 0,32% sobre el saldo del patrimonio en 2007 a un 0,17% en 2013. Situándose el límite legal a partir de Octubre de 2014 en un 0,25%.

COMISION MEDIA DE DEPOSITO %	2007	2008	2009	2010	2011	2012	2013
Fondos de pensiones personales	0,32	0,23	0,22	0,22	0,20	0,19	0,17

Figura 52.Evolución comisión media de depositaria en planes de pensiones individuales en el periodo 2007-2013

En consecuencia de media en 2013 los partícipes y beneficiarios de los planes de pensiones individuales en España soportaron unos gastos totales por comisión y depósito del 1,56% (1,39%+0,17%) situándose el límite máximo legal a partir de Octubre de 2014 en un 1,75%

(1,50%+0,25%). La aplicación de un determinado nivel de comisiones[95] u otro a lo largo de un proceso sistemático de ahorro tiene efectos significativos ya que sobre una determinada tasa de rentabilidad financiera el rendimiento neto obtenido por el partícipe será distinto según el nivel de gastos soportado y según sea el rendimiento neto el valor final susceptible de obtenerse puede variar significativamente.

En el gráfico que sigue a continuación puede observarse el efecto porcentual, a título de ejemplo, de la diferencia en el valor final susceptible de obtenerse de realizar la capitalización a una tasa de rendimiento financiero bruto del 6% y unos gastos totales del 0,50% o alternativamente del 1,50%. La diferencia porcentual entre una u otra de las dos alternativas es una función creciente en función del tiempo transcurrido y es muy diferenciada según se trate de una aportación única o un esquema de aportaciones periódicas. Para un periodo de 30 años la diferencia en el valor final de una aportación única podría situarse en el entorno de un 30%, mientras que para un esquema de aportaciones periódicas la diferencia sería bastante menor del orden del 19% de tratarse de aportaciones constantes o del orden del 17% de tratarse de aportaciones crecientes[96]. En cualquier caso las diferencias resultantes

---

[95] Las comisiones en los planes de pensiones individuales, por razón de coste de comercialización y costes operativos son más elevados que las comisiones correspondientes a los planes de empleo que en el mismo periodo 2007-2013 determinaron una media sobre el patrimonio del 0,19% en comisiones de gestión y del 0,03% en comisiones de depósito.

[96] Los anteriores cálculos se han realizado considerando aportaciones anuales bajo la hipótesis de un rendimiento financiero bruto del 6% y comisiones totales del 1,50% en una alternativa y del 0,50% en la otra alternativa. En el caso de aportaciones periódicas crecientes se ha considerado una tasa de expansión del 2% anual. Para comparar el efecto sobre el valor final de una aportación en un ejercicio en dos fondos

aconsejan que los partícipes sean muy cuidadosos con los niveles de comisiones de las ofertas de las distintas entidades. Nótese que una diferencia en el valor final del 18%, una media entre el 17% y el 19% indicados anteriormente, supone ni más ni menos que las rentas susceptibles de generarse en la fase de jubilación, de por vida, a partir del ahorro acumulado serán un 18% inferiores en los fondos de comisiones altas respecto a los fondos denominados low-cost. Parece obvia la necesidad de que el mercado nacional madure hacia modelos de mayor transparencia con fondos sin premios y con niveles de comisiones ajustadas por tramos según el saldo acumulado por cada partícipe-beneficiario. Debiéndose ser consciente que niveles inferiores al 0,75% anual sobre patrimonio son considerados insuficientes en los mercados más desarrollados para atender los costes de gestión y comercialización implícitos.

---

alternativos con distintos niveles de gastos, g_1 y g_2, se suele calcular la denominada "Terminal Wealth Ratio", de acuerdo con la expresión, $TWR_n = [(1-g_1)/(1-g_2)]^n$, obteniéndose resultados muy similares a los expresados en el gráfico.

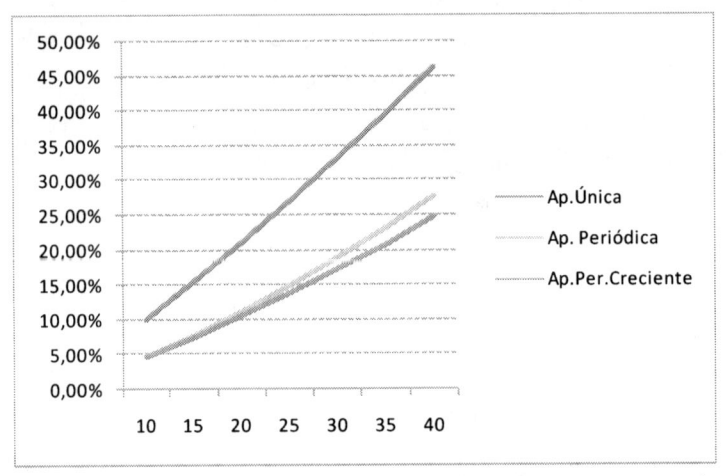

Figura 53. Diferencias en el valor final alcanzado en distintos procesos de acumulación en distintas duraciones atendiendo a una diferencia en comisiones del 1%

La información sobre los gastos de gestión y gastos de depósito que son aplicados a los planes de pensiones es observable en la página web de la Dirección General de Seguros y Fondos de Pensiones (se reproducen pantallas de información en el apartado correspondiente a "Otras fuentes de Información" más adelante), al igual que en la descripción de los "gastos" por parte de las empresas de análisis independiente e información sobre Instituciones de Inversión Colectiva que son objeto de consideración en el siguiente apartado.

No obstante se debe advertir que esta información no es completa en tanto no revela posibles costes ocultos por la inclusión de fondos de inversión, del mismo grupo, como activos del fondo de pensiones. La normativa prevé que en los límites de los gastos de gestión que pueden soportar los fondos de pensiones se incluyan dichos costes, de forma que en conjunto nunca se superen los límites legales, pero en la publicidad de un fondo cabe la posibilidad de anunciar costes de gestión extremadamente bajos que soportando adicionalmente de una forma no explicita los gastos de gestión de los fondos de inversión incorporados en el fondo de pensiones. Esta práctica puede ser legal pero en ningún caso transmite con la transparencia mínima las características de gastos de un fondo[97].

Los proveedores de información y análisis independientes

Complementariamente a la información facilitada por los medios de comunicación, prensa especializada y prensa económica, limitada normalmente a proporcionar rankings de fondos de pensiones por rentabilidades a distintos periodos y diferenciando por categorías de inversión a veces no homogéneas, es accesible sin ningún tipo de limitación ni coste, información de detalle a nivel de plan y fondo de pensiones proporcionada por empresas especializadas que facilitan a través de sus páginas web información relevante de múltiples instrumentos financieros al igual que de los planes de pensiones. Estos proveedores de información se caracterizan por el registro y el análisis de datos de distinta procedencia y a efectos de exponer su actividad se han seleccionado las entidades Morningstar®[98] y Quefondos®[99]. El modelo de

---

[97] Esta situación podría detectarse examinando en la información financiera de un fondo de pensiones la participación y las características de los fondos de inversión integrados en el mismo.
[98] Morningstar es una entidad domiciliada en Estados Unidos fundada en 1982 que proporciona información, noticias, herramientas de cálculo,

información proporcionado sobre los fondos de pensiones en ambos casos es similar refiriéndonos a continuación a la información facilitada de una forma agregada, sin diferenciar entre ambas entidades, salvo en lo referente a formatos registrados y específicos, pudiendo el lector consultar en las páginas web de cada entidad el mayor o menor detalle o la mayor o menor facilidad en el acceso a la información por parte de cada alternativa.

La información facilitada por estas empresas de servicios se estructura en distintos apartados con la información que se relaciona a continuación que es actualizada en algunas ocasiones diariamente.

- Información general

    Se incluye la información legal de registro del Plan de Pensiones y el código otorgado por la Dirección General de Seguros y Fondos de Pensiones al Plan de Pensiones, al igual que el número de registro y el CIF del Fondo de Pensiones en el que se integra el Plan. Fecha de constitución y datos de registro de la entidad gestora y de la entidad

---

ratings, calificaciones y análisis independiente sobre el mercado de valores, fondos de inversión fondos de pensiones y otros instrumentos financieros. Sus servicios se extienden tanto a nivel particular como institucional ofreciendo una amplia gama de servicios gratuitos así como servicios de pago. Su dirección en internet para la información referida a la industria de fondos de pensiones en España es accesible a través de www.morningstar.es

[99] Quefondos es una marca de la entidad española Vdos Stochastics fundada en 1997 que proporciona distintos tipos de servicios relacionados con la tecnología de la información, y explotación de bases de datos financieros y otros servicios tanto para el inversor particular como para profesionales e instituciones. Su dirección en internet para la información referida a la industria de fondos de pensiones en España es accesible a través de www.quefondos.com

depositaria. Exposición de un extracto de la Política de inversión del Fondo de Pensiones y categoría a la que se asimila dentro del universo de los fondos de pensiones y benchmark de referencia.
Patrimonio total, último valor liquidativo calculado y fecha de cálculo.

- Rentabilidad y riesgo

Se informa de la rentabilidad obtenida por el plan en distintos periodos dentro del ejercicio corriente así como la referida a los últimos ejercicios. Se incluyen gráficos a veces interactivos de la evolución del valor de la participación con posibilidad de incorporar en el mismo gráfico la evolución de otro fondo o los valores medios de la categoría en la que se incluye el plan examinado.
Información acerca de la volatilidad correspondiente al rendimiento derivado de la evolución del valor de la participación (a veces referida a distintos periodos temporales).
Información del ratio de Sharpe
Información del ranking y del percentil en el que se posiciona la rentabilidad del plan de pensiones respecto a su categoría a distintos plazos y similar información referida a la volatilidad.
Valoración o "Rating" otorgado por la entidad de análisis atendiendo a los criterios propios que son explicitados en documentación adicional.
Calificación global del riesgo asumido por el inversor en el Plan

- Comisiones

    Se informa con detalle de los:
    Gastos de gestión
    Gastos de depósito
    Otros gastos
    Ratio de costes totales sobre el patrimonio administrado

- Cartera

    Se describe las características de la cartera de activos del fondo atendiendo a distintos factores de diversificación como son el peso relativo de las cinco o diez primeras posiciones, el número total de las distintas posiciones invertidas en renta fija o en renta variable. La distribución de la inversión por sectores económicos atendiendo a su prociclidad o a su carácter defensivo respecto a la evolución del ciclo. La distribución de las acciones atendiendo a criterios de valor/crecimiento o alta/baja capitalización. Así como la distribución de la inversión por regiones geográficas y en su caso divisa de referencia.
    Respecto a los instrumentos de renta fija manifestación de la calificación crediticia media (riesgo de crédito) y de la Duración de las inversiones (riesgo de tipo de interés)
    Valores medios y ratios de la cartera respecto a valores medios correspondientes a la categoría en la que se incluye el fondo (Precio/Beneficio, Precio/Valor Contable, Precio/ventas, rentabilidad por dividendos y similares)

Una característica específica de la información facilitada por "Morningstar" en la información sobre la cartera de los fondos de pensiones son los denominados "*Style Box*" tanto referidos a la renta variable como a la renta fija que sintetizan de una forma gráfica en un cuadro de doble entrada la característica predominante en el estilo de inversión ejecutado en el fondo. De este modo el inversor accede a una visión de síntesis representativa del tipo de inversión del Fondo de Pensiones. Para la renta variable el cuadro tiene el siguiente diseño:

		Morningstar "Style Box" Acciones			Riesgo
		Estilo			
		Corto	Medio	Largo	Bajo
Dimensión	Grande	Gran capitalización Valor	Gran capitalización Mixto	Gran capitalización Crecimiento	. . .
	Mediana	Media capitalización Valor	Media capitalización Mixto	Media capitalización Crecimiento	. . .
	Pequeña	Pequeña capitalización Valor	Pequeña capitalización Mixto	Pequeña capitalización Crecimiento	. Alto

Figura 54. Clasificación bidimensional del riesgo de mercado atendiendo a las características de dimensión y estilo de las entidades

Se observan pues nueve clases de gestión resultado de combinar tres niveles de tamaño de las empresas atendiendo a la dimensión de la capitalización de las mismas, clasificándose en Grandes Medianas o Pequeñas, con otras tres características objetivo en la selección de las inversiones considerando empresas de Valor (recomendables en planteamientos a corto plazo), Crecimiento (largo plazo) o Medio cuando no predomina alguno de los criterios anteriores. La ponderación del total de los activos de renta variable, atendiendo a los anteriores criterios, posicionan el estilo de la gestión del fondo en uno de los nueve cuadros, considerándose que una inversión resultante de la combinación de empresas de gran dimensión con empresas de valor, es la combinación que menor riesgo comporta, mientras que la combinación de empresas de pequeña capitalización y con amplias expectativas de crecimiento implica el estilo de inversión más arriesgado desde la perspectiva del riesgo de mercado.

Para la renta fija el esquema de representación gráfica es similar, se busca una clasificación como resultado de ponderar las características de los activos de renta fija atendiendo simultáneamente a dos criterios, el nivel de la calidad crediticia (riesgo de crédito) y la sensibilidad de la valoración a cambios de tipo de interés (riesgo de tipo de interés).

		Morningstar "Style Box" Renta Fija			Riesgo
		Sensibilidad al riesgo de interés			
		Limitado	Moderado	Amplio	Bajo
Calidad Crediticia	Alta	Limitada sensibilidad alta calidad	Moderada sensibilidad alta calidad	Amplia sensibilidad alta calidad	. . .
	Mediana	Limitada sensibilidad mediana calidad	Moderada sensibilidad mediana calidad	Amplia sensibilidad mediana calidad	. . .
	Baja	Limitada sensibilidad baja calidad	Moderada sensibilidad baja calidad	Amplia sensibilidad baja calidad	. Alto

Figura 55. Clasificación bidimensional del riesgo de la renta fija atendiendo a la calidad crediticia y a la duración de los bonos

La información sobre el riesgo en la práctica

Respecto a la calidad crediticia se consideran tres niveles, calidad crediticia alta, media y baja en función del *rating* medio ponderado de la calificación crediticia de los activos de renta fija integrados en el Fondo de Pensiones. Y respecto a la sensibilidad al tipo de interés se consideran igualmente tres niveles, limitado, moderado o amplio, según sea la duración financiera ponderada de la cartera. Si la media ponderada de los activos de renta fija, atendiendo a los anteriores criterios, implica que el fondo deba clasificarse en el primer cuadrante, lo que supone alta calidad crediticia y corta duración, se deduce que el riesgo de la cartera de renta fija en su conjunto es bajo. Al contrario si los valores medios ponderados de una cartera de renta fija determinan una calidad crediticia baja y una duración financiera alta, el riesgo de la cartera de renta fija derivado de los activos integrados en el Fondo de Pensiones, se considera alto ya que los efectos de ambos riesgos, crédito y tipo de interés, incrementarán la amplitud de las variaciones de valor de los activos en caso de evento de crédito o subida de los tipos de interés, y en consecuencia de una forma automática igual variación se traslada en el valor liquidativo de la participación de un partícipe/beneficiario de un plan de pensiones.

- Otra característica específica de Morningstar es la atribución de un *rating* específico a cada fondo, en caso de que el mismo cumpla las condiciones que permitan dicha calificación (entre otras un historial mínimo de tres años) y de acuerdo con una metodología explícita y pública de la entidad[100]. Los rating atribuidos por Morningstar a un fondo de pensiones permiten la comparación entre distintos

---

[100] "The Morningstar rating Methodology"

fondos homogéneos en su tipo inversión desde una perspectiva del rendimiento ajustado al riesgo atribuyendo a cada fondo un nivel de entre una y cinco estrellas estando dicho rating asociado a las habilidades demostradas en función de los resultados obtenidos por los gestores más que por los niveles absolutos de los resultados efectivos en cuanto estos se consideran que dependen del mercado. El *rating* (de una estrella a cinco estrellas) se establece en función del posicionamiento del fondo respecto a la media de su categoría. A los fondos con resultados dentro del mejor 10% de su categoría se les atribuyen cinco estrellas, y a los fondos con resultados en el peor 10% se les atribuye una estrella. A los fondos con resultados intermedios se les atribuye dos, tres o cuatro estrellas según se alejen del peor diez por ciento y se acerquen al mejor 10%, considerando los tramos porcentuales de la situación del fondo respecto a su categoría. Para ello se ordenan todos los resultados de peor a mejor, y a aquellos fondos con resultados entre el 10% y el 22,5% de la categoría se les atribuirían dos estrellas; a los ubicados entre el 32,5% y el 67,5%, tres estrellas; y a los ubicados entre el 67,5% y el 90%: cuatro estrellas.

Otras fuentes de información

Aparte de la información facilitada por empresas de servicios privadas el inversor o el asesor tiene acceso a dos fuentes de información adicionales. Por una parte el portal web de INVERCO[101] y por otra el portal del supervisor de la actividad, la Dirección General de Seguros y Fondos de Pensiones.

En el portal de Inverco aparte de la información general agregada para los distintos sistemas de planes de pensiones (individual, asociado y empleo) se presenta la información de los planes de pensiones individuales de una forma detallada a nivel de plan de pensiones dentro de la categoría de inversión en la que se incluyen. La información estadística de detalle a nivel de plan se presenta trimestralmente y puede consultarse la referida a distintos ejercicios desde el inicio de la actividad de la industria de pensiones en España. Así, para la fecha de cierre de un trimestre natural, puede conocerse el valor de la unidad de cuenta y la rentabilidad anual a distintos plazos así como el posicionamiento de un plan en el ranking de cada periodo. Por otra parte se puede obtener la información a la fecha final de cada trimestre natural relativa al número de partícipes, número de beneficiarios, y cuenta de posición de cada plan y, referido al periodo, los datos relativos al total de aportaciones, total de prestaciones y en consecuencia las aportaciones netas. Esta información es descargable en formato Excel por lo que cabe realizar cualquier tipo de análisis histórico o de tendencia a nivel de plan, o gestora y también comparativos.

En el portal de la Dirección General de Seguros y Fondos de Pensiones[102] puede obtenerse información de las

---

[101] Inverco es la asociación española de instituciones de inversión colectiva. Agrupa a las gestoras de fondos de inversión y de fondos de pensiones. En su dirección www.inverco.es pueden consultarse estadísticas muy detalladas para los distintos ejercicios de la industria de fondos de pensiones.

comisiones máximas y mínimas comunicadas al supervisor, susceptibles de ser aplicadas en cada uno de los planes de pensiones. La información referida a todos los planes de pensiones autorizados en España aparece ordenada por el número de identificación de las gestoras si bien a través de un cuadro de búsqueda puede circunscribirse la información a nivel de gestora de fondo de pensiones o de plan, para seleccionar estos últimos basta indicar la clave de registro (N para plan de pensiones, G para gestora, y F para fondo de pensiones) o algunas letras de su denominación. Con el mismo esquema puede accederse a la rentabilidad calculada para distintos periodos. En las imágenes que siguen a continuación se representan el cuadro de consulta, y una síntesis de la información referida a rentabilidades y a las comisiones.

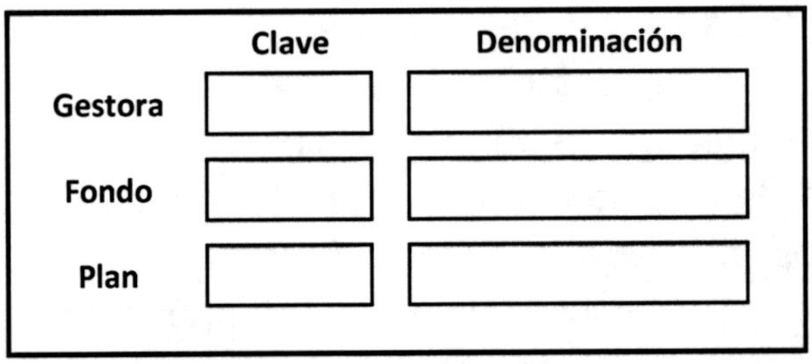

Figura 56. Cuadro de dialogo para el acceso a los registros de los planes y fondos de pensiones de la Dirección General de Seguros y Fondos de Pensiones

---

[102] La página web de la Dirección General de Seguros y Fondos de Pensiones es www.dgsfp.mineco.es y en el apartado de "Información Sobre el sector" > "Planes y Fondos de Pensiones" > "Comisiones" o "Rentabilidad" se accede a la información que se referencia pudiendo desplazarse entre ambas selecciones.

La información sobre el riesgo en la práctica

Datos Identificativos Entidad Gestora	Datos Identificativos Fondo Pensiones	Datos Identificativos Plan Pensiones	Tipo de inversion	Rentabilidad y Ranking ej. actual	Rentabilidad y Ranking en distintos periodos 1año..3 años..5 años..

Figura 57. Cuadro de información de la rentabilidad de los planes de pensiones de la Dirección General de Seguros y Fondos de Pensiones

Datos Identificativos Entidad Gestora	Datos Identificativos Fondo Pensiones	Datos Identificativos Plan Pensiones	Tipo de Comisión	Comisión Gestora Mín/Max	Comisión Depositaria Mín/Max

Figura 58. Cuadro de información de comisiones de los planes de pensiones de la Dirección General de Seguros y Fondos de Pensiones

Utilización perversa de la información

Una mala práctica, en opinión del autor, que aunque no generalizada conviene resaltar para contribuir a erradicar y poner en prevención a los partícipes y beneficiarios en las relaciones con determinadas redes comerciales de algunas entidades, es la derivada de la utilización de software que a partir de la información del universo de planes de pensiones y de los datos de rentabilidades a distintos plazos permite obtener ante cualquier solicitud de comparación de los rendimientos obtenidos por cualquier plan de pensiones con los rendimientos de los planes de pensiones ofertados por una determinada entidad, una presentación de datos sesgada presentando de forma preferencial los fondos ofertados por la entidad comercializadora.

No se trata de redactar un informe falso sino simplemente tendencioso buscando los "puntos fuertes de la propia oferta" ocultando otros datos significativos. Como se decía en algunas series televisivas sobre temas judiciales al tomar juramento a un testigo, la verdad consiste en "...decir la verdad, toda la verdad y nada más que la verdad", una verdad parcial no sirve para un juicio objetivo. Comparar distintas categorías de fondos, por la clase de los activos que se integran en los mismos, referidos a un mismo periodo o comparar fondos de la misma categoría pero en distintos periodos, o incluso de la misma categoría y en el mismo periodo pero no homogéneos por los activos subyacentes, no constituye una correcta utilización de la información. En resumen estaríamos ante un ejemplo paradigmático de mal uso de la denominada información asimétrica que tanta desconfianza ha generado, por la actuación de determinadas entidades, sobre el conjunto de las entidades financieras.

Para cualquier entidad gestora especializada en estas habilidades, que indudablemente deben calificarse de malas prácticas, le resulta relativamente fácil disponer en cualquier momento de fondos con rendimientos destacados respecto a los rendimientos medios de cada categoría de inversión, para ello basta disponer en cada categoría de inversión, fondos posicionados en los extremos o límites de la estructura definidora de la propia categoría de modo que la mera evolución del mercado hará que siempre la rentabilidad de uno de los dos fondos destaque sobre el conjunto y posibilite una oferta de estas características[103].

Adicionalmente se da la circunstancia de que estas tácticas se utilizan como sustitutivas de una adecuada formación de asesoramiento financiero y de previsión del personal de las entidades comercializadoras por lo que el resultado final dista mucho del asesoramiento profesional y riguroso que realmente precisa un partícipe o beneficiario. Detectar esta situación para un particular resultaría relativamente fácil en tanto podría observar la no correspondencia entre la estética pulcritud y detalle de este tipo de informes con la incapacidad de proporcionar una explicación mínima y coherente de cualquiera de las diferencias observadas por parte de los empleados de las comercializadoras que utilizan estos medios.

---

[103] Si la información se realizase no sólo en términos de rendimientos sino en términos de rendimientos en relación al riesgo asumido estas prácticas quedarían al descubierto.

Con lo anterior no se desea criticar la labor de las entidades que almacenan información y elaboran análisis automáticos sino la utilización torticera de sus datos y resultados. Al contrario más adelante se expondrá la opinión del autor respecto a mejoras cualitativas en la presentación de la información por parte de los fondos de pensiones que permitirá una mejor comparación en términos de homogeneidad, y a través del incremento de la competencia, mejoras en la calidad de la gestión y tendencia a reducir los niveles de riesgo no deseados en cuanto no necesarios, y ello solo será posible si efectivamente existen plataformas de prestigio que faciliten información fidedigna homogénea objetiva y no sesgada sobre el sector de planes de pensiones y en especial en el binomio rendimiento-riesgo de los distintos planes.

5 Exposición al riesgo de mercado

En todos los campos de empleo del capital la tasa corriente de beneficio varía más o menos con la certidumbre o incertidumbre de los rendimientos...
...La tasa corriente de beneficio siempre aumenta más o menos con el riesgo. No parece, sin embargo, aumentar en proporción, o de forma de compensarlo totalmente. Las bancarrotas son más frecuentes en las actividades más peligrosas.

Adam Smith
An Inquiry into the Nature and Causes of the Wealth of Nations (1776)

En este libro, como es obvio de la lectura de los capítulos anteriores, no se pretende describir un método, mecánica o arte en el que fundamentar un comportamiento especulativo o mágico que permita el enriquecimiento de un ahorrador devenido en inversor por su disposición de un plan de previsión. Ya se ha manifestado la posición del autor respecto a la posibilidad de que ello sea posible. Pero si es factible una optimización del proceso de ahorro dirigido a la finalidad de complementar los ingresos en la fase de jubilación mediante una adecuada combinación entre los distintos instrumentos financieros u otros productos alternativos, el conocimiento y la asunción de los riesgos inherentes a la opción elegida, la revisión y en su caso variación de esta combinación a lo largo del tiempo, y sobre todo evitando los riesgos inherentes a determinados activos cuyo rendimiento es insuficiente por el riesgo asumido. Como se indica en la cita de Adam Smith determinados niveles de riesgo no proporcionan nunca una potencial tasa de rendimiento adecuada para compensar la potencial pérdida.

En síntesis los instrumentos financieros susceptibles de utilizarse pueden resumirse en tres categorías, las acciones (renta variable o *equity*), los bonos[104] (renta fija) y los contratos de seguros de capital diferido y rentas vitalicias[105]. Un ahorrador con el objetivo de complementar sus ingresos en la fase de jubilación, invertirá, desde la perspectiva de la optimización fiscal, en un plan de pensiones o en un contrato de seguro, no suele invertir directamente en una de las anteriores categorías de activos, pero indirectamente, seleccionando el plan de pensiones y/o el contrato de seguro si puede hacerlo y de hecho lo hace siempre aún involuntariamente. A lo largo del proceso de acumulación, el partícipe de un plan de pensiones puede asignar un porcentaje variable, del ahorro constituido, en planes integrados en fondos de pensiones con una categoría de

---

[104] Consideremos que una inversión en un plan de pensiones de renta fija es una forma indirecta de asumir el riesgo de la renta fija. De igual modo un contrato de seguro de modalidad "plan de previsión asegurado" es también una inversión asimilable a la inversión de renta fija, el riesgo de crédito ya no deriva del instrumento de renta fija subyacente sino de la propia entidad aseguradora en el cumplimiento de sus obligaciones.

[105] En las rentas vitalicias pueden actuar como activos subyacentes instrumentos de capital o instrumentos de renta fija, pero en cualquier caso constituyen la única categoría de activo vinculado a la supervivencia de una persona y en consecuencia posibilitando cobertura ante el riesgo de longevidad.

inversión u otra. De igual modo al final del proceso de acumulación es posible, si las especificaciones del plan de pensiones lo permiten, la contratación de una renta vitalicia inmediata o diferida, con o sin reversión, con o sin periodo cierto, con o sin reserva de capital al último fallecimiento.

El partícipe de un plan de pensiones e incluso el beneficiario del mismo no debe ser necesariamente un sujeto pasivo ajeno a la gestión de las inversiones. Evidentemente no puede tomar decisiones de detalle respecto a la composición de las carteras de los fondos de pensiones o los activos subyacentes en los planes de previsión asegurados, o en los seguros de rentas vitalicias, tarea que indudablemente es mejor dejarla en manos de profesionales cualificados, pero así como realiza la movilización de sus derechos consolidados de una gestora a otra por cualquier aspecto de carácter comercial, puede igualmente reasignar su ahorro entre los distintos instrumentos, de la misma gestora o en instrumentos de otras gestoras, sin ningún coste transaccional o fiscal, en función de las características intrínsecas de los mismos y especialmente en función del binomio riesgo-rentabilidad. Esta reasignación o reposicionamiento del ahorro es clave para maximizar el rendimiento minimizando el riesgo y ello dentro de las restricciones o límites que otras circunstancias de orden personal puedan aconsejar.

Determinar la exposición al riesgo financiero y en especial al riesgo de mercado inherente a la inversión en renta variable, es decir fijar el porcentaje de renta variable sobre el total de los activos acumulados, a lo largo de un proceso de ahorro sistemático, cual es el ahorro finalista para la jubilación, es un aspecto fundamental desde dos aspectos, el rendimiento final susceptible de obtenerse, que determina el valor final alcanzado y por ende los términos de la renta posibles en la fase de jubilación, y el riesgo asumido. No existen fórmulas magistrales que permitan determinar la exposición con carácter general sino al contrario la exposición al riesgo, y en contrapartida aspirar al mayor rendimiento potencial, derivado de la renta variable, deberá determinarse en función de las distintas circunstancias personales que a su vez deberán ser objeto de reconsideración a lo largo del recorrido vital del individuo y su unidad familiar hacia la fase de jubilación. Incluso como se verá más adelante para dos sujetos de características intrínsecas similares, el porcentaje de la participación de la renta variable sobre el total de sus activos acumulados dependerá de circunstancias que en principio pueden parecer exógenas al proceso de selección del *asset allocation*, como el nivel de gastos previstos, el nivel de aportaciones realizado a lo largo del proceso o el nivel de otros ingresos.

Inicialmente se expondrá, en forma simplificada con ánimo didáctico, lo que supone asumir un riesgo en renta variable y como se puede materializar, en su caso, una pérdida a lo largo del tiempo, y el efecto del plazo residual para la estabilidad de los resultados, para pasar seguidamente a la consideración de un modelo teórico ajustado al comportamiento del mercado considerando empíricamente las variaciones de valor de un índice de renta variable, y evaluar las reglas generales que aproximan a una solución generalizada, para considerar finalmente otras clases de riesgos financieros inherentes a las inversiones y enmarcar el proceso de decisión personal al que se enfrenta el ahorrador.

Una conclusión, que debe matizarse con el oportuno asesoramiento profesional adaptado a las circunstancias personales de cada caso, es que una inversión en renta variable, diversificada, a largo plazo y gestionada con criterios expertos y prudenciales, no es tan arriesgada como en principio se puede suponer, y de igual modo la rentabilidad esperada de la misma tampoco es extraordinariamente alta. No obstante en un proceso de ahorro-previsión, a largo plazo, el factor diferencial respecto al nivel de renta susceptible de obtenerse en la fase de jubilación está en los detalles y el plus adicional de rentabilidad aportado por el potencial rendimiento adicional derivado de una parte de la inversión en renta variable puede constituir la diferencia entre alcanzar un determinado nivel de calidad de vida o no en la fase de jubilación. En definitiva el efecto de invertir en renta variable no es una panacea ni está exento de un riesgo adicional respecto a otras clases de activos alternativos, pero en uno u otro grado, en términos constantes o variables a lo largo del tiempo, su inclusión en el *mix* de activos es inexcusable para optimizar el proceso de inversión.

Efectos del binomio rentabilidad-riesgo

Parece fundamental comprender el significado real y la repercusión particular del binomio rentabilidad-riesgo. Hemos comentado, y expuesta la experiencia, de como un individuo partícipe en un plan de pensiones, según la categoría de inversión en el que se clasifica el mismo, se enfrenta, simplificando, a una disyuntiva, invertir en un título de renta fija, con un nivel de riesgo bajo,[106] y una rentabilidad baja, o invertir en un título o instrumento de renta variable con una rentabilidad potencialmente superior pero con una mayor dispersión en los resultados, o naturalmente, combinar exposiciones en renta fija y variable en cualquier proporción que se estime adecuada en cada caso particular.

Supongamos a título de ejemplo que las condiciones financieras de un mercado teórico hagan posible invertir en un título de renta fija con un rendimiento del 3% y riesgo cero[107], y la inversión en un título de renta variable respecto al cual se ha determinado una rentabilidad promedio del 6%, consecuencia de la posibilidad de obtener un rendimiento en cada ejercicio, con una equiprobabilidad del 50%, resultando alternativamente un +18% o un -6%. En consecuencia una inversión de 100 euros al inicio de un periodo en renta fija determinaría un valor final de 103 mientras que la inversión de 100 en el inicio de un periodo en renta variable determinaría al final del mismo un valor de 118 o de 94 (+18% o -6%) según efectivamente se hubiera obtenido una u otra rentabilidad.

Si comparamos en una visión muy simplificada exclusivamente los valores promedios esperados, de la rentabilidad teórica sin ningún tipo de riesgo, la inversión en renta fija, un 3%, con la rentabilidad media esperada de la renta variable, un 6%, la decisión parecería evidente

---

[106] A efectos de la exposición se considera esta hipótesis, aunque la circunstancia de bajo riesgo no necesariamente es la correspondiente a toda esta categoría de fondos ya que en la renta fija con carácter general puede haber riesgos muy significativos, de crédito, de tipo de interés, como se ha visto anteriormente.
[107] Esto implica un título ideal en el que no hubiera un riesgo inherente de interés, de spread, de crédito, etc.

y cualquier inversor optaría por la opción de mayor rentabilidad. Pero en realidad, en el modelo teórico que se presenta, lo que se compara es un valor inicial de 100 y un valor final cierto de 103, en el caso de invertir en renta fija o, en caso de invertir en renta variable, un valor inicial de 100 y un valor final alternativo de 94 o 118, según haya evolucionado el mercado bursátil a la baja o al alza en dicho periodo en las condiciones hipotéticas del ejemplo.

Cuando la comparación no se realiza sólo para un periodo sino para un conjunto de sucesivos periodos la dispersión de resultados se amplía como las ramas de un árbol tal cual se puede examinar en los diagramas adjuntos. En el primero se expone para un periodo de cinco años como para un título ficticio de renta fija, sin ningún riesgo inherente, el recorrido hacia el valor final no tendría ninguna volatilidad, cada año se obtendría una rentabilidad del 3%, fueran cuales fueran las vicisitudes del mercado y una inversión inicial de 100 tendría un valor final al cabo de cinco años de 115,93.

El paseo aleatorio hacia la jubilación

0	1	2	3	4	5	
					115,93	115,93
				112,55	115,93	115,93
			109,27		115,93	115,93
				112,55	115,93	115,93
		106,09			115,93	115,93
				112,55	115,93	115,93
			109,27		115,93	115,93
	103,00			112,55	115,93	115,93
					115,93	115,93
				112,55	115,93	115,93
			109,27		115,93	115,93
				112,55	115,93	115,93
		106,09			115,93	115,93
				112,55	115,93	115,93
100,00			109,27		115,93	115,93
				112,55	115,93	115,93
					115,93	115,93
				112,55	115,93	115,93
			109,27		115,93	115,93
				112,55	115,93	115,93
		106,09			115,93	115,93
				112,55	115,93	115,93
			109,27		115,93	115,93
	103,00			112,55	115,93	115,93
					115,93	115,93
				112,55	115,93	115,93
			109,27		115,93	115,93
				112,55	115,93	115,93
		106,09			115,93	115,93
				112,55	115,93	115,93
			109,27		115,93	115,93
				112,55	115,93	115,93

| 100,00 | 103,00 | 106,09 | 109,27 | 112,55 | 115,93 | 115,93 |

Figura 59. Resultado de un proceso de inversión en cinco años en un instrumento de renta fija teórico sin riesgo

En el segundo cuadro se expone el "árbol" correspondiente a una inversión en un título de renta variable en el que en cada ejercicio existen dos alternativas, o ganar un 18% o perder un 6%, y suponemos que la probabilidad de cada una de ellas es idéntica, el 50%, y estas alternativas se van replicando iterativamente sobre los resultados previamente obtenidos en los periodos anteriores. Al final de cinco ejercicios se obtendrían 32 posibles resultados, (resultado de 2 elevado a cinco), algunos de ellos idénticos, dada la simplicidad del modelo teórico presentado a efectos didácticos.

Exposición al riesgo de mercado

Al final del periodo de cinco años el valor final "promedio" entre los distintos valores posibles sería de 134,76, superior al valor de 115,93 obtenido con la opción de renta fija, "pero" este valor promedio tiene una variabilidad o rango entre un valor mínimo de 73,39 (resultado final resultante de que en cada uno de los cinco años se hubiese perdido un 6%) y un valor máximo de 228,78 (resultado de que en cada año se hubiese ganado un 18%). Si comparamos la distribución de los posibles resultados con el resultado obtenido en la inversión en renta fija, observamos que en un 19% de los casos el valor final de la alternativa de inversión en renta variable resultaría inferior al valor que proporciona la renta fija, en un 25% de los casos se obtendría un valor similar y en un 56% de los casos se obtendría un valor superior.

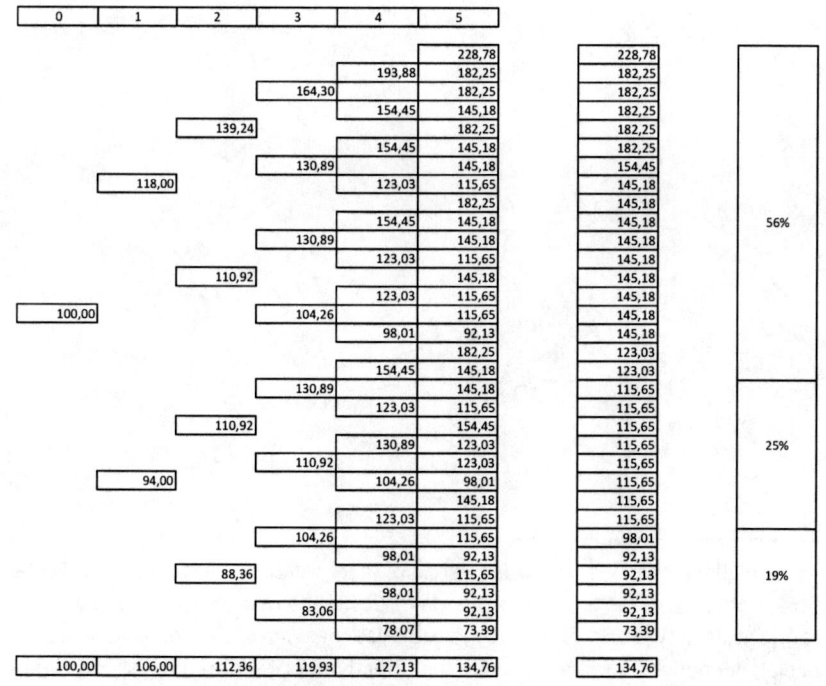

Figura 60. Resultado de un proceso de inversión a cinco años en un instrumento de renta variable

Repitiendo el mismo proceso pero considerando como punto de partida una combinación o "*mix*" de inversión del 50% en cada una de las dos categorías, es decir dedicando un cincuenta por ciento a renta fija y un cincuenta por ciento a renta variable, y suponiendo que su variación es totalmente independiente, se obtendrían los resultados del cuadro que sigue a continuación[108]. Se observa que el resultado medio derivado de esta alternativa mixta sería, al final de cinco años, de de 124,84 con un valor mínimo de 92,72 y un valor máximo de 164,74.

---

[108] Consideramos que en cada ejercicio se rebalancea la posición al 50%-50%. Esta estrategia denominada "Constant-Mix Strategy" permite teóricamente reducir el riesgo ya que las desviaciones en la asignación inicial de activos por la rentabilidad efectivamente obtenida se corrigen manteniendo la exposición inicial. Más adelante se verá la idoneidad de esta técnica para los intereses de un partícipe.

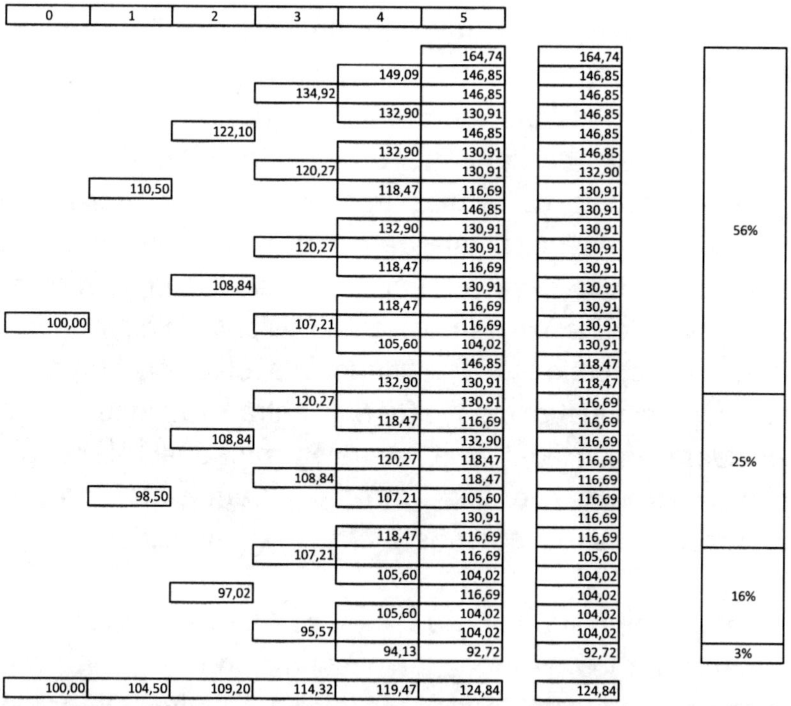

Exposición al riesgo de mercado

Figura 61. Resultado de un proceso de inversión a cinco años combinando al 50% un instrumento de renta fija teórico sin riesgo y un instrumento de capital de rendimiento aleatorio

En resumen de las tres alternativas de distribución de la inversión contempladas, invertir 100% en renta fija sin ningún tipo de riesgo, 100% en renta variable, asumiendo el riesgo de mercado, o un mixto del 50% en renta fija y un 50% en renta variable, se determinarían los siguientes resultados, mínimo, medio y máximo:

	100% Renta Fija	100% Rta. Variable	50%RF/50% RV
Valor Mínimo	115,93	73,39	92,72
Valor Medio	115,93	134,76	124,84
Valor Máximo	115,93	228,78	164,74

Si dos alternativas de inversión tuvieran la misma media esperada de rentabilidad, sería más conveniente aquella con menor volatilidad, con menor dispersión de posibles valores finales. De igual modo entre dos alternativas con igual volatilidad sería más interesante para el inversor aquella con mayor rentabilidad promedio. Cuando dos o más alternativas de inversión presentan distintas medias de rentabilidad esperada así como distintas volatilidades, es decir dispersión de resultados, la elección para un inversor es mucho más difusa y entran en juego otras consideraciones, del tipo aversión personal al riesgo, (disposición) y pérdida máxima permisible por la existencia de otros ingresos y similares (capacidad).

En el ejemplo simplificado expuesto[109], a medida que aumentasen los periodos de observación, de invertir una parte en renta variable, se ampliarán los límites extremos, es decir el recorrido entre el valor mínimo y el máximo probable, aunque ganaría relevancia el valor central.

La realidad de los mercados es más compleja que el comportamiento manifestado en los ejemplos simplistas expuestos. Las cotizaciones de los instrumentos de capital varían aleatoriamente pero con unas tendencias a lo largo del tiempo que permiten delimitar su comportamiento futuro, el riesgo inherente, mediante la oportuna modelización, ya que en el fondo subyace una racionalidad económica cuya consideración es inexcusable.

---

[109] Y que no se corresponde con la evidencia empírica del comportamiento de los mercados de renta variable que aún siendo aleatorios muestran una tendencia en el largo plazo.

La rentabilidad de las acciones como variable aleatoria

Ya se ha indicado que las cotizaciones de las acciones a lo largo del tiempo tienen un comportamiento mucho más complejo que lo descrito en el apartado anterior, este comportamiento es aleatorio, es decir los precios de las acciones fluctuarán en función de la oferta y la demanda y estas pautas son imprevisibles a corto plazo pero tienden a seguir una tendencia en el medio y largo plazo.

Teóricamente el precio de equilibrio en el mercado de una acción, es decir aquel que iguala la demanda con la oferta, es un precio que podría justificarse teóricamente tendiendo a ser equivalente al valor actual de los flujos de ingresos que se derivaran de la propiedad de aquel título, vía dividendos y vía potencial revalorización. Una primera consecuencia de ello es que el mercado de renta variable en su conjunto, representado por un índice, tiende a mostrar con carácter general más estabilidad que una acción en particular en cuanto una acción aparte del riesgo sistemático, derivado del conjunto de las circunstancias macroeconómicas determinantes de la evolución de su valor, incorpora un riesgo específico propio de la actividad y forma de gestión de cada empresa en particular, mientras que en un índice, representativo de la economía en su conjunto, los comportamientos dispares extremos de las de un conjunto de acciones, los riesgos idiosincráticos tienden a compensarse entre sí quedando al final exclusivamente el riesgo sistemático.

Para calcular el valor actual de un flujo de pagos futuros aparte de usar una concreta tasa de descuento, se deberían estimar los ingresos futuros de una entidad con distintos grados de probabilidad, y en consecuencia dada la dificultad que todo ello conlleva y las distintas perspectivas y presunciones de los individuos, parece obvio que los precios de los títulos de renta variable se fijan más por un consenso de mercado, en el que coinciden agentes oferentes y demandantes con muy distintos objetivos, que como resultado de un análisis fundamental o técnico determinante de un precio "objetivo". Abundando en ello, está generalmente admitido que los precios de equilibrio de las acciones son muy dependientes de los *"animal spirits"*[110] es decir de los comportamientos de las personas inconsistentes o no racionales que tienden a exagerar las reacciones de comprar o vender y como derivada de ello ampliar las reacciones de los mercados ante cualquier impulso externo, positivo o negativo. Las sobrerreacciones de las cotizaciones de los mercados de renta variable, al alza y a la baja, son consecuencia de todo ello.

Un aspecto que distorsiona la visión de lo que es realmente un mercado de renta variable sería la consideración de una perspectiva especulativa generalizada tendente a presentar el mercado de renta variable como una forma de inversión a corto plazo en el que en base a la intuición, información o extrañas reglas gráficas, un inversor es capaz de anticiparse al comportamiento futuro de las acciones. Los medios de comunicación, o incluso las aplicaciones pre-instaladas de los teléfonos móviles, en una presentación superficial de

---

[110] Si bien la expresión procede del latín "spiritus animalis" haciendo referencia a la fuerza de la vida, en la economía moderna se refiere a los comportamientos humanos no consistentes con la racionalidad económica. Los equilibrios finales son consecuencia de la combinación de elementos racionales y de "animal spirits" muy difíciles de modelizar.

la realidad contribuyen igualmente a esta visión distorsionada fundamentada en el corto plazo en el que se presenta como posible la existencia de un "arte" que permite obtener ganancias especulando constantemente.

La realidad de la inversión en renta variable es mucho más sencilla y algo más aburrida. La inversión en renta variable consiste simplemente en invertir en el capital, en la propiedad, de las empresas cotizadas, y participar en los derechos que se derivan de esta propiedad en razón a la participación en el capital social de la misma. El rendimiento para el inversor, vía dividendo y vía revalorización del precio de cotización, en el momento en que se venda la posición, será función del sentimiento del mercado en aquel momento pero fundamentalmente de los beneficios obtenidos y de los beneficios previsibles en un futuro de las entidades en las que se ha invertido. Un mercado de renta variable no es más que un mecanismo eficiente al que pueden acceder aquellos que desean desprenderse de los títulos que ya poseen y aquellos que desean adquirir los mismos. A corto plazo, los precios de equilibrio pueden variar extraordinariamente y las fluctuaciones de valor de las acciones, y de los índices, pueden ser inexplicables desde la perspectiva de los modelos al uso, pero a medio y largo plazo la racionalidad tenderá a imponerse. Partimos de la base, generalmente aceptada, de que los mercados son eficientes, o suficientemente eficientes, y los precios en cada momento reflejan un equilibrio entre oferta y demanda, otra cosa es que este precio de equilibrio pueda justificarse cada día con datos objetivos o que las situaciones de exuberancia se mantengan por largos periodos de tiempo[111].

---

[111] Se atribuye a J.M. Keynes la afirmación de que "los mercados pueden

Si existe un proceso de ahorro a largo plazo adecuado para vehicularse, al menos parcialmente, en acciones, es precisamente el correspondiente a la previsión individual, pero para que esta inversión pueda considerarse óptima para un individuo o una unidad familiar deberá adecuarse a determinados requisitos y condiciones que pasamos a exponer.

A continuación se presenta la información de rentabilidad y volatilidad en los diez últimos ejercicios del índice más representativo del mercado de renta variable en España el Ibex 35[112].

---

mantener su irracionalidad por más tiempo del que Ud. puede mantener su solvencia".

[112] El índice Ibex 35 es uno de los índices dentro del grupo de índices denominados "Ibex" propiedad de la entidad "Sociedad de Valores S.A." integrada en el grupo de Bolsas y Mercados Españoles, BME, que es a su vez una sociedad cotizada cuya actividad básica es la de ser el operador de todos los mercados de valores y sistemas financieros de España. El Ibex 35 está diseñado para representar la evolución de las cotizaciones de los 35 valores cotizados más líquidos del mercado bursátil español. El índice es de los denominados de precios y está ponderado por la capitalización de las entidades que lo integran. Su composición se revisa cada seis meses. Más información se puede consultar en www.bolsamadrid.es.

Exposición al riesgo de mercado

	RENTABILIDAD Y VOLATILIDAD DEL IBEX 35				
	IBEX 35 sin Dividendos			IBEX 35 con dividendos	
Ejercicio	Valor al cierre ejercicio	Rentabilidad	Volatilidad Anualizada	Valor Cierre	Rentabilidad
2004	9.080,80	17,37	15,72	13.241,20	21,09
2005	10.733,90	18,20	12,16	16.152,20	21,98
2006	14.146,50	31,79	16,29	21.974,00	36,04
2007	15.182,30	7,32	19,60	24.327,50	10,71
2008	9.195,80	-39,43	48,19	15.447,70	-36,50
2009	11.940,00	29,84	30,13	21.360,10	38,27
2010	9.859,10	-17,43	35,91	18.598,80	-12,93
2011	8.566,30	-13,11	33,85	17.157,80	-7,75
2012	8.167,50	-4,66	33,54	17.634,80	2,78
2013	9.916,70	21,42	22,35	22.528,60	27,75
2014	10.279,50	3,66	22,16	24.469,90	8,62

Fuente: Bolsas y Mercados Españoles

Figura 62. Rentabilidad y volatilidad del Ibex 35 en el periodo 2004-2014

De la observación de la información, referida a un periodo bastante convulso, pueden extraerse una serie de conclusiones. La primera es que el rendimiento total de la renta variable debe inexcusablemente considerar el efecto de los dividendos. En el periodo analizado en el Cuadro, la media de la rentabilidad sin dividendos se cifra en un 5,00%, mientras que la media de la rentabilidad con dividendos es del 10,01%. Los índices de renta variable suelen ser índices de precios y no incorporan el efecto de los dividendos repartidos a los accionistas que constituyen un componente muy relevante de los ingresos proporcionados por la inversión en renta variable. Un índice con dividendos se elabora considerando que en el momento del devengo de los dividendos se reinvierte el importe percibido en nuevas acciones de las entidades que componen el índice. Un fondo de pensiones que mantuviera una política de inversión con el objetivo de mantener constante la ponderación de la renta variable obtendría una rentabilidad similar a la de un índice con dividendos.

La segunda observación es la relativa a la volatilidad[113] de las cotizaciones, es decir a la variabilidad de los rendimientos en cada uno de los ejercicios respecto a la media de los rendimientos referida al periodo analizado. La volatilidad puede calcularse en función de la variación diaria del índice, y posteriormente anualizarse, tal cual se presentan los datos en el cuadro anterior o calcularse a partir de los datos de cierre de cada ejercicio. La volatilidad media anualizada[114] del periodo se cifra en un 26,35% con límites entre un mínimo de un 12,16% y un máximo de un 48,19%.

---

[113] Una alta volatilidad es potencialmente perjudicial para los intereses del inversor. El inversor persigue obtener la más alta TIR posible en un periodo determinado. Observando las fluctuaciones de las cotizaciones en el mercado, de un índice o de una acción, lo que observamos en primera instancia son los rendimientos de cada periodo y a partir de los mismos el rendimiento medio. Una aproximación a la TIR con la fórmula que sigue a continuación pone de manifiesto que una volatilidad alta contribuye negativamente al TIR del periodo. $[(1+rdto_{medio})^2 - volat^2 = (1+TIR)^2]$. A efectos de cálculo es también operativo, y más exacto, calcular la TIR mediante las funciones financieras incorporadas en el Excel y en especial la denominada "TIR no Periódica".

[114] La desviación estándar correspondiente a un periodo a partir de la observada para otro periodo se calcula multiplicando la desviación estándar del periodo observado por la raíz cuadrada del número de veces en que en el periodo objetivo se contiene el periodo observado. Sí por ejemplo a partir de la desviación estándar correspondiente a los rendimientos diarios se desea obtener la volatilidad correspondiente a un año se multiplicaría por la raíz cuadrada de 255, (el número medio de días de cotización en un año). De igual modo si tuviéramos la desviación estándar sobre resultados anuales y deseásemos obtener la volatilidad correspondiente a un periodo de diez años multiplicaríamos por raíz cuadrada de diez.

Exposición al riesgo de mercado

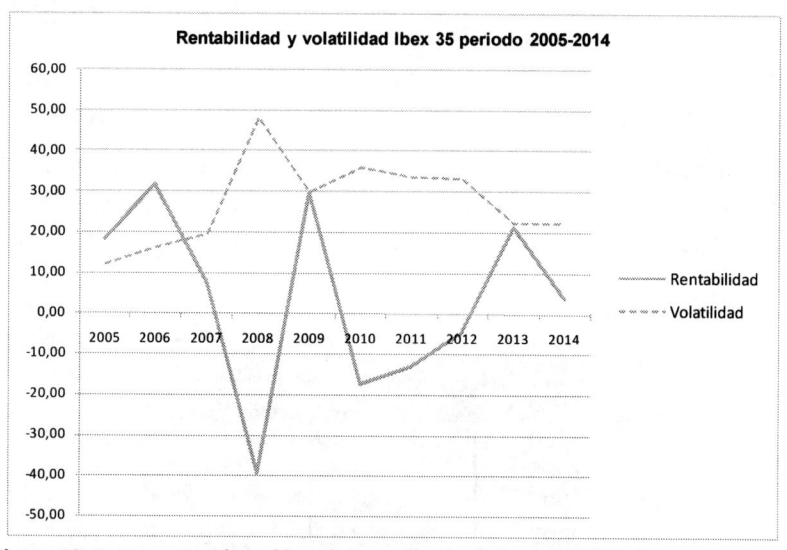

Figura 63. Representación gráfica de la evolución de la rentabilidad y la volatilidad del Ibex 35

Se puede observar adicionalmente que la rentabilidad y la volatilidad están altamente correlacionadas de modo que cuando una de las dos variables sube la otra baja o viceversa. El coeficiente de correlación en el periodo analizado es negativa, -0,82, recordando que en una correlación negativa perfecta el valor del referido coeficiente[115] sería de -1,00. No obstante no debe perderse la perspectiva de que estamos considerando variables aleatorias y, en consecuencia, la información derivada de datos estadísticos tiene una capacidad de predicción relativa. Por ejemplo en el ejercicio 2009 se observa una rentabilidad positiva y un nivel de volatilidad del mismo orden, en el entorno del treinta por ciento, repitiéndose en 2013 niveles similares de ambas variables en el entorno del veinte por ciento.

---

[115] El coeficiente de correlación entre dos variables aleatorias puede obtenerse dividiendo la covarianza por el producto de las desviaciones estándar de cada variable. En Excel la función es =COEF.DE.CORREL(matriz1;matriz2).

Otra perspectiva en la evaluación de la renta variable como alternativa de inversión es la derivada de considerar la correlación de la variación de los rendimientos derivados de algún instrumento con los rendimientos de otros activos de idéntica o diferente naturaleza.

Ejercicio	Datos cierre ejercicio	
	Ibex 35	Eurostoxx 50
2004	9.080,80	2.950,96
2005	10.733,90	3.572,16
2006	14.146,50	4.119,94
2007	15.182,30	4.399,72
2008	9.195,80	2.451,48
2009	11.940,00	2.966,24
2010	9.859,10	2.792,82
2011	8.566,30	2.316,55
2012	8.167,50	2.635,93
2013	9.916,70	3.109,00
2014	10.279,50	3.146,43

Figura 64. Evolución anual de los índices Ibex35 y Eurostoxx50

Si comparamos la evolución del índice Ibex 35 con la evolución del índice Euro Stoxx50[116] observaríamos que la correlación entre los mismos en el periodo 2004-2014, sería 0,93, valor muy próximo a la unidad lo que denota una variación casi en paralelo de ambas variables, tal cual puede observarse en el Gráfico que sigue a continuación.

---

[116] El nombre completo del índice Euro Stoxx50 es "Dow Jones EURO STOXX 50" se trata de un índice bursátil, creado en 1998, elaborado por la entidad STOXX Ltd. (www.stoxx.com) (participada por Deutsche Börse AG) compuesto por las 50 acciones más grandes y más líquidas de doce países de la eurozona (en consecuencia no se incluye ninguna empresa del Reino Unido). Se trata de un índice no equiponderado sino que el peso de sus componentes se pondera en función de su capitalización bursátil. A finales de 2014 a las cinco primeras posiciones en el índice (Total, Siemens, Sanofi, Bayer y Banco de Santander) se les atribuía un peso de casi el 23%.

Exposición al riesgo de mercado

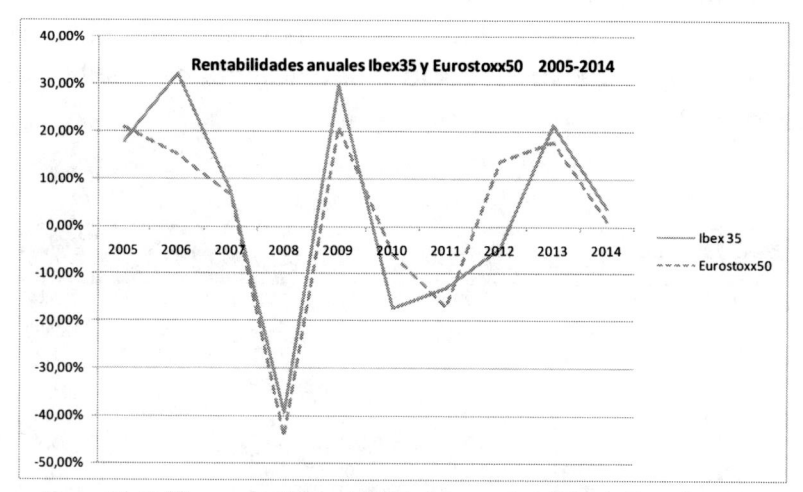

Figura 65. Gráfico evolución rentabilidades anuales de los índices Ibex 35 y Eurostoxx50 en el periodo 2005-2014

No obstante considerando las correlaciones entre las distintas categorías de fondos de pensiones en el periodo 2004-2014 se obtendrían correlaciones muy dispares de lo que se deduce la posibilidad de reducir la volatilidad de una cartera combinando activos con correlación baja o incluso negativa circunstancia que será evaluada al considerar más adelante el concepto de "frontera eficiente".

En el cuadro adjunto se detallan las rentabilidades medias de cada una de las categorías de fondos de pensiones según la clasificación de INVERCO en el periodo 2004-2014 y la matriz de coeficientes de correlación entre la variación de las rentabilidades de cada categoría. Se puede observar que la categoría de inversión en Renta Variable está altamente correlacionada con las categorías de Renta Fija Mixta y Renta Variable Mixta, 0,96 y 0,99 respectivamente, lo que implica una variación en paralelo como era de prever, y a la vez un coeficiente de correlación muy bajo, 0,21, respecto a la categoría de Renta Fija a Largo Plazo[117] e incluso un coeficiente de correlación negativo respecto a la categoría de Renta Fija a Corto Plazo.

Rentabilidad anual neta Fondos de Pensiones en cada categoría						
Ejercicio	RFcp	RFlp	RFmix	Rvmix	RV	Gzdo
2004	1,31	1,90	3,28	5,54	8,75	4,60
2005	1,04	1,78	5,33	12,16	18,73	4,64
2006	1,27	0,36	3,72	10,29	18,51	1,46
2007	1,95	0,75	1,31	2,94	3,95	1,48
2008	2,12	2,03	-8,77	-23,80	-38,50	-0,67
2009	1,80	3,96	6,05	14,21	27,20	3,77
2010	-0,64	-0,47	-1,50	-0,74	1,51	-3,97
2011	1,38	1,39	-2,21	-7,01	-10,40	1,36
2012	3,46	4,77	5,37	8,56	10,39	5,48
2013	2,07	4,71	6,12	12,49	22,22	9,41
2014	1,37	8,92	3,61	4,77	7,63	11,37
media	1,56	2,74	2,03	3,58	6,36	3,54
desv.std.	0,99	2,68	4,58	11,05	18,26	4,35

Matriz de correlaciones de rentabilidades entre categorías						
Categorías	RFcp	RFlp	RFmix	Rvmix	RV	Gzdo
RFcp	1,0000	0,4365	0,1946	0,0483	-0,0135	0,4375
RFlp	0,4365	1,0000	0,3873	0,2401	0,2145	0,8703
RFmix	0,1946	0,3873	1,0000	0,9806	0,9610	0,6424
Rvmix	0,0483	0,2401	0,9806	1,0000	0,9936	0,5060
RV	-0,0135	0,2145	0,9610	0,9936	1,0000	0,4699
Gzdo	0,4375	0,8703	0,6424	0,5060	0,4699	1,0000

Figura 66. Rentabilidad anual y matriz de correlaciones entre las distintas categorías de inversión de los Fondos de Pensiones en el periodo 2004-2014

---

[117] Análisis de resultados empíricos determinan que la correlación entre los rendimientos de la renta variable y los rendimientos de la renta fija en distintos periodos suele oscilar en una franja de valores comprendida entre +0,25 y -0,25. En consecuencia los resultados obtenidos en la matriz de correlaciones son coherentes con los resultados esperados.

Exposición al riesgo de mercado

Los modelos que intentan sintetizar el comportamiento de las cotizaciones de los precios de las acciones a lo largo del tiempo utilizan la distribución normal como forma de distribución de los rendimientos o las variaciones de valor de los títulos cotizados en tanto variables aleatorias. La distribución normal, denominada también distribución o curva de Gauss[118], es utilizada ampliamente en múltiples análisis estadísticos en cuanto dicha distribución se adecua a muchos fenómenos de la naturaleza en tanto modeliza con exactitud comportamientos de variables aleatorias que se distribuyen ordenada y simétricamente en torno a un valor medio.

Pero esta aproximación general, en la consideración del rendimiento de los mercados de renta variable, debe ser objeto de matización en tanto no tiene la misma validez para todos los periodos.

A corto plazo, observando las cotizaciones de un índice de renta variable sobre una base diaria, la adecuación de la realidad de la distribución de los rendimientos a la forma de la curva normal es parcial y en consecuencia una modelización en base a dicha distribución sería insatisfactoria para poder realizar cualquier predicción. Los datos de rendimientos históricos sobre una base diaria pueden concentrarse en torno a los valores medios mucho más que lo que se derivaría de una curva normal pero en contrapartida existen colas amplias o colas gordas ("*fat tails*") con mucho más peso en la realidad que

---

[118] Esta función de distribución fue expuesta en 1801 por Carl Friedrich Gauss y la ordenada de su función de densidad se determina mediante la expresión: $[Y = 1/(\sqrt{2\pi} \cdot \sigma) \cdot e^{-1/2 \cdot (X-\mu)^2 / \sigma^2}]$, donde μ es la media y σ la desviación estándar. Cuando la media es cero y la desviación estándar es uno la expresión anterior se sustituye por la forma denominada tipificada: $[Y = 1/(\sqrt{2\pi}) \cdot e^{-1/2 \cdot z^2}]$.

lo que en principio se deduciría de una distribución normal lo que implica la posible aparición de rendimientos diarios extremos con mucha mayor probabilidad que la que se derivaría de una distribución normal.

La existencia de *fat tails* ya sea por una mayor concentración o por una mayor dispersión tal cual se representa en el gráfico adjunto es un factor adicional de riesgo a corto plazo. La posibilidad de pérdidas puntuales y extraordinarias cuando las decisiones se adoptan a corto plazo, en un comportamiento especulativo, es muy superior a lo que se suele creer, en unos pocos días una acción puede perder más del 25% de su valor sin que ello pueda calificarse como un evento excepcional.

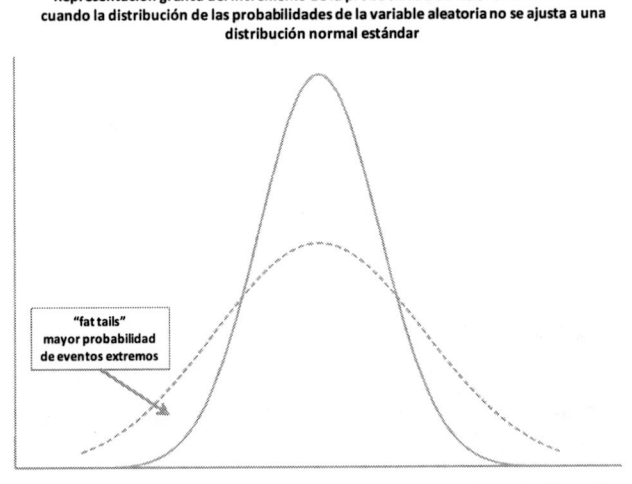

Representación gráfica del incremento de la probabilidad de los eventos extremos cuando la distribución de las probabilidades de la variable aleatoria no se ajusta a una distribución normal estándar

"fat tails" mayor probabilidad de eventos extremos

Figura 67. Gráfico de distintas funciones de densidad de variables aleatorias evidenciando alta probabilidad de los eventos extremos

Pero para un inversor la evolución de las cotizaciones diarias de las distintas acciones es un información parcialmente irrelevante ya que su horizonte temporal de inversión no es de un día sino muy superior, y un inversor racional siempre actuará con criterios de dispersión y diversificación en la asignación de sus inversiones de modo que se verá afectado por los movimientos del mercado en su conjunto no por las variaciones de un título en particular y su perspectiva no será diaria sino a más plazo.

Si la base de observación de las variaciones de valor de las acciones, a partir de los datos históricos de cotización, fuera anual se concluiría que los rendimientos en renta variable tienen un comportamiento muy próximo al de una distribución normal. Ello es especialmente relevante ya que conocidos los rendimientos medios históricos y su desviación estándar podría realizarse un ejercicio de proyección y evaluarse la probabilidad de que al final del proceso el rendimiento se desvíe de la media con distinta probabilidad, o lo que es lo mismo determinar el rango del valor final de la inversión con distintos márgenes de confianza.

No obstante en tanto los resultados del pasado no se pueden proyectar sin más hacia el futuro y los intentos de modelización solo se adecuan parcialmente a la realidad (por ejemplo la volatilidad no es constante) podría dar la sensación de que la aleatoriedad del comportamiento de la renta variable hiciese que esta alternativa de inversión no fuera sensata por impredecible. Sin embargo nada más alejado de la realidad, la media de la variación positiva de las cotizaciones, más los dividendos devengados (normalmente los dividendos se excluyen de la mayoría de los índices), hace que, por la lógica del funcionamiento del sistema económico y la ley de los grandes números, una inversión diversificada en instrumentos de capital (acciones) sea una interesante alternativa a tener en cuenta en un proceso de ahorro a largo plazo tal cual es el ahorro finalista para la jubilación en cuanto a medio y largo plazo el rendimiento total, dividendos más revalorización, del conjunto del mercado de acciones cotizadas está correlacionado con la evolución del sistema económico. Si la economía crece a largo plazo el rendimiento de las acciones "debería" evolucionar en paralelo. No obstante la seguridad de que esto sea así no es absoluta.

Muchas actividades, como las entidades aseguradoras, o las explotadoras de juegos de azar (loterías, casinos, apuestas), fundamentan su negocio en un planteamiento en el que la probabilidad de ganancia, muchas veces muy pequeño, esté a su lado. Una asignación de inversiones entre las distintas clases de activos (*asset allocation*) que destine un porcentaje del saldo total en renta variable (siempre muy diversificada), si dispone de un horizonte temporal suficiente, aporta un potencial de rendimiento, con una probabilidad muy alta, superior a la alternativa de asignación de activos que no incorpora este tipo de instrumento financiero. En el último apartado de este capítulo se observará que el fondo de pensiones más grande del mundo asigna el 60% de la inversión total a instrumentos de renta variable, no obstante como también veremos, el porcentaje de renta variable que puede asumir cada individuo dependerá de sus circunstancias personales. Una persona no es como una institución, su horizonte temporal está definido, y no permite prorrogas en la espera de los rendimientos.

Alcanzado este punto un inversor se preguntara cuales son los valores medios esperados de una inversión a medio o largo plazo en renta variable y alternativamente

Exposición al riesgo de mercado

los valores medios esperados de la inversión en renta fija. La respuesta más sincera es que no existe una respuesta concreta, pero si sabemos cuál ha sido el resultado de ambas alternativas de inversión en el pasado y en cierto modo el pasado nos debe permitir vislumbrar el futuro. Así se puede decir que la rentabilidad real (es decir corregida por la inflación) promedio de las 16 primeras economías mundiales a lo largo de todo el siglo XX han determinado una rentabilidad promedio positiva del 5,1%[119] en renta variable y del 0,7% en renta fija, con una inflación próxima al 3%, y en consecuencia las rentabilidades nominales aproximadas habrían sido respectivamente del 8,1% en acciones y del 3,7% en bonos. Por lo tanto, si la historia se repitiese, el inversor se enfrenta a un dilema de invertir en términos reales al 0,7% y no asumir el riesgo de mercado de las acciones, o invertir, también en términos reales, al 5,1%[120] y asumir el riesgo de la renta variable, es decir la decisión del ahorrador, acerca de invertir o no en renta variable, implica la posibilidad de obtener un 4,4% anual real adicional, pero como contrapartida, asumiendo riesgo de mercado.

---

[119] La volatilidad promedio estimada en términos de homogeneidad con el dato expuesto es estima en un 22,7%.

[120] En este rendimiento se incluye el derivado de la revalorización de los índices de referencia como el derivado de los dividendos pagados por las empresas cotizadas que representan más de un tercio del rendimiento total. La parte porcentual del beneficio de las empresas que se destina a la remuneración de los accionistas se denomina *pay out* y la media histórica más reciente lo cifra entre un 40% y un 60%. Un inversor en un fondo de pensiones no debe preocuparse por la reinversión de los dividendos en tanto por la propia mecánica de funcionamiento del fondo los dividendos percibidos se integran en el patrimonio del fondo y este adecua periódicamente la composición de su estructura de inversión de acuerdo con la estrategia de inversión que lo define.

Simplificando el esquema de una forma teórica supongamos un proceso de inversión de un capital inicial de 100 unidades monetarias durante treinta años. Si la rentabilidad fuera constante del 0,7%, sin ningún tipo de riesgo, el valor final sería de 123 unidades monetarias, simplemente como resultado de capitalizar la inversión inicial a la referida tasa. Si la rentabilidad fuera del 5,1% el valor final sería, simplemente capitalizando, de 445 unidades monetarias. Pero si esta rentabilidad fuera del 5,1% con una volatilidad del 22,7%, y el comportamiento de la variable rendimiento anual se comportase siguiendo una distribución normal el valor final promedio que se ha obtenido realizando mil iteraciones sería de 473 unidades, y con una probabilidad del 50% el valor mínimo sería de 90 unidades monetarias y el máximo de 507 unidades. Con una probabilidad del 90% el valor mínimo sería de 41 unidades y el máximo de 1.048 unidades[121].

En el ejemplo expuesto el inversor en renta variable debería saber que el valor final "de media" puede alcanzar el cuádruple del valor final del resultado derivado de invertir en renta fija, pero los valores finales mínimos con las probabilidades determinadas por la hipótesis de la distribución normal pueden ser igualmente sensiblemente inferiores al valor final de la renta fija e incluso inferior al valor de la inversión inicial.

---

[121] Como se verá más adelante el comportamiento del mercado a largo plazo no se ajusta al resultado de considerar una distribución normal aleatoria en cada ejercicio sin "memoria" a largo plazo. El ejemplo expuesto se presenta a efectos didácticos de lo que se derivaría de una distribución normal. La racionalidad económica a largo plazo reduce significativamente, en la realidad, la amplitud de la dispersión de los resultados que se derivan de un cálculo meramente estadístico.

Exposición al riesgo de mercado

Recapitulando los datos del ejemplo, si la renta fija determinaba un valor final de 123, existiría una probabilidad del 25% de obtener un valor inferior a 90 unidades y una probabilidad del 10% de obtener un valor inferior a 41 unidades. Este es el binomio riesgo-rendimiento en la inversión en renta variable, la posibilidad de obtener un beneficio superior medio de 350 unidades (=473 -123) se realiza a costa de poder perder (respecto al rendimiento sin riesgo) más de 33 unidades (=123-90) con una probabilidad del 25% o perder más de 82 unidades (=123-41) con una probabilidad del 10%. Reiterándose que este ejemplo es a efectos didácticos y no pretende modelizar una evolución real previsible.

En un proceso de ahorro de previsión complementaria no estamos ante una inversión de duración anual, sino ante un proceso de inversión que puede extenderse, incluso para cada aportación, durante más de treinta años (considerando la fase de actividad más la fase de pasividad), y en este horizonte temporal el comportamiento histórico de la renta variable tampoco se corresponde con la distribución normal de Gauss. Pero al contrario de lo que pasaba al considerar una base de rendimientos diarios, en los que la desviación respecto a la distribución normal contribuye a una mayor dispersión de los resultados, los rendimientos a largo plazo, para 20 o 30 años, tienden a acercarse y concentrarse respecto a los valores intrínsecos correspondientes con la evolución macroeconómica, o lo que es lo mismo, con la evolución de la actividad económica en su conjunto, lo que reduce sensiblemente el riesgo de la inversión.

Esta circunstancia se evidencia por el gráfico que sigue a continuación que muestra como, de acuerdo con la evidencia empírica del comportamiento real de los mercados financieros entre 1953 y 2013, a largo plazo (considerando periodos de 20 años en el ejemplo expuesto) tanto la categoría de renta fija como la categoría de renta variable han proporcionado siempre, en el referido periodo, rentabilidades medias positivas y lo que es más importante la amplitud de la dispersión de los resultados tiende a reducirse en tanto se amplía el periodo de la inversión.

Ello no implica que desaparezca el riesgo sino simplemente que de acuerdo con la experiencia y los datos empíricos en los periodos de referencia, la dispersión de los resultados susceptibles de obtenerse por las acciones y por los bonos tiende a reducirse (se acorta el recorrido entre máximos y mínimos) y que tanto en renta variable como en renta fija las rentabilidades mínimas para periodos de 20 años son positivas[122], y los resultados de la renta variable superan a los resultados de la renta fija.

Comentando con más detalle los datos del referido gráfico se infiere que considerando como periodo de referencia un ejercicio anual, una inversión en renta variable diversificada ha proporcionado empíricamente en el periodo 1950-2013 resultados comprendidos entre un -37% y un +51%. Si el periodo de observación fuera de cinco años el rango de los posibles resultados entre los distintos periodos de cinco años cada uno estaría entre, un -2% y un +28%. En periodos de diez años las tasas de rentabilidad estarían entre, un -1% y un +19%. Y para

---

[122] Esto no significa una recomendación de compra o de inversión. Las rentabilidades pasadas no predicen los comportamientos futuros.

periodos de veinte años el rango del rendimiento se situaría entre, un +6% y un +19%.

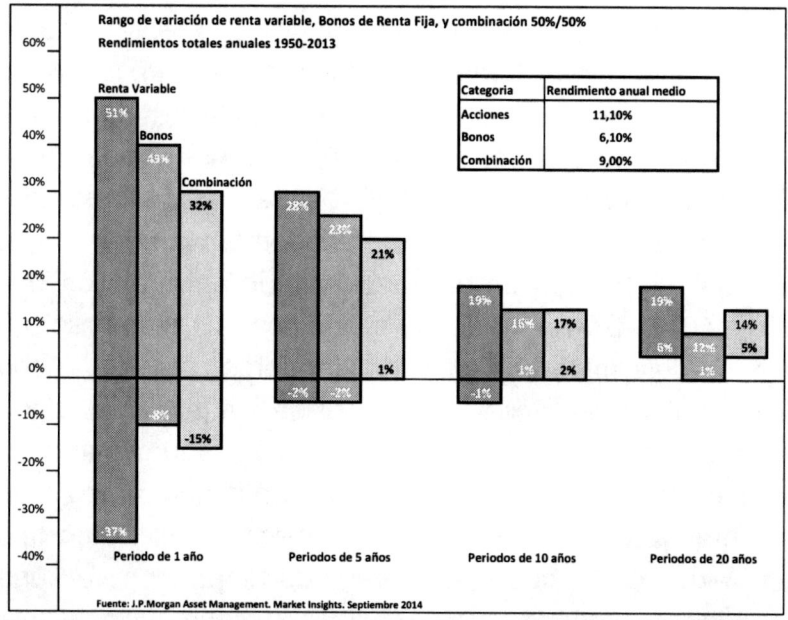

Figura 68. Rango de variación de los rendimientos de distintas categorías de inversión a distintos plazos en función resultados del periodo 1950-2013

De igual modo recopilando los rendimientos observados para los bonos se observaría que en el periodo de referencia si consideramos periodos anuales los rendimientos de los bonos habrían variado entre -8% y un +43%, para periodos de cinco años entre un -2% y un +23%, para periodos de diez años entre un +1% y un +16%, y en veinte años entre, un +1% y un +12%.

En una cartera mixta compuesta un cincuenta por cien de bonos y un cincuenta por ciento de renta variable, rebalanceada anualmente, los resultados no serían justos los intermedios correspondientes a la renta fija y a la renta variable, por la correlación negativa entre ambas clases de activos, si bien este efecto tiende a diluirse en el largo plazo. Para periodos de veinte años los rendimientos se situarían en el rango entre un +5% y un +14%.

Si la rentabilidad media a veinte años de la renta variable en el periodo de observación ha sido del 11,1% y las rentabilidades mínimas y máximas han estado entre el +6% y el más +19%, otra forma de exponer la volatilidad y el riesgo de la dispersión de los resultados es afirmar que la rentabilidad anual media en periodos de veinte años ha sido del 11,1% con un rango delimitado entre el +6,0% y el +19,0%. Si estos datos empíricos extraídos de un periodo determinado pudieran extenderse como un hecho cierto, que no es el caso, la rentabilidad mínima calculada en renta variable a veinte años (6,0%) proporcionaría un rendimiento mínimo equivalente al rendimiento medio de la renta fija (6,1%). Esto necesariamente no tiene porque ser así, los datos anteriores corresponden a una experiencia histórica concreta y el futuro puede ser distinto, pero lo que sí es exacto es afirmar que la probabilidad de pérdida con una inversión de renta variable diversificada a largo plazo tiende a disminuir con el tiempo. Lo significativo para comprender el comportamiento de una variable aleatoria no es solo la rentabilidad derivada del cálculo de la media aritmética sino la distribución que la caracteriza y los parámetros de esta distribución tal cual se verá más adelante.

Adicionalmente debe tenerse en cuenta que el valor de una cartera en renta variable muy diversificada está referenciada teóricamente a la evolución de la actividad económica a nivel global. No se puede afirmar que exista en la renta variable una especie de reversión a la media como si se ha demostrado respecto a los tipos de interés, pero si existe una tendencia subyacente que a largo plazo hace se imponga el comportamiento racional de los inversores y lo que se derive de la evolución de la actividad económica, de modo que el comportamiento aleatorio e imprevisible de la variable cotización, o de su derivada el rendimiento, si se puede afirmar en el corto plazo pero no a largo plazo, ya que los rendimientos de la renta variable en largos periodos están serialmente negativamente correlacionados, de no reconocer esta correlación cualquier modelo ciento por ciento aleatorio sobreestimaría los rendimientos extremos altos o bajos.

A largo plazo sigue existiendo aleatoriedad y una determinada probabilidad de pérdida respecto a una opción sin riesgo pero esta probabilidad es mucho más reducida que en el corto plazo y perfectamente asumible en determinadas condiciones en un proceso de inversión a largo plazo.

Reiterando el ejercicio de proyección desde otra perspectiva se podría confeccionar el cuadro que sigue a continuación. En él partimos de una inversión con un rendimiento anual medio y una volatilidad anual media, del 5% y 20% respectivamente, y proyectamos los valores medios finales que se obtendrían al final de periodos de distinta duración, entre uno y cincuenta años, así como los valores mínimos y máximos con un explícito grado de confianza, del 75% y 95%. En el hipotético caso de que el comportamiento de la inversión referida siguiera un movimiento ciento por ciento aleatorio y ajustado a una distribución normal, se observaría que incluso para periodos de 50 años, con un margen de confianza del 95% cabría la posibilidad de pérdidas, de hasta un 27,2% (100%-72,8%), respecto al valor inicial.

El paseo aleatorio hacia la jubilación

			75% de confianza		95% de confianza		Valor Final	Valores finales			
								75% de confianza		95% de confianza	
Periodo	Rendimiento	Volatilidad	Mínimo	Máximo	Mínimo	Máximo	Medio	Mínimo	Máximo	Mínimo	Máximo
1	5,0%	20,0%	-18,0%	28,0%	-34,2%	44,2%	105,0	82,0	128,0	65,8	144,2
5	25,0%	44,7%	-26,4%	76,4%	-62,7%	112,7%	125,0	73,6	176,4	37,3	212,7
10	50,0%	63,2%	-22,7%	122,7%	-74,0%	174,0%	150,0	77,3	222,7	26,0	274,0
15	75,0%	77,5%	-14,1%	164,1%	-76,8%	226,8%	175,0	85,9	264,1	23,2	326,8
20	100,0%	89,4%	-2,9%	202,9%	-75,3%	275,3%	200,0	97,1	302,9	24,7	375,3
25	125,0%	100,0%	10,0%	240,0%	-71,0%	321,0%	225,0	110,0	340,0	29,0	421,0
30	150,0%	109,5%	24,0%	276,0%	-64,7%	364,7%	250,0	124,0	376,0	35,3	464,7
35	175,0%	118,3%	38,9%	311,1%	-56,9%	406,9%	275,0	138,9	411,1	43,1	506,9
40	200,0%	126,5%	54,5%	345,5%	-47,9%	447,9%	300,0	154,5	445,5	52,1	547,9
45	225,0%	134,2%	70,7%	379,3%	-38,0%	488,0%	325,0	170,7	479,3	62,0	588,0
50	250,0%	141,4%	87,4%	412,6%	-27,2%	527,2%	350,0	187,4	512,6	72,8	627,2

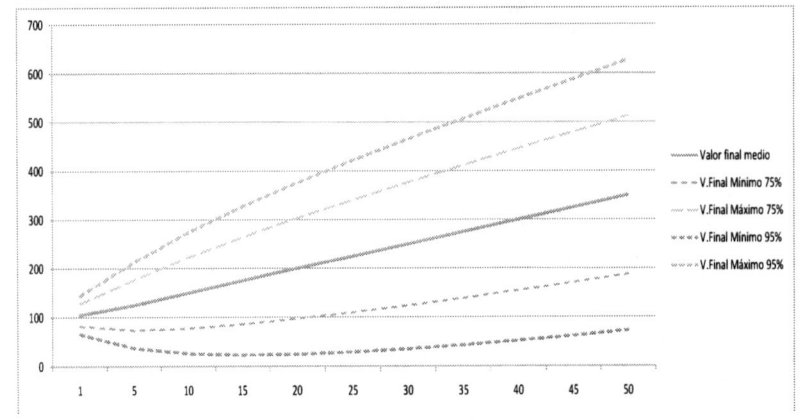

Figura 69. Efecto rendimiento y volatilidad en el valor final con determinados margenes de confianza en distintos periodos

Con el tiempo, bajo la hipótesis de una distribución normal, la volatilidad crece en función de la raíz cuadrada del periodo (la volatilidad a 20 años es la volatilidad anual multiplicada por la raíz cuadrada de 20), pero a pesar de que el crecimiento de la volatilidad va menguando proporcionalmente con los años, a partir de la combinación inicial de los valores anuales, 5% de rendimiento y 20% de volatilidad, no se podría garantizar un rendimiento positivo ni siquiera a cincuenta años bajo la hipótesis de un comportamiento estadístico normal. Pero se debe reiterar que esta modelización del comportamiento de la renta variable no se correspondería con la evidencia empírica por lo que no deja de ser un simple ejercicio con ánimo didáctico de lo que sería una evolución de una variable aleatoria tal cual la rentabilidad de la inversión en renta variable si fuera ajustada a una distribución normal.

Para cerrar este apartado se representa en el gráfico que sigue a continuación los rangos entre los que de acuerdo con la experiencia empírica inmediata, entre 1950 y 2009, se han movido los resultados reales totales, es decir considerando tanto la revalorización del índice de referencia como los dividendos efectivamente distribuidos, derivados de la inversión en renta variable, en Estados Unidos y en función del índice S&P500, para distintos periodos de permanencia de la inversión. Se observa que la dispersión de los resultados disminuye con la amplitud del horizonte temporal de la inversión, y que los valores se concentran reduciéndose el riesgo inherente de mercado de la renta variable y lo que es más importante a nuestros efectos, se han alcanzado siempre, a partir de unos 15 años de permanencia de la inversión y de acuerdo con la evidencia empírica de sesenta años de observación, siempre rendimientos reales positivos[123].

---

[123] Como se ha indicado en otras ocasiones el proceso de ahorro de previsión específicamente destinado a la contingencia o situación de jubilación tiene una duración media superior a 30 años ya que aparte del periodo de acumulación debe considerarse la extensión del proceso en la fase de disposición.

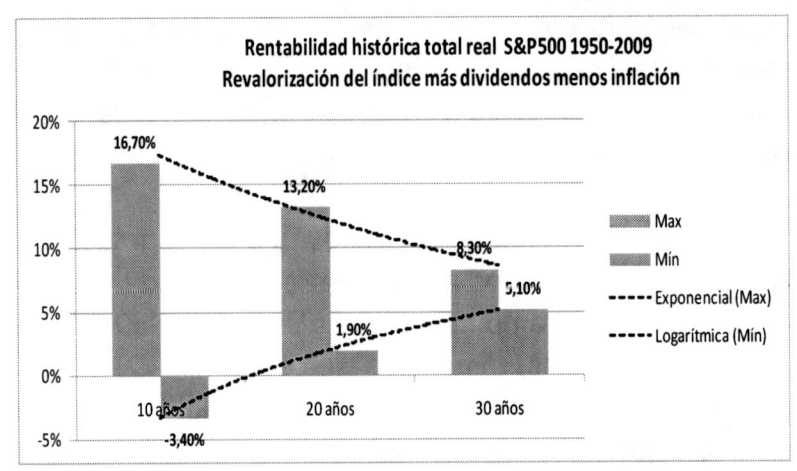

Figura 70. Cono de reducción de la dispersión de los resultados de la inversión en renta variable en términos reales a partir de datos del índice S&P 500 en el periodo 1950-2009

La renta variable en un esquema de previsión

Un esquema de previsión se caracteriza por ser un proceso de ahorro a largo plazo en el que se efectúan aportaciones periódicas con carácter sistemático durante la fase de actividad laboral o profesional y disposiciones, normalmente en forma de renta, durante la fase de pasividad, retiro o jubilación. Un esquema de esta naturaleza tiene dos características específicas que lo caracterizan, una muy larga duración y un proceso de aportaciones sucesivas, (y disposiciones normalmente también en forma de disposiciones sistemáticas emulando una renta), y que lo diferencian respecto a otro tipo de operaciones de inversión y que conviene incorporar en un modelo *ad hoc* para aproximarnos a la solución óptima de la estructura de inversión que más conviene al ahorrador.

Exposición al riesgo de mercado

En el primer capítulo ya vimos como un proceso de ahorro podía resumirse en un cuadro de capitalización en el que en cada ejercicio se iba determinando en función del saldo inicial, la aportación periódica y el rendimiento efectivamente obtenido, el saldo al final de un periodo que constituía a su vez el saldo inicial del próximo ejercicio y así iterativamente. Ya se expuso en el primer capítulo que la problemática ahora planteada, la elección de la inversión, o el mix de inversiones, más adecuada a las necesidades del ahorrador, no podía realizarse simplemente a partir de un modelo determinista, ya que la comparación de los valores finales más probables de las distintas alternativas proporcionan una visión parcial que no permite conocer las implicaciones de una u otra decisión. Por ejemplo si a un individuo se le plantea, en un esquema de previsión y a partir de un determinado nivel de aportaciones periódicas, que si vehiculase el ahorro hacia instrumentos de renta variable podría obtener un valor final "probable" de 606.000 euros y si decidiese canalizar la inversión en instrumentos de renta fija obtendría un valor final "probable" de 366.000 euros, su opción casi con toda seguridad sería invertir en renta variable. Pero si a continuación se le indicase que asumiendo los riesgos inherentes a la renta variable incurriría en un riesgo de mercado, y que como los rendimientos pasados no garantizan los rendimientos futuros, podría obtener un valor inferior al más probable e incluso podría perder todo o buen parte del capital aportado, sin mayor precisión, la decisión de aquella persona posiblemente variaría.

Para que una persona pueda adoptar la decisión más oportuna a sus intereses debe conocer los riesgos que implican las distintas alternativas, y de igual modo, para que un asesor pueda aconsejar la alternativa más adecuada y personalizada a un cliente debe ser capaz de explicar los elementos determinantes de estos riesgos y considerar la capacidad y disposición de asumirlos por su cliente.

Supongamos que un ahorrador-inversor en un proceso[124] de previsión complementaria decidiese combinar[125] dos clases de activos, renta variable y renta fija, y que inicialmente estimase conveniente una distribución al 50% entre ambas clases de activos. Podría, con las hipótesis establecidas, elaborar un cuadro similar al que sigue a continuación en el que se expone para cada 50% de las aportaciones el recorrido probable del valor acumulado de ejercicio en ejercicio atendiendo a la naturaleza aleatoria del rendimiento de cada clase de activo utilizando una hipótesis de distribución normal para ambas tasas de rendimiento sin más restricciones.

---

[124] El ejemplo que sigue a continuación considera un proceso de acumulación de 30 años de duración con aportaciones periódicas de 10.000 euros anuales crecientes en progresión geométrica del 1%. Se estiman unas rentabilidades nominales en renta variable del 7,2% y en renta fija del 2,4%, y unas rentabilidades reales del 5,1% y del 0,3% respectivamente (lo que implica una inflación en el entorno del dos por ciento). El rendimiento efectivamente obtenido en cada ejercicio es aleatorio, siguiendo un distribución normal con la media aritmética indicada y una desviación estándar (volatilidad de los rendimientos) diferenciada, de un 20% en la renta variable y de un 7% en la renta fija. Los valores finales se expresan en términos reales es decir corregidos por el efecto de la inflación. Se considera que no existe ninguna correlación entre los rendimientos de la renta fija y los de la renta variable ni entre los rendimientos obtenidos en un ejercicio con los del siguiente.

[125] Esta decisión la puede adoptar indirectamente utilizando una combinación de un plan de previsión asegurado con plan de pensiones en la categoría de renta variable o mediante dos planes de pensiones de distinta categoría o mediante un único plan de pensiones mixto que reproduzca la estructura deseada.

Exposición al riesgo de mercado

Ejercicio	Saldo Inicial	Aportaciones	Tasa Rdto	Saldo Final RV	Saldo Inicial	Aportaciones	Tasa Rdto	Saldo Final RF	Saldo Final RF+RV
1	-	5.000,0	6,73%	5.336,4	-	5.000,0	-3,35%	4.832,5	10.169,0
2	5.336,4	5.050,0	33,43%	13.859,1	4.832,5	5.050,0	4,09%	10.286,9	24.146,0
3	13.859,1	5.100,5	17,44%	22.265,6	10.286,9	5.100,5	3,48%	15.923,2	38.188,8
4	22.265,6	5.151,5	4,21%	28.571,9	15.923,2	5.151,5	2,53%	21.608,4	50.180,2
5	28.571,9	5.203,0	-1,46%	33.281,1	21.608,4	5.203,0	8,76%	29.161,4	62.442,4
6	33.281,1	5.255,1	-3,94%	37.018,6	29.161,4	5.255,1	-5,44%	32.545,8	69.564,4
7	37.018,6	5.307,6	18,21%	50.033,1	32.545,8	5.307,6	-2,80%	36.794,8	86.828,0
8	50.033,1	5.360,7	21,44%	67.267,7	36.794,8	5.360,7	1,17%	42.648,8	109.916,5
9	67.267,7	5.414,3	-26,59%	53.355,0	42.648,8	5.414,3	-10,95%	42.801,1	96.156,1
10	53.355,0	5.468,4	12,79%	66.344,3	42.801,1	5.468,4	0,73%	48.623,1	114.967,4
11	66.344,3	5.523,1	11,05%	79.812,2	48.623,1	5.523,1	-2,30%	52.899,9	132.712,1
12	79.812,2	5.578,3	-25,32%	63.770,9	52.899,9	5.578,3	-1,20%	57.774,0	121.544,9
13	63.770,9	5.634,1	-5,71%	65.439,3	57.774,0	5.634,1	3,07%	65.356,6	130.796,0
14	65.439,3	5.690,5	1,90%	72.481,1	65.356,6	5.690,5	11,90%	79.501,6	151.982,7
15	72.481,1	5.747,4	13,80%	89.020,6	79.501,6	5.747,4	-0,07%	85.190,3	174.210,9
16	89.020,6	5.804,8	19,07%	112.906,6	85.190,3	5.804,8	11,12%	101.115,1	214.021,7
17	112.906,6	5.862,9	-20,64%	94.251,4	101.115,1	5.862,9	2,20%	109.327,0	203.578,4
18	94.251,4	5.921,5	16,52%	116.718,7	109.327,0	5.921,5	2,72%	118.379,1	235.097,8
19	116.718,7	5.980,7	-18,11%	100.484,5	118.379,1	5.980,7	-2,84%	120.832,5	221.317,0
20	100.484,5	6.040,5	32,56%	141.214,4	120.832,5	6.040,5	0,23%	127.165,4	268.379,8
21	141.214,4	6.101,0	4,31%	153.663,3	127.165,4	6.101,0	1,32%	135.020,5	288.683,8
22	153.663,3	6.162,0	2,22%	163.381,2	135.020,5	6.162,0	-0,34%	140.702,3	304.083,6
23	163.381,2	6.223,6	31,80%	223.531,5	140.702,3	6.223,6	-2,93%	142.625,9	366.157,5
24	223.531,5	6.285,8	-10,08%	206.657,1	142.625,9	6.285,8	3,57%	154.221,2	360.878,3
25	206.657,1	6.348,7	-3,02%	206.580,1	154.221,2	6.348,7	2,70%	164.902,0	371.482,1
26	206.580,1	6.412,2	-9,11%	193.593,1	164.902,0	6.412,2	-10,36%	153.568,1	347.161,2
27	193.593,1	6.476,3	12,88%	225.829,6	153.568,1	6.476,3	-0,70%	158.930,3	384.759,8
28	225.829,6	6.541,0	15,82%	269.126,8	158.930,3	6.541,0	6,06%	175.499,1	444.625,9
29	269.126,8	6.606,5	17,44%	323.817,7	175.499,1	6.606,5	-1,23%	179.857,7	503.675,4
30	323.817,7	6.672,5	-2,95%	320.724,5	179.857,7	6.672,5	0,71%	187.861,7	508.586,2

Resultado de un proceso de acumulación destinando 50% de la aportación a Renta Fija y otro 50% a Renta Variable
La rentabilidad real de la Renta Variable se estima en un 5,10% con una volatilidad del 20%
La rentabilidad real de la Renta Fija se estima en un 0,3% con una colatilidad del 7%
Las aportaciones anuales son prepagables, inicial de 10.000 euros y siguientes incrementadas anualmente en un 1%
La suma de aportaciones asciende a 347.849 euros

Figura 71. Evolución de un proceso de acumulación combinando renta fija y renta variable considerando los rendimientos aleatorios

En una primera aproximación, realizando la simulación representada en el cuadro anterior, se determinaría un valor final de 508.586 euros (en valor real, es decir en términos de la capacidad de compra de esta magnitud al inicio del proceso), consecuencia de un valor final de 320.724 euros por la parte de la inversión realizada en renta variable y 187.861 euros por la parte de la inversión en renta fija. En cada ejercicio lo relevante ha sido la tasa de rendimiento estimada mediante la función de Excel, [=DISTR.NORM.INV(ALEATORIO();5,10%;20%)], para determinar en cada ejercicio la tasa de rendimiento de la renta variable y, [=DISTR.NORM.INV(ALEATORIO();0,3%;7%)], para la tasa correspondiente al rendimiento de la renta fija. El resto de la estructura del cuadro es fácilmente deducible por el lector y se ha explicado anteriormente. En una proyección tal cual la expuesta, con variables aleatorias, lo relevante no es el resultado de una simulación, de un posible recorrido, sino los valores que configuran la distribución de los resultados en el caso de que el mismo proceso se repitiese muchas de veces.

Siguiendo con el ejemplo expuesto, a continuación, se exponen los resultados obtenidos tras realizar mil simulaciones bajo distintas hipótesis de inversión. Si la inversión del esquema de previsión se vehiculase exclusivamente en instrumentos de Renta Fija, es decir sin participación de la renta variable, y considerando que el valor final, en términos reales, más representativo podría corresponder al de la media acotada al 90% (promedio de las observaciones excluyendo los 5% de las mismas en cada extremo), que de acuerdo con los datos del cuadro adjunto resultaría ser del orden de 357.571 euros, importe muy próximo a la Mediana (que deja un cincuenta por ciento de observaciones a ambos lados) de la distribución.

Exposición al riesgo de mercado

Inversion Renta Fija 100%	Valor Final
Media	365.919
Mediana	357.991
Media Acotada 90%	**357.571**
Valor Mínimo	161.620
Percentil 1%	218.029
Percentil 5%	255.758
Percentil 25%	308.554
Percentil 50%	357.991
Percentil 75%	412.636
Percentil 95%	512.566
Percentil 99%	597.366
Valor Máximo	723.892
Resultados de mil iteraciones	

Figura 72. Resultados medios derivados de simular un proceso de inversión 100% en Renta Fija

El valor promedio considera la serie de rendimientos probables que en un proceso a largo plazo no es totalmente aleatorio fomentando la aparición de resultados extremos que para una mejor estimación se deben eliminar. Es importante observar que la Renta Fija tiene unas determinadas fluctuaciones de valor, en función de los parámetros supuestos, de rendimiento medio y desviación estándar, de forma que el rango de valores correspondiente al 50% de las observaciones comprendidas entre el segundo y el tercer quartil (entre el 25% y el 75% de los resultados probables) ascendería, en las hipótesis expuestas, a 104.082 euros. (= 412.636 - 308.554)

Si la inversión se vehiculase exclusivamente en instrumentos de Renta Variable, el valor final correspondiente a la media acotada al 90% sería en este caso de 606.176 euros muy similar igualmente a la Mediana y significativamente superior (+70%) al resultado obtenido de invertir exclusivamente en renta fija calculado anteriormente (357.571), no obstante el mayor valor final en esta alternativa se consigue a cambio de asumir un mayor riesgo. Invirtiendo en Renta Variable el rango de valores entre el segundo y el tercer quartil es ahora de 592.556 euros (diferencia entre 979.487 y 386.931). Existe una probabilidad aproximada al 22% de que el valor final de invertir en renta variable resultase inferior al valor más probable derivado de la inversión en renta fija, o con un 5% de probabilidad de que el valor final sea inferior a 211.476 euros. Todo ello de acuerdo con los datos del cuadro adjunto.

Inversion Renta Variable 100%	Valor Final
Media	800.021
Mediana	607.591
Media Acotada 90%	**606.176**
Valor Mínimo	60.501
Percentil 1%	135.634
Percentil 5%	211.476
Percentil 25%	386.931
Percentil 50%	607.591
Percentil 75%	979.487
Percentil 95%	2.041.267
Percentil 99%	3.044.491
Valor Máximo	4.918.452
Resultados de mil iteraciones	

Figura 73. Resultados medios derivados de simular un proceso de inversión 100% en Renta Variable

En el caso de que las dos clases de activos, renta fija y renta variable, se combinasen al 50%, tal cual se ha representado el cuadro de acumulación al inicio de este apartado, los resultados obtenidos después de mil iteraciones serían intermedios entre los expuestos anteriormente. El valor final más representativo, media acotada al 90%, se cifra en 489.300 euros, y el rango de resultados entre el valor mínimo correspondiente al segundo quartil y el valor máximo del tercer quartil es de 305.915 euros (671.937-366.742).

En un 95% de los casos el valor final de esta opción será superior a 281.593 euros (o lo que es lo mismo en un 5% de los casos el valor final será inferior a dicho importe) y ello nos permite estimar lo que se puede perder en esta alternativa (con un margen de confianza del 95%) respecto al mejor estimador de la inversión al 100% en renta fija, un total de 75.978 euros, (=357.571-281.593).

Inversion 50%RV+50%RF	Valor Final
Media	568.551
Mediana	487.854
Media Acotada 90%	**489.300**
Valor Mínimo	198.065
Percentil 1%	238.657
Percentil 5%	281.593
Percentil 25%	366.742
Percentil 50%	487.854
Percentil 75%	671.937
Percentil 95%	1.124.706
Percentil 99%	1.866.401
Valor Máximo	2.539.644
Resultados de mil iteraciones	

Figura 74. Resultados de simular un proceso de inversión combinando al 50% Renta Fija y Renta Variable

El "riesgo" anterior se debería poner en comparación con el "beneficio" probable de optar por la alternativa del 50%/50% respecto a la opción de invertir el 100% en renta fija. El importe de 131.729 euros diferencia entre

489.300 del promedio acotado de la inversión al 50%/50% menos el promedio acotado de la inversión exclusivamente en renta fija 100%/0%, 357.571, supone casi un mayor valor del 37% respecto a la opción más conservadora, y este mayor valor potencial podría justificar para algunos optar por esta alternativa, en cambio para otros no. Más adelante veremos algunos elementos que contribuyen a determinar el nivel de riesgo asumible por cada individuo atendiendo a sus circunstancias particulares.

Si repetimos el mismo esquema para distintas combinaciones de renta fija y renta variable obtendríamos los datos del cuadro que sigue a continuación.

		Resultados medios de 1.000 iteraciones en un proceso de acumulación			
Porcentaje RF	Porcentaje RV	Valor Final Medio	V.F. Medio Acotado 90%	Valor Mínimo 99% confianza	Valor Mínimo
100%	0%	365.919	357.571	218.029	161.620
90%	10%	403.686	391.608	236.096	204.530
80%	20%	456.995	425.518	232.216	196.150
70%	30%	497.821	448.974	241.800	220.812
60%	40%	541.943	465.877	248.672	203.931
50%	50%	568.551	489.300	238.657	198.065
40%	60%	618.797	493.811	213.585	178.831
30%	70%	664.098	544.796	202.367	140.638
20%	80%	731.540	570.003	165.508	131.376
10%	90%	763.842	626.583	171.561	136.799
0%	100%	800.021	606.176	135.634	60.501

Figura 75. Cuadro de resultados en valor final, valor final acotado y valor mínimo de combinar Renta Fija y Renta Variable en distintas proporciones considerando que ambas categorías de inversión se comportan como variables aleatorias

Estos resultados deberían contemplarse desde una perspectiva didáctica y calificarse como relativamente muy conservadores desde la perspectiva de evaluar el riesgo inherente a la inversión en renta variable en la realidad. La aleatoriedad del rendimiento de la inversión en acciones con un horizonte temporal superior a veinte años persiste pero el riesgo es más reducido que el derivado de los cálculos anteriores basados exclusivamente en comportamientos aleatorios.

La regla del 100 menos la edad alcanzada

La regla del "cien menos la edad alcanzada" o "100-x" es una famosa regla de cálculo simplificada o *rule of thumb* en el ámbito de la asesoría de las pensiones en el mundo anglosajón que se utiliza para determinar el porcentaje en renta variable, sobre el total de activos acumulados en un plan de previsión complementario, más adecuado a los intereses del partícipe desde una perspectiva del binomio rentabilidad-riesgo. Es una regla que persigue percibir los rendimientos potenciales de la renta variable y a la vez reducir la exposición al riesgo inherente a la misma a medida que el partícipe de un plan de pensiones alcanza edades superiores.

La razonabilidad de la regla es clara, a medida que avanza la edad el patrimonio acumulado en el plan de pensiones tiende a tener mayor valor, por las sucesivas aportaciones ya realizadas y por los rendimientos medios esperados en el periodo transcurrido, y adicionalmente cuanto mayor sea la edad del partícipe/beneficiario menor recorrido le queda al plan, la consecuencia es que una regla que reduzca la exposición al riesgo de mercado a medida que aumenta la edad es razonable desde una perspectiva económica. Incluso psicológicamente la regla es también aceptable, es lógico suponer que con la edad la aversión al riesgo de una persona se acentúa.

Cien es una constante y "x" es la edad alcanzada en cada momento por un partícipe en un instrumento de previsión individual. De este modo si la edad de un partícipe fuera de 35 años se le recomendaría distribuir sus inversiones en un 65% en renta variable y un 35% en renta fija y si en cambio tuviera 50 años de edad la recomendación de la regla sería distribuir el total de la inversión en un 50% en renta fija y otro 50% en renta variable. Nótese que por la misma regla a los 70 años la exposición a la renta variable sería del 30%, perdurando en la fase de jubilación una exposición a la renta variable si bien decreciente.

La continuidad de la exposición al riesgo de mercado derivado de la renta variable, aún durante la fase de jubilación, tiene su justificación, en el planteamiento habitual en el ámbito de referencia, del objetivo de hacer posible conseguir un flujo de ingresos en dicha fase corregidos por las variaciones del índice de precios al consumo, en tanto la renta variable proporciona una protección respecto a la inflación. Esta regla está vinculada con la otra regla expuesta anteriormente, la del 4% o del 1/300, que relaciona la renta corregida por la inflación susceptible de obtenerse a partir de un capital acumulado con carácter vitalicio y que será objeto de consideración con más detallada más adelante.

La regla del "100-x" tiene una versión más conservadora en lo relativo a la exposición al riesgo de la renta variable que es la del "65-x". El planteamiento es idéntico pero en lugar de establecer la posición en renta variable por la diferencia entre 100 y la edad alcanzada se establece por la diferencia entre la edad de jubilación (65 o 67) y la edad alcanzada en cada periodo. De igual modo la exposición a la renta variable será decreciente a lo largo de la fase de acumulación pero será cero, y se mantendrá en dicho nivel, una vez alcanzada la persona la edad de retiro. Esta versión tiene la ventaja de que la exposición al riesgo de la renta variable se anula al inicio de la fase de jubilación, con lo cual se evitan las fluctuaciones de valor en esta fase, pero tiene la desventaja de la potencial pérdida de mantener el poder adquisitivo por la inflación que pueda existir en la fase de jubilación y en especial en caso de longevidad. La razón de realizarse el planteamiento "65-x", en el ámbito anglosajón, radica en la costumbre, en los momentos actuales menos generalizada, de conversión del valor final acumulado en la fase de actividad, total o parcialmente, en una renta vitalicia, transformación conocida como *annuitization*.

Como todas las reglas generales y simples la auténtica validez de estas reglas reside en determinar una posición de referencia para que un individuo pueda adoptar la decisión más adecuada a sus intereses en función de su capacidad financiera y su disposición a asumir riesgos como se verá más adelante.

Si teóricamente la exposición al riesgo de la renta variable por parte de un ahorrador expresada en forma de porcentaje sobre el total de los activos acumulados se puede modelizar mediante una función del tipo:

$$\omega_t = f(\gamma_t, \lambda_t, \sigma_t, i_t, g_t, T-t)$$

Siendo:
ω_t : porcentaje de la inversión en renta variable en el momento t
γ_t : aversión al riesgo del inversor

λ_t : ratio de Sharpe, expresando el rendimiento de las acciones

σ_t : volatilidad o riesgo apreciado en el mercado de renta variable

i_t : tipos de intereses reales (nominal – inflación) y su volatilidad

g_t : inflación actual prevista

T-t : distancia en tiempo desde el momento actual al horizonte de la inversión

La regla del "100-x" constituiría un exponente de la variable explicativa en el modelo anterior, "T-t", que expresa el periodo residual de permanencia de la inversión por lo tiene una fundamento teórico inequívoco. Si existe un amplio periodo de permanencia caben posiciones más arriesgadas y volátiles que determinen un rendimiento probable más alto, y esta exposición disminuye en tanto el periodo de permanencia sea inferior. Pero a la vez resulta obvio que fundamentar la decisión exclusivamente en uno solo de los elementos determinantes del nivel óptimo de exposición teórico parece excesivamente simple. Aún en el caso de que algunos de los inputs estén correlacionados entre sí, siempre quedará la aversión al riesgo a título individual que dependerá de la disposición y capacidad de asumir fluctuaciones del valor del ahorro acumulado que será distinto en cada individuo e incluso variable en el tiempo, y en consecuencia la regla del "100-x", o cualquiera de sus variantes, es un estimador de referencia, un buen estimador posiblemente, pero debe adaptarse a circunstancias personales y a las circunstancias macroeconómicas del momento.

Una de las críticas realizadas a estas técnicas[126] radica en que implican una transformación automática y ciega de los activos de mayor rentabilidad y volatilidad hacia los activos de menor rentabilidad y volatilidad. En las primeras fases del proceso de ahorro el capital acumulado es muy bajo por lo que ya desde un principio ir reduciendo el peso relativo de la inversión en renta variable puede considerarse sub óptimo, de igual modo el principio básico de reducir la exposición al riesgo de mercado de una forma automática, y renunciar a su potencial mayor rendimiento, puede constituir una forma de consolidar una pérdida cuando en el modelo lo que se persigue es poder consolidar un beneficio.

Por estas consideraciones se han planteado dos tipos de variaciones a la regla general expuesta anteriormente. Por un parte un esquema en el que se mantiene la exposición casi absoluta a la renta variable durante 20-30 años es decir hasta un horizonte de 20 o 10 años a la edad de retiro, suponiendo una duración total del proceso de 40 años, de forma que la reducción lineal anual de 1/20 o 1/10 de la exposición en renta variable no se produce hasta una fase avanzada o cercana al final del proceso de acumulación, no reduciéndose la exposición en renta variable en los primeros 20 o 30 años lo que permite maximizar el potencial rendimiento derivado de la inversión en renta variable al resultar una inversión media ponderada en renta variable superior a la derivada de una reducción lineal desde un principio del proceso.

---

[126] Estos modelos alternativos a los simples de *time diversification* o de *life cycle asset allocation* se conocen como modelos dinámicos, *dynamic asset allocation*.

En segundo lugar están las variaciones del esquema simple del modelo *Life Cycling* del tipo "100-x", en las que el proceso de reducción de la exposición al riesgo de mercado no se realiza automáticamente en cada ejercicio sin ninguna otra consideración sino en función del porcentaje que representa el ahorro efectivamente acumulado respecto al ahorro objetivo o en función de que la inversión en renta variable haya alcanzado o no los objetivos de rendimiento medio preestablecido[127]. De esta forma, alcanzada la edad en la que se debe reducir la exposición, las nuevas aportaciones se vehiculan hacia los activos más seguros pero el fondo acumulado se mantiene en renta variable en tanto no se hayan alcanzado los objetivos de rendimiento previstos. Las variaciones en esta versión, de gestión más activa, llegan a proponer un movimiento bidireccional de modo que no solo se reduzca la exposición en renta variable sino que ante una determinada evolución de las cotizaciones se propone incrementar la exposición de las nuevas aportaciones. Algunas de las formas de gestión dinámica expuestas, como variaciones de la regla general de reducción automática, presentan empíricamente rendimientos potenciales superiores, sin incremento teórico del riesgo, a los derivados de la reducción sistemática, automática y ciega, en función de la edad, por lo que podrían constituir una alternativa más óptima respecto al planteamiento tradicional.

Distintos análisis concluyen, no obstante, en que las técnicas de *Lifecycling* en cualquiera de sus variantes obtienen un valor final del proceso de acumulación inferior

---

[127] Normalmente los rendimientos medios históricos o cualquier otro criterio subjetivo establecido por el ahorrador en colaboración con su asesor.

al que se determinaría de mantener constante, *constant mix*, una determinada proporción de la renta variable a lo largo del proceso. Incluso se estiman valores finales con un margen de seguridad del 75% peores con técnicas de *Lifecycling* respecto a los que se derivarían de técnicas de *constant mix*. No poniendo en duda los resultados de estos estudios lo que no debe olvidarse es la perspectiva de que con las técnicas *Lifecycling* lo que sí se puede es garantizar un valor final del proceso de acumulación superior en casos calificables como excepcionales o catastróficos respecto a modelos del tipo *constant mix*. Y esta es precisamente una de las características que hacen especialmente valiosas las técnicas de *Lifecycling*, el objetivo del ahorrador es acumular el mayor valor final posible como resultado del proceso de ahorro pero a la vez garantizarse que aún en circunstancias excepcionales se alcanzará un nivel mínimo. Al inversor-ahorrador en un esquema de previsión no le vale una garantía del 85% de seguridad, ya que si se incurre en el evento en el 15% de las ocasiones, ¿en qué situación se encuentra?, ¿qué hacer entonces?. La decisión racional económica no es estrictamente matemática en base al mayor valor medio esperado del valor final acumulado, al igual que una empresa no puede adoptar decisiones que pongan en juego (si sus gestores tienen un mínimo de capacidad) su viabilidad, los particulares no pueden adoptar decisiones que, en caso de evento, les conduzcan a una situación de extrema carencia para afrontar su jubilación.

Otras técnicas de rebalanceo

La literatura técnica sobre la gestión de carteras de activos concluye en que en la gestión a largo plazo es más relevante, a efectos del valor final, la asignación estratégica de activos que la asignación coyuntural en función del momento observado en el mercado. No obstante hay un hecho ineludible y es que una vez definida una determinada estructura de inversión, asignando pesos relativos a las distintas clases de activos, la evolución de los mercados en los que cotizan estos activos hará que la estructura real de la cartera se distancie de la estructura inicial o estratégica. En esta situación caben dos posibles acciones, no hacer nada ("*buy and hold*") y permitir las desviaciones que se produzcan en el peso relativo de las distintas clases de activos como consecuencia de las variaciones de las cotizaciones de los mismos respecto a la estrategia inicial, o establecer un mecanismo de rebalanceo ("*rebalancing*") que periódicamente restablezca el peso proporcional de los activos a la decisión estratégica inicial. Ello implica vender parte de los activos que se han revalorizado más y comprar parte de los activos que se han depreciado.

Los mecanismos de rebalanceo pueden ser clasificados en dos grandes grupos, mecanismos de gestión activa y mecanismos de gestión pasiva. Los mecanismos de gestión activa, al igual que en la gestión activa de una cartera, modifican la estructura de la inversión en función de unos indicadores o estimadores predictivos del movimiento de los distintos mercados. Se fundamentan en modelos o en la intuición de los gestores y empíricamente si bien hay un hueco en el que determinadas formas de gestión pueden aportar valor, de media no proporcionan un mejor rendimiento respecto a una gestión totalmente pasiva del tipo "*buy and hold*" (siempre que esta última se fundamente en una diversificación muy amplia). Los mecanismos de rebalanceo de gestión pasiva son aquellos que establecen la modificación automática de la composición de la estructura porcentual de la cartera de una forma automática atendiendo a un determinado periodo o en función de la superación de unos determinados límites. Supongamos una cartera con un valor inicial de 100 en la que se ha establecido una estructura estratégica de inversión del 50% en renta variable y otro 50% en renta fija. Al cabo de un año la renta variable se ha reevaluado en un 10% y la renta fija mantiene su valor inicial, en consecuencia la cartera tendrá un valor final total de 105. La participación en aquel momento de cada categoría de activos sería de un 52,38% en la renta variable (=55/105) y un 47,62% (=50/105) la renta fija. La técnica de rebalanceo en base a una periodicidad anual haría que a final de año se vendiese parte de la renta variable y se adquiriese nueva renta fija para restablecer de nuevo el *mix* 50%-50% definido con carácter estratégico.

Si la técnica de rebalanceo se estableciese en función de límites, no en función de periodos, el ajuste de la composición de la cartera se realizaría en el momento en que se registrase una desviación, en un determinado porcentaje, en la composición de la cartera respecto a la estructura estratégica, en cualquier momento sin esperar al final de un periodo determinado. Los efectos de ambos mecanismos de rebalanceo se califican como anti-cíclicos ya que tienden a vender unos activos cuando se registran alzas de cotización y a comprar otros activos cuando se registran bajas de cotización[128].

A pesar de que cualquier técnica de rebalanceo implica costes adicionales, por el mayor volumen de transacciones implícito, se ha demostrado empíricamente que una aplicación sistemática de las técnicas pasivas expuestas anteriormente proporcionaría mejores resultados que simplemente una técnica de "buy and hold". En un análisis realizado para el periodo 1960-2011 sobre una estructura de inversión propia de un fondo de pensiones, si de la técnica "buy and hold" se determina un rendimiento medio del orden del 5,38% con una volatilidad del 7,51%, de haberse aplicado las referidas técnicas de rebalanceo se hubiese obtenido un mejor rendimiento del orden del 0,25% y una reducción de la volatilidad en el entorno del 1,50%. Resulta obvio que cualquier estrategia que comporta mejora de la rentabilidad y reducción de la volatilidad es aconsejable, pero en una inversión a 30 años, típica para un partícipe y después beneficiario de un plan de pensiones, aún más, ya que una diferencia de rentabilidad del 0,25% puede suponer una diferencia en los valores finales del proceso de ahorro del orden de un 7,4%. Si solo atendemos la diferencia en el valor final al acabar el proceso de aportaciones periódicas la diferencia entre el valor acumulado podría ser del orden del 5%.

---

[128] Una técnica de rebalanceo automática pro-ciclíca es la denominada CPPI acrónimo de *"Constant Proportion Portfolio Insurance"* bajo la que subyace un mecanismo de venta cuando los mercados bajan y de compra cuando los mercados suben y todo ello en aras a "asegurar" el valor de la inversión inicial de la cartera y de aquí el término *"insurance"* en la definición de la técnica , aunque obviamente no se trata de un contrato de seguro ni está garantizado el éxito de la técnica ante cualquier circunstancia.

La anterior regla del "100-x", (o la más conservadora del "65-x"), pueden también considerarse técnicas de rebalanceo automáticas anti-cíclicas con los mismos efectos positivos previsibles. Incluso puede combinarse la regla periódica en función de la edad con la regla de revisión de la composición en el caso de que a lo largo de ejercicio se superaran determinados límites. Una ventaja añadida a esta estrategia para un partícipe, en el caso de la regulación española, es la ausencia de cualquier coste de movilización al transferir sus derechos consolidados o provisiones de un plan de pensiones o de un plan de previsión asegurado a otro/s planes de pensiones o planes de previsión asegurados.

La regla del 4% y otras formas de disposición

En apartados anteriores y en otros capítulos se ha hecho referencia a la regla del 4%, es decir una vez alcanzada la edad de jubilación es razonable esperar obtener cada año un flujo de ingresos, revisable anualmente según la variación del índice de precios al consumo, a partir del capital acumulado al inicio de la fase de jubilación, del 4% sobre dicho capital acumulado al inicio de la fase de la jubilación[129]. En otras palabras si el capital acumulado al

---

[129] Esta "regla" se fundamenta en los trabajos de W.Bengen realizados en 1994 basada en las rentabilidades de los activos durante periodos de treinta años en aquella fecha. En una posterior consideración se elevó al 4,5%. En las condiciones financieras actuales se estima no superior a un 3,80%. En 1989 otra labor de investigación conocida como "Trinity Study", al ser dirigida por tres investigadores (P.L. Cooley, C.M. Hubbard y D.T. Walz) de la Trinity University de San Antoni, Texas, desarrolló ampliamente el concepto de tasa de disposición sostenible considerando distintos periodos y distinta composición del portfolio de activos.

inicio de la jubilación fuera de 300.000 euros, sería razonable que el individuo o la unidad familiar pudiera realizar una disposición sistemática de una renta de 12.000 euros anuales en términos reales, es decir manteniendo el poder adquisitivo de dicha renta a lo largo de los años de jubilación. La regla del 4% anual equivale a la regla del 1/300 mensual.

El aspecto subyacente en esta regla es que el capital se puede ir consumiendo anualmente a través de las disposiciones que se realizarán en función de lo establecido en la regla con independencia del rendimiento efectivamente obtenido del activo acumulado en cada ejercicio, y que dicho capital, junto con los rendimientos efectivos que se vayan generando, será suficiente con carácter vitalicio, o lo que es lo mismo aún quedará en la mayoría de los casos algún capital pendiente de disponer al fallecimiento del último miembro de la unidad familiar. La razón de volver a considerar esta regla en este capítulo es por las consideraciones subyacentes de la misma respecto al mantenimiento de una parte del saldo acumulado en renta variable.

Esta regla es útil como punto de referencia pero es excesivamente simplista en cuanto por una parte no explicita la cobertura del riesgo de la longevidad al no considerar la dispersión del periodo temporal durante el cual serán viables las disposiciones, y por otra parte, precisa determinar la composición de la estructura de la inversión a lo largo de la fase de disposición. La cobertura del efecto del riesgo de longevidad será objeto de consideración en un posterior capítulo, la estructura de la inversión exigida será objeto de consideración a continuación.

La validez de la regla del 4% está fuertemente condicionada a la estructura de la inversión mantenida durante la fase de jubilación. No es lo mismo que el 100% de los activos estén invertidos en renta fija o que el 100% de los activos estén invertidos en renta variable, la disposición sistemática de un 4% revisable por las variaciones de un índice de precios implicará una velocidad de dilución del capital distinta y en consecuencia una mayor o menor probabilidad de suficiencia del ahorro para generar con carácter vitalicio la renta calculada al igual que implicará asumir distintos niveles de riesgo de mercado.

Al respecto el cuadro que sigue a continuación[130] proporciona información relevante al combinar para distintas estructuras de cartera y distintos periodos temporales de duración la ratio de disposición, alternativamente al 4% general, susceptible de aplicarse con un margen de confianza determinado, en este caso del 85%.

	Nivel máximo de porcentaje reembolsable del capital acumulado a la jubilación según distribución cartera y años de duración		
Años	Cartera Conservadora 20% Renta Variable	Cartera Moderada 50% Renta Variable	Cartera Agresiva 80% Renta Variable
20	4,80%	5,10%	5,30%
30	3,40%	3,80%	4,00%
40	2,70%	3,20%	3,40%

Nivel de confianza del 85%. En un 15% de los casos se registrará un déficit antes del número de años indicados

Figura 76. Tasa sostenible de disposición para distintos periodos en función de la estructura de inversión subyacente

---

[130] Elaborado a partir del simulador de Vanguard en www.vanguard.com datos Diciembre 2014.

En el cuadro se expone el porcentaje de reembolso aplicable sobre el saldo acumulado al inicio de la fase de jubilación susceptible de retirarse en forma de renta anual, incrementando la renta en cada ejercicio con la inflación, con un margen de confianza del 85%. De preverse una duración de la fase de jubilación de 30 años, la regla del 4%, en las condiciones actuales y según la estimación de referencia, sólo sería válida con una cartera posicionada en renta variable en un 80%. Con el mismo horizonte temporal y una participación de la renta variable, sobre el total de la cartera, del 20% el régimen de disposición debería limitarse a un 3,40%. Nótese que si la disposición se realiza a partir de una tasa inicial del 3,40% ello implicaría que la renta generada por el esquema de previsión resultaría un 15% inferior a la susceptible de obtenerse a partir de una tasa del 4% [(4,00-3,40)/4,00]. Y todo ello con un margen de confianza o seguridad del 85%, es decir que en un 15% de los casos el régimen de disposición preestablecido consumiría el capital antes de los treinta años.

Es importante hacer notar que a pesar de la inseguridad relativa que proporcionan los valores de la probabilidad de incumplimiento con un determinado nivel de confianza hay que relativizar dicho valor por el número de años de suficiencia de los recursos en los casos de incumplimiento. A partir del cuadro que sigue a continuación se puede observar que para distintos periodos la regla del 4% ha sido suficiente con distintas estructuras de inversión y que en los casos de insuficiencia, para un periodo proyectado de 30 años, el régimen de disposición habría sido suficiente al menos durante 26 años cuando en la cartera una parte de la inversión se hubiera materializado en renta variable.

Exposición al riesgo de mercado

Experiencia empírica de la adecuación de la regla del 4% para un plazo de 30 años
Porcentaje de Suficiencia - número de fallos - años suficiencia peor en experiencia

Periodo de Observación	Estructura de la inversión			
	25% RV 75% RF	50% RV 50% RF	75% RV 25% RF	100% RV 0% RF
1871-2013	88%-14-26 años	96%- 4 -28 años	98%- 2 -28 años	96%- 4 -24 años
1900-2013	85%-14-26 años	95%-4 -28 años	98%-2 -28 años	98%-2 -28 años
1950-2013	60%-14-26 años	89%-4 -28 años	94%-2 -28 años	91%-3 -25 años
1975-2013	100%-0	100%-0	100%-0	100%-0

Se entiende por fallos el número de ocasiones en las que el saldo acumulado se agota
antes de alcanzar el horizonte temporal de disposición preestablecido (30 años)
Se entiende por años de suficiencia en la peor experiencia el número mínimo de años
en los que se habría extendido el regimen de disposición sin agotar el saldo.
Elaboracion propia con datos renta variable US y rendimiento renta fija de un uno por ciento
por encima de la inflación a partir del calculador "Retirement Planner" en www.moneychimp.com

Figura 77. Contraste de la validez de la regla del 4% como tasa de disposición sostenible atendiendo a distintas estructuras de inversión y evidencia empírica de comportamiento de los mercados en distintos periodos

Nótese que de acuerdo con los datos históricos una inversión con un 75% en renta variable y un 25% en renta fija constituiría un óptimo de asignación en términos de probabilidad media desde la perspectiva de cobertura de la inflación y seguridad de cumplimiento si bien ello se realizaría a costa de soportar un riesgo de fluctuación en el saldo del plan de pensiones, y en consecuencia poniendo en peligro el patrimonio, muy por encima de los límites de confort soportables por personas en fase de jubilación.

Si un lector hubiera alcanzado un cierto estado de desesperación respecto a la imposibilidad de "garantizar" sus ingresos de por vida como consecuencia de la superposición del riesgo de longevidad y de los riesgos financieros inherentes a las distintas clases de activos se le puede tranquilizar de dos formas, por una parte por la posibilidad de utilizar los seguros de rentas vitalicias inmediatas y diferidas para edades avanzadas (ALDA[131]) que se considerarán más adelante, y por otra por la existencia de técnicas de disposición que garantizan la permanencia de un saldo remanente del capital acumulado en el momento del fallecimiento sea cual sea el momento en que se produzca y sea cual sea el rendimiento financiero de los activos.

Estas técnicas[132] consisten en distintas variantes de un proceso de retirada en cada anualidad durante la jubilación de una fracción del capital residual al inicio de cada ejercicio igual al inverso de la esperanza de vida correspondiente a la edad alcanzada. La utilización de un factor de disposición variable anualmente del tipo, "$1/e_{x+t}$", siendo "e_{x+t}", la esperanza completa de vida[133] correspondiente a la edad alcanzada "x+t", para determinar la anualidad susceptible de ser retirada en cada ejercicio garantiza que en ningún momento se consumirán los recursos si bien tiene el inconveniente de la indeterminación previa de la cuantía susceptible de

---

[131] Advanced Life Delayed Annuities

[132] Inicialmente estas técnicas, en el ámbito de las pensiones en USA y Canadá, consistían en aplicar un factor de disposición anual variable pero predeterminado desde el inicio en cada ejercicio del tipo 1/25, 1/24, 1/23... 1/1, sobre el saldo del inicio de cada ejercicio, en cuanto partían de la consideración de una duración máxima de la vida humana de 90 años (=65+25). Con el transcurso del tiempo la técnica se ha refinado aplicándose un factor variable que tiene en cuanta la esperanza completa de vida del individuo o en su caso de la pareja en el inicio de cada ejercicio. La aplicación de estas mecánicas es compatible con cualquier estructura de inversión, su principal ventaja es que los rendimientos obtenidos en cualquier ejercicio ya sean positivos o negativos se diluyen entre el número de años probables siguientes de cobro. Si el rendimiento en un ejercicio fuese nulo la disposición en el ejercicio t+1 resultaría idéntica a la realizada en el ejercicio t, es decir permanecería constante.

[133] Concepto que se verá con más detalle al comentar el riesgo de longevidad.

retirarse que dependerá del rendimiento efectivo de los recursos acumulados.

En el cuadro que sigue a continuación se indican las esperanzas de vida, a partir de las tablas GRMF95 correspondientes a individuos o parejas, en este caso de la misma edad, a partir de los 65 años. Se observa que a la edad de 65 años la esperanza de vida del grupo (que permanezca vivo al menos uno de sus componentes) es de 31,04 años, ello implica que la cantidad susceptible de retirarse del fondo acumulado en el primer ejercicio seria 1/31,04, es decir un 3,22%. En el ejercicio siguiente la cantidad a retirar, si permaneciesen vivos los dos, sería el resultado de aplicar un factor de 1/30,14 (=3,32%), sobre el capital existente en aquel momento, si al cabo de diez años hubiese fallecido el hombre la mujer podría retirar una fracción del 1/18,98 (=5,27%).

Nótese que en cada año el factor de disposición aumenta ya que se trata del inverso de la esperanza completa de vida y esta variable por su propia definición desciende de año en año. Ello podría dar una falsa sensación de que esta forma de disposición es creciente y que proporciona una relativa protección contra la erosión de la capacidad de compra derivada de la inflación, pero como se observa más adelante, a medida que avanza la edad el importe susceptible de disponerse anualmente podría disminuir y especialmente a edades avanzadas.

El paseo aleatorio hacia la jubilación

	Esperanza completa de vida pareja de 65 años			
Edad	Mujer	Hombre	Ambos	Alguno de los dos
65	27,15	20,47	16,57	31,04
66	26,28	19,75	15,88	30,14
67	25,42	19,03	15,21	29,24
68	24,57	18,33	14,55	28,35
69	23,74	17,63	13,90	27,47
70	22,91	16,95	13,26	26,60
71	22,10	16,29	12,65	25,74
72	21,31	15,64	12,05	24,89
73	20,52	15,01	11,47	24,06
74	19,74	14,40	10,91	23,23
75	18,98	13,81	10,37	22,42
76	18,22	13,25	9,85	21,61
77	17,47	12,71	9,35	20,82
78	16,72	12,19	8,87	20,05
79	15,99	11,69	8,40	19,28
80	15,28	11,21	7,96	18,54
81	14,58	10,76	7,53	17,81
82	13,90	10,32	7,12	17,09
83	13,24	9,89	6,73	16,40
84	12,61	9,48	6,36	15,73
85	12,01	9,08	6,01	15,08
86	11,43	8,69	5,67	14,45
87	10,88	8,31	5,35	13,84
88	10,36	7,94	5,05	13,25
89	9,86	7,56	4,75	12,68
90	9,39	7,20	4,47	12,12
91	8,93	6,83	4,19	11,57
92	8,49	6,48	3,93	11,04
93	8,06	6,13	3,67	10,53
94	7,65	5,80	3,42	10,03
95	7,24	5,49	3,19	9,55
96	6,85	5,19	2,96	9,08
97	6,48	4,91	2,75	8,63
98	6,12	4,64	2,55	8,21
99	5,78	4,38	2,37	7,80
100	5,46	4,14	2,19	7,41

Tablas GRMF-95

Figura 78. Esperanza completa de vida a distintas edades a partir de 65 años diferenciando por sexo y considerando la suuervivencia conjunta de ambos o de alguno de ellos

Como se ha indicado este esquema garantiza la persistencia del capital, siempre quedará un saldo al fallecimiento, nunca se puede producirse la circunstancia de que una persona sobreviva a sus activos, (*the risk of outliving your assets*) e incorpora automáticamente el efecto del rendimiento efectivo de las inversiones y la supervivencia del o los beneficiarios, pero no permite conocer el importe periódico que se podrá disponer en tanto dependerá de la rentabilidad efectiva de los activos a lo largo del proceso.

En los cuadros que siguen a continuación se exponen los importes periódicos susceptibles de ser dispuestos o retirados por un hombre de 65 años siguiendo el anterior esquema, es decir en función del inverso de la esperanza de vida, a partir de un capital inicial de 200.000 euros, entre los 65 y 95 años años y en dos hipótesis alternativas de rendimiento medio de los activos, un 1% y un 4%.

El paseo aleatorio hacia la jubilación

Disposición Hombre 65-95 años en función esperanza vida y rdto 1%					
Edad	Saldo Inicial	Esperanza de vida	Dispuesto SI*1/esperanza	Rendimiento	Saldo Final
65	200.000	20,47	9.771	1.902	192.131
66	192.131	19,75	9.731	1.824	184.224
67	184.224	19,03	9.680	1.745	176.289
68	176.289	18,33	9.619	1.667	168.337
69	168.337	17,63	9.547	1.588	160.378
70	160.378	16,95	9.461	1.509	152.426
71	152.426	16,29	9.360	1.431	144.497
72	144.497	15,64	9.241	1.353	136.609
73	136.609	15,01	9.103	1.275	128.781
74	128.781	14,40	8.944	1.198	121.035
75	121.035	13,81	8.763	1.123	113.395
76	113.395	13,25	8.559	1.048	105.884
77	105.884	12,71	8.332	976	98.528
78	98.528	12,19	8.083	904	91.349
79	91.349	11,69	7.813	835	84.371
80	84.371	11,21	7.523	768	77.616
81	77.616	10,76	7.215	704	71.105
82	71.105	10,32	6.892	642	64.855
83	64.855	9,89	6.556	583	58.882
84	58.882	9,48	6.210	527	53.198
85	53.198	9,08	5.857	473	47.815
86	47.815	8,69	5.499	423	42.739
87	42.739	8,31	5.141	376	37.974
88	37.974	7,94	4.785	332	33.521
89	33.521	7,56	4.432	291	29.380
90	29.380	7,20	4.083	253	25.549
91	25.549	6,83	3.740	218	22.028
92	22.028	6,48	3.401	186	18.813
93	18.813	6,13	3.068	157	15.903
94	15.903	5,80	2.741	132	13.293
95	13.293	5,49	2.423	109	10.979

Figura 79. Esquema de disposición de un fondo a partir de los 65 años utilizando como tasa de disposición variable el inverso de la esperanza de vida y un rendimiento del 1%

Exposición al riesgo de mercado

Disposición Hombre 65-95 años en función esperanza vida y rdto 4%					
Edad	Saldo Inicial	Esperanza de vida	Dispuesto SI*1/esperanza	Rendimiento	Saldo Final
65	200.000	20,47	9.771	7.609	197.838
66	197.838	19,75	10.020	7.513	195.331
67	195.331	19,03	10.264	7.403	192.470
68	192.470	18,33	10.502	7.279	189.246
69	189.246	17,63	10.733	7.141	185.654
70	185.654	16,95	10.952	6.988	181.690
71	181.690	16,29	11.157	6.821	177.355
72	177.355	15,64	11.342	6.640	172.653
73	172.653	15,01	11.505	6.446	167.594
74	167.594	14,40	11.640	6.238	162.192
75	162.192	13,81	11.743	6.018	156.468
76	156.468	13,25	11.810	5.786	150.444
77	150.444	12,71	11.839	5.544	144.150
78	144.150	12,19	11.826	5.293	137.616
79	137.616	11,69	11.770	5.034	130.880
80	130.880	11,21	11.670	4.768	123.978
81	123.978	10,76	11.525	4.498	116.951
82	116.951	10,32	11.336	4.225	109.839
83	109.839	9,89	11.104	3.949	102.685
84	102.685	9,48	10.830	3.674	95.530
85	95.530	9,08	10.517	3.401	88.413
86	88.413	8,69	10.169	3.130	81.374
87	81.374	8,31	9.789	2.863	74.449
88	74.449	7,94	9.381	2.603	67.670
89	67.670	7,56	8.947	2.349	61.073
90	61.073	7,20	8.488	2.103	54.688
91	54.688	6,83	8.005	1.867	48.550
92	48.550	6,48	7.496	1.642	42.697
93	42.697	6,13	6.963	1.429	37.163
94	37.163	5,80	6.405	1.230	31.988
95	31.988	5,49	5.829	1.046	27.205

Figura 80. Esquema de disposición de un fondo a partid de los 65 años utilizando como tasa de disposición variable el inverso de la esperanza de vida y un rendimiento del 4%

Obsérvese que en los dos cuadros de licuación o de disposición del ahorro, el proceso iterativo en cada ejercicio parte del saldo inicial, la esperanza de vida en aquel momento y el rendimiento efectivamente obtenido. Así por ejemplo para un rendimiento del 1% a los 70 años siendo el capital inicial al cumplir dicha edad de 160.378 euros, la disposición anual anticipada se calcula dividiendo dicho importe por el valor de la esperanza completa de vida de un varón de 70 años (16,95, según cuadro anterior), determinándose una disposición de 9.461 euros en dicho ejercicio, el rendimiento hipotético del uno por ciento se aplica sobre el saldo que permanece en el plan, 150.917 (= 160.378 - 9.461), obteniéndose un rendimiento de 1.509 euros que agregado al saldo después de la disposición determina el saldo final del ejercicio 152.426 (= 150.917 + 1.509), y así en los sucesivos ejercicios atendiendo al hecho de que el factor de disposición variará en cada uno de ellos.

El Cuadro calculado con un rendimiento constante estimado del 4% tendría idéntico funcionamiento a excepción de que la capitalización anual del saldo se realiza a una tasa distinta. Naturalmente el efecto de alcanzarse una u otra rentabilidad es muy significativo, a los 80 años con un rendimiento del uno por ciento la disposición sería de 7.523 euros, mientras que de haberse obtenido un rendimiento del cuatro por ciento la disposición a los 80 años se estima en 11.670 euros (un 55% superior).

En cualquier caso, con un rendimiento del 1% o del 4%, se observa que las disposiciones anuales no tienden a mantenerse sino que alcanzada una determinada edad tenderían a decrecer (y ello a pesar de que el factor de disposición, el inverso de la esperanza, va aumentando). Para que la cantidad retirada anualmente permaneciese constante en términos reales el rendimiento de las inversiones debería cubrir la variación de precios más el efecto del incremento de la esperanza de supervivencia[134].

---

[134] Desde una perspectiva actuarial el hecho de permanecer con vida exige, para que el capital se mantuviera constante un rendimiento mínimo, rendimiento o factor actuarial, r_a, en cada ejercicio determinado por la

En cualquier caso se trata de un esquema de disposición conservador en tanto se ajusta en cada ejercicio a la realidad de la situación, tanto la supervivencia de un individuo o del grupo (la pareja de la unidad familiar) y la rentabilidad efectivamente alcanzada y puede utilizarse con independencia de la estructura de la inversión del fondo. A diferencia de las disposiciones con fracciones decrecientes del tipo 1/25,1/24…, nunca cabe la posibilidad de que los activos se consuman antes del fallecimiento de una persona o de la extinción del grupo.

El riesgo en otras clases de activos

No debe perderse la perspectiva de que todas las inversiones, todos los activos, tanto financieros como no financieros incorporan, algún nivel de riesgo, quizás de distinta naturaleza, quizás no tan perceptible como el riesgo de mercado de la renta variable, pero el riesgo cero[135] no existe en ninguna alternativa de inversión. En consecuencia cuando comparamos el riesgo de la renta

---

expresión, $[r_a = l_x/l_{x+1} -1]$. La problemática es que este factor no es constante sino que en tanto se establece a partir de la inversa de la probabilidad de fallecimiento entre la edad x y la edad x+1, crece con la edad lo que implica a edades muy avanzadas el riesgo no mantenimiento del nivel de la renta salvo la obtención de rendimientos financieros excepcionales. A título de ejemplo el factor actuarial es del 3 por mil a los 60 años, del 8 por mil a los setenta, del 2 por ciento a los 80 y del 6 por ciento a los noventa. Sobrevivir sale caro desde una perspectiva financiera por lo que el seguro de rentas vitalicias a edades avanzadas constituye la mejor alternativa en tanto la institución del contrato de seguro hace posible a través de la entidad aseguradora que las aportaciones de los que no sobreviven contribuyan a financiar los supérstites.

[135] Cuando en los planteamientos teóricos se hace referencia al rendimiento de un activo libre de riesgo se hace referencia al rendimiento de un bono emitido por un estado con alta calificación crediticia a corto plazo.

variable con el riesgo derivado de otra clase de activos no debe establecerse un esquema mental comparando una inversión con riesgo (renta variable) respecto a una inversión sin riesgo (otros instrumentos, renta fija, inmuebles, hedge funds), sino más bien debe prevalecer un esquema mental comparando, una inversión, renta variable, con un determinado tipo de riesgo, el riesgo de mercado, propio o específico de la renta variable, con otras clases de inversiones, con otras clases de activos, con distintas clases y niveles de riesgo (riesgo de crédito, de tipo de interés, etc.). Sólo así se puede analizar adecuadamente la problemática planteada y aproximarse a una solución óptima a nivel de cada individuo o unidad familiar.

En el cuadro que sigue a continuación, complementando lo expuesto en la última sección del Capítulo 2º, se esquematizan para las distintas categorías de inversión en que se clasifican los fondos de pensiones las principales clases de riesgos inherentes a las mismas.

Clases de Riesgo	Renta fija a corto plazo	Renta fija a largo plazo	Renta variable
Riesgo de Mercado			X
Riesgo de Interés		X	
Riesgo de Spread	X	X	
Riesgo de Crédito	X	X	
Riesgo de Divisa	X	X	X
Riesgo de Concentración	X	X	X
Riesgo de Liquidez	X	X	X

Figura 81. Riesgos elementales en distintas categorías de inversión

Exposición al riesgo de mercado

El riesgo de mercado lo asimilamos en esta exposición exclusivamente al riesgo de fluctuación de la renta variable, lo que se denomina también riesgo de acción o de "*equity*". Esta fluctuación incorpora dos componentes la derivada de la mayor o menor fuerza de la demanda y de la oferta en cada momento, y la línea de tendencia del mercado en general y de un título en particular. A nivel de un título, o a nivel del mercado en su conjunto, la renta variable también asume y soporta las consecuencias de los riesgos de interés, spread y crédito, pero no directamente, sino a través de las variaciones de precio que se manifestarán en el mercado en el que se enfrenta la oferta y la demanda y que serán consecuencia de la valoración por parte de los oferentes y demandantes de cómo afectarán los anteriores riesgos a la rentabilidad del negocio futuro, a las masas patrimoniales de la sociedad cotizada o a la actividad en la que se desenvuelve la sociedad.

Adicionalmente una posición en renta variable puede estar sujeta, si fuere el caso, al riesgo de divisa en tanto su cotización estuviera nominada en una moneda distinta a la de referencia en el fondo de pensiones y se produzcan cambios de paridad que reduzcan en la moneda de referencia el valor de las posiciones en otras divisas, por devaluación de estas o revalorización de aquella. De igual modo la renta variable asume un riesgo de liquidez consecuencia de una falta puntual de liquidez en el mercado que se produce cuando las órdenes de venta no pueden ejecutarse a un precio razonable, a un "*fair value*", por falta de negociación consecuencia de posiciones en entidades con baja frecuencia o bajo volumen de negociación, que dificultan su ejecución salvo a precios anormalmente bajos. Finalmente el riesgo de concentración en renta variable deriva de la consideración de una cartera en su conjunto, y sería consecuencia de la falta de dispersión o diversificación como resultado de una concentración en títulos o segmentos de mercado que caracterizan a determinados títulos asumiendo un riesgo específico más amplio que el riesgo sistemático de la renta variable en su conjunto.

La renta fija a corto plazo se asimila a la categoría de inversión de más bajo riesgo y con carácter general ello puede ser verdad. Una inversión en renta fija a corto plazo no soporta un riesgo significativo de tipo de interés en tanto precisamente por ser una inversión a corto plazo[136] el riesgo de tipo de interés inherente, medido en función de la duración de la cartera, debe ser necesariamente bajo. Pero nada impide que una cartera de renta fija a corto plazo soporte pérdidas significativas como consecuencia de los riesgos de spread, crédito, divisa, concentración o liquidez.

El riesgo de *spread* deriva de las variaciones de valor consecuencia de cambios en la calificación crediticia de un título o cambios en el sentimiento de riesgo de potenciales pérdidas que se manifiesten en el mercado ante las distintas calificaciones. Es decir un título de renta fija que tenga una calificación crediticia determinada, por ejemplo, BBB+ con perspectiva estable, puede perder valor de mercado si las agencias de calificación clasificasen la emisión en una revisión[137], por ejemplo en

---

[136] Según Inverco la categoría de Fondos de Pensiones de Renta Fija a corto plazo realiza inversiones exclusivamente en instrumentos de renta fija con una duración media de la cartera inferior o igual a dos años.

[137] Nótese que un descenso de la calificación crediticia en los títulos emitidos por un emisor privado puede producirse tanto por una situación económica deteriorada que reduzca la rentabilidad del negocio, como

BBB- con perspectiva negativa. A una menor calificación crediticia el mercado demandará un mayor margen o *"spread"* para asumir el mayor riesgo. Pero igualmente un título de renta fija a corto plazo puede mantener una calificación crediticia y también experimentar pérdidas de valor de mercado si el sentimiento del mercado hacia el riesgo de crédito cambia. Ello es normal en los momentos de tensión en los que se produce lo que se denomina un "vuelo hacia la calidad" en la que se reducen posiciones de baja calificación aumentando las posiciones con más alta calificación. Pero a la inversa también se produce el mismo fenómeno para los títulos de alta calificación crediticia cuando en el mercado se reduce la percepción de riesgo de crédito, se producirá el movimiento contrario al anteriormente descrito y los títulos de alta calidad perderán valor de mercado ya que su demanda descenderá y el nuevo equilibrio se producirá con más amplios márgenes para los mismos o lo que equivale a un valor inferior.

El riesgo de crédito se asimila a la posibilidad de incumplimiento por parte del emisor en su obligación de pago, en cuantía tiempo o forma. En cierto modo el riesgo de spread va anticipando vía cotizaciones de las distintas emisiones a lo largo del tiempo el deterioro del valor de una emisión. El último escalón es el *default*, pero para los títulos cotizados el impacto final del *default* es menor porque es muy posible que se haya ido recogiendo sucesivamente el deterioro de la calidad crediticia si las señales dicha tendencia fueron percibidas por el mercado a través de la concreción del riesgo de *spread*. Pero

---

también a consecuencia de una actividad expansiva, aún con resultados crecientes, en la que se incremente el apalancamiento con nuevas inversiones financiadas con recursos ajenos.

también se puede producir el caso en el que la situación de deterioro de la calidad crediticia no se haya detectado y abruptamente un título de renta fija pierda casi todo su valor o buena parte del mismo de un día para otro. Esto puede ser debido a situaciones de fraude encubiertos, falta de transparencia por parte del emisor, circunstancias afloradas no evaluadas por las agencias de calificación, comportamientos fraudulentos detectados por los supervisores y otras circunstancias sobrevenidas. Es importante tener en cuenta que tal como se ha podido observar en los cuadros de las matrices de transición de las calificaciones crediticias que todos los niveles de calificación crediticia, incluso los niveles más altos, tienen una probabilidad de entrar en *default*, según la evidencia empírica, en tan solo doce meses.

El riesgo de divisa para un título de renta fija, al igual que lo indicado al comentar el mismo riesgo en la renta variable, tan sólo es de aplicación en aquellas emisiones nominadas en una moneda distinta de la de referencia del fondo. Una devaluación de las otras monedas repercutirá en una pérdida de valor de la posición en la moneda de referencia. Esto puede ser especialmente relevante cuando las posiciones de renta fija estén nominadas en las monedas de países emergentes o países con tradición en devaluaciones o en reestructuraciones de la deuda.

El riesgo de concentración es consecuencia de la menor diversificación y dispersión respecto a los índices de referencia. Cualquier concentración determinará una desviación respecto al comportamiento del índice correspondiente al mercado en su conjunto y en consecuencia comportará una mayor volatilidad y un mayor potencial riesgo de pérdidas. Si la concentración se produce adicionalmente en calificaciones inferiores al nivel de calificación BBB el riesgo asumido aumenta exponencialmente triplicando el que derivaría de calificaciones entre los niveles A y BBB[138].

Aparte de los riesgos financieros detallados las valoraciones de los activos de renta fija pueden experimentar variaciones negativas como consecuencia del riesgo legal, riesgo político, riesgo operacional y otros similares.

En la categoría de inversión de renta fija a medio o largo plazo, a los efectos de todos los riesgos indicados anteriormente referidos a la renta fija a corto plazo debe añadirse el efecto inherente del riesgo de tipo de interés. La duración media de la cartera es el principal indicador del riesgo de interés. Una cartera compuesta exclusivamente por títulos de renta fija a largo plazo experimentará variaciones de valor, aún permaneciendo constante la percepción del resto de los riesgos, amplificándose en la valoración los efectos de los cambios de tipos por su duración. A título de ejemplo una duración financiera corregida media de 8 años implicaría una variación aproximada del valor de una cartera de un 8% ante un cambio de tipos (al alza) de un 1%. Si el cambio en la estructura temporal de tipos de interés, la denominada curva de tipos, es decir el tipo de interés de mercado a distintos plazos, es súbito el cambio de valor de la cartera también será casi instantáneo y en consecuencia la volatilidad de una cartera de renta fija a largo puede ser muy importante. Adicionalmente los

---

[138] Niveles inferiores a la calificación crediticia "BBB-" no se consideran como "investment grade", sino como "speculative grade". Con un tono despectivo suelen denominarse "junk bonds" o "bonos basura".

cambios en la percepción de algunos de los riesgos anteriores, spread, crédito, iliquidez y otros amplifican su efecto en las emisiones con vencimientos a medio y largo plazo lo que combinado con el riesgo de interés incorpora una mayor volatilidad.

Existe una circunstancia añadida en la consideración del riesgo de interés, cual es la denominada reversión a la media de los tipos (reales o nominales). Ello hace que en determinadas circunstancias no pueda equiparse la probabilidad de movimientos a la baja de los tipos con la probabilidad de los movimientos al alza de los mismos. Un claro ejemplo sería una situación económica caracterizada por unos tipos a largo plazo próximos a cero, y con tasas de inflación prácticamente a cero. En estos casos parece claro que el riesgo de tipo de interés de la renta fija a largo plazo es muy importante, el "momentum" no parecería aconsejar asumir este tipo riesgo ya que la probabilidad de acaecimiento del evento, la subida de tipos, es muy alta a corto plazo y en consecuencia posicionarse alternativamente en renta fija a corto, con rendimientos igualmente próximos a cero, desde la perspectiva del binomio rentabilidad-riesgo parecería lo más acertado. No obstante también en estos casos debe ponderarse el coste de oportunidad derivado de la espera al cambio en la tendencia del mercado.

Un riesgo especial, indirectamente asociado a las alternativas de inversión es el derivado de la insuficiencia del ahorro para el objetivo pretendido. Esta insuficiencia puede ser intrínseca, cuando las aportaciones son insuficientes desde cualquier perspectiva, o derivada de la insuficiente rentabilidad conseguida en relación con la inflación soportada. La inversión en renta fija

Exposición al riesgo de mercado

históricamente sólo ha permitido el mantenimiento del poder adquisitivo de la inversión, el rendimiento real[139] (adicional a la tasa de inflación) ha sido históricamente y es en la actualidad inferior o muy próximo al uno por ciento, si a esto le descontamos los costes de gestión de cualquier plan de previsión nos situaríamos en tasas de interés reales negativas o próximas a cero, lo que limita extraordinariamente estrategias de inversión que no incorporen un posicionamiento en renta variable.

---

[139] A lo largo del siglo XX la rentabilidad promedio a escala mundial de los bonos, por encima de la inflación, se estima en el entorno del 0,70%. En España la última emisión de bonos del Tesoro indexados a la inflación (a diez años, vencimiento 2024), que satisfacen los pagos, cupón y principal, sobre un valor nominal corregido por la variación del Índice de Precios al Consumo Armonizado se ha emitido con un cupón fijo del 1,80%, habiendo resultado en la subasta de adjudicación un precio medio de 108,998, lo que determina un interés medio "real" es decir por encima de la inflación del 0,859%.

Decisión individual. Capacidad y disposición

La decisión a nivel individual respecto al nivel de riesgo en la inversión, que simplificadamente podemos equiparar con la exposición a la renta variable, debería tomar como referencia las reglas generales enunciadas en los apartados anteriores pero en cualquier caso debe realizarse una adaptación final en base a dos consideraciones que solo pueden plantearse a nivel individual. Nos referimos a un aspecto objetivo, la capacidad económica individual de asumir las consecuencias del riesgo y a un aspecto subjetivo, la disposición personal a asumir los riesgos financieros inherentes al riesgo de mercado derivado de la exposición a la renta variable.

Se ha indicado que la renta variable de media, proporcionará un rendimiento probable sensiblemente superior al rendimiento derivado de una inversión en renta fija. Pero el rendimiento de la renta variable tendrá un margen de variabilidad que hará que el límite inferior de los rendimientos probables comporte la posibilidad de que se obtenga un valor final por debajo del valor derivado de la inversión en renta fija (si no fuera así no habría riesgo en la inversión en renta variable).

Gráficamente la problemática planteada se puede representar mediante el diagrama adjunto en el que se representan en un mismo eje horizontal los ingresos esperados del sistema público de pensiones, P_{ss}, junto con otros ingresos recurrentes en la fase de jubilación ajenos al plan de previsión complementario, O_i, y los ingresos derivados del sistema de previsión individual,

P_{pp}. Respecto a estos últimos, se informa del nivel de ingresos periódicos susceptibles de derivarse del fondo acumulado en el esquema de ahorro finalista para la jubilación, en el supuesto de una inversión libre de riesgos (con volatilidad cero), que denominaremos RF, y los ingresos medios esperados de una inversión realizada al 100% en renta variable[140], RV_{med}, y los límites mínimo $RV_{mín}$ y máximo $RV_{máx}$ con una determinada probabilidad por ejemplo el 95% o el 99%, según sea el nivel de seguridad deseado en el planteamiento.

La decisión respecto al peso relativo que debería alcanzar la parte en renta variable es modelizable y de fácil cálculo si consideramos como condición restrictiva que un potencial partícipe de un plan de previsión, de actuar racionalmente, no debería poner nunca en juego, por el riesgo financiero inherente a las inversiones, la cobertura de las necesidades básicas derivadas del nivel de gasto mínimo, que representamos por $I_{mín}$, para atender gastos recurrentes necesarios estimados en la fase de jubilación.

---

[140] El establecimiento de los límites inferior y superior del posible rendimiento de la renta variable constituye un elemento esencial en el análisis de esta alternativa.

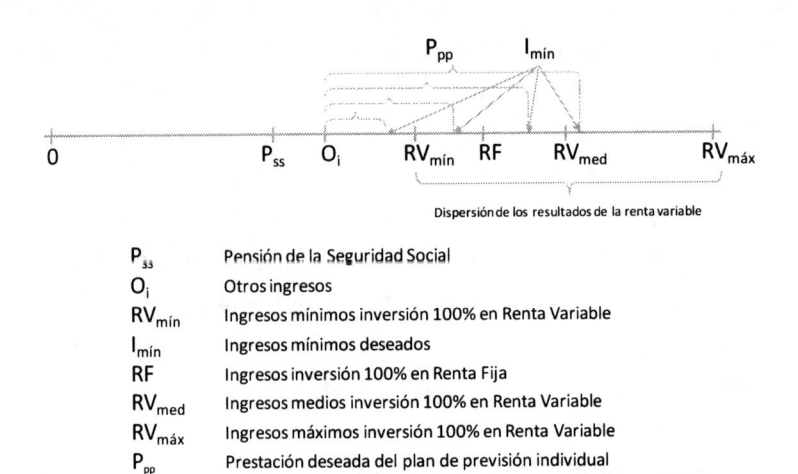

P_{ss}	Pensión de la Seguridad Social
O_i	Otros ingresos
$RV_{mín}$	Ingresos mínimos inversión 100% en Renta Variable
$I_{mín}$	Ingresos mínimos deseados
RF	Ingresos inversión 100% en Renta Fija
RV_{med}	Ingresos medios inversión 100% en Renta Variable
$RV_{máx}$	Ingresos máximos inversión 100% en Renta Variable
P_{pp}	Prestación deseada del plan de previsión individual

Figura 82. Esquema para definir la estructura de inversión de un partícipe de un plan de previsión en función de su capacidad económica individual

En consecuencia la distribución de la inversión entre renta fija y variable se determinaría mediante las consideraciones que siguen a continuación. Caben cuatro planteamientos según donde se posicione el nivel de ingresos mínimo deseado, $I_{mín}$, que derive del plan de previsión, y en consecuencia el nivel de prestaciones exigido al plan de previsión individual, P_{pp}, respecto a los resultados de las distintas alternativas de la inversión para un determinado nivel de aportaciones y otras fuentes de renta disponibles. En el modelo lo relevante son las rentas anuales susceptibles de generarse pero en tanto los valores finales del proceso de acumulación son siempre proporcionales a las rentas es indiferente considerar las rentas o los valores finales derivados de las alternativas de inversión.

Pasamos a continuación a considerar las conclusiones del modelo.

- Si el nivel de ingresos requeridos I^1_{min}, resultara inferior a, RV_{min}, cabría la posibilidad de invertir el 100% del total del ahorro acumulado en el plan en renta variable ateniéndonos exclusivamente a la capacidad económica del partícipe/beneficiario ya que por una parte el valor medio esperado del proceso de inversión proporciona potencialmente el máximo retorno y la posibilidad de cubrir el nivel mínimo de ingresos se produciría incluso en el peor de los resultados de la renta variable a lo largo del proceso en cuanto RV_{min} permite en el peor de los casos y con el margen de confianza seleccionado en el modelo la cobertura de las necesidades.

- Si, I^2_{min}, resultara inferior a, RF, pero superior a, RV_{min}, atendiendo a la capacidad del partícipe/beneficiario, el porcentaje de los activos a invertir en renta fija, %RF, a lo largo del proceso de acumulación se determinaría mediante la expresión que sigue a continuación, siendo el porcentaje asignada a la renta variable su complementario.

$$\%RF = (I^2_{min} - RV_{min}) / (RF - RV_{min})$$

Siendo:

%RF : Porcentaje de la Renta Fija sobre el total de la inversión

I^2_{min} : Ingresos mínimos deseados en fase de jubilación

RV_{min} : Rendimiento mínimo renta variable con un nivel de confianza

RF : Rendimiento de la renta fija exenta de riesgo

- Si, I^3_{min}, resultara inferior a, RV_{med}, y superior a RF, ya no estaría garantizado obtener este Ingreso, pero si se mantuviese como objetivo alcanzar dicho mínimo, intentando minimizar el riesgo, atendiendo a la capacidad del partícipe/beneficiario, el porcentaje de activos a invertir en renta variable %RV, se determinaría mediante la expresión que sigue a continuación, siendo el porcentaje asignada a la renta fija su complementario.

$$\%RV = (I^3_{min} - RF) / (RV_{med} - RF)$$

Siendo:

%RV : Porcentaje de la Renta Variable sobre el total de la inversión

I^3_{min} : Ingresos mínimos deseados en fase de jubilación

RF : Rendimiento de la renta fija exenta de riesgo

RV_{med} : Rendimiento medio de la renta variable

- Si los ingresos mínimos deseados, I^4_{min}, fueran superiores al nivel medio, RV_{med}, derivado de la inversión en renta variable solo cabría invertir en esta clase de activos, pero ya sin ninguna garantía de conseguir los objetivos, asumiendo la variabilidad o dispersión de sus resultados y corriendo el partícipe con los riesgos inherentes al riesgo de mercado debiendo confiar en un resultado excepcional de la renta variable por encima de valores medios para atender su objetivo de ingresos del plan de previsión.

En consecuencia atendiendo a la capacidad económica la parte que racionalmente de acuerdo con el modelo expuesto puede dedicarse a la renta variable en un esquema de previsión depende en primer lugar de los rendimientos y la volatilidad de las alternativas de inversión que proyectemos hacia el futuro pero fundamentalmente de unos factores totalmente ajenos a aquellas previsiones como son el papel que representa, dentro del conjunto de ingresos en la fase de la jubilación, los ingresos correspondientes a la previsión complementaria y otros aspectos también subjetivos como a la aversión individual al riesgo, incorporado en primera instancia en el modelo en el margen de confianza elegido para determinar el "nivel mínimo" de la alternativa de inversión en renta variable, que determinan finalmente la personalización de la solución individual a la participación de la renta variable en el total de activos de un partícipe o beneficiario de un plan de pensiones, y dicha solución en función de sus componentes será variable en el tiempo.

El anterior diagrama se ha realizado con efectos didácticos presentado la selección de la combinación de los activos atendiendo al efecto de la dispersión de sus resultados. Un planteamiento más pragmático sería el que se representa en el diagrama que sigue a continuación en el que el *mix* de la estructura de la inversión más aconsejable, en función de la capacidad del partícipe, sería la participación "ω" de la renta variable cuyos resultados proyectados cubrirían en el peor de los casos (con un determinado nivel de confianza) el nivel de ingresos mínimos requeridos al sistema individual de previsión.

En este planteamiento no se hacen combinaciones de resultados sino simulaciones de distintas combinaciones o estructuras de activo hasta alcanzar la combinación que maximiza el rendimiento medio esperado cubriendo el nivel de ingresos mínimo requerido.

P_{ss} — Pensión de la Seguridad Social
O_i — Otros ingresos
$I_{mín}$ — Ingresos mínimos deseados
$RM_{mín}$ — Ingresos mínimos en un mix ω entre las distintas clases de activos
RM_{med} — Ingresos medios en un mix ω entre las distintas clases de activos
$RM_{máx}$ — Ingresos máximos en un mix ω entre las distintas clases de activos

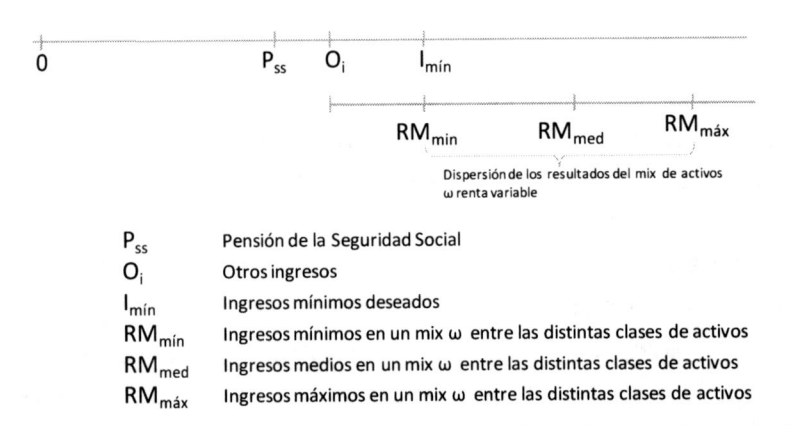

Figura 83. Esquema para presentar la adecuación de la estructura de la inversión seleccionada por un partícipe en un plan de previsión cumpliendo los requisitos de ingresos mínimos requeridos en la fase de disposición

En resumen los factores determinantes del porcentaje de inversión en renta variable, como exponente de inversión con riesgo, dentro del total de activos financieros destinados al ahorro finalista para la jubilación serían los siguientes:

a) Nivel de ingresos proporcionado por el sistema público de pensiones
b) Nivel de ingresos proporcionado por otras fuentes de rentas
c) Nivel de ingresos mínimos deseados para un determinado estilo de vida

d) Posibilidad de un planteamiento de presupuesto dual en lo relativo a las necesidades futuras (nivel mínimo y nivel deseable)
e) Nivel de las aportaciones proyectadas. Cuantía y crecimiento.
f) Aversión al riesgo
g) Previsiones de rendimientos en términos reales (es decir corregidos por la inflación) de las distintas alternativas de inversión

Nótese que a idénticas circunstancias financieras e incluso siendo idénticos algunos factores personales, dos niveles de aportación distintos determinarían desde una perspectiva personal una recomendación de asignación entre renta fija y renta variable dispar. Ello supondría dicho en otras palabras que sólo el que se lo puede permitir puede arriesgar. Si buscamos la comparación con determinados juegos aleatorios como el póker, donde no se juega sólo con las cartas que tiene un jugador respecto con las que pueda tener su oponente, sino con lo que representa para un jugador y otro el monto de la apuesta, en un plan de previsión el que ahorra poco o a un nivel muy bajo respecto a sus necesidades en la fase de jubilación no se podrá permitir, de actuar racionalmente, asumir el riesgo inherente a la renta variable que optimizaría el proceso, ya que precisará afianzar el resultado y esta restricción limitará la ponderación de la renta variable. A la inversa el que ahorra por encima de sus necesidades finales puede asumir el riesgo y consecuentemente optimizar el rendimiento probable.

Debiéndose pues hallar la resolución de la problemática planteada teniendo en cuenta el nivel final mínimo de ingresos para mantener la calidad de vida deseada y el total de ingresos ajenos a los derivados del plan de previsión, básicamente pensión pública de la Seguridad Social y otros ingresos (alquileres, otras rentas,..)

Parece en consecuencia evidente la conveniencia de reconsiderar una regla general del tipo "100-x" por los resultados del anterior análisis pero a la vez si el resultado del análisis individualizado determinase un porcentaje muy distinto del derivado de la regla general también debería ser objeto de reconsideración fundamentalmente porque las perspectivas personales de un participe/beneficiario no pueden ser radicalmente distintas de los planteamientos realizados con carácter general.

En consecuencia una decisión de estrategia de inversión si se explicita adecuadamente exige manifestar el rendimiento medio esperado, de cada clase de activo, junto con los límites de variabilidad del mismo con un margen de confianza amplio, y ante el resultado obtenido cabe replantear la razonabilidad del esquema por posible insuficiencia de las aportaciones (o en su caso de un exceso de las mismas). Y cabe también una consideración final, si de acuerdo con el modelo anterior la prestación que solicitamos al plan de previsión no se ubica entre el valor de $RV_{mín}$ y el valor de RV_{med}, es muy posible que el nivel de las aportaciones no sean coherentes con las prestaciones últimas deseadas. En un caso, cuando las prestaciones objetivo estuvieran por debajo de $RV_{mín}$ las aportaciones podrían reducirse, en otro caso, cuando se encontrasen por encima del nivel de RV_{med} deberían incrementarse.

Exposición al riesgo de mercado

Si todo lo anterior hace referencia a determinar la decisión de una persona, desde una perspectiva de un comportamiento económico racional maximizando el rendimiento de la inversión pero a la vez asegurando que el plan de previsión cubra, junto con otros ingresos, un nivel mínimo de gastos para mantener un determinado estilo de vida, la decisión final sería el resultado de las consideraciones cuantitativas anteriores. Pero la capacidad económica es solo un componente de la decisión, el segundo componente es la disposición personal o subjetiva a asumir el riesgo inherente es decir la aversión al riesgo también denominada aversión a las pérdidas del partícipe o beneficiario.

En el ámbito de los asesores financieros hay un chascarrillo que dice, "se puede conseguir que un cliente coma bien o que duerma bien, pero no las dos cosas a la vez". Deseándose expresar con ello que la circunstancia de que la obtención de un buen rendimiento siempre será a costa de aumentar su nivel de preocupaciones. Y sabemos que la resistencia humana en número de días sin dormir es inferior al número de días sin comer. En consecuencia la resolución del problema obliga a condicionar el rendimiento susceptible de obtenerse al nivel máximo de malestar que individualmente una persona puede soportar derivado de la variabilidad del valor de las posiciones mantenidas en renta variable. La aversión al riesgo constituye una restricción final a la decisión respecto a la estructura de la inversión a lo largo del proceso.

Las personas por su propia naturaleza tienen aversión a las pérdidas, si se realizara un experimento del tipo juego a cara o cruz, con igual probabilidad de obtener cada resultado, ofreciendo un premio cierto sin jugar (probabilidad 1) o el doble importe jugando y acertando (probabilidad 0,5), y siendo en consecuencia la esperanza matemática del juego, el importe del premio por la probabilidad de su obtención, idéntica en ambas opciones, las personas tenderían a escoger el importe cierto más que asumir la incertidumbre del resultado. Incluso si el juego con riesgo tuviera una esperanza ligeramente superior, la mayoría de los encuestados seguirían prefiriendo también el premio cierto, y para grandes magnitudes, ofreciendo por ejemplo la alternativa de un millón de euros cierto o tres millones de euros jugando a cara o cruz, la casi totalidad de las personas optaría por evitar la incertidumbre del resultado, aunque el resultado promedio, esperado, de aceptar el resultado variable del juego, 1,5 millones de euros resultara muy superior al resultado cierto, 1,0 millones. En los mecanismos internos de adopción de decisiones la mayoría de las personas tienen una disposición baja hacia la incertidumbre valorando más la pérdida de una magnitud que la ganancia del mismo importe, la conocida asimetría entre el placer y el dolor, y ello de forma acentuada a medida que los importes son mayores.

Desde un punto de vista teórico la disposición personal al riesgo se mide por el grado de aversión de una persona ante la incertidumbre. Cabe al respecto la consideración de cuatro niveles, en el primero se ubicarían las personas con apetito al riesgo[141], arriesgan aún cuando la

---

[141] En definitiva la actitud humana hacia el riesgo es más emocional que racional ello hace que existan actitudes irracionales derivadas de no comparar la probabilidad de los eventos y sus consecuencias. Ello justificaría el juego de azar con baja probabilidad (hay loterías de éxito con probabilidad de acertar de un caso entre diez millones) o el comportamiento irracional del conductor de un vehículo que conduce muy

esperanza matemática del resultado de la apuesta resultase inferior a la alternativa sin riesgo. En el segundo nivel se encontrarían los sujetos indiferentes al riesgo, valoran igualmente la esperanza matemática de la alternativa con riesgo respecto al resultado de la alternativa sin riesgo. En el tercer nivel, el más generalizado, el individuo solicita una recompensa o premio por asumir el riesgo, sólo asume la alternativa con riesgo si dicha alternativa a través de su esperanza matemática proporciona un plus respecto a la alternativa sin riesgo. En el cuarto nivel el sujeto solicita igualmente el mismo premio por el riesgo asumido pero este premio tiende a ser mayor en cuanto sea mayor la magnitud en juego.

Incluso se produce el fenómeno de la hiperaversión al riesgo, hay personas que no aceptan en absoluto poder experimentar la más mínima pérdida en el ahorro acumulado a lo largo de toda su vida y posiblemente este nivel de aversión está relacionada con la edad, a mayor edad, mayor aversión y el nivel de cultura financiera. Esta reacción psicológica puede tener un fundamento en una conducta típica de la avaricia respecto al atesoramiento, en una perspectiva de no contemplar el ahorro acumulado como un medio para obtener un flujo de rentas sino como un fin en sí mismo, o en una conducta de extrema inseguridad o temor a los efectos de la ruina asociada a la pérdida de optimismo en edades avanzadas.

---

por encima de los límites establecidos, arriesgando su vida, las de los demás, y las posibles sanciones frente a alcanzar su destino con unos pocos minutos de antelación. En las decisiones de inversión también pueden observarse situaciones similares, hay entidades con muy alto riesgo en su modelo de negocio con volúmenes de demanda de sus acciones que sin la existencia de este tipo de inversores no se registraría.

Para un asesor la solución más fácil en los casos de aversión irracional sería atender el requerimiento del cliente y proponer un esquema ausente de riesgo a pesar de que ello no fuera lo más interesante para sus intereses. La solución más profesional sería dedicar el tiempo suficiente para escuchar sus necesidades, sus condicionantes, sus temores y exponer los resultados medios de las distintas alternativas, y su posible dispersión, en un planteamiento a largo plazo aconsejando la asunción de bajas o muy bajas exposiciones al riesgo de mercado para iniciar al cliente en el riesgo, desensibilizarlo de alguna forma del efecto de las fluctuaciones y permitirle interiorizar un replanteamiento del objetivo de sus ahorros dedicados a la previsión individual[142].

Inversión media de los fondos de pensiones

En los apartados anteriores hemos realizado distintas aproximaciones a la determinación de la exposición óptima en renta variable y en consecuencia al riesgo inherente a la misma. Hemos visto como la aproximación se ha realizado desde una perspectiva múltiple, diferenciando entre la fase de acumulación, en la que lo predominante son las técnicas de rebalanceo, y en la fase de disposición en la que la consideración determinante de la estructura de la inversión son las circunstancias personales en un planteamiento holístico del plan de

---

[142] En el último capítulo se considerará con más detalle esta problemática que entra en la teoría del comportamiento y como se puede superar la resistencia "natural" a adoptar las decisiones óptimas desde una perspectiva racional.

previsión individual junto con otros ingresos, la pensión de la Seguridad Social, y el nivel de gastos deseado para el mantenimiento de un determinado nivel de estilo o calidad de vida.

Se debe recordar que indirectamente, distribuyendo el ahorro acumulado entre distintos fondos de pensiones pertenecientes a distintas categorías en función de las inversiones subyacentes, el partícipe/beneficiario puede determinar la asignación de su inversión entre las distintas clases de activos. Habiéndose ya antes mencionado que asignaciones muy dispares entre las distintas soluciones derivadas de las distintas formas de aproximación aconsejan reconsiderar las hipótesis subyacentes que las determinan.

De igual modo puede realizarse una comparación de la estructura de inversión del conjunto de los fondos de pensiones, o instrumentos similares, en distintas economías ejemplos o situaciones, para comprobar si el resultado individualizado se corresponde con las estructuras medias de inversión de estos instrumentos e igualmente poder comprobar si la exposición individualizada calculada en un caso particular se aleja o no de los resultados resultantes de otras experiencias.

A estas alturas del texto no parece necesario recordar que no existe ninguna estructura óptima, tan solo estructuras más o menos adecuadas en función del binomio rentabilidad-riesgo a las necesidades individuales de cada persona o unidad familiar, a su capacidad y disposición a asumir distintos niveles de riesgo y en el establecimiento tanto de las preferencias como de las necesidades individuales existen factores subjetivos que hacen que situaciones similares de partida determinen alternativas de asignación muy distintas.

Los fondos de pensiones en Suiza mantienen una estructura media de inversión que combina un peso mayoritario del patrimonio en instrumentos de renta fija[143], aproximadamente del 50%, con una inversión en acciones con un peso relativo del 25% y una inversión en otros activos del orden del 23% mayoritariamente Inmuebles, y otras categorías de inversión destacando entre ellas la inversión en los fondos de inversión de gestión alternativa o *Hedge Funds*[144], dedicándose un 2% a la Tesorería. Parece necesario señalar que la inversión en inmuebles usual en este tipo de instrumentos no se refiere a nada parecido a lo conocido en nuestro entorno como burbuja inmobiliaria, se refiere a la inversión en locales

---

[143] Dado el tamaño y la internacionalización de la economía Suiza, y la existencia de moneda propia, la inversión en renta fija se distribuye entre bonos locales 80% y bonos de emisores internacionales 20%. A la inversa la parte de la inversión en renta variable correspondiente a empresas suizas es del orden del 30% correspondiendo un 70% a inversiones en empresas no nacionales.

[144] Los *Hedge Funds* también denominados fondos de cobertura o fondos de inversión alternativa o de rendimiento absoluto, son instituciones de inversión colectiva, en algunos casos con niveles de transparencia inferiores a los fondos de inversión cualificados, que desarrollan distintos tipos de gestión pretendiendo alcanzar un rendimiento intermedio entre la renta fija y la renta variable con menores niveles de riesgo. A pesar de que captan buena parte de sus recursos de inversores institucionales, y en consecuencia con mayor capacidad de evaluación de riesgos, tienen detractores que no les atribuyen credibilidad en los objetivos pretendidos, obtener una rentabilidad no correlacionada con la evolución de los mercados que sus defensores les atribuyen. En su inicio los *Hedge Funds* fueron denominados *Hedged Funds* y pretendían combinando posiciones cortas (compromiso de venta a un precio determinado) y posiciones largas (compromiso de compra a un precio determinado) eliminar el riesgo de mercado. se atribuye a A.Winslow en 1949 el inicio de esta forma de gestión, en la actualidad existe una muy amplia gama de modelos de inversión con o sin posiciones compensatorias tal cual fue en su origen.

comerciales o industriales o de servicios (por ejemplo hoteles) con contratos de arrendamiento a largo o medio plazo con operadores de reconocido prestigio y amplia trayectoria, normalmente ubicados en lo conocido como zonas "*prime*" de las principales ciudades del mundo y que permiten percibir por arrendamientos un retorno atractivo en términos reales así como una revalorización del valor del inmueble. Las estructuras medias de inversión indicadas suelen estar prefijadas de antemano y se explicitan bandas de mínimos y máximos en cada categoría de activos fijadas normalmente en términos de un más menos cinco por ciento sobre el valor central de la estrategia objetivo.

En el Reino Unido, cuyo mercado conjuntamente con Suiza representa el cincuenta por ciento de la inversión total de los fondos de pensiones en Europa, la estructura media de la inversión de los fondos de pensiones es algo diferenciada a la descrita para Suiza. En el Reino Unido la posición más relevante corresponde a la inversión en acciones con un peso relativo del orden del 70%, seguido de la inversión en instrumentos de renta fija, con un peso relativo del 20%, distribuyéndose el 10% restante de una forma equiponderada entre letras del tesoro a corto plazo e inmuebles. La inversión exterior en la parte de la renta variable es del orden del 25% del subtotal de *equities* correspondiendo en consecuencia una inversión del 75% en acciones de empresas nacionales. En la parte de bonos un 80% de la inversión se realiza en bonos emitidos por empresas nacionales y un 20% en emisores internacionales.

En el cuadro adjunto se manifiesta la estructura de la inversión de los Fondos de Pensiones en España al

31.12.2013, incluyendo tanto los planes de empleo como los individuales y asociados, pudiéndose observar que excluyendo el importe de las provisiones matemáticas[145] sobre el total de activos, un 21% de la inversión se realiza en renta variable y un 67% en instrumentos de renta fija, correspondiendo un 11% al resto de clases de activos entre los que la Tesorería ocupa una participación relativa mayoritaria. Algo más de la mitad de la parte de la inversión en renta variable se realiza en acciones de entidades no nacionales, mientras que en la parte de la inversión en renta fija prácticamente el 90% se realiza en Deuda Pública nacional y emisores locales.

Estructura de inversión de lo Fondos de Pensiones en España al 31-12-2013. Total patrimonio en fondos de pensiones de los sistemas de empleo, individual y asociados.					Tipo Activos
Tesorería			4.761.960	7,69%	7,69% Tesorería
Inversiones Materiales			320.216	0,52%	
Renta Variable Interior		5.649.840			
Renta Variable Exterior		7.544.419			
Total Renta Variable			13.194.259	21,30%	21,30% Renta Variable
Renta Fija Interior Pública	23.274.812				
Renta Fija Interior Privada	14.191.261				
Total Renta Fija Interior		37.466.073			
Renta Fija Exterior Pública	3.200.782				
Renta Fija Exterior Privada	1.085.453				
Total Renta Fija Exterior		4.286.235			
Total Renta Fija			41.752.308	67,41%	67,41% Renta Fija
Resto inversiones			1.912.556	3,09%	3,60% Otros
TOTAL			61.941.299	100,00%	100,00% Total

Figura 84. Estructura de la inversión de los Fondos de Pensiones (empleo, individual, asociado) en España en 2013

---

[145] Un Fondo de Pensiones puede invertir en contratos de seguros de una entidad aseguradora para que desde la misma se atiendan las prestaciones definidas (usual en planes de empleo total o parcialmente asegurados) o para atender en la fase de prestaciones de los planes de pensiones individuales prestaciones en forma de renta vitalicia. En estos casos es el plan el que contrata el seguro y si bien la prestación se satisface por el propio plan ello lo hace en tanto la aseguradora cumpla con su compromiso de pago.

Otra buena referencia, por su tamaño y finalidad, la tenemos en la estructura de inversión del fondo soberano noruego, denominado el Fondo de Pensiones Nacional, que acumula los excedentes generados por la explotación de los campos petrolíferos del Mar del Norte que a finales de 2014 con un patrimonio de 890.000 millones de euros es el mayor fondo de inversiones del mundo. La inversión estratégica de este fondo está fijada de un 60% en renta variable, un 35% en renta fija y un 5% en inmuebles. A 30-09-2014 la inversión real se distribuía entre un 61,4% del patrimonio en renta variable, un 37,3% en renta fija y un 1,3% en inmuebles. Desde su constitución en 1998 el fondo ha obtenido un rendimiento anual del 5,7% nominal que descontando una tasa de inflación media en el periodo estimada en el 2,1% supone un rendimiento en términos reales del 3,6%. Hay dos características a destacar en la política de inversión de este fondo, en primer lugar que toda la inversión se realiza en entidades y en emisiones de empresas no residentes en Noruega, y en segundo lugar que solo son considerados activos aptos los activos cotizados en mercados organizados. La gestión desarrollada se califica como moderadamente activa, la diversificación y dispersión constituye una característica específica del fondo, manteniendo más de ocho mil posiciones diferenciadas siendo los criterios de sostenibilidad en la selección de las inversiones muy estrictos, publicándose una lista de entidades excluidas por no cumplir con los requisitos exigidos en base al criterio de que a largo plazo una aceptable tasa de retorno solo es posible bajo criterios de sostenibilidad social y medioambiental.

Del análisis de la estructura de inversión en los casos expuestos se concluye en la coexistencia de bajas exposiciones a la renta variable, en el entorno del 25%, junto con exposiciones mucho más altas, en el entorno del 70%. No existe un criterio de validez universal. En función de aspectos culturales y la realidad subyacente en cada caso la participación de la renta variable sobre el total de los activos de un fondo de pensiones puede ser muy dispar, ello refuerza la tesis de que la participación "óptima" de la renta variable depende exclusivamente de consideraciones particulares, pero el establecimiento de límites mínimos y máximos, así como otros criterios generalmente admitidos, como la disminución de la exposición con la edad, rebalanceo, etc., constituyen una referencia para contrastar y evaluar la idoneidad de la opción personal elegida. Lo que tendría muy poca lógica, desde una perspectiva de la racionalidad económica, sería no aceptar una participación de la Renta Variable sea cuales sean las modalidades utilizadas para la instrumentación de la previsión complementaria.

6 Hacia una nueva métrica del riesgo

Las clasificaciones actuales de los fondos de pensiones, basadas en la composición de sus carteras y en evaluaciones no cuantitativas del riesgo, no permiten a los partícipes o beneficiarios identificar satisfactoriamente los niveles de riesgo inherentes a los riesgos de los activos que se integran en los mismos, por lo que parece procedente tender hacia nuevas métricas que permitan dicho objetivo. A título de ejemplo supongamos dos fondos incluidos en la categoría de renta fija a largo plazo. Según la clasificación de INVERCO, la pertenencia a esta categoría, nos indica que el horizonte temporal de la inversión de los activos de los fondos es superior a dos años. La comparación de la rentabilidad entre fondos, en el sentido de rentabilidad en función del riesgo asumido, deviene muy imprecisa. No es lo mismo que la inversión realizada tenga una duración financiera de tres años que de quince años, no es lo mismo que la calificación crediticia media de la cartera sea alta o baja, no es lo mismo que se incurra en riesgo de divisa o no, no es lo mismo que un fondo este muy disperso o muy concentrado, no es lo mismo que exista una alta o baja diversificación, sectorial o geográfica.

Y en la comparación de dos fondos de renta variable nos pasaría lo mismo, la categoría de renta variable según la clasificación de INVERCO nos indica que el fondo destina más de un setenta y cinco por ciento del patrimonio total a inversión en renta variable, pero nada acerca de cómo se ha realizado la inversión de esta renta variable, si representa el 76% o el 98%, si la concentración es alta o baja y lo mismo respecto a la diversificación, grado de liquidez, clase de mercados, tipo de sociedades, riesgo de divisa, utilización de derivados, etc., ni tampoco acerca de cómo es la parte de la inversión complementaria realizada en renta fija, respecto a la que sería de aplicación todo lo señalado en el párrafo anterior. Una comparación del riesgo de los fondos de pensiones en base a las "categorías de la clase de inversión" es un primer indicador, pero en absoluto constituye un indicador suficiente.

En el pasado reciente[146] se han realizado planteamientos considerando que la medida de la volatilidad del valor de las participaciones de un fondo podía constituir un indicador suficiente y homogéneo del riesgo, proponiéndose en función de distintos intervalos de dicha variable la clasificación de los fondos de inversión con independencia de las clases y peso relativo de los activos integrados en los mismos. En el momento actual la utilización del VaR derivado de los activos de un fondo constituye un mejor indicador que la volatilidad máxime cuando se ha concluido en la homogeneización de su cálculo en la normativa de supervisión de las entidades aseguradoras europeas.

La generalización de la estimación del VaR a nivel de cada fondo de pensiones, en los términos establecidos en

---

[146] Una referencia de ello es el documento "Una clasificación por riesgo de los fondos de inversión españoles" de J.Ayuso, R.Blanco y A. Sanchis. Servicio de Estudios del Banco de España. 1998.

la Directiva de Solvencia II, para los activos de una entidad aseguradora, sería práctico y eficiente en cuanto trasladar los módulos de cálculo obligatorios para las entidades aseguradoras al ámbito de los activos de los fondos de pensiones se podría realizar de una forma sencilla y de una forma muy eficiente en cuanto a costes, y por otra parte el cálculo del VaR a nivel de los fondos de pensiones no solo permitiría una mejor identificación y evaluación de los riesgos para los partícipes y beneficiarios sino una homogeneización de todos los riesgos inherentes a las distintas clases de activos bajo unos mismos criterios. La mera comparación de la volatilidad de los fondos de pensiones es un análisis en términos de no homogeneidad por la distinta composición de los mismos[147], por lo que sus resultados no son concluyentes, pero el VaR si permite esta comparación en términos de homogeneidad lo que haría posible en el ámbito de los fondos de pensiones un esquema de manifestación de resultados en el binomio rentabilidad-riesgo que permitiría definir fronteras eficientes y consiguientemente seleccionar y calificar la actuación de las distintas gestoras. En segundo lugar y no por ello menos importante supondría poner en un primer plano y de forma destacada los intereses de los partícipes en los resultados de la gestión del riesgo y en consecuencia mejorar la calidad de la gestión de las inversiones desde una perspectiva del riesgo asumido por los partícipes, en cuanto a partir de los resultados derivados de las mejores prácticas se irían diferenciando los rendimientos de los fondos de las gestoras que efectivamente añaden valor para el partícipe respecto a las actuaciones en las que la rentabilidad es consecuencia de un mayor riesgo

---

[147] Adicionalmente la volatilidad constituye una medida que no incorpora todos los factores de riesgo inherentes a las distintas clases de activos.

asumido. Finalmente y desde una perspectiva cualitativa, o de supervisión, la manifestación del VaR implícito en los fondos de pensiones elevaría la consideración de los derechos de un partícipe/beneficiario al mismo nivel de protección, al menos en cuanto a información, que el que con la nueva normativa de Solvencia II se proporcionará a los derechos de un asegurado.

El requerimiento de capital para una entidad aseguradora en Solvencia II

Si bien con carácter general en la reciente crisis económica iniciada en 2007 las entidades aseguradoras[148] a nivel europeo no han estado en el ojo del huracán como si lo han estado bastantes entidades de crédito respecto a dudas relativas a su capacidad para hacer frente a sus compromisos en un escenario de *stress* o incluso en situaciones corrientes, la regulación de las entidades aseguradoras ha evolucionado en lo relativo al requerimiento de capital propio hacia una nueva normativa conocida como Solvencia II.

Con carácter previo conviene precisar que subyace bajo el concepto y la cuantificación del requerimiento de capital. Para una entidad financiera, ya sea una entidad de crédito o una aseguradora, la normativa reguladora de

---

[148] En las entidades aseguradoras se ha tenido históricamente mejor asimilado, por la naturaleza del negocio y la formación de sus profesionales, el concepto de riesgo que en las entidades de crédito. Los cambios normativos y la dura experiencia de la crisis del 2007 ha nivelado en estos momentos la identificación, evaluación y gestión de los riesgos en todas las entidades financieras, pero la posición adelantada de las aseguradoras posiblemente se mantiene.

la actividad estipula que en cualquier caso dichas entidades, en función del tipo de negocio desarrollado en cada caso, deben contar con un volumen de recursos propios mínimo procedente de aportaciones de los accionistas u otros instrumentos de capital o derivados de los beneficios acumulados no distribuidos, que permita a las referidas entidades atender las obligaciones asumidas con sus clientes, sus acreedores, tanto en circunstancias normales como en el caso de que la evolución de la entidad financiera, por razones propias o circunstancias macroeconómicas sea negativa o incluso excepcionalmente negativa.

En consecuencia el capital requerido constituye una garantía para los acreedores de las entidades financieras, ya sean titulares de depósitos o de otros títulos emitidos por las entidades de crédito, o asegurados con derechos respecto a las entidades aseguradoras[149], de modo que, aún en una situación extrema, los recursos propios de las entidades deberían ser suficientes para una liquidación ordenada de la entidad sin traspasar las pérdidas experimentadas hacia sus clientes y ello en tanto las pérdidas no esperadas serían soportadas por los accionistas de dichas entidades que sí se verían afectados por la valoración negativa de sus acciones.

Y la cuantificación del capital requerido en la definición anterior, se realiza atendiendo al volumen del negocio y a

---

[149] Las provisiones derivadas de los contratos de seguros que se registran en el pasivo de las entidades aseguradoras en muchos casos constituyen derechos ejercitables por parte de los asegurados. Incluso desde la perspectiva de la tributación personal en el Impuesto sobre el Patrimonio constituye, en determinadas modalidades, base imponible en el referido impuesto, el valor de las provisiones matemáticas de los contratos de seguros de vida.

las características de este. En el ámbito de las entidades de crédito la referencia básica es la magnitud conocida como "activos ponderados por riesgo" es decir, de una forma muy simple, es el volumen y las características de los activos, básicamente los créditos, lo que determina el requerimiento de capital de cada entidad, ponderando el saldo de las distintas clases de activos por coeficientes que expresan las garantías o seguridad de cada activo. No es lo mismo, teóricamente, a efectos de riesgo asumido, un activo correspondiente a un crédito de consumo sin otras garantías que un activo correspondiente a un préstamo hipotecario, o en este caso no es idéntico el riesgo soportado por una entidad de crédito en un préstamo hipotecario a una unidad familiar con ingresos estables y una ratio LTV[150] bajo, para la financiación de una primera vivienda, que un préstamo concedido a un promotor inmobiliario, sin patrimonio real, para financiar suelo y sin ningún otro tipo de garantías. En las entidades aseguradoras al igual que en las entidades de crédito, la consideración del volumen de negocio es básica, pero los riesgos en las aseguradoras afloran tanto en el activo como en el pasivo y en el propio modelo de negocio, existiendo adicionalmente correlaciones entre las distintas categorías que en algunos casos se compensan y en otros se acumulan. En una entidad aseguradora se pueden producir eventos de riesgo tanto por el propio negocio asegurador como por pérdidas en las posiciones de activo o por insuficiencia de las provisiones para atender los compromisos derivados de los contratos de seguro.

---

[150] LTV es el acrónimo de *loan to value* e indica el porcentaje que representa el importe del saldo del préstamo hipotecario respecto al valor del inmueble garante de la operación.

Se ha comentado que un fondo de pensiones es un patrimonio afecto al cumplimiento de los objetivos de los planes de pensiones que se integran en el mismo, no existe para los partícipes y beneficiarios más garantía que el propio patrimonio del fondo. En el caso de que se produzca la contingencia de un escenario extremo no serán los accionistas de la entidad gestora o los de la entidad depositaria los que sufrirán las pérdidas, serán los propios partícipes y beneficiarios los que verán reducido el valor de su patrimonio a través del mecanismo de cálculo derivado de la variación negativa del valor unitario o liquidativo de la participación. La pregunta que todo partícipe se plantea pero en el momento actual no obtiene respuesta es, ¿Qué puedo perder en este plan de pensiones?, ¿Qué riesgos estoy asumiendo?. Si los Fondos de Pensiones proporcionasen la información del capital requerido siguiendo los criterios de Solvencia II se facilitaría una respuesta objetiva y cuantificada a la anterior pregunta, aunque las ventajas son mucho más amplias como se comentará en el siguiente apartado.

En resumen si el capital requerido es la pérdida máxima, estimada bajo determinados supuestos, derivada de la actividad aseguradora (el importe que está en riesgo y que en caso de evento permite salvaguardar los intereses de los asegurados), y la cuantificación del mismo se realiza de una forma estándar homogénea y calibrada, surge la posibilidad de trasladar el mismo concepto al ámbito de los fondos de pensiones. Si los activos de un fondo de pensiones estuvieran integrados en el balance de una entidad aseguradora, la titularidad de los activos supondría un requerimiento de capital de acuerdo con el esquema instituido bajo la directiva de Solvencia II[151].

---

[151] Solvencia II se instituye en función de tres pilares. El primer pilar hace

Este capital requerido, en el primer pilar de Solvencia II, sería la pérdida máxima derivada de la tenencia de los activos en un escenario extremo, pero posible. En consecuencia el capital requerido por los activos de un fondo de pensiones, bajo las premisas de Solvencia II, sería la pérdida máxima, en un escenario extremo pero factible, al que se enfrentarían los partícipes/beneficiarios de un plan de pensiones.

En los dos diagramas que siguen a continuación se esquematiza el modelo que se plantea bajo la directiva de Solvencia II a nivel de entidades aseguradoras. Se parte de la consideración de tres pilares como base para garantizar la solvencia de una entidad. En el primer pilar se cuantifican los requerimientos de capital de orden cuantitativo en función de los riesgos inherentes a los activos y en función de los riesgos derivados del modelo de negocio, el objetivo es determinar un importe que sintetiza en una sola magnitud el riesgo total asumido. El segundo pilar establece las condiciones de gestión, control interno y supervisión que refuerzan la suficiencia del capital requerido. La perspectiva es enmarcar la gestión de las entidades de tal modo que las decisiones se adopten en función del riesgo potencial y la capacidad de cada entidad, lo que supone en definitiva racionalizar la gestión y evitar cualquier tipo de aventurerismo o

---

referencia a la cuantificación del capital requerido, el segundo pilar se refiere a los aspectos cualitativos de control interno y supervisión externa de la actividad, el tercero a la transparencia de la información y en consecuencia a la disciplina del mercado de capitales. A los efectos de trasladar el concepto al ámbito de los Fondos de Pensiones lo relevante será la cuantificación del capital requerido derivado de los activos integrados en el mismo, aunque los otros pilares también podrían ser objeto de traslación ya que en definitiva lo que subyace en Solvencia II es enmarcar el ejercicio de la actividad bajo parámetros de libertad, prudencia, cumplimiento normativo, control interno y transparencia.

personalismo ya que bajo esta forma de actuación no hay ningún capital que sea suficiente para garantizar la solvencia de ninguna entidad.

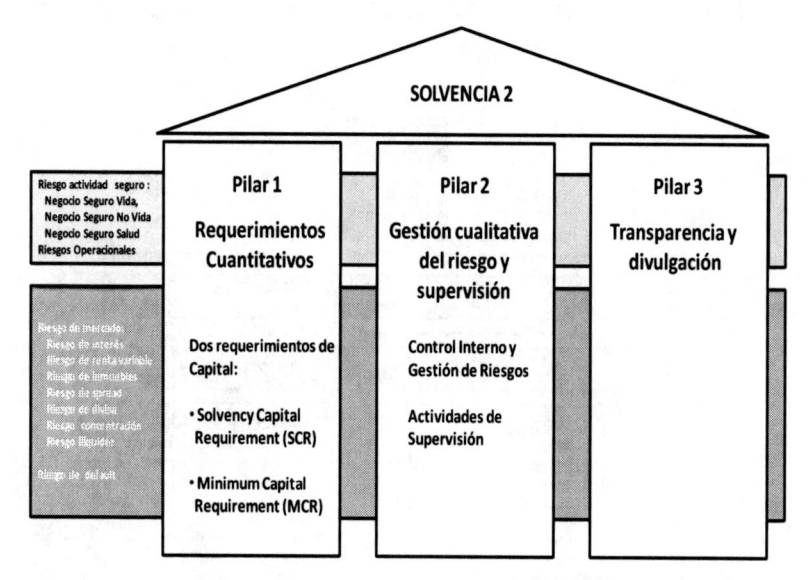

```
                          SOLVENCIA 2

Riesgo actividad seguro:    Pilar 1           Pilar 2            Pilar 3
Negocio Seguro Vida,
Negocio Seguro No Vida   Requerimientos   Gestión cualitativa  Transparencia y
Negocio Seguro Salud     Cuantitativos     del riesgo y         divulgación
Riesgos Operacionales                       supervisión

Riesgo de mercado:
Riesgo de interés        Dos requerimientos de    Control Interno y
Riesgo de renta variable  Capital:                Gestión de Riesgos
Riesgo de inmuebles
Riesgo de spread         • Solvency Capital       Actividades de
Riesgo de divisa           Requirement (SCR)      Supervisión
Riesgo concentración
Riesgo liquidez          • Minimum Capital
                           Requirement (MCR)
Riesgo de default
```

Figura 85. Esquema de los tres pilares en Solvencia II

El tercer pilar es el complemento de los anteriores y consiste en la publicidad, la transparencia de la información y someter a la disciplina del mercado la gestión realizada.

En consecuencia en el primer pilar el objetivo es determinar un requerimiento de capital[152], que para simplificar y también de una forma esquemática, se obtiene mediante el proceso representado en el siguiente diagrama en el que se observa la estructura del cálculo a partir de los riesgos elementales. En definitiva de lo que se trata, en las aseguradoras, es de evaluar mediante unos procedimientos perfectamente definidos el capital

---

[152] En Solvencia II esta magnitud recibe el nombre *de Solvency Capital Requirement* o *SCR*.

de solvencia requerido o *Solvency Capital Requirement, o SCR,* que es la pérdida máxima bajo un criterio de VaR con un margen de seguridad del 99,5% y un horizonte temporal de un año derivado de los activos y del negocio asegurador.

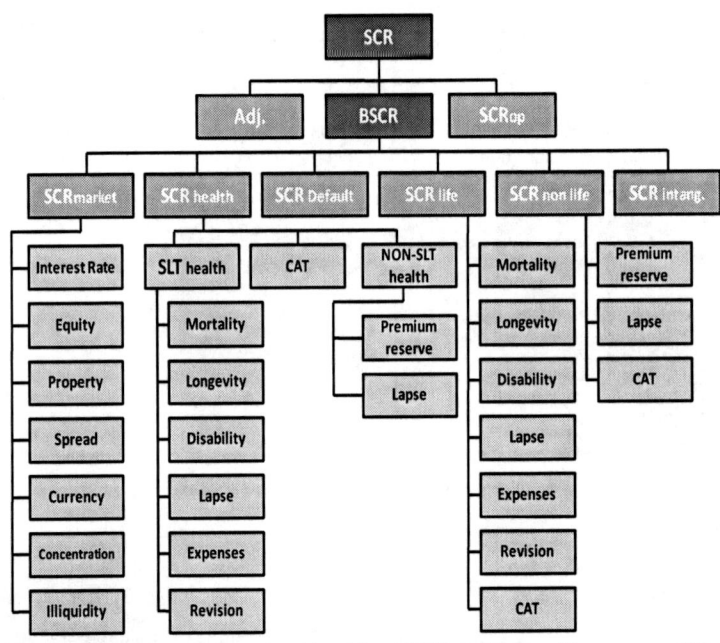

Figura 86. Esquema de agregación del capital total requerido a una entidad aseguradora a partir de los riesgos elementales en función de los criterios de Solvencia II

La complejidad y el detalle de Solvencia II escapan de los objetivos de este Libro sirviendo lo expuesto para indicar el origen de la propuesta que se realiza en el siguiente apartado. Si consideramos exclusivamente los activos, que es lo relevante en un Fondo de Pensiones, el esquema sería mucho más simple, tal como se expone en el diagrama que sigue a continuación, y se reduce a la consideración de los módulos en la columna izquierda y el riesgo de default del diagrama anterior. Este último esquema sería el relevante en la exposición de los siguientes apartados.

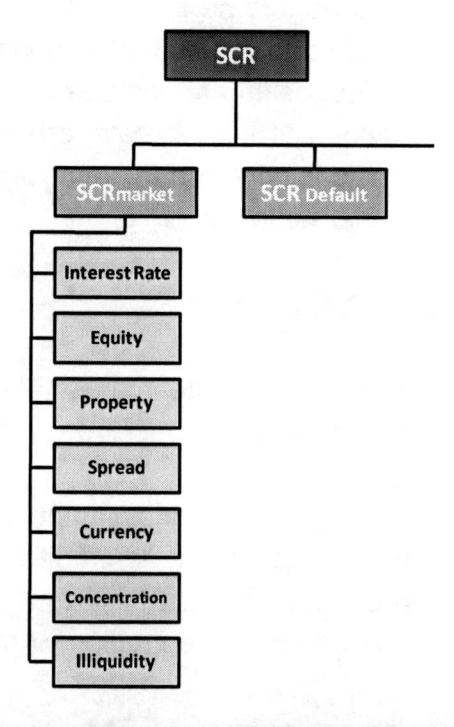

Figura 87. Esquema de agregación de la pérdida máxima derivada del patrimonio de un fondo de pensiones bajo los criterios técnicos aplicados a las entidades aseguradoras en Solvencia II

La pérdida en un fondo de pensiones en un escenario extremo

Como consecuencia de lo expuesto en el apartado anterior, trasladando el esquema de cálculo del requerimiento de capital derivado de las posiciones en el activo de una entidad aseguradora a un Fondo de Pensiones, podría estimarse la pérdida máxima inherente a los activos de dicho fondo simplemente calculando[153] una magnitud, con un margen de confianza del 99,5% y un horizonte temporal de un año, que representase la pérdida máxima susceptible de producirse en un año con el margen de seguridad[154] indicado, considerando la agregación de los riesgos inherentes a las distintas clases de activos agrupados en dos categorías, riesgo de mercado y riesgo de contraparte, en función de los siguientes riesgos elementales:

- Riesgo de Mercado, SCR_{Mkt}

    i. Riesgo de tipo de interés, Mkt_{int}
    ii. Riesgo de mercado de renta variable, Mkt_{eq}
    iii. Riesgo en los bienes inmuebles, Mkt_{prop}
    iv. Riesgo de spread de crédito, Mkt_{sp}
    v. Riesgo de divisa, Mkt_{fx}
    vi. Riesgo de concentración, Mkt_{conc}

- Riesgo de contraparte, SCR_{Def}

Cuantificada la pérdida máxima, agregando de acuerdo con la documentación técnica de Solvencia II, los distintos riesgos de mercado con el riesgo de contraparte, la ratio

---

[153] En cualquier comparación lo importante es que el criterio utilizado sea homogéneo ya que en ausencia de homogeneidad no cabe después establecer ninguna conclusión. El modelo instituido por Solvencia II es público, transparente, ha sido calibrado, está bien documentado y se fundamenta en el mejor nivel del conocimiento académico sobre el riesgo del momento actual.

[154] Un margen de confianza del 99,5% indica que sólo en un caso de cada doscientos la pérdida efectiva podría superar el importe estimado. Dicho de otra forma, si el modelo fuese una representación exacta de la realidad, sólo en un ejercicio de cada doscientos años una entidad se enfrentaría a una pérdida superior.

entre la pérdida máxima y el valor de mercado de los activos constituiría la base de una nueva métrica que se podría denominar "Ratio de pérdida máxima en escenario extremo", o bien, *Loss in extreme scenario ratio, o LXS*. Una ratio LXS, digamos del 12% indicaría al titular de participaciones de un fondo de pensiones que, con una probabilidad del 99,5%, el valor final de su inversión al cabo de un año sería superior al 88% del valor inicial. O lo que es lo mismo que con solo con un 0,5% de probabilidades (1/200) las pérdidas del fondo en cuestión sería superiores al 12%.

De una forma analítica:
$$LXS = VaR^* / V_0$$
Siendo:
LXS : Ratio de pérdida en escenario extremo[155].
VaR^*: Valor en riesgo calculado sobre el conjunto de los activos del fondo según los criterios técnicos establecidos en la medición del riesgo de mercado y crédito por Solvencia II, lo que supone un margen de confianza del 99,5% y un horizonte temporal de doce meses.
V_0 : Valor de los activos al inicio del periodo

Para calcular el VaR^* correspondiente a los activos de un fondo de pensiones de acuerdo con los criterios técnicos de Solvencia II se deben agregar los importes calculados para cada uno de los riesgos elementales en tanto afecten a las distintas clases de activos integrados en el fondo. El detalle técnico del cálculo puede seguirse en la información de la página web de EIOPA[156], en este

---

[155] Si en lugar de referirnos a un momento determinado nos referimos a la ratio correspondiente a un periodo podrían tomarse los valores promedios del VaR^* y del V_0 a lo largo del periodo considerado.
[156] EIOPA es el acrónimo de European Insurance and Occupational Pensions Authority, Website: https://eiopa.europa.eu

apartado simplemente nos referiremos, a continuación, a la descripción de los riesgos elementales y algunos de los aspectos relativos a la cuantificación del impacto de cada riesgo de acuerdo con el proceso de evaluación de Solvencia II, y en referencia exclusiva a las inversiones integradas en el activo de un patrimonio del Fondo de Pensiones, lo que nos ha de permitir, a grandes rasgos, identificar los aspectos cuantitativos y cualitativos que se utilizan en la evaluación pretendida. Todo ello permite al lector conocer una metodología que cuantifica objetivamente el riesgo de pérdida implícito en un patrimonio compuesto por distintas clases de activos, superando evaluaciones cualitativas del tipo bajo-medio-alto que no proporcionan una información suficiente.

La utilización de los criterios técnicos y la metodología de cálculo de Solvencia II sobre los activos de un Fondo de Pensiones es una tarea muy simplificada respecto a las exigencias de cálculo de Solvencia II para una entidad aseguradora. Anteriormente ya se ha indicado que Solvencia II intenta captar todas las implicaciones de la actividad aseguradora, pero aún exclusivamente considerando en esta los módulos de los riesgos de mercado o de *default* (riesgo de crédito por incumplimiento de alguna obligación) en Solvencia II siempre predomina una consideración conjunta y simultánea de activos y pasivos, de modo que muchas variaciones de valor del activo son susceptibles de poder ser compensadas respecto a la variación de las correspondientes obligaciones, pasivo, o provisiones de los contratos de seguro. Todo ello hace que en un Fondo de Pensiones el cálculo propuesto sea mucho más sencillo, se trataría exclusivamente de evaluar la variación de valor de un patrimonio como consecuencia del efecto derivado de los riesgos elementales que gravitan sobre los activos que lo componen sin otras consideraciones que si proceden en los cálculos de solvencia para una entidad aseguradora.

Para explicar el proceso en primer lugar debe indicarse que las distintas clases elementales de riesgo, en la metodología de Solvencia II, solo afectan a los patrimonios que incorporan los mismos, si en el activo de un fondo de pensiones no existen inmuebles, no es de aplicación el módulo correspondiente a esta categoría de inversión, o si no hay inversión en otras monedas no es de aplicación el módulo de divisa. Pero en sentido opuesto si una clase de activo incurre en distintos tipos de riesgos, por ejemplo un bono de renta fija puede incorporar aparte del riesgo de spread de crédito, riesgo de interés, riesgo de divisa, riesgo de impago o riesgo de concentración, entonces el riesgo inherente se calcula aplicando lo previsto en cada uno de los específicos módulos. En segundo lugar una vez calculada la magnitud de pérdida correspondiente a cada clase de riesgo la agregación de todas ellas no se realiza simplemente sumando sino considerando una matriz de correlación entre las mismas que tiene en cuenta el hecho de que los distintos eventos que pueden materializar el riesgo no suceden simultáneamente sino que el acaecimiento de alguno de ellos mitiga la probabilidad de acaecimiento o el impacto de otros riesgos. La ventaja de seguir los criterios de Solvencia II es que el modelo ya está perfectamente definido calibrado y documentado, de modo que puede aplicarse en términos de homogeneidad y lo que es más importante, la actualización del modelo se realizará con toda seguridad en el futuro en función de la evolución de las circunstancias conocidas y con suficientes garantías prudenciales de seguridad y exactitud.

Las matrices de correlaciones entre las distintas categorías de riesgo se resumen en los cuadros que siguen a continuación. Estas matrices de correlaciones permiten finalmente agregar los datos obtenidos en cada uno de los módulos[157] obteniendo el valor final de capital requerido.

	Riesgo de Mercado	Riesgo de Default
Riesgo de Mercado	1,00	
Riesgo de Default	0,25	1,00

Figura 88. Matriz de correlación de los riesgos de mercado y de default

---

[157] Para ver en detalle el modo de cálculo se remite al lector interesado al documento de especificaciones técnicas de Solvencia II. Por otra parte obsérvese que en Solvencia II los riesgos financieros se agrupan en la categoría de "Riesgo de Mercado", utilizando una acepción amplia de este término distinta de la utilizada en otras partes de este Libro en la que nos hemos referido exclusivamente al riesgo de la renta variable. Obsérvese igualmente que el riesgo de default o de contraparte es complementario al riesgo de spread de crédito por deterioro de la calificación crediticia o percepción del mercado.

Hacia una nueva métrica del riesgo

	Riesgo de Interes	Riesgo de Acciones	Riesgo de Inmuebles	Riesgo de Spread Cdto.	Riesgo de Divisa	Riesgo de Concentración
Riesgo de Interes	1,00					
Riesgo de Acciones	0,50	1,00				
Riesgo de Innuebles	0,50	0,75	1,00			
Riesgo de Spread de Crédito	0,50	0,75	0,50	1,00		
Riesgo de Divisa	0,25	0,25	0,25	0,25	1,00	
Riesgo de Concentración	0,00	0,00	0,00	0,00	0,00	1,00

Figura 89. Matriz de correlaciones entre los riesgos de interés, acciones, inmuebles, spread de crédito, divisa y concentración

A continuación se exponen algunos comentarios y los aspectos más relevantes de los módulos de cálculo de cada categoría con el objetivo de que el lector, en función de lo expuesto en otros capítulos, pueda comprender la mecánica de cálculo implícita en los criterios de Solvencia II. La profundización al respecto requiere el análisis de la documentación técnica de Solvencia II de libre acceso cuyo detalle supera como es obvio los objetivos de este Libro.

El riesgo de tipo de interés, Mkt_{int}, se calcula para toda clase de activos, bonos, préstamos, derivados y similares cuyo valor actual dependa de la variación de la estructura temporal de tipos de interés, o ETTI, en cada momento. El riesgo de tipo de interés, bajo los criterios técnicos de Solvencia II, se calcula evaluando la variación de valor que experimentarían dichos activos como consecuencia de una alteración de los tipos de interés libres de riesgo, evaluándose la pérdida derivada por la diferencia entre el valor actual, el valor de mercado derivado de la actual ETTI, y el valor obtenido después del *shock* aplicado a la curva de tipos. La variación en la curva de tipos se realiza aplicando unos porcentajes de subidas y bajadas sobre los actuales niveles de los tipos de interés con una modificación mínima del uno por ciento. El porcentaje de variación o *shock* a aplicar sobre la curva de tipos es decreciente en función del vencimiento residual. Aplicando estas reglas, a título de ejemplo, suponiendo un título de renta fija cupón cero, con vencimiento a cinco años, con un interés actual del 2,5% y un valor actual de 100.000 euros, correspondería, según los criterios de Solvencia II, estimar el efecto de un incremento en el tipo de interés hasta el 3,875%, [2,5 x (1,55)], en función del vencimiento indicado, y en consecuencia el valor actual del título pasaría a ser de 93.554[158] euros. La diferencia, 6.446 euros (=100.000-93.554), sería, según los criterios del modelo de Solvencia II, la pérdida máxima estimada derivada del referido bono con un margen de confianza del 99,5% en un plazo de un año, lo que equivale, en términos porcentuales sobre el valor de la inversión inicial, a una perdida máxima en un escenario extremo de un 6,45%.

En la documentación técnica se regulan con detalle la consideración de los factores relevantes así como las reglas de aplicación del cuadro de shocks, y la variación mínima de los tipos (1%) a considerar.

---

[158] 93.554=100.000*1,025^5*1,03875^-5

Hacia una nueva métrica del riesgo

Años: t	S up t	S down t
1	70%	-75%
5	55%	-46%
10	42%	-31%
15	33%	-27%
20	26%	-29%

int.shock up = int.inicial (1 + S up t)

int.shock down = int inicial (1 + S down t)

Figura 90. Cuadro de shocks sobre tipos de interés para el cálculo del riesgo de interés

Repitiendo el cálculo, con los impactos que se derivarían de la tabla adjunta para las distintas duraciones, a partir de la documentación técnica del riesgo de interés en Solvencia II, para un bono de duración de dos años o veinte años, con el mismo interés, la pérdida máxima estimada, con el indicado margen de confianza, resultaría ser del 3,33% y del 17,65% respectivamente.

El riesgo derivado del cambio de valor de las acciones, Mkt_{eq}[159], de la inversión en renta variable, se cuantifica, en Solvencia II, con un criterio que ha sido juzgado como muy conservador pero no supone más que reflejar el impacto real que con el margen de seguridad del modelo la evidencia empírica justifica. Las acciones se clasifican en dos categorías Tipo I y Tipo II. En el Tipo I se incluirían las acciones cotizadas en mercados regulados en el ámbito del Espacio Económico Europeo (EEE), o de los países de la OCDE así como las participaciones en fondos de inversión cualificados de renta variable. En el Tipo II, el resto de los títulos no incluidos en el Tipo I, como podrían ser las acciones no cotizadas, acciones

---

[159] Sería la acepción de Riesgo de Mercado utilizada en el Libro

cotizadas en mercados no regulados, o en países fuera de la OCDE, hedge funds, prívate equity, commodities y otros activos calificados de inversión alternativa o las participaciones en fondos de inversión en renta variable no cualificados. Para los títulos incluidos en el Tipo I el impacto se evalúa en un 39%[160], para los títulos del Tipo II en un 49%. En la agregación de ambas categorías se considera un coeficiente de correlación del 0,75. Adicionalmente los criterios técnicos de Solvencia II prevén sobre los anteriores ratios la aplicación de un ajuste simétrico[161] según haya sido la evolución de los mercados en los tres últimos ejercicios. En definitiva en una situación relativamente estable de los mercados la inversión en acciones de Tipo I, conllevaría una estimación de que la pérdida total en un ejercicio no superaría el 39% del valor inicial con un margen de confianza del 99,5%. Cabe la posibilidad de aplicar sobre los activos de renta variable del primer grupo un coeficiente del 22% en cuanto cumplan determinadas condiciones.

El riesgo de la inversión en inmuebles, Mkt_{prop}, se estima considerando que los precios pueden experimentar una caída máxima del 25% en un ejercicio con un margen de confianza del 99,5%.

---

[160] Considerando que la distribución de los rendimientos de las acciones se ajusta a una curva normal, un 39% de pérdida máxima, con un margen de confianza del 99,5%, se corresponde con una volatilidad anual de 15,18, lo que no es en absoluto exagerado respecto a la evidencia empírica.

[161] Este ajuste simétrico se calcula mediante la expresión, $SA=1/2[(CI-AI)/AI - 8\%]$, siendo CI, *Current Index*, el valor actual del índice, y AI, *Average Index*, el valor promedio de las cotizaciones en los 36 últimos meses. Este factor de corrección, simétrico en cuanto puede ser positivo o negativo, limitado al 10%, implica suponer una tendencia positiva de las cotizaciones de renta variable y una cierta reversión de los valores medios del *risk premium* dentro de los límites derivados de la propia expresión.

De igual modo el riesgo en divisa, Mkt_{fx}, es decir la pérdida de valor en euros derivada de activos nominados en otras monedas se cifra en un 25% del valor inicial. Se aplican unas excepciones a determinadas monedas vinculadas al euro por los controles cambiarios establecidos.

El riesgo de spread, Mkt_{sp}, hace referencia a la pérdida de valor de cualquier instrumento de renta fija como consecuencia de cambios en el nivel o en la volatilidad de los spreads de crédito sobre dichos instrumentos. El cálculo de la pérdida máxima estimada al respecto se realiza en base a la duración y al rating de crédito de los distintos activos, diferenciando entre bonos, instrumentos derivados de titulizaciones, cédulas hipotecarias y similares, o *covered bonds*, emisiones de gobiernos y agencias nacionales y derivados de crédito. La descripción completa del esquema previsto en el módulo de cálculo supera los objetivos pretendidos en este apartado, pudiéndose indicar que mediante cuadros de doble entrada, considerando la duración residual del activo y su rating de crédito, se establece en la documentación técnica de Solvencia II un porcentaje de pérdida máxima que puede ir desde cero, para emisiones de gobiernos a corto plazo, a un 4,5% para emisiones con duración cinco años y muy alta calificación crediticia, que pasaría a ser para la misma duración de un 12,5% para una calificación crediticia media y hasta un 37,5% para una calificación crediticia muy baja. De todo lo anterior se deduce que la estimación de la pérdida máxima con un horizonte temporal de un año y un margen de confianza del 99,5% será, en relación al riesgo de spread de crédito, muy variable en función de la composición de la cartera a evaluar. Una cartera de renta fija con una duración promedio de cinco años y una calificación crediticia media-alta, incorporando en su composición deuda pública, puede dar un resultado de pérdida máxima del orden del 7%, mientras que una cartera de renta fija con una duración del orden de diez años, sin deuda pública y con una calificación crediticia media-baja puede determinar un resultado de pérdida máxima del orden del 20%, es decir prácticamente triplicar la anterior.

El riesgo de concentración, Mkt_{conc}, es un riesgo transversal a todo tipo de activos y deriva de la pérdida de valor de una cartera de inversiones adicional a la pérdida intrínseca de los propios títulos como consecuencia de una falta de la prudente dispersión en la composición de la cartera. El cálculo tiene una cierta complejidad en cuanto el módulo considera distintas circunstancias que limitan o acentúan el riesgo de concentración siendo de aplicación distintas ponderaciones. De una forma muy resumida se considera que existe riesgo de concentración cuando en función de la calificación crediticia de un activo se superan determinados límites de concentración. Expuesto de una forma simplificada, estos límites son del 3% sobre el total de activos para emisiones con alta calificación crediticia y del 1,5% para emisiones con media o baja calificación de crédito. Es un riesgo eliminable mediante la gestión prudente por parte de los administradores del fondo mediante la oportuna dispersión[162].

---

[162] Es usual utilizar el anglicismo "granularidad" *granularity*, para referirse a la dispersión en sentido opuesto a la concentración, pero este término no está en el Diccionario de la Real Academia Española.

Todos los riesgos de mercado, agrupados en las seis clases de riesgos elementales descritas, se agregan considerando la matriz de correlaciones indicada anteriormente de modo que el riesgo total de mercado es:

$$SCR_{Mkt} = [\sum_{r \times s} CorrMkt_{r,s} \times Mkt_r \times Mkt_s]^{0,5}$$

El último riesgo financiero, y no por ello el menos importante, con el que se enfrenta el titular de cualquier activo es el riesgo de *default* o incumplimiento por parte del emisor. Es un riesgo adicional al derivado del *spread* de crédito en cuanto este es consecuencia de condiciones de mercado y el *default* es consecuencia de una situación decisión o imposibilidad de cumplimiento por parte del emisor. El módulo de *default* en la documentación técnica de Solvencia II para calcular la pérdida estimada al 99,5% en un año, SCR_{Def}, está muy desarrollado para recoger adecuadamente las características diferenciales de los títulos en función de la probabilidad de acaecimiento del evento, tasa de recuperación en caso de evento, tipo de activo y se calcula independientemente del resto de los riesgos financieros incluidos todos ellos en la categoría de "Riesgo de Mercado".

Una vez calculado el riesgo de *default*, el VaR* final resultante de todo lo anterior se obtendría utilizando la matriz de correlaciones entre el riesgo de mercado y el riesgo de crédito reproducida anteriormente, resultando finalmente:

$$VaR^* = Var_{Mkt,Def} = [\sum_{MxD} CorrMkt_{M,D} \times SCR_{Mkt} \times SCR_{Def}]^{0,5}$$

Traslación del criterio de la pérdida máxima en un escenario extremo a un Plan de Pensiones

En función de todo lo indicado anteriormente cabe el cálculo de la pérdida de valor en un escenario extremo, y en las hipótesis expuestas[163], del patrimonio correspondiente a un Fondo de Pensiones en el que se haya integrado cualquier Plan de Pensiones, para seguidamente poder calcular la ratio LXS simplemente dividiendo dicha estimación de pérdida por el patrimonio del Fondo.

Mediante unos ejemplos puede captarse mejor el proceso y la utilidad de la información. Supongamos dos planes de pensiones con un valor del patrimonio idéntico de 1.500 millones de euros. El primero integrado en un fondo de pensiones cuyo patrimonio tiene las siguientes características:

60%   Inversión en Renta Fija
35%   Inversión en Renta Variable
5%   Inversión en Inmuebles

Caracterizándose la inversión en renta fija con una duración media ponderada de siete años, rating medio BBB-, diez por ciento de la inversión en dólar USA, y libras esterlinas, alta concentración con algunas posiciones que alcanzan el cinco por ciento del patrimonio total del fondo y exposición residual en *corporates* calificadas como *high yield*. La inversión en renta variable

---

[163] A título recordatorio, es la pérdida máxima esperada en el horizonte temporal de un año con un margen de confianza del 95% utilizando la metodología aplicable a los activos de una entidad aseguradora.

se realiza en un 75% en acciones cotizadas en mercados regulados, distribuyéndose en un noventa por ciento en Europa y un diez por ciento en Suiza, y un 25% en hedge funds.

En el segundo fondo de pensiones el patrimonio se distribuye en dos categorías de inversión:

65% Inversión en Renta Fija
35% Inversión en Renta Variable

Caracterizándose la inversión en renta fija por estar invertida parcialmente en Deuda Pública, con una duración media ponderada de tres años, rating medio BBB+, exclusivamente en euros, alta dispersión de modo que ninguna posición alcanza el 1,5% del patrimonio total del fondo, y no existen exposiciones por debajo de BBB-. La inversión en renta variable se realiza en un 100% en acciones cotizadas en mercados regulados del Espacio Económico Europeo.

Aplicando en cada uno de los fondos de pensiones las técnicas descritas en los módulos de evaluación de riesgos de Solvencia II resultarían los resultados de los cuadros siguientes:

FONDO 1

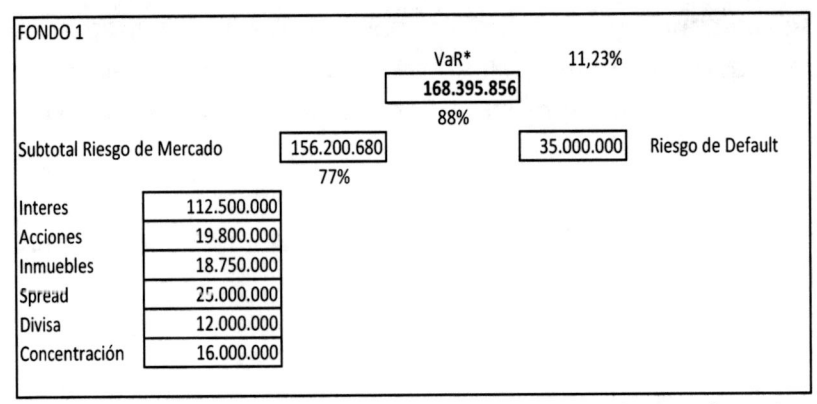

		VaR*	11,23%
		168.395.856	
		88%	
Subtotal Riesgo de Mercado	156.200.680	35.000.000	Riesgo de Default
	77%		

Interes	112.500.000
Acciones	19.800.000
Inmuebles	18.750.000
Spread	25.000.000
Divisa	12.000.000
Concentración	16.000.000

Figura 91. Agregación de los resultados de los riesgos elementales para determinar el VaR* en un fondo de pensiones con un nivel de riesgo medio-alto

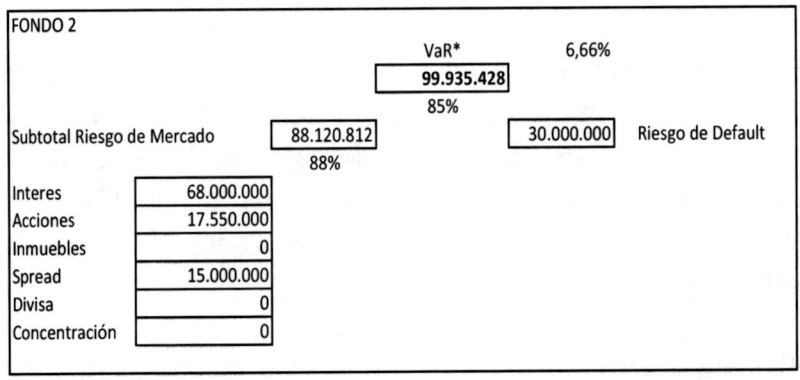

FONDO 2

		VaR*	6,66%
		99.935.428	
		85%	
Subtotal Riesgo de Mercado	88.120.812	30.000.000	Riesgo de Default
	88%		

Interes	68.000.000
Acciones	17.550.000
Inmuebles	0
Spread	15.000.000
Divisa	0
Concentración	0

Figura 92. Agregación de los resultados de los riesgos elementales para determinar el VaR* en un fondo de pensiones con un nivel de riesgo medio-bajo

Se aprecia entonces que si bien los dos fondos de pensiones se podrían incluir en la misma categoría de Renta Variable Mixta en el primero la pérdida, en el sentido del retroceso en el valor unitario de la participación, que en un ejercicio podría experimentar un participe/beneficiario en un escenario extremo se estima en un 11,23% del patrimonio mientras que en el segundo fondo de pensiones dicha pérdida se estima para el mismo periodo y con el mismo margen de confianza en un 6,66%. Supongamos igualmente que en el primero de los fondos se hubiera obtenido una rentabilidad en un ejercicio del 9% y en el segundo del 7%.

Alcanzado este punto cabe la tentación de sintetizar la información relativa al rendimiento con la información relevante respecto al riesgo asumido y definir un índice sintético de rentabilidad ajustada al riesgo. Pero posiblemente por esta vía se perdería la información diferenciada que precisa el titular último de un plan de pensiones a lo largo de las distintas etapas de su vida. En consecuencia se estima más oportuno considerar una variable bidimensional que recoja simultáneamente el riesgo y el rendimiento, *Risk-Return*, o 2R, que permita la distribución del patrimonio de previsión de cualquier sujeto de una forma acorde a sus necesidades de previsión si contase con el debido conocimiento.

La utilización de indicadores sintéticos que integran en una única medida dos componentes de distinta naturaleza tiene algunas ventajas pero también algunos inconvenientes. La ventaja reside en la sencillez de un único valor, el inconveniente la pérdida de información y la posibilidad de que la pérdida de información sea relevante para algunos de los objetivos. A título de ejemplo el Indicador de Masa Corporal o IMC[164] es una ratio entre el peso en kilogramos y la altura en metros elevada al cuadrado, [IMC= (peso en kilogramos)/(altura en

---

[164] El IMC conocido también como BMI o *Body Mass Index* es un indicador eficiente en distintos ámbitos. En el Seguro de Vida se utiliza para evaluar el estado de salud de una persona respecto al riesgo de desarrollar una enfermedad asociada con la obesidad o en el otro extremo una deficiente situación nutricional. Un valor del IMC por debajo de 18,5 se considera indicativo de bajo peso, un valor entre 18,5 y 25,0 como peso normal, un valor entre 25,0 y 30,0 de sobrepeso y un valor superior a 30,0 indicativo de obesidad. Curiosamente tanto la población española como la sueca han determinado en las últimas evaluaciones un valor medio de IMC de 24,5.

metros)²], dos personas una de 1,55 m de altura y otra de 1,85 m de altura pueden tener el mismo IMC si la primera pesase 60 kilogramos y la segunda 86 kilogramos. Si lo que se buscara fuera un indicador de grasa en el cuerpo el IMC sería suficiente, si lo que se pretendiera fuera seleccionar una persona con unas determinadas características físicas la información resultaría insuficiente. Sería mucho mejor conocer los dos datos. Del mismo modo rendimiento esperado y riesgo inherente son dos métricas que conviene conocer por separado en la selección de cualquier fondo.

Es obvio que cualquier individuo pretende maximizar el rendimiento pero dicho deseo está condicionado por el nivel de riesgo al que está dispuesto exponer su patrimonio. De igual manera que una entidad aseguradora, en el planteamiento de su modelo de negocio, tiene la limitación de sus recursos propios, para un individuo en la selección de distintas alternativas la condición o restricción fundamental puede ser la pérdida que está dispuesto a asumir. Por lo que la información relevante de los fondos del ejemplo anterior desde la visión de *Risk-Return*, sería, (11,23%; 9,00%) y (6,66%; 7,00%), respectivamente.

Frontera eficiente vs. Oferta eficiente

El concepto clásico de "frontera eficiente" aparece en la obra de H. Markowitz, "Portfolio Selection" (1952) que sentó posteriormente las bases de la denominada *Modern Portfolio Theory,* (MPT) que constituyó la línea de pensamiento predominante en materia de gestión de carteras de inversión hasta el inicio de la década de 1970. El concepto básico en aquella teoría consistía en que la idoneidad de un activo para su integración en una cartera no dependía exclusivamente de su rentabilidad y volatilidad sino también de la correlación de las variaciones de su rendimiento, por diferencias de valor de mercado, respecto a las variaciones de valor de los rendimientos del resto de los activos integrados en la misma cartera. Bajo esta perspectiva y en función de un conjunto de hipótesis, que más adelante fueron criticadas por su posible inadecuación con la realidad de los mercados, podían diseñarse decenas de carteras constituidas por activos con distintos perfil (rendimiento, volatilidad, y fundamentalmente su correlación con el resto de activos de la cartera) y distinta ponderación o peso relativo que podían representarse en un espacio bidimensional (rendimiento medio /volatilidad cartera) mediante una nube de puntos.

Seleccionando los puntos que a igualdad de volatilidad proporcionasen la máxima rentabilidad se perfilaba una "frontera eficiente" en el sentido de que la composición de las carteras posicionadas sobre la frontera eficiente eran las alternativas más adecuadas a las necesidades de un inversor en cuanto constituían la maximización del binomio rentabilidad-riesgo. El inversor si deseaba asumir un determinado nivel de riesgo, medido por la volatilidad, visualizaba la alternativa más adecuada y la rentabilidad media esperada más elevada para aquel nivel de riesgo. Combinando la cartera en la posición de la frontera eficiente tangencial con la línea derivada de la rentabilidad de un activo libre de riesgo podía perfilarse el rendimiento máximo susceptible de obtenerse para distintos niveles de riesgo combinando la cartera de riesgo óptima con un activo libre de riesgo.

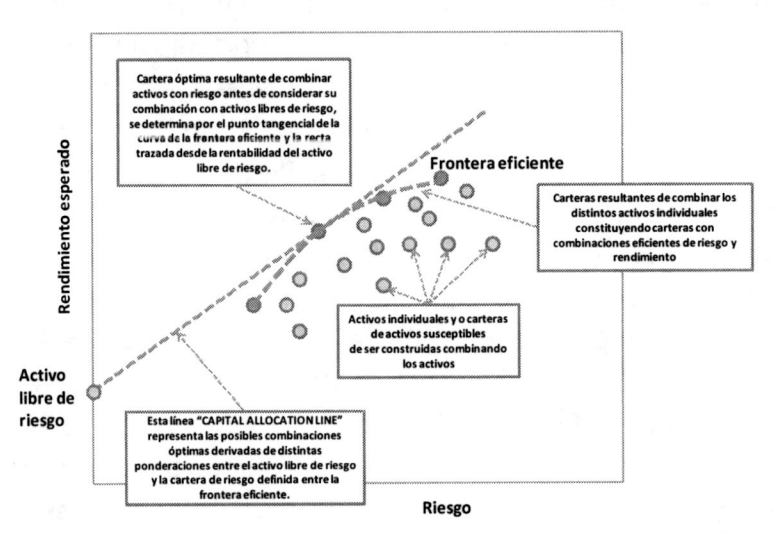

Figura 93. Gráfico exponiendo la "Frontera Eficiente" en la teoría de la gestión de carteras

En el gráfico anterior se representan los resultados de los distintos portfolios, susceptibles de construirse a partir de los activos cotizados atendiendo a su rendimiento y volatilidad así como a su correlación[165] con otros activos,

---

[165] Si las correlaciones entre los rendimientos de los distintos activos fuesen igual a la unidad, es decir que los rendimientos de las distintas clases de activos evolucionasen en paralelo, las posibles combinaciones (asignación de ponderación a cada activo o clase de activo) no aportarían nada. Pero como existe evidencia empírica de que las correlaciones entre los activos son en muchos casos inferiores a la unidad e incluso en algunos casos negativas cabe realizar ejercicios de distinta ponderación con el objetivo de maximizar el rendimiento con una volatilidad objetivo o a la inversa determinar la mínima volatilidad del portfolio con un rendimiento objetivo. En cualquier caso se debe advertir que nada garantiza la continuidad de los datos históricos o el mantenimiento de los valores de la covarianza de los rendimientos entre las distintas clases de activos. Se puede racionalizar la actividad del gestor de inversiones pero no eliminar la incertidumbre implícita en esta actividad.

que constituyen la frontera eficiente de los portfolios, y la línea que expresa el *trade-off* entre riesgo y rentabilidad combinando en distintas proporciones el activo libre de riesgo con la cartera óptima

Se puede trasladar el concepto teórico de frontera eficiente al mundo real de los fondos de pensiones evaluando los parámetros significativos de la oferta existente en planes de pensiones y ello con varios objetivos. Por una parte permitiría seleccionar el plan de pensiones más adecuado en función del binomio rentabilidad-riesgo. Si se conociese de cada fondo de pensiones la información de rentabilidad y riesgo, en términos de homogeneidad, cabría construir un gráfico como el que se representa más adelante en el que se observara para cada plan de pensiones, y como resultado de la política de inversión y los resultados reales de su ejecución, la rentabilidad obtenida y el riesgo asumido. Considerándose más adecuado en las comparaciones, como indicador homogéneo del riesgo, la ratio LXS definida anteriormente a partir del VAR* que la volatilidad de los rendimientos.

La oferta eficiente, que se representa en el siguiente gráfico por la línea discontinua, en el universo de la oferta de planes de pensiones vendría dado por aquellos planes que para un determinado nivel de riesgo hubiesen obtenido el mayor rendimiento. Se ha tomado la ratio LXS como medida de riesgo en tanto, como se ha comentado anteriormente, esta métrica, si puede ser homogénea, (en términos de periodo de referencia, margen de confianza y método de cálculo), representa un mejor estimador del riesgo que la volatilidad y es la única que permite una comparación homogénea incluso entre fondos pertenecientes a distintas categorías de inversión en tanto el VaR* se ha calculado mediante un proceso estandarizado. Ya se trate de un fondo de renta fija, mixto o renta variable, el significado del VaR* es idéntico y en consecuencia cabe la comparación entre las distintas alternativas. Nótese igualmente que bajo este planteamiento en ningún caso se considera relevante sintetizar la variable bidimensional por una variable sintética si bien a partir de la nube de puntos derivada de toda la oferta cabría determinar una función de regresión indicativa de las expectativas, crecientes, de rentabilidad para distintos niveles de riesgo a medida que aumenta este último.

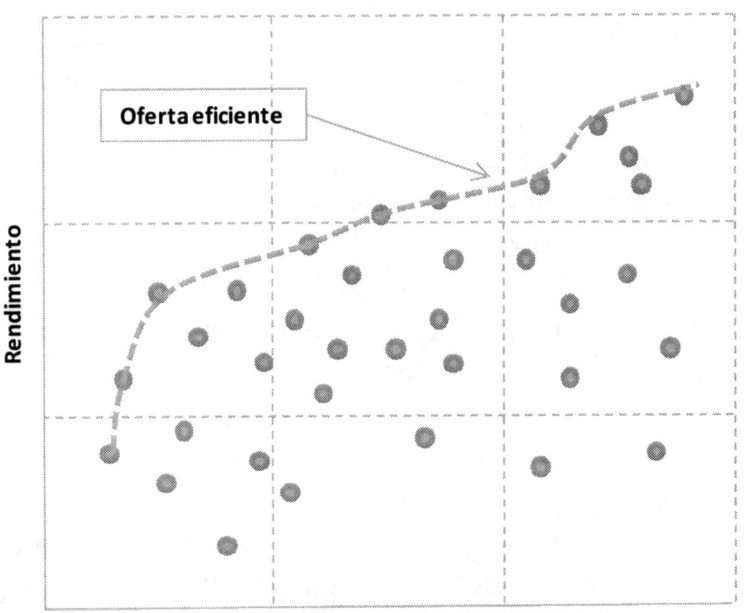

Representación gráfica de las medidas de riesgo-rendimiento correspondientes a un universo de fondos de pensiones

Figura 94. Gráfico de la curva de la "oferta eficiente" de los fondos de pensiones atendiendo al binomio de rentabilidad y riesgo

El segundo aspecto relevante en la utilización del concepto de la oferta eficiente en el ámbito de los planes de pensiones hace referencia a facilitar la selección de la combinación de activos más idónea para atender las necesidades de una unidad familiar tanto a lo largo del proceso de acumulación como en la fase de disposición atendiendo al binomio rentabilidad-riesgo. Desde esta perspectiva no se trata de seleccionar la mejor alternativa dentro de unos límites de riesgo sino de seleccionar igualmente el límite de riesgo que un partícipe-beneficiario está dispuesto a soportar, en función de su capacidad o fragilidad y disposición. La normal aversión al riesgo se debe contemplar simultáneamente con los rendimientos alternativos a los que se renuncia para evaluar los resultados de las distintas alternativas y optar por la combinación más adecuada en cada caso particular. En el gráfico anterior, en las nueve áreas en las que se ha representado en forma de ejemplo toda la oferta, se puede visualizar el significado de los niveles de riesgo cualitativos bajo-medio-alto y simultáneamente observar los distintos niveles de rendimiento susceptibles de obtenerse en cada nivel. La esquizofrenia del inversor es aspirar a un rendimiento asumiendo un nivel de riesgo que no se corresponde con dicho objetivo.

Un tercer aspecto relevante sería la permanente adecuación de la gestión de las entidades a las condiciones de la competencia. Bajo esta perspectiva ya no cabrían actuaciones, cuasi engañosas o poco profesionales, que en anterior Capítulo han sido objeto de descalificación por la falta de un mínimo rigor. Tampoco caben gestiones deficitarias encubiertas en la falta de transparencia y en la falta de homogeneidad, todos los déficits de gestión, al igual que los niveles de gastos totales cargados al fondo superiores a la media que no se corresponden con unos resultados consecuentes, se ponen de manifiesto con transparencia y en consecuencia los oferentes se ven obligados a competir con mejores reglas de juego.

Finalmente y no por ello menos importante los gestores en sus decisiones de inversión o desinversión incorporarían necesariamente la evaluación del impacto de las mismas en el riesgo asumido así como todos los costes implícitos y los rendimientos esperados. En definitiva los intereses de los titulares en última instancia del patrimonio del fondo ganan relevancia.

El planteamiento de frontera eficiente en el ámbito de los planes de pensiones tiene también otro significado totalmente ajeno a lo anterior en lo relativo a la estructura de inversión más adecuada a las necesidades de una persona o una unidad familiar en la fase de disposición. En un plan de previsión el objetivo no es un rendimiento a una fecha determinada sino la obtención de un flujo de ingresos durante un periodo indeterminado en función de la mayor o menor supervivencia del partícipe. Cuando una unidad familiar, supongamos una pareja de 65 años de edad cada uno, se plantea la disposición de sus activos en la fase de retiro tiene dos objetivos básicos, generar un flujo de ingresos que le permita complementar las pensiones públicas para mantener un determinado nivel o estilo de vida y realizar la disposición del ahorro de una forma sostenible de modo que la probabilidad de agotar el ahorro antes de la desaparición natural del grupo, es decir al último de los fallecimientos sea nula o muy próxima a cero. Y dos objetivos secundarios, aunque no necesariamente subordinados a los primeros, disponer de un capital en todo momento para atender algún tipo de necesidad imprevista[166] y poder traspasar o legar parte del ahorro constituido a generaciones sucesivas.

Las personas que acceden a la jubilación y se enfrentan a la problemática de decidir el régimen de disposiciones[167] sólo tendrán una oportunidad en su vida ya que se trata de un suceso irrepetible y su decisión en muchos casos será irreversible en sus consecuencias. Si aciertan en la tasa de disposición verán colmadas todas sus necesidades, si no aciertan pueden errar por cualquiera de los dos extremos, si han optado por un régimen de disposiciones excesivamente conservador llevarán un estilo de vida por debajo de sus posibilidades, si al contrario el régimen de disposiciones es acelerado, se enfrentarán a una situación de grave penuria al final de sus vidas. Y ello en definitiva será consecuencia de la combinación de dos circunstancias, una menor o mayor rentabilidad de los activos y una menor o mayor longevidad de las personas.

---

[166] Los temores y los riesgos más relevantes para las unidades familiares en esta fase están relacionados con las necesidades económicas derivadas de variaciones del estado de salud, necesidades derivadas de tener que proporcionar soporte a algún miembro de la unidad familiar, poder superar una fase recesiva económica, y el consecuente efecto en la valoración de dichos activos y el poder compensar aunque fuera parcialmente el riesgo legal derivado de un cambio en la política de la Seguridad Social.

[167] El régimen de disposición se instrumenta seleccionando una determinada tasa porcentual sobre el capital ahorrado e incrementando el importe dispuesto anualmente en función de la variación del índice de precios al consumo para mantener la capacidad de compra en términos reales. La tasa de disposición es sostenible cuando se garantiza con una muy alta probabilidad que el capital no se agotará antes de la extinción del grupo. Los riesgos inherentes a esta posibilidad derivan de una insuficiente rentabilidad del activo o de una excesiva longevidad del grupo. La tasa de disposición y el nivel de riesgo asumido no son ajenos a la combinación de los instrumentos utilizados. El acrónimo SWR de "Safe Withdrawal Rate" es el término utilizado en los análisis especializados.

En capítulos anteriores ya se ha hecho referencia a la generalizada *rule of thumb* del 4%, que constituyó la primer aproximación entre el capital acumulado al inicio de la fase de jubilación y la renta susceptible de obtenerse anualmente en términos reales, es decir corrigiendo la misma por la inflación habida para mantener su poder adquisitivo. Esta primera regla atribuida a W. Bengen en 1994 constituyó una primera aproximación basada en la experiencia empírica que rebatió la norma aceptada hasta entonces que relacionaba la renta susceptible de obtenerse con la tasa de rendimiento medio de los activos que al establecerse habitualmente en aquellas fechas sobre el 7% del valor acumulado constituía un régimen de disposiciones con un riesgo de agotamiento del capital muy elevado. Posteriormente, en función de la creciente disposición de capacidad de cálculo, los desarrollos teóricos han evolucionado hacia planteamientos más abiertos en los que la tasa de disposición se calcula en relación a las restricciones de distinto orden que pueda imponer un sujeto respecto al universo de activos susceptibles de integrarse para cumplir los objetivos pretendidos o respecto a las distintas hipótesis de supervivencia.

Se trata así de desarrollar modelos[168] en los que como resultado de la combinación de un amplio universo de activos del tipo, acciones, bonos, bonos indexados a la inflación, rentas vitalicias inmediatas, rentas vitalicias diferidas, y otros instrumentos financieros similares, en función de su oferta efectiva en el mercado de previsión, se proyecten, en términos medios y probables con un

---

[168] Para más detalle puede consultarse la publicación de W.D.Pfau "An Efficient Frontier for Retirement Income" (2012).

determinado nivel de confianza los resultados de las distintas combinaciones en un espacio de dos dimensiones relacionando el porcentaje de patrimonio conservado y el porcentaje de cobertura de las necesidades durante la fase de pasividad que se derivan del estilo de vida en cada una de las alternativas.

El porcentaje de patrimonio conservado expresa la parte del capital que las distintas alternativas de disposición permitirán conservar en las distintas edades alcanzadas y en consecuencia determina la probabilidad del cumplimiento de los objetivos secundarios de legar en herencia o disponer de un capital para atender un imprevisto. El porcentaje de cobertura de los gastos expresa, con un determinado nivel de confianza, el grado de cumplimiento esperado por las distintas alternativas de los gastos previstos de por vida.

Si representamos ambas variables en un espacio bidimensional podríamos observar los resultados de las distintas combinaciones de activos en relación a los anteriores objetivos, capital conservado y cumplimiento del nivel de gasto objetivo, perfilándose una nube de puntos, correspondiente a cada combinación de activos, con los resultados estimados para cada variable objetivo. Esta nube de puntos determinaría igualmente una frontera eficiente en las combinaciones situadas a la derecha y a lo alto del gráfico de modo que se pusiesen de relieve los límites superiores de las distintas combinaciones en lo referente a la conservación de capital y a la tasa de disponibilidad susceptibles de obtenerse de acuerdo con la experiencia empírica de un periodo determinado.

En el gráfico que sigue a continuación se representan la nube de puntos y la frontera eficiente consecuente, que se deduciría de este tipo de modelo. Una de las conclusiones de los análisis de este tipo es que la combinación de activos más eficiente incorpora siempre una parte de renta variable conjuntamente con una parte de contratos de rentas vitalicias. La razonabilidad de que la frontera más eficiente se obtenga incorporando, en el *mix* de instrumentos financieros para optimizar la decisión, contratos de rentas vitalicias inmediatas o diferidas descansa en el hecho de que este tipo de contratos son los únicos que pueden dar cobertura al riesgo de longevidad y como se verá más adelante las rentas vitalicias constituyen un complemento imprescindible en el proceso de optimización. Hacer descansar el esquema de previsión en la fase de retiro sobre la base exclusiva de un esquema de disposiciones sistemáticas no es óptimo en cuanto la probabilidad de agotamiento de los recursos acumulados es significativa en caso de longevidad y esta circunstancia no debería ser aceptable por un individuo. Reiterando la información de otros capítulos en el cuadro que sigue a continuación se puede observar que una tasa de disposición superior al 4%, en términos reales, supone una probabilidad[169] igual o superior al 25% de que la supervivencia biológica sea superior a la supervivencia financiera, lo que conduciría al agotamiento de los activos acumulados al inicio de la fase de jubilación.

---

[169] En el ámbito anglosajón esta probabilidad se conoce como LRP acrónimo de *lifetime ruin probability*.

Hacia una nueva métrica del riesgo

Probabilidad de Ruina con distintas tasas de disposición y distinta estructura de la cartera.			
Tasas de disposición	\multicolumn{3}{c}{Estructura de la cartera porcentaje Renta variable}
	60%	40%	20%
2%	0,44%	0,06%	0,00%
3%	3,64%	1,78%	0,72%
4%	12,03%	10,38%	11,60%
5%	24,83%	26,61%	34,22%

Fuente: Elaborado a partir datos M.A.Milevsky 2013.

Hipótesis subyacentes: Disposición sobre el capital acumulado actualizada anualmente en función variación de precios para un hombre de 65 años.

Renta Variable: Rendimiento del 6% en términos reales y volatilidad del 20%

Renta Fija a corto plazo: Rendimiento del 1,5% en términos reales.

Figura 95. Probabilidad de ruina con distintas tasas de disposición y distintas estructuras de cartera

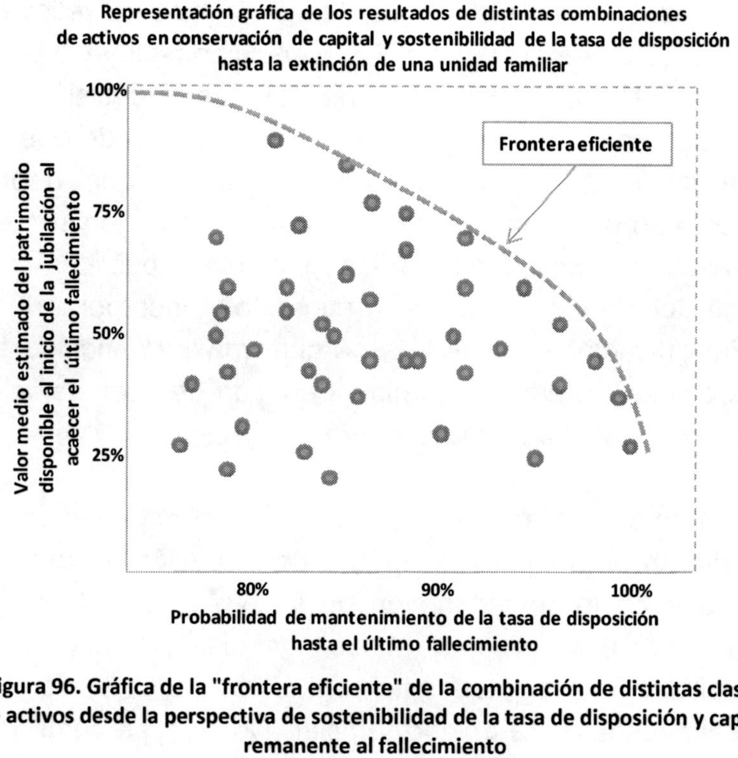

Figura 96. Gráfica de la "frontera eficiente" de la combinación de distintas clases de activos desde la perspectiva de sostenibilidad de la tasa de disposición y capital remanente al fallecimiento

El significado de frontera eficiente en este tipo de planteamiento es que reúne aquellas combinaciones de activos que cumplen, en las condiciones financieras proyectadas, el principio de maximización del nivel de preservación de capital para distintos grados de garantía de mantenimiento de la tasa de disposición establecida en términos reales con carácter vitalicio. Las combinaciones de activos subyacentes sobre la frontera eficiente no son independientes del nivel de la tasa de disponibilidad.

Este planteamiento supone llevar el problema financiero de *asset allocation* en el que se considera exclusivamente las opciones de rendimiento y volatilidad a un nivel de *product allocation* en el que se combinan las anteriores variables conjuntamente con la probabilidad de ruina o agotamiento del capital de partida en la fase de retiro en función de la supervivencia. En esencia constituye la base teórica sobre la que se debería asentar la decisión del individuo en esta fase sin perder la perspectiva de que se trata de un planteamiento holístico en el que deben necesariamente considerarse todas las fuentes de ingresos, y especialmente las pensiones públicas, así como todos los objetivos pretendidos, incorporándose como un factor restrictivo la pérdida máxima, incluso en situaciones extremas, asumible derivada de la aversión al riesgo del partícipe o beneficiario.

Otra forma de plantear el mismo tipo de información se detalla en el gráfico que sigue a continuación. El énfasis se pone en la consideración de la evolución del capital remanente a lo largo de la fase de disposición y en la posibilidad de agotamiento antes del último de los fallecimientos de la unidad familiar. No permite comparar múltiples combinaciones simultáneamente pero si permite en contrapartida observar para dos combinaciones de activos la forma esperada del agotamiento de capital y el mantenimiento de una determinada tasa de disposición. La mejor alternativa vendría dada por la curva situada más a la derecha que manifiesta para una determinada tasa de disposición proyectada el menor ritmo de agotamiento del capital. Por coherencia con las conclusiones de los análisis realizados dicha curva estaría constituida por una combinación de renta variable y renta vitalicia.

De este modo la combinación de activos que manifiesta una evolución probable indicada en el gráfico que sigue a continuación con un "2" sería preferible a la combinación de activos señalada con un "1" que manifestaría una evolución del saldo que previsiblemente se agotaría entre los 85 y 95 años. Este tipo de planteamiento permite incorporar límites inferiores y superiores a cada alternativa en función de determinadas niveles de seguridad y representados en el gráfico con líneas discontinuas. Cabe la posibilidad, como es el caso que se representa en la combinación "2", que el capital no se agotara en ninguna circunstancia por el hecho de la longevidad, en tanto las necesidades de ingresos, total o parcialmente, se cubriesen por contratos de rentas vitalicias de modo que una parte del capital acumulado siempre podría ser legado.

El paseo aleatorio hacia la jubilación

Representación gráfica comparativa de la evolución del consumo del capital al inicio de la fase de jubilación en función de una tasa determinada de disposición mantenida en términos reales correspondiente a dos combinaciones de activos

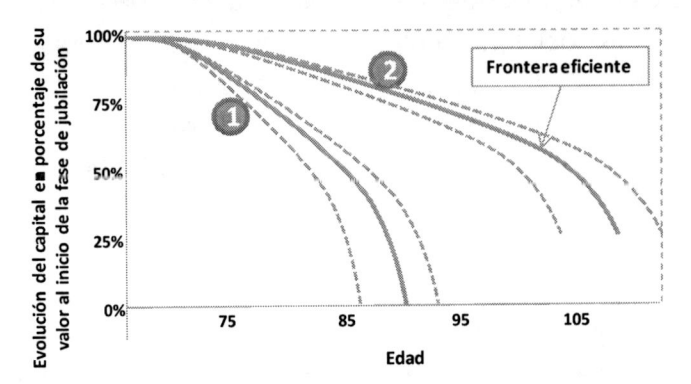

Figura 97. Gráfica comparativa del comportamiento del capital disponible a lo largo del proceso de disposición comparando distintos "product allocation"

Aún sin olvidar que las decisiones en este ámbito no son estrictamente racionales y aspectos culturales y emocionales pueden influir de una forma significativa, de todo lo anterior se deduce que para adoptar las decisiones más convenientes, con las restricciones aplicables en cada caso según las preferencias de cada individuo, se hace imprescindible un adecuado asesoramiento y la disposición de una amplia oferta de instrumentos financieros así como la utilización de potentes herramientas de cálculo que faciliten la exposición de las implicaciones de las distintas alternativas. Las reglas generales solo sirven para enmarcar el entorno de la decisión más razonable. De desear realizar un planteamiento de optimización personalizado, cada caso exige comprender los objetivos deseados, las restricciones por aversión al riesgo, los márgenes de confianza adecuados, y en consecuencia un cálculo específico individualizado. No hay soluciones generales o simples y un planteamiento de optimización exige la disponibilidad de recursos que solo pueden proporcionar redes comerciales integradas en entidades especializadas con niveles de formación altos en materia de previsión, de reconocido prestigio y rigor profesional. El recurso a ofertas alternativas parece muy cuestionable y en su caso debería realizarse con máximas cautelas, pudiendo no ser recomendable con carácter general.

7 El riesgo biométrico

En la previsión individual son muy relevantes todos los aspectos financieros tanto durante la fase de acumulación como durante la fase de disposición, pero de igual modo los aspectos no financieros, y los riesgos inherentes a otros posibles eventos ajenos al ámbito financiero, no pueden dejar de ser considerados. En la consideración de las contingencias que rodean el desenvolvimiento de la vida humana el valor más probable, o la probabilidad de acaecimiento, es la referencia inexcusable en la base de nuestras decisiones, pero la concreción individualizada de los distintos riesgos que experimentamos todas las personas a lo largo de nuestras vidas es lo realmente relevante para cada uno de nosotros. Así como los riesgos financieros se pueden mitigar en función de lo expuesto en los capítulos previos, los riesgos no financieros por contingencias biométricas, del tipo enfermedad, muerte prematura, longevidad, incapacidad, o dependencia pueden ser objeto de cobertura mediante los contratos de seguros. Un contrato de seguro supone, a cambio del pago de una prima, la transferencia de las consecuencias económicas de determinados eventos contingentes sobre la vida humana a la compañía aseguradora, que asumirá, en caso de acaecimiento de los eventos objeto de cobertura en el contrato y en las condiciones pactadas, el pago de una prestación en forma de capital, renta u otras formas de compensación

El riesgo biométrico

convenidas. Los riesgos biométricos solo pueden ser cubiertos eficientemente mediante contratos de seguros.

A lo largo de las distintas fases de la vida, educación-actividad-retiro, el conjunto de instrumentos de previsión susceptible de utilizarse es muy amplio. En el gráfico que sigue a continuación se representan esquemáticamente las distintas modalidades de seguros que podrían ser objeto de utilización con ánimo de cobertura en las distintas etapas de la vida.

CONTRIBUCIÓN DE LOS SEGUROS SOBRE LAS PERSONAS EN LA INSTRUMENTACIÓN DE LAS NECESIDADES DE AHORRO, COBERTURA DE RIESGOS E INVERSION DURANTE EL CICLO DE VIDA

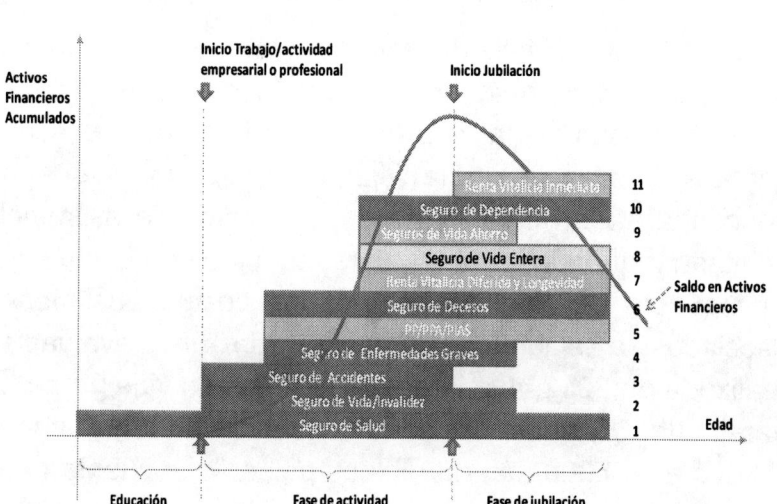

Figura 98. Ciclo vital de las personas en relación con los productos de previsión y el capital acumulado para complementar ingresos en la fase de retiro

Los planes de pensiones individuales y los planes de previsión asegurados, estos últimos por las limitaciones normativas para permitir su calificación como tales, tienen un componente financiero o de ahorro prevalente que hace que las coberturas de fallecimiento o incapacidad, y muy especialmente en los primeros años de vigencia del instrumento, sean prácticamente irrelevantes. Ello implica que la cobertura para caso de fallecimiento, o para caso de incapacidad, deba necesariamente instrumentarse a través de seguros complementarios adicionales a los referidos planes de previsión.

Los seguros de salud y los seguros de accidentes son considerados en la mayoría de las regulaciones como seguros personales pero no como seguros de vida al incorporar en sus bases técnicas componentes propios de los seguros no-vida, también denominados seguros generales.

En función del objeto de este libro es muy relevante el seguro de salud que, si bien puede cubrir eventos en todas las fases de la vida de un ser humano, tiene una especial incidencia en la fase de retiro en la que se concentrarán la mayor parte de los gastos de asistencia sanitaria requeridos por una persona a lo largo de su vida. Al respecto es significativo que los costes estimados asociados a cuidados de salud, en una evaluación realizada en 2012, a lo largo del resto de su vida para una pareja de 65 años de edad, ascenderían en Estados Unidos a 240.000 dólares[170]. Los países que cuentan con

---

[170] El mismo coste estimado en 2002 se cifraba en 160.000 dólares lo que implica un incremento de costes del 50% en diez años dando idea de la especial importancia del incremento de los costes de asistencia sanitaria, muy por encima del incremento general del índice de precios. Información obtenida del informe de Fidelity Investments, "Annual Retiree Health Care Costs". No se incluyen los gastos derivados de una situación de dependencia grave que requiera el internado de una persona en una residencia especializada. En estos casos el periodo medio de permanencia de una persona en situación de dependencia ingresada en una residencia especializada es de 2,6 años para mujeres y 2,3 años para hombres y los costes anuales de los servicios de estas residencias varían entre 25.000 y 50.000 euros en España. (81.000 dólares en Estados Unidos).

un sistema de salud pública muy avanzada como es el caso de España en la actualidad, permiten que sus ciudadanos puedan no plantearse, de momento y confiemos que por muchos años, la necesidad imperiosa de contratar una cobertura individual por insuficiencia de las coberturas del sistema público de salud. En el caso de que complementariamente a la cobertura del sistema público de salud se deseara por cualquier motivo una cobertura de seguro privado de asistencia sanitaria, para disponer de una asistencia más específica o personalizada, se estima que el coste, sólo por primas de seguros, en el momento actual, para una pareja de 65 años en España, no resultaría inferior a 72.000 euros durante la fase de retiro.

Los seguros de accidentes sobre la vida humana entendiendo la cobertura de los mismos extendida al acaecimiento de un evento que ocasione daños a la persona cuya naturaleza sea, "externa súbita y violenta, ajena a la intencionalidad del asegurado", no tiene especial relevancia en la fase de retiro de una persona salvo modalidades muy específicas de coberturas como sería el caso de rotura de huesos, por ejemplo, para cubrir los costes derivados por cualquier rotura, considerada accidental, y en especial la rotura de la cabeza del fémur, que constituye una particular preocupación en el segmento de la población retirada por las potenciales consecuencias de inmovilidad asociada.

Todos los seguros de vida, legal y técnicamente, son idénticos en cuanto a sus fundamentos, el equilibrio entre primas y prestaciones, el denominado principio de equidad, se establece considerando un factor financiero por el diferimiento entre el momento del pago de las primas y el momento del cobro de las prestaciones, así como los gastos inherentes a la actividad, o la remuneración del capital requerido para el ejercicio solvente de la actividad, y un factor actuarial, es decir la consideración de la probabilidad de acaecimiento del evento objeto de cobertura. No obstante aquellos seguros en los que la probabilidad del evento asegurado es baja o muy baja suelen denominarse o considerarse como "seguros de riesgo" (como la cobertura de fallecimiento o incapacidad en edades tempranas) mientras que los seguros en los que la probabilidad del evento es alta o muy alta se denominan "seguros de ahorro" (como los seguros de jubilación, rentas vitalicias y similares en los que la cobertura principal es la supervivencia). Esta clasificación no tiene un soporte legal ni es rigurosa desde la perspectiva de la técnica aseguradora, dado que hay fronteras poco definidas. Por ejemplo en la modalidad de seguro de vida entera (se cubre un capital en caso de fallecimiento ocurra cuando ocurra sin limitación temporal) se incorpora tanto un alto componente de ahorro como de riesgo. En otro sentido una renta vitalicia (se satisface una renta periódica mientras viva el asegurado) tiene para ciertas edades o diferimientos un alto componente de riesgo.

A continuación se procede a considerar con mayor detalle las contingencias susceptibles de cobertura a través de los contratos de seguros más relevantes en el ámbito de la previsión personal.

Fallecimiento

La probabilidad de fallecimiento de una persona está claramente diferenciada entre sexos, los hombres tienen más probabilidad de fallecimiento que las mujeres a cualquier edad, y la probabilidad de fallecimiento es creciente a medida que avanza la edad en cualquiera de los dos sexos. En la fase de actividad la probabilidad de fallecimiento de una persona se sitúa en rangos del orden del tanto por mil, mientras que en la fase de retiro las probabilidades se sitúan en rangos del tanto por ciento.

Desde el siglo XVIII la forma de evaluación de las probabilidades de fallecimiento para distintas edades y sexo se realiza mediante las denominadas tablas de mortalidad o tablas de supervivencia[171]. Estas tablas se construyen mediante procedimientos analíticos suavizando los resultados derivados de datos empíricos y expresan la evolución teórica de un determinado número de individuos, normalmente a partir de una edad de cero años, hasta su extinción total. En las tablas, para cada

---

[171] Si bien se reconoce que la primera tabla de supervivencia es la de Ulpiano en el siglo III de nuestra era, las tablas de supervivencia en su versión actual tienen su origen a finales del siglo XVII con los trabajos de W.Petty y E.Halley, aunque no fue hasta 1762, en que a partir de los trabajos de J.Dodson y E.Rowe, su uso se instituyó en la entidad con forma mutual "Society for Equitable Assurances on Lives and Survivorship", conocida como "The Equitable", iniciándose la actividad aseguradora sobre la vida sobre bases técnicas tal cual la conocemos en la actualidad. La mutua "Equitable Life" aún perdura en su actividad en la actualidad (2015) después de superar una situación crítica que requirió entre otras medidas la compensación por parte del gobierno británico a determinados titulares de pólizas de dicha entidad.

edad "x" se registran el número de personas (l_x) que alcanzan dicha edad vivos, en consecuencia el colectivo teórico es cerrado y la única salida del colectivo es a causa de fallecimiento. La probabilidad de fallecimiento a una determinada edad "x", se representa como "q_x", y se calcula mediante la expresión $[(l_x - l_{x+1})/l_x]$[172], es decir la diferencia entre el número de individuos que han alcanzado la edad "x" y el número de individuos que han alcanzado la edad "x+1", (lo que equivale a decir los individuos de edad "x" que no alcanzan vivos la edad "x+1"), dividida por el número de individuos que habían alcanzado la edad "x". La probabilidad de sobrevivir un año a la edad "x", se representa como "p_x", y se calcula mediante la expresión $[l_{x+1}/l_x]$, que indica la proporción de los individuos o cabezas de edad "x" que alcanzan vivos la edad "x+1". Siendo la única causa de salida el fallecimiento, se debe producir para cada edad que, $[q_x + p_x = 1]$, lo que se deduce fácilmente de las expresiones anteriores.

Las tablas pueden ser estáticas o dinámicas, también llamadas generacionales. Estas últimas pretenden recoger la tendencia del incremento de la esperanza de vida que avances de todo tipo, cuidados médicos, hábitos, estilo de vida, etc. hacen que cada generación muestre probabilidades de fallecimiento cada vez más bajas que las generaciones anteriores o lo que es lo mismo que las probabilidades de supervivencia sean más altas. Esta circunstancia es especialmente relevante en edades

---

[172] La diferencia $[(l_x - l_{x+1})]$ se suele representar como d_x, que cuantifica el número de personas de edad x que son decesos a dicha edad, en consecuencia la probabilidad de fallecimiento puede también escribirse como, $q_x = d_x / l_x$.

avanzadas para la previsión individual y será objeto de especial consideración en el apartado de longevidad.

Un ejemplo de tabla de mortalidad es la PASEM 2010 publicadas en España en 2012 en sustitución de las utilizables hasta entonces en el ámbito de planes de pensiones[173]. En el cuadro que sigue a continuación se manifiestan las probabilidades de fallecimiento según las tablas PASEM 2010[174] para cada sexo, indicándose con una "x" la edad alcanzada por un hombre, y por una "y" la edad alcanzada por una mujer, a distintas edades. En consecuencia, en función de lo expresado en las referidas tablas, se puede indicar a título de ejemplo que la probabilidad de que una persona de 40 años de edad, varón, no sobreviva un año más, es decir fallezca antes de cumplir 41 años de edad, es del 1,389 por mil, y si fuese mujer, de la misma edad, la probabilidad de fallecimiento en un año sería del 0,978 por mil. A los 65

---

[173] La utilización de tablas de supervivencia solo tiene relevancia, en el ámbito de los planes de pensiones de empleo, ya que los planes de pensiones individuales son de aportación definida y utilizan exclusivamente criterios financieros y en ningún caso probabilidades de supervivencia.

[174] A pesar de que las tablas de supervivencia diferencian la información por sexo debe considerarse que por la Sentencia del Tribunal de Justicia de la Unión Europea, en el denominado caso "Test Achats", en materia de igualdad de trato, a partir de 21 de diciembre de 2012 no puede aplicarse en el ámbito de la UE una oferta de seguros diferenciada por razón de sexo. Las aseguradoras aplican como probabilidad de fallecimiento una media ponderada de las mortalidades de ambos sexos en función de la composición de su cartera de seguros. La aplicación de una tabla única sin diferenciación de sexo implica para las mujeres, respecto a la situación previa, un encarecimiento de los seguros de vida riesgo y un abaratamiento de los seguros de supervivencia de la modalidad de renta vitalicia o similar. Por otra parte las tablas que se utilizan por parte de las entidades aseguradoras son distintas según el riesgo principal cubierto sea el fallecimiento o la supervivencia, al objeto de incorporar un recargo implícito de seguridad por el riesgo asimétrico de información, en este caso a favor del asegurado.

años la probabilidad anual de fallecimiento de un hombre sería del 1,2703%, mientras que si se tratase de una mujer dicha probabilidad sería del 0,6501%.

Nótese que la probabilidad de fallecimiento aumenta progresivamente a medida que avanza la edad alcanzada a una tasa del orden del 9-10% anual, y que en edades inferiores a 60 años la probabilidad de fallecimiento está por debajo del uno por ciento anual, mientras que a partir de 70 años la probabilidad de fallecimiento es superior al dos por ciento anual. Obsérvese igualmente que las probabilidades de fallecimiento de las mujeres en distintas edades se corresponden aproximadamente con la de los hombres de unos siete años más jóvenes.

Tablas de mortalidad PASEM 2010	Probabilidad de muerte	Población Española
	qx (Hombres)	qy (Mujeres)
25	0,000830	0,000322
30	0,000767	0,000277
35	0,000888	0,000478
40	0,001389	0,000978
45	0,002439	0,001586
50	0,004187	0,002452
55	0,006676	0,003732
60	0,009793	0,004801
65	0,012703	0,006501
70	0,022460	0,011267
75	0,045637	0,026885
80	0,096814	0,055808
85	0,166049	0,117042
90	0,271358	0,223304
95	0,397550	0,367161

(TASAS UNITARIAS)

Figura 99. Probabilidad de fallecimiento a distintas edades diferenciando por sexo

El riesgo biométrico

En un seguro para caso de fallecimiento, la denominada prima pura es decir la parte de la prima que paga un asegurado para cubrir la probabilidad de acaecimiento del evento que es objeto de cobertura en el contrato de seguro, se calcula multiplicando la probabilidad de acaecimiento del evento por el capital asegurado, agregando en su caso la cuantía correspondiente a los gastos de gestión inherentes a la liquidación de los siniestros. Así para un seguro vida que cubra el evento de fallecimiento[175] con un capital asegurado de 100.000 euros, de utilizar la anterior tabla, la prima pura anual correspondiente a un asegurado de 40 años sería de 138,90 euros anuales (= 100.000 x 0,001389).

La prima comercial o precio total que debe satisfacer un asegurado para contratar dicho seguro dependerá de la competencia efectiva entre las entidades aseguradoras, lo que condiciona los recargos implícitos de seguridad de la información de la tabla de mortalidad utilizada, los gastos de gestión interna en función de la eficiencia de los procesos de cada entidad, los gastos de gestión externa para sufragar los costes de las redes de comercialización y los beneficios derivados de la actividad, es decir el margen requerido para la retribución del capital aportado por los accionistas de la entidad para proporcionar estabilidad a la actividad aseguradora. Una primera aproximación en el caso expuesto a la prima comercial del

---

[175] Un contrato de seguro de vida que cubra el evento de fallecimiento por cualquier causa es distinto de un seguro que cubra el evento de fallecimiento como consecuencia de accidente. El evento de accidente dependerá de la definición del mismo en cada contrato estando en España definido legalmente como evento de naturaleza "súbita, externa y violenta ajena a la intencionalidad del asegurado". La probabilidad de fallecimiento por accidente no se diferencia normalmente por edades y es muy inferior a la probabilidad del fallecimiento por cualquier causa.

ejemplo anterior, varón de 40 años de edad y un capital asegurado de 100.000 euros, determinaría un valor teórico de la prima comercial en el entorno de 24,00 euros mensuales en una modalidad contractual de seguro "Temporal Anual Renovable", TAR, que posiblemente sea la modalidad de seguro más generalizada y adecuada para adaptar la cobertura (especialmente si se prevé un descenso del capital a cubrir) a lo largo del tiempo, y en el que la prima se establece en cada ejercicio atendiendo a la probabilidad de fallecimiento del asegurado en función de la edad alcanzada.

En el ámbito de la previsión individual lo relevante para una unidad familiar es a través de un seguro para caso de fallecimiento[176] cubrir las consecuencias económicas de un fallecimiento prematuro. Indicamos prematuro en tanto lo más probable es que una persona permanezca viva hasta alcanzar la edad de de jubilación pero no obstante la probabilidad de fallecimiento por cualquier causa antes de dicha edad es significativa. Construyendo una tabla de supervivientes a partir de los datos de la probabilidad de fallecimiento, q_x y q_y , anteriores se obtendrían los siguiente valores (se han omitido igualmente los valores correspondiente a las edades intermedias):

---

[176] El acceso a la cobertura proporcionada por un contrato de seguro de vida para caso de fallecimiento está supeditada al estado de salud del candidato. Una aseguradora someterá al candidato a un cuestionario u otros requisitos de selección con el objetivo de evitar la incorporación en el contrato de personas cuyas expectativas de siniestralidad no se ajusten a la población general. En consecuencia esta circunstancia debe ser tenida en cuenta en la previsión familiar, un retraso en la adopción de la decisión de contratación de un seguro puede suponer la imposibilidad de contar con dicha cobertura en el futuro.

El riesgo biométrico

Número de Supervivientes a cada edad Tablas de mortalidad PASEM 2000 Población española		
Edad	lx (hombres)	ly (mujeres)
20	987.576	991.388
25	983.711	989.816
30	979.708	988.353
35	975.923	986.692
40	970.688	983.484
45	962.244	977.409
50	947.534	968.277
55	923.543	953.852
60	887.409	934.140
65	840.056	909.457
70	775.116	873.257
75	665.245	807.592
80	476.814	670.610
85	248.621	448.525
90	78.492	191.711
95	11.232	37.173

Figura 100. Tabla de supervivencia a distintas edades diferenciado por sexos

Como ya se ha indicado una tabla de supervivencia es un cálculo teórico a partir de datos empíricos que muestra como una población teórica de por ejemplo 1.000.000 de personas de cero años va falleciendo a lo largo de los años. La tabla muestra los supervivientes a cada edad del colectivo inicial. Determinadas tablas se inician a partir de los 15 años atendiendo la circunstancia de que bajo determinadas legislaciones no cabe el aseguramiento de personas por debajo de dicha edad. El valor inicial de la tabla, se denomina *radix*, suele ser un millón pero puede utilizarse cualquier otro valor ya que lo relevante en una tabla de supervivencia es observar la forma y las proporciones de como el colectivo va desapareciendo a lo largo de los años, no los valores absolutos.

De la lectura de la información de la tabla de supervivencia anterior puede observarse que a 25 años el número de cabezas vivas, hombres, sería de 983.711 mientras que a 65 años es de 840.056, en consecuencia la probabilidad de que una persona, hombre, fallezca entre los 25 y 65 años sería del 14,60%, (= [(983.711-840.056)/983.711], en consecuencia lo más "normal", lo más probable, es que una persona varón de veinticinco años alcance vivo la edad de jubilación con una probabilidad del 85,40%. En consecuencia existiría casi un 15% de probabilidad, de acuerdo con las tablas anteriores, de fallecer durante la fase de actividad, lo que hace que aproximadamente una de cada siete personas que inician su actividad laboral a los veinticinco años fallezca antes de jubilarse a los 65 años, dato que es lo suficientemente relevante como para que deba ser objeto de consideración en la instrumentación de la previsión por las consecuencias inherentes a los miembros de la unidad familiar que dependieran económicamente del asegurado.

Si una persona no tiene a su cargo, ni contribuye con sus ingresos, al sostenimiento de una unidad familiar las consecuencias económicas de su fallecimiento prematuro son muy reducidas, se limitan al coste del entierro o incineración del cadáver y poco más, pero si el fallecido constituye un soporte económico de la unidad familiar las consecuencias financieras pueden ser muy importantes. La cobertura del sistema público de pensiones en España establece que con carácter general la pensión de viudedad (con independencia del sexo o nivel de ingresos del cónyuge fallecido y/o del supérstite) sea el 52% de la "base reguladora" que a su vez se determina con carácter general en función de la media de las bases de cotización a la Seguridad Social en los 24 meses previos al fallecimiento. Esto implica, a mediados de 2014, una pensión máxima por viudedad, antes de impuestos, del orden de 1.800 euros mensuales y una pensión media real, en base al colectivo de pensionistas por dicha contingencia, en dicho ejercicio, en el entorno de 624 euros mensuales. Resulta evidente que en muchas ocasiones el efecto económico para los supervivientes de una unidad familiar[177] en la que haya fallecido alguno de los que económicamente la sostenían causa un grave efecto financiero que solo a través de un contrato de seguro se puede compensar.

Una cuestión a la que debe hallarse respuesta en la instrumentación de la previsión familiar, es el capital a asegurar en caso de fallecimiento. Teóricamente el capital ideal sería aquel que fuese equivalente al valor actual de la diferencia entre los ingresos futuros del fallecido y el valor actual de los ingresos por la pensión pública de viudedad y en su caso de orfandad. Pero nunca mejor utilizado el término "ideal" en su acepción de algo inalcanzable ya que dicho capital comportaría un coste del seguro de fallecimiento muy por encima de lo que una persona en nuestro ámbito cultural consideraría razonable gastar. Por ello son aconsejables aproximaciones mucho más pragmáticas asegurando un capital equivalente a un múltiplo del ingreso anual del asegurado. Este capital debería entenderse en un momento central de la fase de actividad pudiendo ser algo más alto en los tramos iniciales de la actividad y más bajo en la fase de aproximación a la jubilación en tanto las

---

[177] En caso de fallecimiento, y existencia de hijos, se devenga por el sistema público de pensiones una pensión de orfandad por cada hijo que tiene el carácter de temporal hasta los 21 años de edad o vitalicia en caso de discapacitados. La pensión media de orfandad en 2014 se cifraba en 369 euros mensuales.

necesidades económicas son decrecientes porque la previsión para la jubilación ya incorpora, por su parte, un componente de cobertura de viudedad derivado del saldo del ahorro acumulado. En resumen una regla sencilla sobre lo expuesto podría consistir en establecer una suma asegurada para caso de fallecimiento que en cada momento se determinase como un múltiplo del nivel salarial decreciente en función de la edad alcanzada "x" del tipo:

Suma asegurada = { [16,25 – 0,25 . x]. Salario anual}

Dicha regla determinaría como capital a asegurar un múltiplo de 10 veces el salario del asegurado a los 25 años, 5 veces a los 45 años y 0 veces, es decir sin seguro a los 65 años. Esta cobertura de aseguramiento, a pesar de no ser óptima, sería relativamente alta respecto a lo habitual en el entorno del mercado español.

Con la anterior expresión podría construirse la tabla adjunta en la que para cada tramo de cinco años de edad se manifiesta el múltiplo a aplicar sobre los ingresos anuales para determinar el capital asegurado mínimo.

Capitales Asegurados en función Edad en múltiplos de los ingresos anuales	
Edad	Múltiplo de los ingresos
25	10,00
30	8,75
35	7,50
40	6,25
45	5,00
50	3,75
55	2,50
60	1,25
65	0,00

Figura 101. Tabla de capitales a asegurar por edades en forma de múltiplos sobre ingresos anuales

No obstante circunstancias personales, familiares, existencia de otros ingresos, naturaleza de la actividad, protección efectiva de la Seguridad Social[178], etc. pueden aconsejar, en la determinación del capital a asegurar, mediante el oportuno asesoramiento, aproximaciones más personalizadas, pudiendo servir la regla anterior para establecer unas referencias iníciales en dicho asesoramiento.

Como en otros seguros similares el acceso a la cobertura proporcionada por un seguro para caso de fallecimiento exige que el asegurado tenga un estado de salud acorde con su edad y que no existan enfermedades declaradas que impliquen una probabilidad de fallecimiento superior a la correspondiente a la edad alcanzada. El proceso de admisión de un candidato a la cobertura de un seguro se conoce como proceso de selección y constituye una actividad esencial en las entidades aseguradoras para conseguir adecuar el coste futuro de los siniestros a las estimaciones derivadas de las tablas de mortalidad. A veces como consecuencia de dicho proceso se concluye en la admisión del candidato pero no en "condiciones normales", sino con una sobreprima o extraprima o con limitaciones de cobertura e incluso en el rechazo de la solicitud. Estas circunstancias limitan el libre acceso a la cobertura del seguro por parte de una persona en cualquier momento por lo que ello debe tenerse muy en

---

[178] Especial consideración merecen los trabajadores y profesionales no encuadrados en el régimen general correspondiente a los trabajadores asalariados sino integrados en el régimen especial de los trabajadores autónomos en cuanto para estos colectivos cabe una discrecionalidad en la selección de las bases de cotización que induce con carácter general a un déficit de cobertura de previsión social en tanto se equipara la cotización al sistema de pensiones a un coste fiscal.

cuenta para evitar la imposibilidad de acceder al seguro más adelante por si su estado de salud lo impidiese entonces.

Incapacidad permanente

Si bien los sistemas públicos de pensiones establecen distintos grados[179] de incapacidad permanente, la más habitual en la instrumentación de la previsión familiar es la consideración de la incapacidad permanente absoluta, definida normalmente como aquella circunstancia sobrevenida, por cualquier causa, enfermedad o accidente de cualquier tipo, determinante de una situación física irreversible que suponga la total ineptitud de una persona para el mantenimiento de cualquier tipo de relación laboral o el ejercicio de una actividad profesional en las condiciones habituales del desempeño de las mismas. A pesar de que existe un cierto grado de subjetividad en estas definiciones, que a veces son fuente de potencial conflictividad en el reconocimiento de la contingencia, está claro que nos referimos a una situación sobrevenida que excluye de facto a una persona la posibilidad de seguir en cualquier actividad laboral o profesional[180].

---

[179] El sistema público de pensiones en España reconoce cuatro posibles situaciones de incapacidad permanente, la incapacidad permanente parcial para la profesión habitual, la incapacidad permanente total para la profesión habitual, la incapacidad permanente absoluta para cualquier trabajo y la gran invalidez, que requiere la asistencia de otra persona para las actividades más esenciales de la vida diaria. En el ámbito de los seguros privados la cobertura más extendida es la incapacidad permanente absoluta para cualquier trabajo.

[180] En cualquier caso es ineludible la detallada consideración de las condiciones generales y particulares del contrato de seguro para comprobar

La pensión media por incapacidad a cargo del sistema público de pensiones se calcula en el momento de acaecimiento del evento en función de la media anual de las bases de cotización a la Seguridad Social, entre los dos y los ocho últimos ejercicios, según los distintos casos, y a mediados de 2014, para el conjunto nacional, la pensión media de incapacidad se cifraba en 916 euros mensuales pudiendo alcanzar un máximo del orden de 2.500 euros antes de impuestos si el beneficiario de la prestación hubiera cotizado a los niveles máximos permitidos por el sistema público de pensiones.

La probabilidad de la contingencia de incapacidad permanente absoluta es añadida a la probabilidad de la contingencia de fallecimiento, es decir, una persona puede no alcanzar la edad de jubilación en actividad tanto por fallecimiento como por incapacidad sobrevenida. Las probabilidades de acaecimiento del evento de invalidez son crecientes con la edad y representan para los varones una probabilidad media del orden del 40% de la probabilidad de fallecimiento durante la fase de actividad. De este modo así como antes hemos visto que la probabilidad de que una persona que haya iniciado su actividad a los 25 años alcance viva la edad de 65 años era del orden del 85%, lo que aproximadamente implicaba que una de cada siete personas no llegará viva a la edad de jubilación, si ahora consideramos adicionalmente la probabilidad de que alcance la edad de jubilación viva y válida la probabilidad será más reducida.

Las tablas adjuntas PEAIM/F-2007 elaboradas a iniciativa del sector de entidades aseguradoras en España

---

el alcance de la cobertura sus limitaciones y exclusiones.

proporcionan una información de las probabilidades esperadas, para una población asegurada en negocio individual de un seguro de esta modalidad, de las declaraciones esperadas de incapacidad permanente absoluta. Así para un hombre de 40 años la probabilidad de acaecimiento de una situación de incapacidad absoluta permanente se cifra en un 0,682 por mil, que determinaría para un capital asegurado, a título de ejemplo de 100.000 euros, una prima pura del orden de 68,2 euros anuales pudiendo situarse la prima de tarifa, en función de lo comentado en el apartado anterior, en el entorno de unos 12,00 euros mensuales.

TABLA INCAPACIDAD ABSOLUTA PERMANENTE PEAIM/F-2007I [POBLACIÓN ESPAÑOLA ASEGURADA INVALIDEZ EN NEGOCIO INDIVIDUAL]		
Edad	ix (Hombres)	iy (Mujeres)
25	0,000137	0,000108
30	0,000233	0,000178
35	0,000399	0,000293
40	0,000682	0,000483
45	0,001167	0,000797
50	0,001997	0,001314
55	0,003416	0,002166
60	0,005842	0,003573
64	0,008977	0,005332

(TASAS UNITARIAS)

Figura 102. Probabilidades del evento de incapacidad absoluta a distintas edades diferenciando por sexos

Se observa que las probabilidades del evento son crecientes en razón a la edad alcanzada y que al igual que en la mortalidad las probabilidades estimadas para mujeres son inferiores a las correspondientes a los hombres, si bien como se ha indicado anteriormente en el ámbito de la Unión Europea no pueden discriminarse los precios de los seguros por razón del sexo del asegurado.

De considerar conjuntamente las dos causas de salida del colectivo de activos, por fallecimiento y/o por invalidez, se puede informar que de adecuarse el comportamiento real de la población a las tablas referenciadas, un hombre que haya iniciado la fase de actividad a los 25 años tiene una probabilidad de seguir en activo, y en consecuencia vivo, a los 65 años del orden del 78%, lo que significa que aproximadamente una de cada cinco personas (22%) no alcanzará la edad de jubilación en actividad a causa de incapacidad o muerte. La perspectiva positiva es que aproximadamente cuatro de cada cinco personas si alcanzarán vivas y válidas la edad de jubilación pero la probabilidad de no alcanzarla es muy significativa y la aleatoriedad en este recorrido se manifiesta indubitadamente.

Respecto al capital a asegurar las mismas consideraciones realizadas en el apartado anterior referido a la cobertura de la contingencia de fallecimiento pueden realizarse respecto a la cobertura de incapacidad. Salvo que un estudio individualizado aconsejase otra cosa lo más habitual es asegurar el mismo capital para incapacidad absoluta que para fallecimiento.

Dependencia

La situación de Dependencia tiene dos perspectivas respecto a una misma situación. La primera está asociada a la situación de "gran invalidez" descrita anteriormente y vinculada a la situación en que una persona con edad de estar potencialmente desarrollando una actividad laboral o profesional, por enfermedad o accidente, haya desembocado en una situación física irreversible que requiera la ayuda de otra persona para los actos más cotidianos de la vida diaria. La segunda acepción está vinculada a personas de edad avanzada, ya en la fase de retiro, y hace referencia a una misma situación de necesidad de la ayuda de otras personas para el ejercicio de las actividades cotidianas de la vida humana, pero la causa de la situación no deriva tanto de un accidente o una enfermedad de baja probabilidad de acaecimiento a edades tempranas sino de un deterioro físico o enfermedades con alta probabilidad de acaecimiento en edades avanzadas.

En tanto la declaración de una situación de "gran invalidez" en fase de actividad supone necesariamente una situación simultanea de incapacidad permanente absoluta, a pesar de determinadas particularidades, consideraremos esta perspectiva ya contemplada y evaluada en el apartado de incapacidad permanente absoluta en el apartado anterior. La otra perspectiva, la situación de dependencia en edades avanzadas, será considerada seguidamente en este apartado.

El riesgo biométrico

Ante cualquier riesgo de carácter biométrico caben dos opciones, la temeridad, actuar como si no existiese el riesgo, o la prudencia, intentando aparte de la previsión para que no suceda la cobertura de sus consecuencias económicas. Una situación de dependencia a edades avanzadas es un riesgo con alta probabilidad (más de un 70% de los que alcanzan la edad de 65 años precisará en vida alguna atención vinculada a la dependencia y a partir de los 80 años prácticamente una de cada dos personas precisan algún tipo de atención de este tipo), y un alto coste económico, lo que, en un análisis típico de riesgos del tipo probabilidad-impacto, incluiría el riesgo en la categoría de aquellos riesgos que deberían ser de generalizada cobertura mediante el oportuno contrato de seguro que permitiese la traslación de las consecuencias económicas inciertas en caso de acaecimiento del evento a cambio del pago de una prima, o coste cierto. Pero en realidad el aseguramiento efectivo de este evento evidencia que la adopción de decisiones en el ámbito de previsión por parte de los individuos, bien sea por su desconocimiento, por el optimismo propio de las personas, o por no querer ni siquiera considerar la posibilidad de eventos valorados muy negativamente, no se corresponden con la racionalidad. Los seguros de dependencia no constituyen en la actualidad una modalidad de seguro generalizada. Esto ha supuesto que los países más rigurosos en el planteamiento de las problemáticas sociales hayan instaurado un sistema obligatorio de seguro de dependencia. En España en el momento de escribir estas líneas el seguro de dependencia, equivalente al seguro en el ámbito anglosajón denominado *long term care,* es voluntario y tiene unos limitados incentivos económicos[181] que no han contribuido a su difusión.

A pesar de la escasa penetración, la actual oferta de seguros de dependencia en España cubre perfectamente las necesidades de cobertura ante esta contingencia. Normalmente los seguros de esta modalidad se instrumentan bajo la forma de pago de una prima inicial y/o unas primas periódicas anuales (cuanto mayor sea el pago de la prima inicial menor será la cuantía de las primas anuales sucesivas) permitiéndose normalmente el acceso al seguro hasta la edad límite de 60 años (para edades más avanzadas la contratación es posible pero en condiciones más rigurosas de selección). Las coberturas se establecen normalmente para las contingencias de dependencia[182] en los grados de dependencia severa y gran dependencia estipulándose el pago de las prestaciones, en forma de renta vitalicia una vez acaecido el evento, de una forma diferenciada según el grado en el que se haya calificado la dependencia. Una estructura típica de prestaciones sería una renta de 750 euros mensuales para caso de dependencia severa y 1.500 euros anuales para caso de gran dependencia. Las primas de tarifa son accesibles para amplias capas sociales ya que para los citados niveles de prestaciones las primas a satisfacer se cifran en torno a 1.800 euros de prima inicial y unos 275 euros de prima anual vitalicia,

---

[181] Las primas satisfechas por un seguro de dependencia se agregan junto con las aportaciones a planes de pensiones y a las primas a planes de previsión asegurados para que, dentro de los límites establecidos conjuntamente, reduzcan la base imponible general del Impuesto sobre la Renta de las Personas Físicas.

[182] En España legalmente se reconoce la existencia de tres tipos de situación de dependencia, la dependencia moderada, la dependencia severa y la gran dependencia, en función del grado de la pérdida de la autonomía efectiva de una persona en la capacidad de realización de las actividades diarias de la vida humana.

cesando el pago de primas en caso de declararse el evento de dependencia.[183]

El seguro de dependencia ofrece normalmente de forma adicional otro tipo de garantías complementarias como la recuperación de primas en caso de fallecimiento, si esta circunstancia acaeciese antes de cumplir el asegurado la edad de 76 años, determinados servicios asistenciales a precios concertados, algunos servicios asistenciales gratuitos, tele asistencia y otros servicios similares adecuados al segmento de edades al que va dirigida la oferta.

La sensibilidad hacia este tipo de cobertura se produce especialmente en las personas especialmente adversas al riesgo, las que han convivido o conviven durante la situación de dependencia de sus padres, las personas con sensibilidad a la previsión que aportan a un plan de pensiones, o aquellas preocupadas tanto por la autosuficiencia económica en situaciones adversas así como las preocupadas por el bienestar de las generaciones sucesivas o la conservación de un legado hereditario a las mismas evitando su "consumo" por los posibles gastos derivados de una situación de dependencia.Un aspecto esencial en la contratación de este tipo de seguros es la consideración de que el acceso a la cobertura exige cumplimentar un cuestionario de estado de salud de modo que la entidad aseguradora se reserva el derecho de admitir la contratación del seguro exclusivamente a aquellas personas que en el momento

---

[183] Una circunstancia ya superada en la oferta nacional era la derivada de la garantía de no incremento de las primas con independencia de la evolución de la siniestralidad. Inicialmente las ofertas de estos seguros se realizaron sin garantía de primas, en el momento actual ya existen ofertas por parte de compañías de primer orden, que ofrecen dicha garantía.

de su solicitud cumplan unas determinadas condiciones respecto a su estado físico. Como se ha indicado en apartados anteriores el acceso a un seguro de dependencia, al igual que a otros seguros personales, no depende exclusivamente de la voluntad del asegurado-candidato, sino de su estado de salud en el momento de su solicitud, ello implica que retrasar una decisión de contratación conlleva la posibilidad de no cumplir con las condiciones exigidas por las entidades aseguradoras para acceder a la cobertura otorgada por el contrato de seguro[184]. La situación de dependencia está relacionada con la mayor esperanza de vida siendo relevante la métrica de "esperanza de vida libre de incapacidad" o EVLI que mide la media de los años de vida residual sin necesidad de atención y ello permite, por diferencia respecto a la esperanza de vida total, calcular el número de años de vida con alguna necesidad de atención de dependencia. A los 65 años las estimaciones de EVLI en España son:

	Esperanza de Vida Libre de Incapacidad (EVLI) a 65 años		
	Población Total	Hombres	Mujeres
Esperanza Total	18,9	16,8	20,7
EVLI	12,2	11,7	12,6
Años Dependencia(*)	6,7	5,1	8,1

(*) en cualquiera de sus grados

Figura 103. Esperanza de vida total y libre de dependencia por sexos a partir de 65 años

---

[184] El estado de salud en el momento de desear contratar es determinante de la posibilidad de acceso al seguro. En USA, uno de los mercados más desarrollados, aproximadamente el 20% de las solicitudes de seguro de dependencia son rechazadas. A título de referencia se estima que, de media, los gastos de asistencia de una persona obesa pueden superar los de una persona sin sobrepeso en cerca de un 40%.

Por parte de las redes comerciales se hace imprescindible un cierto nivel de inmersión en las características y soluciones otorgadas por esta modalidad de contrato de seguro. Sin un planteamiento comercial inicial muy intensivo, alcanzando unos objetivos comerciales mínimos, el producto al ser novedoso no acaba de ser conocido por las redes[185] y la oferta no se traslada como una solución real y efectiva a las necesidades reales de las personas potencialmente interesadas. No existe una demanda a causa del rechazo que origina hablar del tema y en consecuencia la oferta no se prodiga, posiblemente estamos ante un servicio paradigmático en el que la oferta, la comercialización activa, deberá crear la demanda.

---

[185] La oferta de un producto realizada por un miembro de una red comercial realizada en intervalos superiores a quince días constituye una situación insatisfactoria desde la perspectiva del conocimiento del producto. Una situación extrema vendría constituido por la oferta de los productos de previsión en "campañas" de modo que los componentes de las redes comerciales se habitúan a ofertar el producto correspondiente exclusivamente en el periodo programado. El acercamiento a la previsión individual exige un rigor que solo se obtiene con la interiorización de sus características, coberturas y adecuación a distintas situaciones y ello solo se consigue con una práctica continua. Adicionalmente nada está más alejado de la adecuación de la oferta a las necesidades personales de los clientes que una oferta dirigida por los criterios de las campañas de los distintos productos.

Longevidad

En el inicio de la fase de jubilación, digamos por ejemplo para un hombre a los 65 años, un asesor financiero capacitado en todo lo relacionado con las distintas opciones presentes en los mercados financieros pero que no tuviera la formación adecuada en materia de previsión individual, realizaría en su caso un planteamiento en función de la "esperanza de vida" de su cliente, y podría proponer un horizonte temporal de disposición del ahorro en la fase de jubilación de por ejemplo 20 años, ya que ha podido escuchar en alguna parte que la esperanza de vida es aproximadamente de 80 años y añade cinco años más para "estar cubiertos" como un margen de seguridad. Este planteamiento es lamentablemente el más común y a la vez el más erróneo y en consecuencia es un planteamiento potencialmente peligroso para los intereses del potencial beneficiario. Efectivamente la esperanza de vida de un hombre al nacer en España en la actualidad es aproximadamente de 80 años. Pero la esperanza de vida es un concepto de estadística actuarial[186] que varía a medida que avanza la edad, a los 65 años de edad,

---

[186] La esperanza sencilla de vida (o esperanza abreviada) para una determinada edad es el promedio de años de vida futura y se calcula dividiendo la suma de los valores de una tabla de supervivencia a partir de una determinada edad hasta el final de la misma (representándose la última edad de una tabla por la letra omega) por el valor de la tabla de supervivencia a dicha edad. $[e_x = (l_{x+1}+l_{x+2}+...+ l_w)/ l_x]$. La esperanza completa de vida es la esperanza sencilla de vida más 0,5, considerando, simplificadamente que los fallecimientos se producen a mitad de año. En el cuadro adjunto se manifiestan los valores de la esperanza completa de vida para diferentes edades a partir de las tablas GRM-F/95. Una forma de cálculo menos usual vendría dado por la expresión $[e_x = 0,5 + (1-q_x).(0,5+e_{x+1})]$.

utilizando las mismas tablas de supervivencia que proporcionaban una esperanza de aproximadamente 80 años al nacer, se determinaría una esperanza de vida aproximada de 20 años, es decir hasta los 85 años (=65+20).

Se podría decir entonces que el horizonte temporal previsible seguiría alineado con la estimación realizada en el anterior ejemplo por aquel asesor financiero, ya que con más detalle, para una edad de 65 años de edad la tabla de supervivencia GRM 95 determina, para un hombre, una esperanza completa de vida de 20,47 años lo que en conjunto implica un horizonte temporal de vida hasta los 85,47 años que sería más o menos próximo con el cálculo realizado por aquel asesor financiero, (quince años más cinco de margen, en total veinte años). No obstante si el cliente del referido asesor fuera una mujer[187] el horizonte temporal del periodo de previsión sería ahora hasta los 92,15 años (65+27,15), en tanto la esperanza de vida de una mujer a los 65 años con las tablas de supervivencia GRF 95 se estima en 27,15 años, lo cual ya implicaría una desviación de 7,15 años respecto a la evaluación que el referido asesor pudiera haber hecho.

El riesgo de longevidad a nuestros efectos puede definirse como la contingencia de que una persona sobreviva a los activos que le generan ingresos durante la fase de retiro o jubilación. O dicho de otra forma que la supervivencia de una persona se desvíe de las previsiones establecidas

---

[187] Nótese que con independencia de las Directivas de la Unión Europea proclamando la no discriminación de las primas de los seguros de vida por razón de sexo, las leyes de la naturaleza no se ven modificadas por las normas legislativas y la realidad es que las esperanzas de vida son muy distintas por razón de género, circunstancia que debe preverse en cualquier planteamiento de previsión individual.

sobre los valores medios y el ahorro acumulado para la fase de retiro resulte insuficiente agotándose (ruina financiera) antes del fallecimiento del titular del plan.

Edad	Esperanza completa de vida Mujeres	Hombres
0	89,30	79,73
15	74,30	64,73
25	64,54	55,50
35	54,90	46,17
45	45,43	36,94
55	36,12	28,26
65	27,15	20,47
75	18,98	13,81
85	12,01	9,08
95	7,24	5,49
100	5,46	4,14

Tablas GRMF-95

Figura 104. Esperanza completa de vida a distintas edades diferenciadas por sexo

El riesgo de una supervivencia por encima de la media es uno de los cuatro grandes riesgos más preocupantes para las personas en situación de retiro. Los otros tres serían la insuficiencia de los rendimientos netos reales de las inversiones, respecto a las previsiones inicialmente establecidas, una situación deteriorada del estado de salud que requiriera cuidados de larga duración entrando en situación de dependencia o de *long term care* y el riesgo legal de cambio normativo en materia de las pensiones públicas.

Seguidamente se procede a la consideración de los aspectos más relevantes sobre el riesgo de longevidad y sus efectos sobre la posibilidad de ruina financiera.

Distribución de las probabilidades de supervivencia

La esperanza de vida es un indicador de valor central, lo que indica, aproximadamente, es el promedio de años de vida que restan a una persona que ha alcanzado una determinada edad, pero un valor promedio significa que aproximadamente la mitad de las personas de aquella edad no alcanzarán la media (la esperanza de vida) y la otra mitad la superará. Un cálculo de disposición del ahorro ajustado al número de años que marca la esperanza de vida de una persona a una determinada edad tiene un 50% de probabilidades de que sea inadecuado, en el sentido de generar insuficiencia, respecto a la cobertura de las necesidades reales de las personas.

En otras secciones de este libro ya se ha reiterado que lo relevante en la gestión de riesgos es tener respuesta en caso que un evento suceda[188]. Antes de que un evento suceda existe una probabilidad de acaecimiento del mismo, una vez que efectivamente se ha producido ya no hay probabilidades sino las consecuencias económicas plenas derivadas del mismo, lo que hemos venido denominando concreción individualizada del riesgo.

En lo relativo al riesgo de longevidad la respuesta solo puede instrumentarse con un conocimiento adecuado de la función de supervivencia. En el gráfico siguiente se

---

[188] El "riesgo" en la disposición de unos ahorros es precisamente que una persona sobreviva más que la media. Por otra parte con independencia de las normativas europeas la naturaleza determina una realidad cual es que las mujeres sobreviven más que los hombres y esta circunstancia debe ser objeto de especial consideración en los planteamientos de disposición.

representa la probabilidad de que una persona alcance viva distintas edades a partir de los 65 años.

Probabilidad de supervivencia (hombre) a partir de 65 años

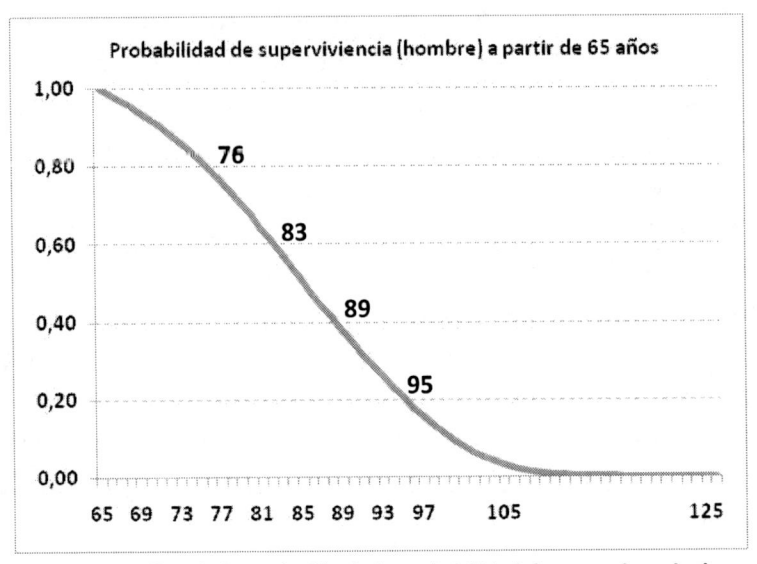

Figura 105. Gráfica de la evolución de la probabilidad de supervivencia de un hombre de 65 años. Tabla GRM 95

Anteriormente se ha indicado que la "media" de supervivencia para un hombre de edad 65 años, se cifraba en torno a los 85 años, pues bien esta misma persona tendría una probabilidad del 80% de alcanzar la edad de 76 años (complementariamente ello implica una probabilidad de un 20% de fallecer antes de los 76 años), una probabilidad del 60% de alcanzar los 83 años, una probabilidad del 40% de alcanzar los 89 años y una probabilidad del 20% de alcanzar los 95 años, y sobrepasada esta edad aún persiste la probabilidad de permanecer con vida, de hecho uno de cada diez varones de 65 años alcanzaría la edad de 100 años, y todo esto con las tablas GRM 95[189] que en distintos ámbitos se

---

[189] Las tablas GRMF95 fueron elaboradas en 1995 por aseguradoras privadas suizas para su utilización en seguros de supervivencia en forma de rentas.

consideran desfasadas, por minusvalorar la verdadera esperanza de vida de las personas en nuestra sociedad en el momento actual.

Es evidente que una evaluación económica-financiera de un plan de previsión complementaria que obvie el riesgo financiero derivado de una supervivencia por encima de los valores medios es claramente ineficiente y sesgada y, sobre todo, con un riesgo subyacente muy significativo para las personas que accedan a edades avanzadas. Un planteamiento erróneo, y excesivamente frecuente, vendría dado por infra ponderar cualquier acaecimiento futuro muy desplazado en el tiempo. Dicho en otros términos una persona de 65 años tendería a despreciar las consecuencias económicas del riesgo de excesiva supervivencia a edades avanzadas, por ejemplo a partir de 95 años, al tratarse de una circunstancia de relativa baja probabilidad, un 20%, pero sobre todo por ser muy distante al momento actual. Y adicionalmente para una persona de 65 años este evento se produciría al cabo de 30 años. Pero esta forma de evaluación de las consecuencias del riesgo de longevidad sería errónea y manifiestamente peligrosa ya que precisamente a esta edad, 95 años, si fuera el caso, la capacidad de respuesta de una persona es prácticamente nula si no se ha previsto la cobertura del evento con anterioridad.

Están concebidas para su utilización para asegurados de rentas vitalicias que acceden al inicio de la prestación a la edad de 65 años en el año 2003. Estiman que la esperanza de vida media para un hombre a dicha edad es de 20,5 años y para una mujer 27,1 años. El acrónimo GRMF utilizado procede de las iniciales de la palabras en alemán "GruppenRentenversicherung– Männer / Fraüen", "Seguro de pensiones para grupos, hombres/mujeres.

Género y unidad familiar

Lo anterior hace referencia a un individuo de 65 años de edad, varón, pero en muchos casos el planteamiento requerido hace referencia a una persona de la misma edad pero mujer, o bien a una unidad familiar, supongamos una pareja de ambos sexos de las mismas edades. Los razonamientos anteriores siguen siendo válidos pero al darse la circunstancia de que estadísticamente está comprobado que una mujer tiene una esperanza de vida superior a la que correspondería a un hombre de la misma edad, el riesgo de la longevidad de la mujer tomada individualmente o el riesgo de la longevidad del grupo (hasta la extinción del último miembro) aumenta y las consecuencias económicas de la longevidad también.

Una mujer tiene a los 65 años una esperanza de vida del orden de siete años por encima de la calculada para un hombre de la misma edad. Al combinar esta circunstancia con la derivada de considerar la supervivencia de "alguno" de los integrantes de la pareja, hace que la evolución de las probabilidades se diferencie significativamente de los cálculos realizados para una sola cabeza tal cual se manifiesta en el cuadro que sigue a continuación[190].

---

[190] Si la probabilidad de que una cabeza de edad x sobreviva al cabo de n años es $_np_x$, y la de una cabeza de y años es $_np_y$, la probabilidad de que estén vivas ambas cabezas al cabo de n años se calcula por el producto, $[_np_x \cdot _np_y]$, mientras que la probabilidad de que permanezca viva al menos una de las dos cabezas se calcula mediante la expresión, $[_np_x + _np_y - _np_x \cdot _np_y]$. En la notación actuarial es frecuente utilizar la letra x para designar la edad de un hombre y la letra y para designar la edad de una mujer.

El riesgo biométrico

Años	Probabilidad de supervivencia en un periodo temporal determinado		
	Hombre	Mujer	Uno de los dos
10	82%	92%	99%
15	67%	85%	95%
20	51%	75%	88%
25	34%	60%	74%
30	20%	42%	54%
35	9%	25%	32%

Edad inicial de 65 años para el hombre y 65 años para la mujer
Tabla de supervivencia GRMF95. Valores redondeados

Figura 106. Probabilidad de supervivencia a partir de 65 años, diferenciada por sexos, y conjunta de una pareja de la misma edad

Conviene recordar que la probabilidad de que sobreviva alguno de los integrantes de la pareja inicial es distinta de la probabilidad de que permanezcan vivos los dos. La probabilidad de que permanezcan vivos los dos miembros de una pareja es inferior a la probabilidad de que permanezca vivo el integrante con más baja probabilidad de supervivencia. A la inversa, la probabilidad de que permanezca vivo uno cualquiera de los integrantes de una pareja es superior a la probabilidad de que permaneciese vivo el integrante con mayor probabilidad de supervivencia.

Utilizando las tablas GRM-F/95 se pueden observar los valores de la tabla anterior en la que para distintos horizontes temporales se indica la probabilidad de que un hombre, una mujer, o alguno de ellos indistintamente alcance con vida el final de cada uno de los periodos indicados. Así la probabilidad de que un hombre de 65 años alcance vivo los 85 años (65+20), sería del 51%. La misma probabilidad para una mujer sería del 75%, mientras que la probabilidad de que alguno de los dos estuviera vivo transcurridos 20 años sería del 88%.

449

El paseo aleatorio hacia la jubilación

Aproximándonos a la misma problemática pero explicitando la probabilidad de alcanzar con vida una determinada edad puede realizarse la representación del gráfico adjunto. De acuerdo con dicha información, en el caso de una operación instrumentada para la disposición del ahorro acumulado durante la fase de retiro de un hombre de 65 años se debería tener en cuenta que solo en un caso de cada cinco (probabilidad del 20%) la operación tendría una extensión de 30 años (viviría hasta los 95 años). De considerar una unidad familiar constituida por un hombre y una mujer de 65 años cada uno, en un caso de cada cinco (probabilidad del 20%) la operación tendría una extensión de 39 años (hasta los 104 años, está es la edad que con una probabilidad del 20% alcanzará uno u otro miembro de la pareja). Queda de manifiesto que los cálculos simplistas de la duración probable de la fase de retiro enmascaran una realidad mucho más compleja.

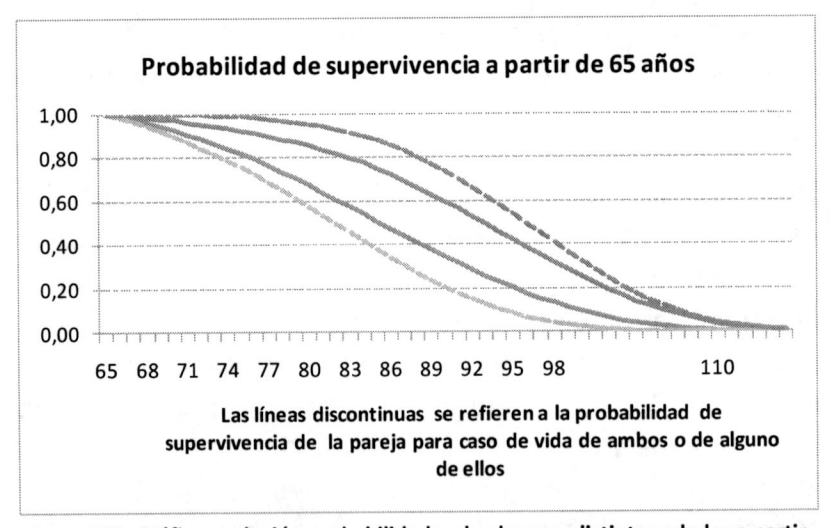

Figura 107. Gráfica evolución probabilidades de alcanzar distintas edades a partir de los 65 años considerando separadamente y conjuntamente una pareja de la misma edad

Tendencia de incremento de la supervivencia

Si todo lo anterior ya es de por sí muy relevante, y preocupante, a la hora de una adecuada planificación financiera, hay que considerar un factor adicional que incorpora un elemento adicional de aleatoriedad en lo relativo al riesgo de longevidad. Este factor viene constituido por la tendencia de incremento de la supervivencia de una forma sostenida a lo largo de los últimos decenios y en la incertidumbre que ello conlleva para estimar la longevidad en el futuro.

En consecuencia nos encontramos ante una doble situación de riesgo, por una parte un riesgo sistémico de variación al alza en la supervivencia, por otra un riesgo específico de la supervivencia que cada individuo disfrutará. Hay estudios que concluyen en la continuidad de la tendencia de mejora de la supervivencia manifestada en los últimos años tanto por la mejora de la praxis médica, avances farmacéuticos, como por comportamientos generalizados más saludables. Otros consideran que el recorrido de los avances tecnológicos ya se ha realizado en todos los aspectos que tenían una relevante repercusión en la esperanza de vida y que las mejoras de la supervivencia en el futuro serán cada vez menos relevantes. Pero también hay estudios que concluyen en que la tendencia de mejora no solo continuará sino que se acentuará en el futuro debido a avances cualitativos superiores a los habidos en los estadios anteriores. En consecuencia en base a los estudios académicos caben distintas posibilidades pero en cualquier caso, aún sin consenso, la posición más razonable sería suponer que las personas que accedan a la jubilación en un futuro tendrán cada vez una más alta esperanza de vida respecto a la que ha correspondido a generaciones anteriores[191][192].

Sea cual sea el devenir de esta tendencia lo que sí es un hecho es que las entidades aseguradoras han comenzado a utilizar en sus cálculos de primas y provisiones las denominadas tablas de supervivencia dinámicas o generacionales que calculan las probabilidades de supervivencia no solo en función de la edad alcanzada por el asegurado sino simultáneamente en función del año de nacimiento y la edad alcanzada. Esta técnica supone automáticamente considerar que las generaciones futuras gozarán de una mayor esperanza de vida y en consecuencia cabe prever una mayor dispersión en los resultados que las que les han precedido. A título

---

[191] En cualquier caso se debe señalar que las variaciones registradas en la esperanza de vida están muy relacionadas con el nivel de renta y no se producen de una forma uniforme ni siquiera en un mismo Estado. En el Reino Unido, en 2010, la diferencia (gap in male life expectancy) entre la esperanza de vida estimada al nacer para los residentes en Glasgow, 71,6 años, era inferior en 13,5 años a la estimada para los residentes en Kensington and Chelsea, 85,1 años. La diferencia en 1992, entre los municipios con mayor y menor esperanza era de 9,1 años, lo que da una idea de la ampliación de este indicador en función del nivel de renta y como el incremento de la esperanza de vida no es uniforme en toda la población. A pesar de ello la Oficina Nacional de Estadísticas del Reino Unido estima que en 2034 serán más de 90.000 el número de personas que tendrán una edad superior a 100 años frente a los 11.600 de la actualidad.

[192] Las diferencias en las esperanzas de vida a los 65 años entre los distintos países tiende a reducirse. Así en 1970, en cuatro sociedades muy avanzadas (Reino Unido, Alemania, Holanda y USA), la esperanza de vida media para la edad de 65 años se estimaba en torno a 12,72 años y la menor esperanza correspondiente a un país se cifraba en el 88% del registro en el país con la mayor esperanza. En 2010 la esperanza de vida media se estimaba en 17,79 años y la relación entre la menor y la mayor esperanza pasó a ser del 96%, lo que implica variaciones no uniformes en la esperanza, siendo los avances inferiores en los países que registraban mayores valores de partida.

de ejemplo se pueden observar los datos contenidos en la tabla que sigue a continuación idéntica en su contenido a la tabla mostrada anteriormente pero ahora confeccionada con los valores proporcionados por las tablas de supervivencia ERMF 2000 generacionales para las personas que hubiesen nacido en 1980, a partir de que hubiesen cumplido la edad de sesenta y cinco años. Una simple comparación revela la importancia de la tendencia proyectada. Así mientras que con las tablas GRMF95, en la tabla anterior, se concluía que sólo en un 74% de los casos uno o ambos miembros de una pareja de retirados alcanzaría la edad de 90 años (65+25), con la tabla generacional se concluye que en el 93% de los casos algún miembro de una pareja de 65 años (nacidos en 1980) alcanzará con vida la edad de 90 años.

Una regla simple para calcular el mayor riesgo de longevidad de las sucesivas generaciones, con el actual conocimiento sobre la cuestión, consiste en considerar que el valor actual de una renta vitalicia de jubilación a partir de los 65 años se estima que se incrementa por la mayor longevidad en un 30% cada cuarenta años lo que equivaldría a una tasa anual de incremento del 0,75% a considerar en las proyecciones para las distintas edades. En consecuencia el valor de una renta vitalicia unitaria a los 65 años no es previsible que permanezca constante sino que aumente exigiendo más capital acumulado para el mismo importe de renta deseada a las sucesivas generaciones.

El paseo aleatorio hacia la jubilación

Probabilidad de supervivencia en un periodo temporal determinado			
Años	Hombre	Mujer	Uno de los dos
10	91%	98%	100%
15	84%	95%	99%
20	74%	91%	98%
25	62%	81%	93%
30	46%	62%	79%
35	20%	29%	43%

Edad inicial de 65 años para el hombre y 65 años para la mujer
Tabla de supervivencia ERM2000 nacidos en 1980. Valores redondeados

Figura 108. Probabilidades de supervivencia calculadas a partir de una tabla dinámica para personas que alcancen los 65 años en 2045

Esperanza de vida a los 65 años. España 1901-2011					
Años	Total	Hombres	Mujeres	Diferencia Hombres-Mujeres	Incremento s/decenio anterior
1901	9,11	9,00	9,23	0,23	
1911	9,96	9,81	10,10	0,29	0,85
1921	10,18	9,72	10,59	0,87	0,22
1931	10,95	10,38	11,46	1,08	0,77
1941	10,96	9,87	11,94	2,07	0,01
1951	12,75	11,83	13,48	1,65	1,79
1961	14,36	13,14	15,31	2,17	1,61
1971	14,70	13,25	15,89	2,64	0,34
1981	16,52	14,77	17,93	3,16	1,82
1991	17,59	15,60	19,25	3,65	1,07
2001	19,00	16,85	20,85	4,00	1,41
2011	20,53	18,45	22,37	3,92	1,53

Fuente: Tablas de Mortalidad del Instituto nacional de Estadística

Figura 109. Evolución de la esperanza de vida a los 65 años en España entre 1901 y 2011

Esta misma circunstancia ha determinado que en la reforma legislativa del ejercicio 2013 del sistema público de pensiones en España se haya implementado el denominado "Factor de Sostenibilidad" que operará para las nuevas pensiones de jubilación a partir de 2019 y que corregirá la Base Reguladora de la pensión de jubilación multiplicándola por un factor, inferior a la unidad, en función de la desviación de la esperanza de vida a los 67 años. De cumplirse las previsiones tendenciales del aumento de la esperanza de vida esto supondrá una pérdida del nivel de las pensiones futuras respecto al nivel dispuesto hasta ahora. Al respecto el cuadro anterior, manifestando la evolución de la esperanza de vida a los 65 años según los datos demográficos del INE son reveladores de la tendencia observada desde el inicio del siglo XX hasta la actualidad.

Pérdida de capacidad

Una circunstancia que directamente no es de carácter financiero y tampoco está relacionada con los aspectos cuantificables de la variación de la esperanza de vida, su distribución aleatoria, y su tendencia al alza en el futuro, pero si en cualquier caso está relacionada con el aumento de la longevidad, es la pérdida de capacidad de las personas para adoptar de una forma autónoma decisiones financieras medianamente complejas a edades avanzadas. Nos estamos refiriendo tanto a situaciones derivadas de enfermedades mentales limitativas de la capacidad de decisión del tipo demencia senil, alzheimer, y otras similares, cuya prevalencia está altamente correlacionada con las edades muy avanzadas de las personas, como a circunstancias derivadas de las dificultades de comprensión a edades avanzadas de las características de determinados instrumentos financieros o formas de operar en un escenario cambiante respecto al cual la capacidad de aprendizaje ya es muy limitada.

A distintos efectos la población mayor de 65 años puede clasificarse en tres categorías en función de las edades alcanzadas, aunque las edades límites correspondientes a la transición en cada tramo son variables en función de aspectos personales. La primera categoría incluiría a las personas con edades entre los 65 y 75 años, en la que los individuos normalmente pueden gozar de un relativo buen estado de salud e incluso se han detectado en estudios empíricos mejoras en la salud mental. Es un estado de inicio de la fase de retiro[193] en el que una vez abandonadas, total o parcialmente, las obligaciones y las preocupaciones laborales o profesionales hay una capacidad de actividad cuasi plena, normalmente dirigida hacia aspectos relacionados con el entorno familiar persistiendo una capacidad de raciocinio similar a la preexistente en la fase de actividad que permite la normal adopción de decisiones. En la segunda categoría, denominada la tercera edad, se incluirían las personas entre los 75 y los 85 años de edad. En esta fase se manifiestan y ganan relevancia las enfermedades crónicas y los problemas de salud afectan en mayor o menor medida al estilo y calidad de vida, perdiéndose paulatinamente capacidad de autonomía en la adopción de decisiones. Las unidades familiares tienen una relativa alta probabilidad de pasar a ser unipersonales, por fallecimiento de algún miembro de la pareja, con el consiguiente stress derivado del cambio, y los términos de la solidaridad intergeneracional a nivel familiar se invierten, la persona que entre los 65 y 75 años ha podido prestar algún tipo de apoyo a la siguiente generación, ya sea de soporte económico, o de atención a los nietos,

---

[193] Es posible que en el futuro para amplios segmentos de población el retraso de la edad de jubilación por ejemplo de los 65 a los 67 años implique una frontera borrosa entre la fase de actividad y la fase de retiro. Esta transición que podrá recorrerse en empleos de distinta categoría o de distinta naturaleza a los desempeñados en la fase de actividad o en situación de empleo parcial o de desempleo se estima que podrá tener una duración no inferior a veinticuatro meses.

ahora requiere un apoyo creciente por parte de las generaciones posteriores. La tercera fase, a partir de los 85 años de edad, se denomina la fase de la vejez, el riesgo de dependencia pasa a tasas del orden del 50% o superiores y la capacidad de adopción de decisiones de una forma autónoma es limitada o prácticamente nula[194].

Como consecuencia de lo anterior parece obvia la conveniencia de que las personas que alcancen la segunda o tercera fase puedan disponer de un esquema de protección financiera específico atendiendo a las circunstancias de la edad alcanzada que les cubran ante la pérdida de la adecuada capacidad para la adopción autónoma de decisiones financieras. A nivel social esta necesidad se verá acentuada por la circunstancia de que la proporción de personas mayores de 65 años se incrementará muy pronunciadamente en todos los países de la Unión Europea en los próximos 25 años. En los mayores países de la UE, como Alemania, Francia Italia o España los cambios demográficos en este sentido serán muy significativos, en conjunto la población mayor de 65 años pasará de representar una media de un 20,02% en 2015 a un 29,75% en 2040, con variaciones en las participaciones aún más relevantes en las dos últimas categorías previamente identificadas en el párrafo anterior, los mayores de 75 y los mayores de 85 años de edad.

---

[194] Aún en el caso de que persista alguna capacidad decisoria las personas en estas edades pueden ser presa de comportamientos fraudulentos perniciosos para sus intereses.

Cobertura del riesgo de longevidad

Por lo visto anteriormente surge con intensidad la necesidad de cobertura derivada de un riesgo creciente, la longevidad[195]. Financieramente en términos de impacto económico probable puede ser más relevante el evento de sobrevivir por encima de la esperanza de vida media, que el impacto derivado de fallecer prematuramente en la fase de actividad. La actividad de seguros de vida se ha focalizado tradicionalmente en la cobertura del fallecimiento como cobertura de riesgo en la fase de actividad y en la modalidad de rentas vitalicias como una modalidad de seguro de cobertura de ahorro. Posiblemente como consecuencia de la mayor relevancia del riesgo de longevidad se extenderán planteamientos que cubran la contingencia de longevidad con un enfoque más de riesgo que de ahorro.

La cobertura del riesgo de longevidad puede realizarse mediante contratos del tipo rentas vitalicias inmediatas o rentas vitalicias diferidas. No se trataría, en este último caso, tanto de cubrir hechos con alta probabilidad de acaecimiento como la supervivencia en los años inmediatos posteriores a cumplir los 65 años de edad, sino hechos menos probables como la supervivencia en años posteriores significativamente diferidos respecto a la edad de jubilación, por ejemplo a partir de los 85 o 90

---

[195] La aversión al riesgo de longevidad vendría dado por el temor acentuado a un agotamiento de los recursos financieros disponibles utilizados para complementar los ingresos en la fase de jubilación. Este evento se puede producir por una longevidad superior, o un rendimiento financiero inferior, a las estimaciones utilizadas en ambas variables aleatorias, en términos reales, para calcular la tasa de disposición anual.

años, pero cuya incidencia económica puede ser, para los que los padezcan (o disfruten dada la alternativa) muy relevante. Además este tipo de oferta por parte de las aseguradoras proporcionaría una adecuada respuesta a otra necesidad en estas edades, cual es la pérdida paulatina de capacidad de decisión autónoma comentada en el apartado anterior y la reducción de los otros riesgos inherentes a las inversiones.

Teóricamente estas nuevas modalidades de seguros se enmarcan en las denominadas ALDA[196], acrónimo de *Advanced-Life Delayed Annuities* o Rentas Vitalicias Diferidas a Edades Avanzadas, que ofrecen a cambio de una prima pagada anticipadamente el compromiso de pago por la aseguradora de una renta vitalicia diferida, al cumplir el asegurado una edad avanzada estipulada en el contrato, normalmente entre los 80 y 90 años de edad.

Una renta vitalicia diferida a edades avanzadas, ALDA, puede contratarse tanto en forma de prima única normalmente al inicio de la fase de jubilación lo que es la forma más habitual en los países anglosajones como también podría ser pagada en forma de primas periódicas a lo largo de la fase de actividad. La adecuación de estos productos para personas de edad avanzada resulta indubitada ya que sus prestaciones se generarían en forma de renta de una forma automática sin ningún tipo de complicación ni complejidad ni incertidumbre para los beneficiarios de las mismas[197].

---

[196] Este término se atribuye a M.Milevsky (2005).
[197] Al respecto es ilustrativo el texto de Jane Austin en su obra Sentido y Sensibilidad,(1811), "...Piensa en ello, John; las personas siempre viven eternamente cuando perciben una renta vitalicia...". Aunque la perspectiva de la protagonista era la de la obligada al pago de la renta vitalicia no es anecdótico que desde hace más de doscientos años ya se divulgara

La comercialización de estos productos es por el momento prácticamente nula en el mercado español pero parece indudable que dadas sus características podrán completar la idoneidad de la oferta de previsión por parte de las entidades especializadas en productos de previsión. Para que ello sea posible parece conveniente que el diseño de la oferta se realice de tal forma que el riesgo asumido por la aseguradora sea gestionable y que el requerimiento de capital, aún bajo las nuevas normas de Solvencia II, sea asumible, para que el margen de la modalidad permita un adecuado retorno al accionista y justifique una oferta rentable para el oferente y adecuada a las necesidades del cliente. Por otra parte, superados los prejuicios que tienden a rechazar este tipo de ofertas por una sobrevaluación de los riesgos implícitos[198], las aseguradoras pueden encontrar el modo más adecuado para comercializar estos productos.

La opción de pago de una prima única, al inicio de la fase de jubilación, es la más simple pero choca con la resistencia a desprenderse de una parte del ahorro acumulado durante muchos años y que quizás (si el asegurado fallece antes de la edad de devengo de la renta) no devengará ninguna prestación. Una posible alternativa a la prima única sería ofertar la cobertura de

---

literariamente la perspectiva de la idoneidad de una renta vitalicia a las necesidades de las personas de avanzada edad.

[198] En la literatura técnica hay estimaciones que valoran para un seguro ALDA que una subestimación de la mortalidad en un 20 por ciento, a la edad de 87 años, tiene el mismo efecto que una pérdida de margen financiero del orden de 22 puntos básicos. En consecuencia una oferta con un margen del orden de 100 puntos básicos y una estructura de contrato con participación conjunta en los resultados técnicos y financieros, limitaría el riesgo de una desviación de la supervivencia a niveles gestionables para cualquier aseguradora.

renta de longevidad en paralelo a los seguros temporales de vida riesgo o a los contratos de planes de pensiones individuales. Lo que parece fundamental para la generalización de estas coberturas es conseguir que el partícipe/asegurado considere las primas de este seguro no desde una perspectiva de un ahorro sino desde una perspectiva de cobertura de un riesgo, de modo que la circunstancia de que no se produzca el evento no sea contemplada como una pérdida de las primas satisfechas.

A título de ejemplo, en un plan de pensiones que en paralelo, con un contrato complementario e independiente al plan, ofreciese un contrato de seguro para una cobertura de longevidad[199], se podría obtener una renta asegurada del orden de 500 euros mensuales dedicando anualmente un 0,50% del valor del fondo acumulado en cada ejercicio en el plan de pensiones[200] como prima anual periódica de un seguro de longevidad. De igual modo de considerar la cobertura de longevidad a título de ejemplo, como una cobertura complementaria, o *rider*, de un seguro temporal anual renovable, la incorporación de la garantía paralela de la cobertura de longevidad podría establecerse bajo un esquema del tipo de asegurar en forma de renta mensual de longevidad un porcentaje del capital asegurado para caso de fallecimiento, por ejemplo un uno por ciento. Así para un seguro de 50.000 euros

---

[199] En la exposición se considera el caso de una persona, varón, de edad 35 años que iniciará la jubilación a los 67 años, las primas del seguro de longevidad se satisfarían entre los 35 y los 67 años, y el inicio del pago de la prestación en forma de renta vitalicia se realizaría a partir de los 87 años de edad, con los recargos habituales y suficientes y bajo una modalidad de participación en beneficios técnicos y financieros con una previsión de una rentabilidad media neta del 3%, con una tabla GRM95.

[200] Se ha considerado un plan de pensiones con aportaciones entre 35 y 67 años en el que se realizasen aportaciones iniciales de 200 euros mensuales y en el que se acumulase un valor final de 136.000 euros.

para caso de fallecimiento se puede ofrecer una cobertura de 500 euros mensuales para la cobertura de longevidad. El coste de esta oferta complementaria incrementa naturalmente el coste de un seguro que no contase con dicha garantía, pero si bien el incremento relativo en términos porcentuales puede considerarse significativo, entre un 50% y un 90%, entre 35 y 55 años, no lo sería tanto en términos absolutos ya que el mayor coste mensual se estima en el entorno de entre 18 y 70 euros mensuales, utilizando los recargos y márgenes habituales.

Si bien los beneficios para las aseguradoras que se inicien en esta oferta son evidentes y fácilmente cuantificables (mayor valor añadido, oferta diferenciada, menor caída de cartera, etc.), el beneficio para el cliente también resulta obvio desde la perspectiva de la frontera eficiente comentada en el Capítulo anterior, pudiéndose alcanzar niveles de prestaciones altos y estables aún en el caso de alcanzarse avanzadas edades[201]. En consecuencia ya sea en forma de prima única al inicio de la jubilación, o ya sea como complementario de un seguro temporal renovable o como contrato en paralelo a un plan de pensiones la cobertura de longevidad parece factible y viable económicamente para una buena parte de los partícipes y asegurados en el *product allocation* o combinación de productos tendente a optimizar el objetivo del proceso de previsión complementaria. Para el objetivo de optimización también cabe la posibilidad de ofertar los

---

[201] Una prestación en forma de renta vitalicia a partir de los 87 años puede ser un sustituto o un complemento al seguro de dependencia ya que la prevalencia de la situación de dependencia a edades avanzadas (superiores a los 85 años) es superior al 50% de los casos. Este tipo de coberturas se pueden contratar tanto para atender el objetivo de generar ingresos complementarios en caso de alta supervivencia como para garantizar la conservación del patrimonio a las siguientes generaciones.

El riesgo biométrico

seguros de longevidad de forma independiente y autónoma, posibilitando que los individuos con el oportuno asesoramiento suscriban los seguros de longevidad conjuntamente con los instrumentos habituales de previsión.

En resumen los seguros de longevidad en forma de renta vitalicia a edades avanzadas constituyen un excelente complemento en la previsión individual ya que aparte de su estructura básica que permite compensar, por la solidaridad del seguro, la supervivencia por encima de la media de una parte del colectivo asegurado por la supervivencia inferior a la media del resto del colectivo, permite un planteamiento en la disposición del ahorro, en los años inmediatos posteriores a la jubilación, bajo un formato de rentas temporales financieras hasta el inicio en su caso de las rentas del seguro de longevidad, eliminando o reduciendo la incertidumbre del beneficiario del plan de previsión que no tiene seguridad respecto a si su ritmo de disposición es elevado, y sus activos se acabarán prematuramente o si su ritmo de disposición es excesivamente conservador y en estos casos los ingresos disponibles no le permiten mantener el nivel o calidad de vida a la que podría aspirar con el ahorro acumulado.

Si bien los seguros de renta vitalicia diferida tipo ALDA pueden constituir una alternativa muy adecuada para la cobertura del riesgo de longevidad también los contratos de rentas vitalicias inmediatas constituyen una opción clásica que, complementando el *mix* de instrumentos, posibilita al ahorrador optimizar su decisión. Las rentas vitalicias inmediatas son una modalidad de seguro de vida en el que a cambio de una prima única o sucesivas primas periódicas, la entidad aseguradora se compromete al pago de una renta en tanto permanezca con vida el asegurado. Con independencia de algunas características financieras, que se verán más adelante al considerar los riesgos implícitos en este tipo de contratos[202], conviene atender a continuación las alternativas de las modalidades de rentas vitalicias respecto a las coberturas otorgadas.

La garantía característica de un seguro de renta vitalicia es el compromiso por parte del asegurador del pago de una renta periódica en tanto permanezca con vida el asegurado. En el caso de concertarse el seguro sobre varias cabezas puede estipularse la continuidad del pago de la renta en tanto permanezca con vida un segundo asegurado, pudiendo en este caso la renta verse afectada por un coeficiente de reversión que en caso de ser inferior a la unidad reduciría el pago de los términos sucesivos. Los términos de las rentas también pueden estar corregidos por un factor de incremento en previsión de la evolución del IPC[203].

---

[202] Básicamente se debe diferenciar entre rentas vitalicias en unidades de cuenta en las que el asegurado asume el riesgo de la inversión y rentas vitalicias con tipo de interés definido y garantizado. Entre estas últimas los contratos pueden ser con tipo de interés predeterminado, fijo e invariable a lo largo de toda la duración de la operación, normalmente ello supone que las obligaciones dimanantes del contrato se hayan cubierto con activos financieros que cubren con su flujo de ingresos financieros los pagos probables del contrato. Con tipo de interés mínimo garantizado revisable periódicamente (y aquí es muy importante el periodo de cada revisión) en función de un índice objetivo. O con tipo de interés mínimo garantizado con participación anual en los resultados técnicos (financieros, actuariales o financieros y actuariales) de la modalidad.

[203] Las aseguradoras no pueden ofrecer una protección plena de la evolución del IPC al asegurar exclusivamente riesgos biométricos pero si pueden ofertar esquemas de prestaciones crecientes, por ejemplo al 1% en previsión de la futura evolución del IPC. Cabrían igualmente planteamientos más complejos en formato *unit linked* utilizando como subyacentes bonos de distintos emisores con pagos variables en función de la variación de

Otra característica habitual en este tipo de contratos es el establecimiento de la condición de obligación de pago de la renta durante un periodo determinado, con independencia de la efectiva supervivencia del o los asegurados durante dicho periodo. Este periodo en el que se satisfará siempre la renta por parte de la aseguradora se denomina "periodo cierto" y constituye un atractivo psicológico para los asegurados que se aseguran que ante cualquier evento otros beneficiarios continuarían el cobro de las rentas aseguradas.

También cabe la garantía de un capital para caso de fallecimiento, denominada habitualmente, "contragarantía", que se satisface al cesar las rentas de supervivencia, o al último fallecimiento en caso de contratos con dos asegurados, y hace posible que el contrato de seguro de renta vitalicia con esta cobertura prevea el pago de una prestación a otros beneficiarios además de los asegurados y beneficiarios de las rentas de supervivencia. La prestación para caso de fallecimiento puede ser constante o decreciente siendo habitual en este caso cubrir en cualquier momento la diferencia entre las primas satisfechas y la suma de las rentas efectivamente devengadas.

Un seguro de renta vitalicia no debe necesariamente otorgar el derecho de rescate en tanto la normativa reguladora así lo prevé. La regulación pretende garantizar el equilibrio contractual evitando que un asegurado pudiera solicitar el rescate en caso de que su estado de salud evolucionase negativamente. No obstante es habitual en los casos en los que se prevea una cobertura

---

algún índice de precios, como la inflación subyacente.

en caso de fallecimiento que se permita el derecho de rescate limitado a la suma asegurada en dicha cobertura (aparte de otras consideraciones financieras como pudiera ser el valor de mercado de los activos asignados al contrato o de referencia del mismo).

En el diagrama que sigue a continuación se esquematizan las principales combinaciones en el ámbito de la oferta de rentas vitalicias. Un contrato de seguro de renta vitalicia, como todos los contratos de seguro, se instrumenta sobre la base de un principio de equidad entre el valor actual de las primas, el importe de la prima satisfecha en caso de prima única, y el valor actual de las prestaciones aseguradas. Con independencia de la complejidad de la estructura de cálculo para obtener la indicada equivalencia, entre primas y prestaciones, es obvio que en tanto el contrato prevea más coberturas complementarias, menores resultarán las prestaciones derivadas de un contrato que no las incluyera y se limitara exclusivamente a la cobertura pura de una renta de supervivencia.

COMBINACIONES EN LA OFERTA DE RENTAS VITALICIAS				
En funcion de la forma de pago	En función del pago de los términos de la renta	En función del numero de asegurados	En función otras garantías	En función vinculación a inversiones
Prima Unica	Inmediata	Una cabeza	Renta	Desvinculada
Prima Periodica	Diferida	Dos o más cabezas	Renta y Capital	Vinculada
	Constante	Reversión 100% o según coeficiente	Renta y periodo cierto	Unit Linked
	Creciente			
	Revisable		Renta Capital y periodo cierto	

Figura 110. Combinación de características incorporables en las modalidades de rentas vitalicias

El riesgo biométrico

A título de ejemplo una prima invertida en un contrato de seguro de renta vitalicia sobre una cabeza, un solo asegurado, permitiría una renta cuyos términos serían superiores a los que se derivarían en caso de existir una reversión a favor de un segundo asegurado. Y de igual modo, de incorporarse en un contrato de renta vitalicia otras prestaciones como un capital en caso de fallecimiento o una garantía de periodo cierto, de mantenerse constante la prima, la renta vitalicia pagadera al asegurado también sería inferior. Todo ello, aparte de los aspectos financieros subyacentes, aconseja disponer de un adecuado asesoramiento[204] al contratarse estos

---

[204] Hay al menos dos consideraciones básicas en la comparación de distintas ofertas de rentas vitalicias. Por una parte la calidad crediticia de la entidad oferente y por otra parte la falta de homogeneidad entre las ofertas. La calidad crediticia de una entidad aseguradora es función de la calidad crediticia de sus inversiones y de la magnitud de sus recursos propios en función a su vez del modelo de negocio desarrollado. A menor calidad, por cualquier de las dos causas, mayor posibilidad de proporcionar una mayor renta, pero esta mayor renta supone para el asegurado un mayor riesgo de crédito que requiere una adecuada evaluación. En el mercado de Estados Unidos la variación de los importes de las rentas vitalicias esta correlacionada con la calidad crediticia de las aseguradoras con una variación en los términos de las rentas de hasta un tres por ciento entre la entidad aseguradora con menor calificación crediticia (A) y la aseguradora con mayor calidad crediticia (A++). Otra problemática en la comparación surge de la no homogeneidad de la oferta entre las distintas entidades en razón a la específica estructura o combinación de garantías de cada contrato. Con independencia de que determinadas combinaciones pueden no ajustarse a las necesidades de un cliente y sean descartables otras ofertas pueden cumplir condiciones de adecuación pero no ser homogéneas entre sí. Para ello lo habitual por parte de los asesores cualificados es evaluar lo que se denomina la ratio de valor de la prima que es el cociente entre el valor teórico de una oferta y el valor de mercado. Si esta ratio es superior a la unidad es indicativa de una oferta competitiva y adecuada a los intereses del asegurado. Una comparación sobre la base del "interés técnico" (el utilizado en el cálculo) de distintas ofertas no permite concluir nada acerca de la bondad de la oferta ya que la utilización de una u otra tabla de supervivencia o los distintos recargos para atender los gastos de gestión, internos y externos, pueden hacer que un oferta de rentas vitalicias

contratos que por otra parte resultan muy aconsejables para una inversión óptima del ahorro finalista para la jubilación acumulado.

---

con un interés técnicos más elevado sea menos conveniente para los intereses del asegurado que otra oferta con un tipo de interés técnico inferior, de ahí la conveniencia de establecer la comparación en base a la ratio de valor expuesta (*Money´s worth ratio, MWR*).

8 Final del proceso. Resumen y Conclusiones

Inicio de la fase de jubilación

Al aproximarse la edad de jubilación, a la persona o a la unidad familiar involucrada en el proceso de ahorro finalista, realizado con la finalidad de previsión en la fase de retiro, le surgen nuevas disyuntivas y en consecuencia la necesidad de adoptar las decisiones pertinentes[205]. La primera y más relevante es la de decidir, si ello depende de su voluntad, la fecha en la que abandonará la actividad laboral o profesional, e iniciará el cobro de la pensión pública acreditada por su carrera de cotizaciones a la Seguridad Social.

Normalmente los sistemas públicos de pensiones[206] establecen una edad legal de jubilación (que puede ser avanzada en función de un periodo mínimo de cotización), así como la posibilidad de la jubilación anticipada, de

---

[205] En una reciente encuesta en el Reino Unido se concluía que casi el 50% de los encuestados solo procedían a la consideración de las distintas alternativas con una antelación superior a 12 meses respecto a la fecha prevista de jubilación.

[206] Nos inspiramos en los elementos básicos de la legislación española pero exclusivamente en los aspectos esenciales, no en el detalle de la regulación aplicable dado el carácter cambiante de dicha regulación aconsejándose al lector para evaluar un caso particular la consulta de la regulación en vigor en aquel momento. Por otra parte la regulación en otras jurisdicciones es similar.

cumplirse determinados requisitos, unos años previos a la edad legal de jubilación. La anticipación de la solicitud de la pensión de jubilación respecto a la edad legal conlleva, en caso de su reconocimiento, un recorte en la pensión pública con carácter vitalicio mediante la aplicación de unos coeficientes reductores, del tipo por ejemplo de un 2% de reducción por cada trimestre anticipado, (un 8% de reducción por cada año completo), que de una forma equitativa[207] pretenden restablecer el equilibrio entre las cotizaciones y las pensiones entre los que optan por avanzar la pensión y los que no optan por dicha alternativa. A título de ejemplo si una persona fuera acreedor de una pensión de 1.500 euros mensuales, a la edad oficial o legal de jubilación, y optara, y cumpliera los requisitos para ello, por jubilarse dos años antes, de aplicarse la regla anterior la pensión sería de 1.260 euros mensuales[208] (= 1.500 x 0,84). El efecto de la anticipación, y la consiguiente reducción de la pensión, puede ser evaluado del mismo modo como en otros capítulos se ha venido realizando buscando la equivalencia entre la renta y el capital acumulado. Si fuera de aplicación la "regla del 4%", recordando al lector la relativa precisión de dicha aproximación y otras

---

[207] La persona que anticipa el inicio de la pensión de jubilación cotizará un periodo inferior y percibirá más rentas, para la misma esperanza de vida, este efecto es el que se pretende compensar con los coeficientes reductores y mantener la equidad y el equilibrio en el sistema entre aportaciones y prestaciones.

[208] En la realidad el cálculo exacto en cada caso puede ser más complejo por el juego del efecto de las pensiones máximas, o haber cotizado a niveles superiores a la pensión máxima en tanto la reducción se aplica sobre la base reguladora. Para el caso español se aconseja la utilización de los simuladores que la administración de la Seguridad Social pone a disposición general así como evaluar el efecto fiscal pertinente dada la progresividad del IRPF, correspondiente a cada nivel de renta, para conocer efectivamente el efecto de la anticipación en términos de renta neta del impuesto sobre la renta.

consideraciones realizadas en capítulos anteriores respecto a dicha regla, una reducción de la pensión de 240 (=1.500-1.260) euros mensuales, tal cual se ha descrito en el ejemplo anterior, supondría un efecto equivalente a la pérdida de un capital (o inversamente a la necesidad de dicho capital) al inicio de la jubilación de 84.000 euros (= 240 x 14 / 0,04) para compensar con carácter vitalicio el efecto de la reducción derivada de la anticipación. En otras palabras una persona, aproximadamente y en las hipótesis indicadas, precisaría disponer de un capital adicional de 84.000 euros en un plan de previsión individual, al inicio de la fase de jubilación, para poder compensar a lo largo de su vida el efecto de los menores ingresos de la pensión pública, en el ejemplo expuesto, a causa de optar por una anticipación de la pensión en dos años.

Con independencia de la evaluación del efecto de la anticipación para poder adoptar la decisión oportuna, la persona inmersa en esta situación tiene que realizar un ejercicio de revisión de ingresos y gastos para establecer la forma de disposición del valor final acumulado en el plan de previsión. Al respecto se reitera la perspectiva manifestada a lo largo del libro de que la previsión individual no se realiza, en lo referente a la fase de retiro, para una situación imprevista o algo inesperado, sino para una necesidad cuasi cierta, la insuficiencia de los ingresos derivados de la pensión pública para el mantenimiento de un determinado estilo o calidad de vida durante la fase de jubilación.

El primer paso para ello es reevaluar los gastos de la unidad familiar en el nuevo entorno. Es de suponer, en un ejercicio de racionalidad del comportamiento de una unidad familiar de edad madura, que varios años antes de acceder a la situación de retiro se han ido registrando adecuadamente todos sus gastos y se ha procedido a su identificación clasificación y racionalización. Para ello puede utilizarse una plantilla similar a la que se reproduce en la página siguiente en la que se pueden replantear determinados costes así como imponerse algún tipo de disciplina o ajustes sobre los mismos.

El plantear un modelo de presupuesto y control de gastos puede parecer un ejercicio excesivamente elemental, pero la evidencia empírica demuestra que la ausencia de un registro de gastos con un mínimo rigor es una práctica mucho más extendida que lo que inicialmente podría preverse por lo que la presentación del modelo adjunto tendría su justificación, máxime cuando en la fase de retiro un control de cumplimiento del presupuesto de gastos familiares constituye un elemento imprescindible para establecer el esquema de disposición del ahorro a partir de los instrumentos de previsión complementaria.

Final del proceso. Resumen y Conclusiones

Control de gastos en la fase de jubilación	
HOGAR	0
Cuota Hipoteca	
Impuestos	
Tasas locales	
Seguro Multirriesgo Hogar	
Alquileres	
Suministros	0
Gas	
Electricidad	
Agua y Alcantarillado	
Mantenimiento	
Gastos comunitarios	
Ayudas y Servicios	
Otros Gastos	
ALIMENTACION	0
Compras alimentación y similares	
Comidas fuera del hogar	
Otros Gastos	
TRANSPORTES	0
Gastos mantenimiento	
Cuotas financiación vehículos	
Combustibles	
Seguros Vehículos	
Transportes Públicos	
Otros Gastos	
SALUD Y ASISTENCIA SANITARIA	0
Gastos Médicos	
Gastos Farmaceuticos	
Seguros de Salud	
Otros Gastos	
SEGUROS	0
Seguro de Vida	
Seguro de Decesos	
Seguro de Dependencia	
Otros Seguros	
CUIDADOS PERSONALES	0
Gastos Vestir	
Otros Gastos	
TELEFONIA Y TV	0
Cuotas lineas fijas	
Cuotas líneas móviles	
TV e Internet	
VARIOS	0
Cuotas prestamos personales	
Comisiones bancarias	
Entretenimiento	
Viajes y Vacaciones	
Suscripciones y cuotas	
Regalos	
Educación	
Otros	
TOTAL GASTOS	0

Figura 111. Modelo de plantilla para el presupuesto de gastos familiares y en su caso planteamiento de un presupuesto dual

Con independencia de las distintas pautas de los gastos a lo largo de las distintas subfases del periodo de jubilación, una tesis que empíricamente gana relevancia es la adecuación de los gastos de los sujetos a los ingresos efectivamente disponibles y especialmente a los ingresos financieros derivados de los planes de previsión individual. Ello hace que las unidades familiares en la fase de jubilación suelan tener dos pautas de gastos, una con los componentes esenciales o básicos y otra con componentes discrecionales (viajes, regalos, reformas, renovación electrodomésticos, y similares) en función de los ingresos efectivamente obtenidos por su instrumento de previsión individual o, expresado de otra forma, la no realización de gastos extraordinarios, en caso de obtener ingresos inferiores a los previstos de su plan de previsión. Esta modelización del comportamiento del consumo en la fase de jubilación se reconoce con el término de *dual budget* o presupuesto dual.

P_{ss}	Pensión de la Seguridad Social
O_i	Otros ingresos
$P_{mín}$	Presupuesto de gastos mínimos deseados en jubilación
$P_{máx}$	Presupuesto de gastos máximos deseados en jubilación
$RM_{mín}$	Ingresos mínimos en un mix ω entre las distintas clases de activos
RM_{med}	Ingresos medios en un mix ω entre las distintas clases de activos
$RM_{máx}$	Ingresos máximos en un mix ω entre las distintas clases de activos

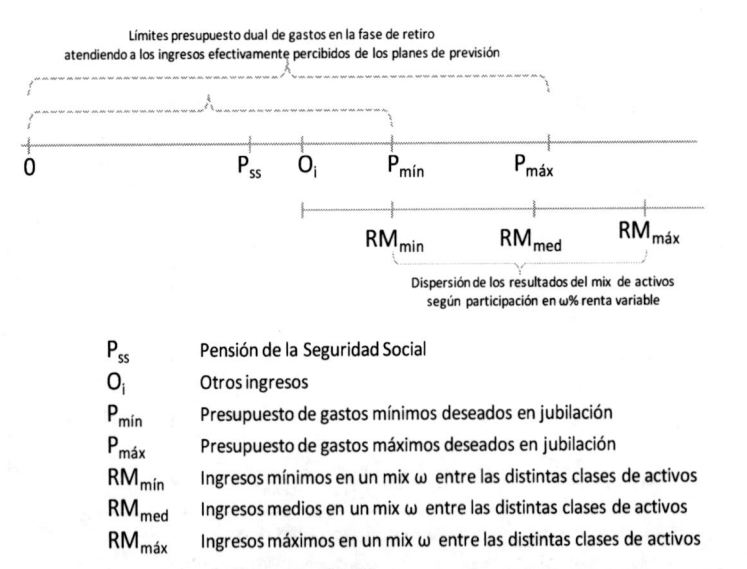

Figura 112. Adecuación del presupuesto de gastos en la fase de disposición en función límites de rendimientos de la estructura de inversión

Final del proceso. Resumen y Conclusiones

Restando del nivel de gasto estimado los ingresos derivados de la pensión pública[209] así como cualquier otro tipo de ingresos recurrentes, independientes de su situación en actividad, que pudiera disponer el sujeto o la unidad familiar (del tipo alquileres, hipoteca inversa[210], etc.) se obtendría el ingreso periódico deseable a partir del plan de individual de previsión.

Aplicando la regla del 4% (que equivale a un factor de 300 en base mensual), se determina en una primera aproximación el capital inicial necesario que es preciso haber acumulado en un esquema de previsión individual al inicio de la fase de jubilación para atender el presupuesto de gastos planteado. Pero se debe tener en cuenta que no todo el capital acumulado en el conjunto de activos financieros acumulados al inicio de la fase de jubilación es susceptible de ser utilizado para complementar los ingresos en la fase de jubilación. Del total del ahorro financiero acumulado posiblemente hay que descontar dos partidas, la parte, en su caso, que se desea transmitir a las siguientes generaciones y una partida para atender cualquier necesidad imprevista pero muy probable en el entorno familiar de un retirado en un

---

[209] Esta operación debe realizarse en términos de homogeneidad. En el caso de considerar costes mensuales los ingresos deben estar referidos igualmente a dicho periodo, así por ejemplo, como es el caso actual de las pensiones públicas en España, al devengarse catorce pagas, (12 mensuales + 2 extraordinarias) debe realizarse un ejercicio de homogenización de ingresos y gastos.

[210] La denominada hipoteca inversa, *"reverse mortgage"*, es una forma de transformar la propiedad del inmueble en el que se habita, conservando el derecho de habitación con carácter vitalicio, en un flujo de pagos durante un plazo determinado o también con carácter vitalicio. Dadas las especiales circunstancias del mercado inmobiliario en España en 2015 es una alternativa inviable salvo en el caso de bienes inmuebles singulares, no obstante en situaciones normales en el ámbito inmobiliario es una alternativa a considerar.

periodo previsiblemente prolongado. Estas dos partidas son muy subjetivas, especialmente la primera en tanto es totalmente discrecional y depende de múltiples circunstancias. Respecto a la segunda si se puede marcar alguna referencia como podría ser, como mínimo, el resultado de multiplicar por un factor de 12 los gastos mensuales presupuestados.

Efectuados todos los cálculos anteriores caben dos posibilidades. Que el ahorro en instrumentos financieros, descontadas las magnitudes señaladas en el párrafo anterior, sean suficientes para generar el flujo de ingresos deseado o bien que dicho ahorro no sea suficiente y en consecuencia incapaz de generar los ingresos complementarios deseados.

En caso de insuficiencia la única solución es adecuar el presupuesto de gastos y/o el capital que se desea transmitir a los herederos, posponer esta adecuación solo conducirá a mayores penurias más adelante[211]. De igual modo "exigir" una mayor tasa de ingresos a los ahorros constituidos, como en algún planteamiento se hace, invirtiendo en activos con un mayor riesgo financiero del racionalmente aconsejable es una especie de huída hacia adelante, por no decir un suicidio financiero, que puede conducir a la escasez y penurias en las edades avanzadas.

Una vez establecida la suficiencia del ahorro constituido ya sea en la primera aproximación o después del ajuste indicado en los gastos en el párrafo anterior procedería

---

[211] Ya que se consumirá el capital con toda seguridad antes de fallecer y el *gap* de cobertura de las necesidades a edades avanzadas supondrá una situación doblemente traumática.

Final del proceso. Resumen y Conclusiones

plantear la forma de disposición del ahorro. La idea es que de una forma sistemática y automática la persona o unidad familiar puedan disponer de unos ingresos derivados del plan de previsión que, junto con otros, en su caso, del tipo alquileres y similares, le permitan complementar la pensión pública y cubrir sus necesidades recurrentes[212] previstas en cada momento.

Al igual que en la fase de acumulación, alcanzada la fase de disposición, y una vez realizado el anterior planteamiento y en consecuencia determinada la cuantía de los ingresos que se precisan disponer periódicamente para cubrir los gastos presupuestados, procede adoptar las oportunas decisiones en lo referente a la selección del instrumento, la entidad contraparte, o el porcentaje de la inversión que, aún en fase de jubilación, debería seguir sujeta al riesgo de mercado. Estas decisiones no son independientes unas de otras, por lo que de nuevo la disposición de la figura de un asesor, que actúe con rigor, deviene aconsejable.

La elección de la entidad deberá establecerse en base a las mismas premisas consideradas en la elección de la

---

[212] Existen distintas aproximaciones y análisis respecto a los gastos necesarios durante la fase de jubilación. La evidencia empírica manifiesta que el gasto nominal a lo largo de la fase de jubilación evoluciona en términos reales algo por debajo del incremento del gasto al inicio de la jubilación incrementado por el IPC por lo que una previsión de incremento en función del IPC incorpora un cierto grado de seguridad en las estimaciones del gasto futuro. No obstante la evolución del gasto no es regular ya que tiende a mantenerse, o incluso incrementarse, en términos reales, al inicio de la fase de jubilación para decrecer posteriormente e incrementarse finalmente por cuidados de salud en los últimos años de vida. Otras aproximaciones al comportamiento de la evolución del gasto en la fase de jubilación se fundamentan en el nivel de los ingresos disponibles, en la naturaleza de los gastos y su distinta duración, y en el ciclo de vida.

misma en la fase de acumulación, es decir, la solvencia crediticia de la misma, su posicionamiento en cuota de mercado en previsión individual, su reputación, proximidad, historial y reconocimiento social, su gobernanza y en su caso la forma de inversión atendiendo a principios de gestión socialmente responsable así como la amplitud de su oferta en instrumentos de previsión individual. Esta última característica es muy relevante para disponer el demandante una garantía de una oferta no sesgada por la posible ausencia de algunas modalidades de previsión en un determinado comercializador. De especial relevancia será la consideración de la calidad del asesor, que la entidad comercializadora ponga a disposición de sus clientes, así como la transparencia y adecuación a la edad alcanzada de la comunicación[213] y los medios de interacción entre cliente y entidad.

La selección del o de los instrumentos, *product allocation*, y en su caso de la estructura de inversión subyacente, *asset allocation*, dependerá de los objetivos de rendimiento deseado y el nivel asumible de riesgo y la consideración de los riesgos de longevidad, iliquidez y cobertura de la inflación. Normalmente los mercados financieros y la oferta de las aseguradoras permiten cubrir estos objetivos pero no simultáneamente de modo que es precisa una combinación de instrumentos y alcanzar una solución de compromiso o lo que es lo mismo una

---

[213] Normalmente la comunicación de las entidades hacia sus clientes respecto a los instrumentos de previsión no se realiza de una forma diferenciada atendiendo a la edad alcanzada u otras características diferenciales. La disposición de un formato amplio y otro reducido de información parece una práctica recomendable. En un extremo la comunicación podría, aún siendo automática, alcanzar un formato individualizado.

compensación no plena entre los distintos objetivos. A título de ejemplo la cobertura de longevidad, a través de un contrato de renta vitalicia es contrapuesta a una situación de liquidez, la inversión en renta variable permite cubrir potencialmente el riesgo de la inflación y obtener también potencialmente el mayor nivel de rendimiento pero ello incorpora implícitamente el riesgo de fluctuación del valor acumulado y consecuentemente el riesgo de una menor estabilidad en los ingresos.

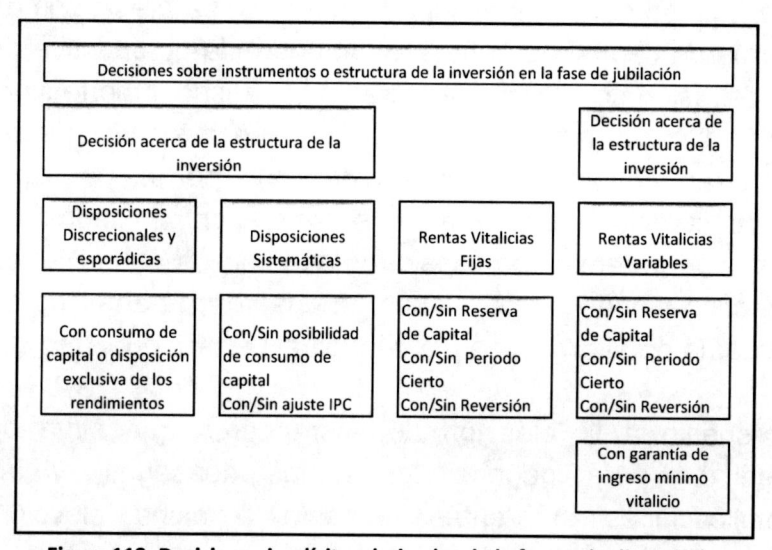

Decisiones sobre instrumentos o estructura de la inversión en la fase de jubilación			
Decisión acerca de la estructura de la inversión			Decisión acerca de la estructura de la inversión
Disposiciones Discrecionales y esporádicas	Disposiciones Sistemáticas	Rentas Vitalicias Fijas	Rentas Vitalicias Variables
Con consumo de capital o disposición exclusiva de los rendimientos	Con/Sin posibilidad de consumo de capital Con/Sin ajuste IPC	Con/Sin Reserva de Capital Con/Sin Periodo Cierto Con/Sin Reversión	Con/Sin Reserva de Capital Con/Sin Periodo Cierto Con/Sin Reversión
			Con garantía de ingreso mínimo vitalicio

Figura 113. Decisiones implícitas derivadas de la forma de disposición

En el diagrama anterior se representa de una forma esquemática el conjunto de las decisiones a adoptar y las alternativas existentes.

La forma de percepción de las prestaciones de un plan de pensiones según su normativa reguladora puede realizarse en forma de renta, financiera o vitalicia, en forma de capital o de una forma mixta combinándose en este caso una prestación de una parte en forma de capital conjuntamente con la disposición de la otra parte en forma de renta. Atendiendo a la finalidad de un plan de pensiones, generar un flujo de ingresos complementarios a la pensión de la seguridad social con carácter vitalicio, la forma natural de cobro de las prestaciones será en forma de renta complementando las pensiones públicas y en su caso otros ingresos recurrentes.

En el planteamiento de generar un flujo de rentas caben distintas opciones seleccionando el instrumento a través del cual se generará el flujo de ingresos. La prestación en forma de capital no tiene sentido desde la perspectiva de la previsión complementaria salvo que dicho importe sirva a su vez para adquirir otro activo que a su vez pueda generar el flujo de ingresos deseado por el partícipe, circunstancia que puede no ser excepcional dados los distintos tratamientos fiscales y las posibles carencias de algunos planes de pensiones en cuanto a la amplitud de la gama de alternativas planteadas al beneficiario.

Respecto a la elección del instrumento que sirva de vehículo para generar las rentas deseadas, y las implicaciones inherentes respecto a dicha elección, caben distintas opciones:

- Disposición sistemática.
- Disposición no sistemática.
- Renta vitalicia constituida internamente por el Plan de Pensiones.
- Prestación en forma de capital y contratación de una renta vitalicia individual u otro tipo de activo.
- Combinación entre los esquemas anteriores

Disposición sistemática

La disposición sistemática incluye cualquier forma regular de dilución del fondo acumulado mediante un reembolso sistemático de las participaciones correspondientes a un partícipe que ha devenido en la fase de retiro beneficiario[214]. Este procedimiento incluiría tanto el reembolso periódico de participaciones por un importe fijo predeterminado, como por cualquier otro importe derivado de la aplicación de cualquiera de las reglas expuestas en el Capítulo 5º, del tipo la regla del "cuatro por ciento", la aplicación de un factor creciente sobre el saldo residual, el inverso de la esperanza de vida, un valor constante según un cuadro de amortización teórico, etc. Normativamente esta forma de disposición se reconoce como "renta financiera".

En cualquier planteamiento de disposición sistemática a partir del fondo constituido el esquema de cálculo es similar al expuesto en el proceso de acumulación, la única diferencia es que en la fase de acumulación la aportación periódica de un ejercicio se sumaba al saldo inicial del mismo para calcular el rendimiento financiero (que puede ser positivo o negativo) y determinar el saldo al final del ejercicio y así iterativamente para los ejercicios sucesivos, mientras que en la fase de prestaciones el reembolso efectivamente dispuesto en un ejercicio se resta del saldo al inicio del mismo para calcular el rendimiento (que de igual modo puede ser positivo o negativo) y determinar el saldo al final del ejercicio y así sucesivamente sea cual

---

[214] Nos referimos normalmente a un beneficiario por la contingencia de jubilación pero lo mismo sería aplicable por el acaecimiento de cualquier otra contingencia o circunstancia prevista legalmente que permite la disposición de los derechos acumulados.

sea el importe reembolsado o la variación periódica del mismo. El cuadro susceptible de representar este proceso se expone a continuación.

Nótese que en un plan de pensiones individual no puede garantizarse un rendimiento financiero[215] por lo que según sea el rendimiento alcanzado en cada ejercicio la licuación del fondo constituido sería, en función del nivel de los reembolsos ejecutados, más o menos rápida y salvo determinadas técnicas expuestas en el Capítulo 5º podría agotarse en vida del beneficiario.

---

[215] La garantía no puede ser proporcionada internamente por el propio fondo de pensiones pero si por un agente externo, como podría ser la comercializadora del plan. Así como existen planes de pensiones con garantía externa en la fase de acumulación, los denominados "fondos garantizados", podrían existir planes de pensiones con garantía de rendimiento en la fase de prestaciones pero por el momento no se han desarrollado.

Final del proceso. Resumen y Conclusiones

Ejercicio	Saldo Inicial	Disposición en el ejercicio	Rendimiento Financiero	Saldo Final
1	200.000	8.000	4.320	196.320
2	196.320	8.060	4.236	192.496
3	192.496	8.120	4.148	188.524
4	188.524	8.181	4.058	184.400
5	184.400	8.243	3.964	180.121
6	180.121	8.305	3.866	175.682
7	175.682	8.367	3.765	171.080
8	171.080	8.430	3.660	166.310
9	166.310	8.493	3.551	161.368
10	161.368	8.556	3.438	156.250
11	156.250	8.621	3.322	150.951
12	150.951	8.685	3.201	145.467
13	145.467	8.750	3.076	139.792
14	139.792	8.816	2.947	133.923
15	133.923	8.882	2.813	127.855
16	127.855	8.949	2.675	121.581
17	121.581	9.016	2.533	115.098
18	115.098	9.084	2.385	108.400
19	108.400	9.152	2.233	101.481
20	101.481	9.220	2.076	94.337
21	94.337	9.289	1.914	86.961
22	86.961	9.359	1.746	79.348
23	79.348	9.429	1.573	71.491
24	71.491	9.500	1.395	63.386
25	63.386	9.571	1.211	55.026
26	55.026	9.643	1.021	46.404
27	46.404	9.715	825	37.514
28	37.514	9.788	624	28.349
29	28.349	9.862	416	18.904
30	18.904	9.936	202	9.170

Cuadro de disposiciones regulares realizadas al inicio de cada ejercicio
Hipótesis de inflación anual del 0,75% y rendimiento anual del 2,25%

Figura 114. Modelo de disposición sistemática

Disposición no sistemática

Si la disposición de un plan de pensiones se ejecuta sin una sistemática preestablecida, es decir de una forma irregular, el esquema de cálculo es idéntico al expuesto para las disposiciones sistemáticas, en los ejercicios en los que no se realice ningún reembolso, el saldo inicial de un ejercicio más el rendimiento financiero (positivo o negativo) determinará el saldo al final del mismo, y en los ejercicios en los que se solicite el reembolso de una determinada cuantía dicho importe se restaría del capital al inicio del ejercicio para constituir la base de cálculo del rendimiento financiero del ejercicio y determinar el saldo al final del mismo. En el cuadro que sigue a continuación se expone un ejemplo de disposiciones no sistemáticas, utilizándose en este caso el valor acumulado en el plan de pensiones no como una fuente regular y recurrente de ingresos, sino para atender necesidades esporádicas en los momentos en que se precisase su financiación.

En la normativa española no existe ninguna limitación respecto a la forma de disposición de los derechos consolidados en los planes de pensiones. En otras jurisdicciones en las que la previsión complementaria alcanza un papel mucho más relevante y donde las prestaciones del sistema público son proporcionalmente más reducidas es habitual encontrar limitaciones a la libre disposición de los derechos acumulados. Por ejemplo se obliga a transformar un porcentaje mínimo de dichos derechos en rentas vitalicias durante un periodo determinado con posterioridad a la fecha de retiro o incurrir en hecho imponible en el impuesto sobre la renta la parte de los derechos acumulados cuya transformación era obligatoria. Estas normas tienen como finalidad evitar un uso no razonable del ahorro constituido para la fase de retiro así como para dificultar el error de realizar inversiones en aventuras financieras o empresariales con dicho ahorro y con una probabilidad de éxito muy reducida atendiendo ofertas de inversión carentes de idoneidad para un retirado.

Final del proceso. Resumen y Conclusiones

Ejercicio	Saldo Inicial	Disposición en el ejercicio	Rendimiento Financiero	Saldo Final
1	200.000	0	4.500	204.500
2	204.500	0	4.601	209.101
3	209.101	75.000	3.017	137.119
4	137.119	0	3.085	140.204
5	140.204	0	3.155	143.358
6	143.358	25.000	2.663	121.021
7	121.021	0	2.723	123.744
8	123.744	0	2.784	126.529
9	126.529	0	2.847	129.375
10	129.375	0	2.911	132.286
11	132.286	50.000	1.851	84.138
12	84.138	0	1.893	86.031
13	86.031	0	1.936	87.967
14	87.967	0	1.979	89.946
15	89.946	0	2.024	91.970
16	91.970	30.000	1.394	63.364
17	63.364	0	1.426	64.790
18	64.790	0	1.458	66.247
19	66.247	0	1.491	67.738
20	67.738	0	1.524	69.262
21	69.262	0	1.558	70.821
22	70.821	12.000	1.323	60.144
23	60.144	0	1.353	61.497
24	61.497	0	1.384	62.881
25	62.881	0	1.415	64.296
26	64.296	50.000	322	14.617
27	14.617	0	329	14.946
28	14.946	0	336	15.283
29	15.283	0	344	15.626
30	15.626	0	352	15.978

Cuadro de disposiciones no regulares. Hipótesis de rendimiento del 2,25%

Figura 115. Modelo de disposición no sistemática

Todas las consideraciones realizadas en relación a los rendimientos financieros del fondo en caso de disposición periódica y sistemática se deben dar por reproducidas también en el caso de disposición no sistemática. En ambos casos la generación de las prestaciones se realiza mediante el reembolso de las participaciones acumuladas, cuyo proceso de cálculo se ha explicitado en el Capítulo Primero.

Renta Vitalicia integrada en el Plan de Pensiones

Un plan de pensiones puede prever en sus especificaciones la posibilidad de que las prestaciones sean percibidas en forma de renta vitalicia. Este tipo de prestaciones se instrumentan mediante una póliza colectiva de seguros suscrita por el propio plan de pensiones siendo sus asegurados los beneficiarios del plan que hubiesen optado por la prestación en forma de renta "asegurada". Siendo la entidad aseguradora la obligada al pago al fondo y este a su vez el obligado a pagar la renta al beneficiario del plan. En la instrumentación de los ingresos en la fase de jubilación en formato de renta vitalicia se deberían tener en cuenta los siguientes aspectos:

- *Fiscalidad.* Las prestaciones devengadas mediante esta instrumentación en formato de rentas vitalicias no tienen ningún tratamiento fiscal diferenciado y en consecuencia tienen a efectos del IRPF la consideración de rendimientos del trabajo y se integran totalmente en la base imponible general del ejercicio en el que se devenguen.

- *Riesgo de Crédito.* El beneficiario de una renta vitalicia de un plan de pensiones asume íntegramente el riesgo de crédito, es decir la posibilidad de insolvencia, de la entidad aseguradora garante de la renta contratada, sin poder reclamar en caso de incumplimiento de aquella al fondo de pensiones o al plan. En consecuencia los partícipes y el resto de beneficiarios del plan que no tienen relación con la aseguradora son inmunes al riesgo de crédito de la aseguradora en caso de insolvencia de la misma. Ello implica la necesidad de evaluar detenidamente dicho riesgo evitando concentrar una parte significativa del ahorro acumulado y especialmente en entidades aseguradoras poco relevantes y/o de baja calidad crediticia.

- *Riesgo de Interés*. Es un riesgo muy sutil que ya ha sido objeto de amplia consideración en el Capítulo 2º. Desde una perspectiva financiera, el Beneficiario puede optar, si se le plantean alternativas, por distintas modalidades de rentas vitalicias. La más sencilla es aquella en la que se ha calculado la renta con un interés garantizado en función de la estructura temporal de tipos de interés en el momento de formalización de la operación, y se estipula una renta vitalicia de términos constantes (o variables en un porcentaje predeterminado, por ejemplo un uno o un dos por ciento). La entidad aseguradora por su parte ha realizado una estimación del flujo de pagos probables y "ha casado"[216] los pagos probables con los ingresos derivados de una cesta de activos financieros de renta fija a distintos vencimientos. La aseguradora a cambio de un margen (que puede ser del orden de 100 puntos básicos) asume el riesgo de desviación de la supervivencia del asegurado y la posible insolvencia de algunos de los activos subyacentes del contrato. Otras

---

[216] Mediante una técnica denominada ALM, acrónimo de "Assets Liabilities Matching", que en la jerga técnica aseguradora se conoce como "macheo de la operación".

modalidades de rentas vitalicias pueden prever la garantía de un tipo de interés sólo por un periodo de tiempo determinado (que se renovará sucesivamente) o incluso estipularse en formato *unit linked* en la que el tomador asuma el riesgo de la inversión, cuya exposición con detalle excede los límites del libro[217]. Lo significativo es que si el beneficiario opta por una renta vitalicia de la primera modalidad expuesta, *fixed income*, asumirá el riesgo de interés derivado del nivel al que se encuentren los mismos en el momento de la formalización de la operación[218]. Cabe la

---

[217] Nos referimos a las denominadas *"variable income annuities"* muy generalizadas en el ámbito anglosajón que constituyen contratos de seguros de renta vitalicia en unidades de cuenta que invierten normalmente en participaciones de fondos de inversión o *"mutual funds"* seleccionados por el asegurado. La versión más generalizada es la de un formato en el que la renta inicial se calcula con un interés técnico hipotético y las rentas sucesivas (y el valor de la provisión) se recalcula en función de la ratio entre el rendimiento efectivo de cada periodo y el referido interés técnico utilizado. A efectos didácticos una *variable income*, puede contemplarse como si se tratase de una renta vitalicia nominada en otra divisa, el valor equivalente para el asegurado estaría en función de la variación de la cotización de la divisa de referencia respecto a la moneda que precisa el asegurado. Esto permite una exposición a la renta variable, y en consecuencia obtener su potencial rendimiento, aún en formato de contrato de renta vitalicia, pero a costa de sacrificar la estabilidad propia de los ingresos derivados de las rentas vitalicias con interés garantizado o *"fixed income annuities"*. Recientemente se ha incorporado en la oferta de *"variable income annuities"* una garantía financiera cuyo acrónimo GLWB se corresponde con los términos *"Guaranteed Lifetime Withdrawal Benefits"*, que permite garantizar un nivel mínimo o suelo de renta con independencia de la vida y/o rendimientos de las inversiones afectas. Todos estos desarrollos no están implementados en la oferta de seguros de rentas vitalicias en España en 2015.

[218] Una renta vitalicia equivale a un bono de renta fija sujeto a la condición de "incumplimiento" en caso del evento de fallecimiento del asegurado. Puede calcularse la "duración" de cualquier contrato de renta vitalicia siguiendo el esquema de cálculo de un bono y en especial es eficiente la aproximación de su cálculo en función de la variación de su valor ante un

posibilidad de que en un determinado periodo los tipos sean anormalmente bajos no siendo en principio aconsejable en estos casos optar por ubicar todos los activos financieros para la previsión en una modalidad de contrato sin posibilidad de revisión a posteriori, en tanto las operaciones sin revisión incurren en el riesgo de que a largo plazo se produzcan periodos de alta inflación que no se correspondan con los tipos de interés existentes al contratar la renta. En caso de reconocimiento del derecho de rescate, condicionado siempre a lo que se indica en el siguiente epígrafe, es normal que dicho derecho se limite al valor de mercado de los activos afectos a la operación.

- *Riesgo de supervivencia.* Las rentas vitalicias se devengan en caso de vida del asegurado, pero esta definición genérica admite múltiples combinaciones. Así por ejemplo cabe combinar la prestación de renta en caso de vida con una prestación en forma de renta financiera aún en caso de fallecimiento durante un periodo determinado (renta cierta), de igual modo cabe la posibilidad de que la renta se constituya sobre dos cabezas de modo que al fallecimiento de una de ellas la renta pactada inicial, integra o parcialmente (en función de un factor de reversión establecido al contratarse) se devengue con carácter vitalicio a favor del segundo asegurado (renta reversible). Finalmente, entre las opciones más comunes, cabe la posibilidad de establecer una prestación complementaria en caso de fallecimiento del

---

cambio marginal del tipo de interés.

asegurado, o del último de ellos si fuesen dos, de pago de una prestación en forma de capital (garantía total o parcial de capital). Dado el principio de equidad entre la prima y las prestaciones de un contrato de seguro es obvio que a medida que incorporamos prestaciones adicionales o complementarias a la garantía principal "pura" de supervivencia del contrato, la renta vitalicia, el importe de esta será inferior ya que partes crecientes de la prima se dedicarán a las coberturas complementarias limitándose la financiación de la parte principal de la prestación en forma de renta. En sentido opuesto el contrato de renta vitalicia posibilita una efectiva cobertura del riesgo de longevidad como se ha visto en el Capítulo anterior.

- *Riesgo de Liquidez*. Al constituir una renta vitalicia se renuncia a la disponibilidad líquida de la prima satisfecha y ello con carácter complementario a los anteriores riesgos. En un contrato de renta vitalicia el reconocimiento del derecho de rescate es opcional por parte del asegurador y dicho reconocimiento es excepcional o limitado al capital asegurado en caso de fallecimiento para evitar la antiselección[219] por parte del asegurado.

---

[219] En este caso nos referimos a que la entidad aseguradora ha establecido el equilibrio entre la prima y las prestaciones en función de la probabilidad de supervivencia de una población en general. Si un asegurado pudiera optar, en un contrato de renta vitalicia, en cualquier momento, al derecho de rescate, en base a la información asimétrica a partir del conocimiento de la variación de su estado de salud podría atentar al principio de equidad establecido en el inicio de la operación.

Final del proceso. Resumen y Conclusiones

- *Riesgo de precio.* Incluso en los mercados más desarrollados[220] el rango de precios entre las distintas ofertas puede ser muy amplio, entre Julio de 2013 y Diciembre de 2013 el rango de precios de las ofertas de las distintas entidades (la prima correspondiente a una prestación homogénea en formato de renta vitalicia a la edad legal de obligación) se situó entre el 34,93% y el 31,30%. Es posible que la homogeneidad de la oferta no sea total pero el rango parece excesivo y en cualquier caso hace recomendable una consideración detallada entre las distintas ofertas. Con independencia de las diferencias que tienen su razón de ser en la competencia entre las distintas entidades, el precio de una renta vitalicia depende mucho de la tendencia prevista en la longevidad y de los tipos de interés de los instrumentos de renta fija utilizados para la cobertura de las provisiones técnicas de las aseguradoras. Respecto a la longevidad no caben acciones, es un hecho contrastado que ya ha sido objeto de consideración en otros Capítulos y respecto al cual sabemos que las rentas vitalicias constituyen la única opción de protección[221]. Respecto a los tipos de interés la

---

[220] Datos de la Asociación de Aseguradores Británicos (ABI) Diciembre 2013.
[221] A título informativo se señala que a lo largo de la historia han surgido otros esquemas de cobertura del riesgo de longevidad como las "tontinas" (Lorenzo de Tonti, 1653) y las "chatelusianas" (Frederic Chatelús, 1880). Estas operaciones, con un componente poco técnico fueron en su momento reconocidas como seguros de vida "no científicos", y si bien están autorizadas legalmente en el espacio común europeo no tienen en el momento actual ninguna relevancia. Existe una amplia variedad de modalidades en ambas figuras pero en lo esencial estas operaciones se fundamentan en la constitución de una asociación en la que los miembros realizan una aportación a un fondo común que es repartido junto con sus rendimientos en uno o varios momentos posteriores a los asociados

elección del "momentum" si permite alguna actuación al beneficiario en la contratación del instrumento. Tipos de interés a largo plazo (más de diez años) de los bonos de alta calificación crediticia por debajo de 300 puntos básicos por encima de la inflación no parecen condiciones óptimas para cerrar operaciones con duración probable superior a veinte años pero a la vez el coste de oportunidad en el periodo de espera a la corrección de la curva de tipos puede aconsejar lo contrario. Una situación de incremento de la longevidad conjuntamente con tipos de interés bajos constituye una combinación muy negativa para los intereses de los beneficiarios que optasen en estas circunstancias a una renta vitalicia. A título de ejemplo en 1960 en el mercado de rentas vitalicias (*annuities*) del Reino Unido una renta de jubilación vitalicia a partir de 65 años de 10.000 libras anuales, podía adquirirse con una prima única de 65.000 libras. En 2013 la misma renta requería una prima de 175.000 libras, casi el triple[222], como resultado de la variación de la longevidad y la estructura temporal de tipos de interés.

En resumen la opción de percibir ingresos en la fase de jubilación bajo la forma de renta vitalicia puede constituir en muchos casos una excelente alternativa para maximizar los ingresos y reducir determinadas incertidumbres pero la complejidad de los distintos formatos y la falta de homogeneidad entre las distintas

---

supervivientes.
[222] Nótese que estos importes son independientes de la variación del poder adquisitivo de la moneda, hacen referencia exclusivamente al rendimiento esperado de los bonos a distintos vencimientos y a la esperanza de vida de los asegurados.

alternativas exige la disposición de una asesoría muy cualificada y la contratación exclusiva con entidades afianzadas en el mercado y de reconocido prestigio. Una aproximación en la selección de la modalidad de la renta vitalicia y de la entidad oferente, del tipo "hágaselo Ud. mismo", con información no contrastada, o mediante el asesoramiento recibido a través de personas o entidades carentes de rigor, o de dudosa calidad profesional y ética, no constituye una opción recomendable.

Prestación en forma de capital y contratación de una renta vitalicia individual u otro tipo de activo

Este planteamiento es excepcional y solo tiene su justificación bien por razones fiscales que serán objeto de consideración en el siguiente apartado o por carencias o limitaciones de las opciones ofertadas por determinados planes de pensiones por desidia a solicitudes no estándar o carencias técnicas[223].

El esquema en lo esencial es sencillo, se trataría de obtener una prestación en forma de capital del plan de pensiones y con el importe neto después de satisfacer el impuesto correspondiente (IRPF) adquirir una renta vitalicia, u otros activos financieros, generando el esquema de disposición a partir de estos últimos.

Respecto a esta opción se debe resaltar que de optar por una renta vitalicia el contrato de seguro ya no se formalizaría con la figura interpuesta del plan de

---

[223] Esta situación no es lógica ya que cabría la posibilidad de traspasar los derechos consolidados a otro plan con amplias opciones de prestaciones establecidas en sus especificaciones.

pensiones, sino que se tratará normalmente de un contrato de seguro individual totalmente ajeno al plan pero aún así deben darse por reproducidas todas las consideraciones realizadas en el epígrafe anterior. Fiscalmente el ingreso percibido por una renta vitalicia en la que el tomador sea el propio asegurado ya no tiene la naturaleza de rendimiento del trabajo sino la naturaleza de rendimiento del capital, ello implica en función de la legislación vigente que solo una parte[224] de la prestación tenga la consideración de rendimiento del capital mobiliario en tanto la otra parte de la prestación percibida no es más que la recuperación del propio capital invertido al pagar la prima del contrato de seguro de renta vitalicia.

En relación a otros activos susceptibles de ser adquiridos para generar un flujo de ingresos cabría también la

---

[224] La normativa fiscal precisa la parte de la renta vitalicia que tiene naturaleza de rendimiento a efectos impositivos. En España en 2015 esta parte se determina en función de la edad del asegurado al contratar en función de la tabla que sigue a continuación.En otras jurisdicciones existen esquemas similares para, "a forfait", diferenciar de la renta percibida, la parte que se atribuye al capital y la parte que se atribuye al rendimiento. En caso de ejercicio del derecho de rescate en cualquier momento posterior se prevé la regularización fiscal del rendimiento financiero minorando de la suma de los términos de la renta y el valor de rescate, la suma de la prima y la parte de la renta que ya ha tenido la consideración de rendimiento financiero a efectos fiscales a lo largo de su devengo hasta el momento del rescate.

Edad del asegurado al contratar	Porcentaje de la renta que tiene la consideración de rendimiento
Menor o igual a 40 años	40%
Entre 41 y 49 años	35%
Entre 50 y 59 años	28%
Entre 60 y 65 años	24%
Entre 66 y 69 años	20%
Igual o superior a 70años	8%

posibilidad de adquirir participaciones en fondos de inversión y a partir de ellos establecer el esquema de reembolsos de las participaciones pero esta opción sólo tendría sentido si existiesen fondos de inversión adecuados a la finalidad de previsión individual con características inversoras no existentes en el universo de fondos de pensiones. O bien adquirir otros activos de renta fija, por ejemplo deuda pública, indexados a la inflación[225], y que como subyacente tampoco se encontrasen en los instrumentos de previsión.

Combinación de distintos esquemas

En cualquier caso un beneficiario podría combinar los anteriores esquemas de disposición para instituir la forma individualizada de percepción de las prestaciones que mejor se ajustara a sus necesidades individuales o familiares.

Así por ejemplo, cabría la posibilidad de instituir un esquema de disposición regular que se complementase con disposiciones extraordinarias en determinados momentos, contratando a su vez, interna o externamente, un contrato de rentas vitalicias, con carácter inmediato. o diferido a edades avanzadas (ALDA). Todo ello con el ánimo de optimizar la disposición del ahorro acumulado

---

[225] En estos casos existe el denominado riesgo de base en tanto en primer lugar la tasa de inflación de referencia utilizada en los bonos indexados, según las características de las distintas emisiones, puede no ser idéntica al IPC general, y en segundo lugar porque la "cesta de la compra" de un hogar en la fase de jubilación esta sesgada en determinados gastos que tienen un componente inflacionario más acusado, como los servicios personales, gastos de salud y similares.

El paseo aleatorio hacia la jubilación

minimizando los inconvenientes y los riesgos implícitos de las distintas opciones.

Para finalizar este apartado se expone a continuación el gráfico y el cuadro de valores correspondiente al proceso completo tanto de la fase de acumulación como de la fase de disposición bajo las hipótesis expuestas y utilizando como fórmula de licuación un esquema de disposiciones sistemáticas del valor acumulado en el plan de pensiones.

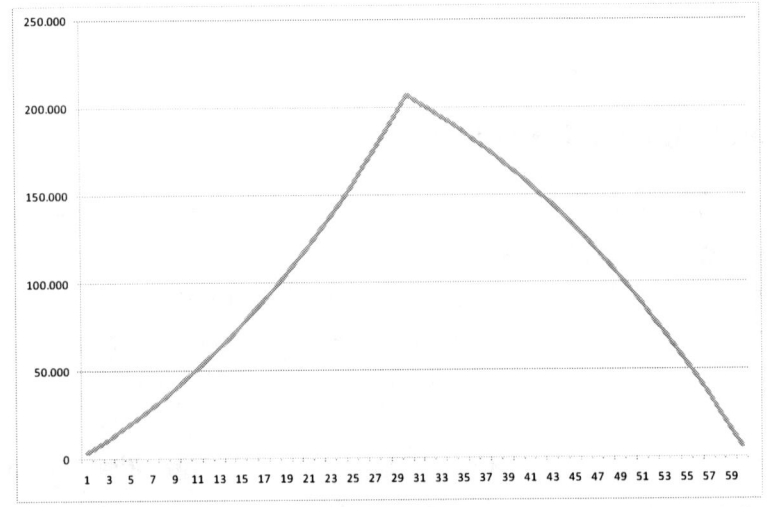

Figura 116. Gráfica evolución saldo acumulado en la fase de actividad y en la fase de retiro

Final del proceso. Resumen y Conclusiones

Inflación estimada en el ejercicio	Tasas de Rendimiento Fondo en el ejercicio	Ejercicio	Saldo Inicial	Aportación anual en el ejercicio	Rendimiento Financiero	Saldo Final
0,75%	2,75%	1	0	3.600	99	3.699
0,75%	2,75%	2	3.699	3.663	202	7.565
0,75%	2,75%	3	7.565	3.728	311	11.603
0,75%	2,75%	4	11.603	3.793	423	15.819
0,75%	2,75%	5	15.819	3.860	541	20.220
0,75%	2,75%	6	20.220	3.928	664	24.812
0,75%	2,75%	7	24.812	3.997	792	29.601
0,75%	2,75%	8	29.601	4.067	926	34.594
0,75%	2,75%	9	34.594	4.138	1.065	39.798
0,75%	2,75%	10	39.798	4.211	1.210	45.219
0,75%	2,75%	11	45.219	4.285	1.361	50.865
0,75%	2,75%	12	50.865	4.360	1.519	56.745
0,75%	2,75%	13	56.745	4.437	1.682	62.864
0,75%	2,75%	14	62.864	4.515	1.853	69.232
0,75%	2,75%	15	69.232	4.594	2.030	75.857
0,75%	2,75%	16	75.857	4.675	2.215	82.747
0,75%	2,75%	17	82.747	4.757	2.406	89.910
0,75%	2,50%	18	89.910	4.841	2.369	97.120
0,75%	2,50%	19	97.120	4.926	2.551	104.597
0,75%	2,50%	20	104.597	5.013	2.740	112.350
0,75%	2,50%	21	112.350	5.101	2.936	120.387
0,75%	2,50%	22	120.387	5.190	3.139	128.717
0,75%	2,50%	23	128.717	5.282	3.350	137.349
0,75%	2,50%	24	137.349	5.374	3.568	146.291
0,75%	2,50%	25	146.291	5.469	3.794	155.554
0,75%	2,50%	26	155.554	5.565	4.028	165.147
0,75%	2,50%	27	165.147	5.663	4.270	175.080
0,75%	2,50%	28	175.080	5.762	4.521	185.363
0,75%	2,50%	29	185.363	5.864	4.781	196.008
0,75%	2,50%	30	196.008	5.967	5.049	207.024

Inflación estimada en el ejercicio	Tasas de Rendimiento Fondo en el ejercicio	Ejercicio	Saldo Inicial	Disposición en el ejercicio	Rendimiento Financiero	Saldo Final
0,75%	2,25%	1	207.024	8.281	4.472	203.214
0,75%	2,25%	2	203.214	8.343	4.385	199.256
0,75%	2,25%	3	199.256	8.406	4.294	195.144
0,75%	2,25%	4	195.144	8.469	4.200	190.876
0,75%	2,25%	5	190.876	8.532	4.103	186.446
0,75%	2,25%	6	186.446	8.596	4.002	181.852
0,75%	2,25%	7	181.852	8.661	3.897	177.088
0,75%	2,25%	8	177.088	8.726	3.788	172.151
0,75%	2,25%	9	172.151	8.791	3.676	167.035
0,75%	2,25%	10	167.035	8.857	3.559	161.737
0,75%	2,25%	11	161.737	8.923	3.438	156.252
0,75%	2,25%	12	156.252	8.990	3.313	150.575
0,75%	2,25%	13	150.575	9.058	3.184	144.702
0,75%	2,25%	14	144.702	9.126	3.050	138.626
0,75%	2,25%	15	138.626	9.194	2.912	132.344
0,75%	2,00%	16	132.344	9.263	2.462	125.543
0,75%	2,00%	17	125.543	9.333	2.324	118.535
0,75%	2,00%	18	118.535	9.403	2.183	111.315
0,75%	2,00%	19	111.315	9.473	2.037	103.879
0,75%	2,00%	20	103.879	9.544	1.887	96.221
0,75%	2,00%	21	96.221	9.616	1.732	88.338
0,75%	2,00%	22	88.338	9.688	1.573	80.223
0,75%	2,00%	23	80.223	9.760	1.409	71.871
0,75%	2,00%	24	71.871	9.834	1.241	63.279
0,75%	2,00%	25	63.279	9.907	1.067	54.439
0,75%	2,00%	26	54.439	9.982	889	45.346
0,75%	2,00%	27	45.346	10.057	706	35.995
0,75%	2,00%	28	35.995	10.132	517	26.380
0,75%	2,00%	29	26.380	10.208	323	16.496
0,75%	2,00%	30	16.496	10.285	124	6.335

Figura 117. Cuadro modelo completo en fase de acumulación y disposición

Nótese que la exposición anterior se ha realizado con rendimientos siempre positivos y en la realidad según la estructura de la inversión en el instrumento de previsión utilizado es muy posible que en determinados ejercicios se obtengan rendimientos negativos por lo que el anterior cuadro y gráfico podrían obtenerse en los mismos ejercicios valores acumulados muy diferenciados y su gráfica correspondiente sería más errática moviéndose según el *asset allocation* entre unos determinados límites, con un determinado margen de seguridad, no con confianza absoluta, tal como se representa en el gráfico que sigue a continuación en el que los valores tanto en la fase de acumulación como en la fase de disposición no seguirían una senda determinada sino aleatoria.

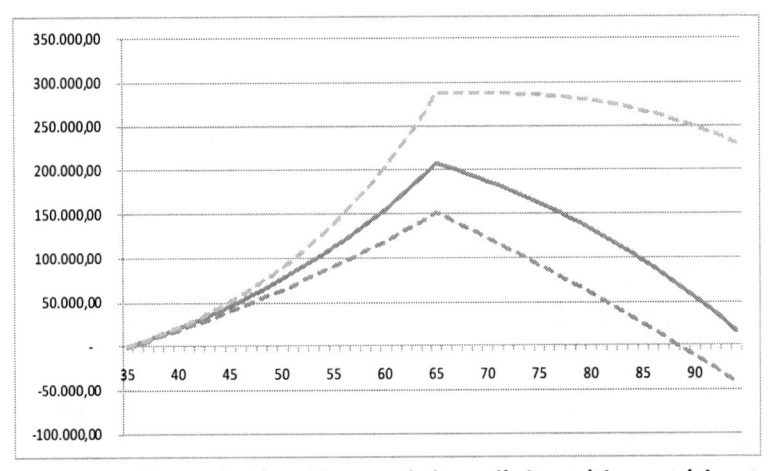

Figura 118. Gráfica evolución saldo acumulado con límites mínimo y máximo en función márgenes de seguridad

Final del proceso. Resumen y Conclusiones

		Distintas formas de percepción de las prestaciones de un plan de pensiones				
		Descripción de la prestación		Cobertura longevidad	Adaptación inflación	Probabilidad de ruina
Disposiciones establecidas por el beneficiario	Regla del 4%	4% anual VF acumulado incrementado anualmente en función IPC.	4% +IPC	no	si	baja
	Amortización	Disposiciones constantes en función de interes y duración	an	no	si	alta
	Fracción 1/n	Disposición de una fracción creciente sobre el saldo en cada momento	1/25,1/24..	no	si	media
	Fracción 1/ex	Disposición de la fracción del inverso de la esperanza de vida	1/ex, 1/ex+1	no	si	no
Disposiciones en forma de renta vitalicia	RV fija	4% anual VF acumulado incrementado anualmente en función IPC.	ax	si	no	no
	RV variable	Disposiciones constantes en función de interes y duración	ax. (1+r)/(1+i)	si	si/no	baja
	RV diferida	Disposición de una fracción creciente sobre el saldo en cada momento	1/25,1/24..	si	no	no

Figura 119. Características de las distintas formas de disposición

En el diagrama anterior se esquematiza las distintas alternativas que el partícipe ya devenido en beneficiario deberá usar para establece el *mix* más adecuado a sus necesidades en la fase de jubilación. Nótese que en aquellas que no suponga una traslación total de las obligaciones, como es el caso de las rentas vitalicias de interés fijo, *fixed income*, el beneficiario tendrá la carga de decidir el *asset allocation* del activo.

Fiscalidad y condiciones de las prestaciones

Las prestaciones de los planes de pensiones y los planes de previsión asegurados tienen el mismo tratamiento fiscal que se resume en los siguientes puntos:

- Impuesto sobre la renta de las personas físicas. El hecho imponible se produce por la percepción de prestaciones en un ejercicio. Si no se produce esta percepción no existe ninguna obligación de tributación. Con independencia de la forma en que sea percibida la prestación, renta, en forma mixta o capital, siempre el importe percibido[226] tendrá fiscalmente la naturaleza de rendimiento del trabajo y en consecuencia se integrará con el resto de rendimientos del beneficiario en la base imponible general del IRPF tributando a la escala general del impuesto[227]. Esto implica que necesariamente a la

---

[226] La parte de la prestación en forma de capital que corresponda a las aportaciones realizadas con anterioridad al 31-12-2006 tributarán por IRPF después de una reducción del 40% si bien esta reducción tiene una validez limitada en cuanto estamos en un periodo transitorio hacia su total eliminación. Salvo esta excepción transitoria el 100% de las prestaciones se integran sin reducción en la base imponible general del IRPF del ejercicio.

[227] La escala prevista para la base imponible general del impuesto sobre la renta de las personas físicas para 2015 y 2016 se resume en el siguiente cuadro:

Renta	2015	2016
Inferior 12.450	20%	19%
Entre 12.450 y 20.200	25%	24%
Entre 20.200 y 35.200	31%	30%
Entre 35.200 y 60.000	39%	37%
Superior a 60.000	47%	45%

hora de considerar el equilibrio entre ingresos y gastos en la fase de jubilación, que los ingresos netos derivados de un plan de pensiones individual deberán calcularse multiplicando los importes brutos por un factor de 0,75 , 0,69 o 0,61 para determinar el importe neto disponible después de impuestos según fuera el tipo marginal del IRPF aplicable un 25%, un 31% o un 39% considerando los tramos centrales de la escala progresiva de la escala a pie de página.

- Impuesto sobre el Patrimonio. Ni los derechos consolidados correspondientes a un plan de pensiones ni las provisiones correspondientes a un plan de previsión asegurado se integran en la base imponible del Impuesto sobre el Patrimonio, ni en la fase de acumulación ni en la fase de disposición.

- Impuesto de Sucesiones. En ningún caso las prestaciones de los planes de pensiones y de los planes de previsión asegurados están sujetos al impuesto sobre Sucesiones[228].

Los derechos consolidados de un plan de pensiones no pueden ser objeto de traba o embargo pero si las prestaciones del mismo en el momento en que se devenguen de modo que los referidos instrumentos no constituyen un reducto legal de utilidad para los partícipes

---

[228] La experiencia muestra que es relativamente frecuente el error de considerar el valor de la provisión de un Plan de Previsión Asegurado conjuntamente con el correspondiente al valor de rescate de otros contratos de seguro e incrementar la base imponible del impuesto sobre Sucesiones con el consiguiente coste tributario improcedente.

en caso de demandas contra su patrimonio. Salvo que las prestaciones se devenguen en forma de renta vitalicia asegurada, al fallecimiento del beneficiario por la contingencia de jubilación le sucederán los beneficiarios designados para caso de fallecimiento o en último extremo sus herederos legales. Si la prestación satisfecha a un beneficiario por la contingencia de jubilación se realizara en forma de renta vitalicia asegurada, al fallecer el beneficiario, se estaría a lo dispuesto en la póliza (en relación, en su caso, a la posible reversión a favor de un segundo beneficiario, prestación de capital a favor de terceras personas etc.) para conocer la total suspensión o la continuidad de algún derecho derivado del plan de pensiones a favor de otras personas.

Recomendaciones finales

Hemos visto que en los aspectos esenciales el planteamiento de la previsión individual complementaria es sencillo, se trata de realizar un ahorro sistemático durante la fase de actividad para hacer posible, con el fondo acumulado, la generación de un flujo de ingresos periódicos en la fase de retiro que permita mantener un nivel estándar o calidad de vida a lo largo de dicha fase.

La complejidad aparece cuando observamos que la problemática abordada tiene múltiples dimensiones, y existen múltiples planteamientos y soluciones, tanto a nivel general como individual. No se trata exclusivamente de la optimización de una operación financiera, y aunque el aspecto financiero no se puede obviar, existen otros componentes respecto a los que cada individuo debe actuar con conocimiento y responsabilidad respecto a los aspectos que están bajo su decisión

Las decisiones al respecto son en consecuencia de distinta naturaleza, cuanto ahorrar, con qué objetivo, en qué entidad, en qué instrumento, con qué nivel de riesgo, las garantías de las alternativas, la revisión periódica del esquema, y ya alcanzada la fase de jubilación las decisiones relativas a la forma de disposición y al mantenimiento del *asset allocation* o *product allocation* en la fase de retiro alineado con los objetivos finales.

Los aspectos del proceso que influyen en el cálculo, aparte de la propia duración del mismo, son la aportación periódica, la revisión sistemática de la misma el rendimiento efectivo y la prestación deseada en la fase de jubilación. La previsión se realiza con un objetivo y este es muy posible, al igual que las hipótesis utilizadas en su financiación, que varíen con el transcurso del tiempo, de modo que una revisión general realizada de forma periódica parece ineludible cada cinco o seis años.

El marco de ordenación de las actividades de los oferentes de instrumentos de previsión constituye simultáneamente una referencia básica del proceso y a la vez una garantía imprescindible para la confianza de los inversores. Las soluciones a nivel de instrumentos no solo son los Planes de Pensiones individuales y los Planes de Previsión Asegurados sino también distintas modalidades de seguros, muy especialmente las Rentas Vitalicias así como otros instrumentos financieros del tipo Fondo de Inversión y similares, si bien en estos casos con un tratamiento fiscal no privilegiado. En el proceso de selección, el tratamiento fiscal diferenciado, las garantías de crédito, los gastos soportados y la flexibilidad constituyen las consideraciones relevantes a realizar.

El riesgo de los instrumentos financieros es un concepto muy sutil multidimensional, ambiguo, variable y muy difícil de modelizar. Al respecto sólo caben aproximaciones y revisiones permanentes a lo largo del proceso conviniéndose que las aproximaciones cualitativas son insuficientes. Se hace imprescindible una evaluación objetiva del binomio riesgo-rendimiento por razones de comparación en términos de homogeneidad.

A los riesgos inherentes de los distintos instrumentos financieros hay que añadir los riesgos biométricos, en consideración a la amplia variedad de acaecimientos que sobre la vida humana, tanto en la fase de acumulación como en la fase de disposición, pueden suceder, de hecho siendo importante el componente financiero no constituye el factor de riesgo principal.

El nivel de riesgo a asumir en todo el proceso exige una aproximación personalizada. Para que un sujeto pueda adoptar las oportunas decisiones es imprescindible una información homogénea sobre el riesgo asumido, la interrelación con otras variables así como la consideración de su posible evolución en el futuro siendo ineludible un asesoramiento adecuado. Constituyendo de nuevo la revisión sistemática y en su caso la modificación de determinadas decisiones en función de la evolución experimentada y los objetivos revisados un aspecto esencial del proceso. A lo largo de los Capítulos del libro se ha dado una respuesta teórica al planteamiento expuesto pudiéndose, finalmente, proporcionar determinadas recomendaciones o realizar determinadas reflexiones sobre la actuación de los distintos sujetos involucrados en el proceso de la previsión complementaria para una mejora de la misma.

A nivel individual y familiar

Como consecuencia de la mayor responsabilidad traspasada al ámbito individual, se hace necesario un nivel mínimo de conocimiento de la problemática de la previsión, y una dedicación e interés en correspondencia[229]. Retrasar el inicio del proceso de cobertura de las necesidades en la fase de jubilación u otras exigencias de cobertura por cualquier otro riesgo biométrico posponiendo el aseguramiento o el inicio de un plan es el primer error a evitar ya que el esfuerzo de ahorro aumenta más que proporcionalmente en los procesos de duración más reducida y en el acceso del seguro puede no ser posible el acceso y no existe en caso de evento una segunda oportunidad. Aunque el plan de previsión se instrumente bajo la forma de "aportación definida" necesariamente se debe instrumentar con un objetivo definido. No se trata de un proceso de ahorro para una situación imprevista sino de un ahorro finalista para una necesidad prevista definida u objetivo que previamente ha debido ser cuantificada. Si un partícipe no conoce el objetivo pretendido difícilmente se mantendrá en el esquema o ejercerá con responsabilidad el ejercicio de revisión de la evolución del mismo. Siempre habrá riesgos en lo referente a la idoneidad de la inversión respecto a los objetivos, que se resumen en que el esquema de ahorro instituido sea insuficiente, ya sea por aportaciones bajas, *Asset Allocation* inadecuado, rendimiento financiero

---

[229] Se trataría de aplicar la máxima del mundo de las empresas de "entender y atender" a la esfera de las exigencias de la previsión individual.

ajustado a la inflación por debajo de las expectativas, gastos imprevistos en la fase de disposición no susceptibles de asegurarse, o exceso de longevidad. Por ello el contar con un adecuado asesoramiento resulta imprescindible tanto en el momento de la contratación como en las revisiones periódicas del proceso. Igualmente tanto en la fase de acumulación como durante la fase de disposición se deberán tomar decisiones, ello necesariamente implicará un grado de incomodidad o stress que se debe asumir en cuanto retrasar la adopción de determinadas decisiones puede ser fatal para la consecución del objetivo pretendido. La selección de la entidad financiera, o lo que puede ser más importante evitar determinadas entidades, así como la selección del instrumento, el nivel de riesgo financiero, el tratamiento fiscal o las coberturas necesarias respecto a los riesgos biométricos son aspectos interrelacionados respecto a los que hallar una solución adecuada para cualquier individuo solo cabe en un planteamiento personalizado pero las referencias estándar pueden servir para enmarcar los límites razonables. La cobertura de los riesgos no financieros exige productos complementarios de seguros personales y la utilización de rentas vitalicias a partir de la edad de jubilación o del tipo ALDA que mejoren la frontera eficiente del binomio rentabilidad-riesgo. La "optimización" solo se puede lograr desde una perspectiva multidimensional en la que los detalles cuentan en cuanto contribuyen, a igualdad de aportaciones, a prestaciones significativamente diferenciadas.

Regulación y supervisión

De la consideración de las implicaciones derivadas de la instrumentación de los esquemas de previsión individual cabe también considerar hacia donde podría variar la regulación y la supervisión en beneficio del modelo. Al respecto existen dos niveles paralelos, todo lo derivado del sistema público de pensiones y lo relativo a la regulación de los sistemas complementarios.

El aspecto básico, inspirador de la actuación de los poderes públicos a los distintos niveles, debería partir de considerar como esencial para el bienestar general la protección de la seguridad y la estabilidad de las pensiones ya sean del sistema público o del sistema complementario así como la equidad de los mismos en cuanto sistemas contributivos.

Por otra parte la previsión social y la previsión complementaria deberían contemplarse como un asunto de Estado siendo muy conveniente el consenso de las principales fuerzas políticas en la renovación de cualquier aspecto regulatorio de los respectivos modelos. En otro caso se genera hacia los administrados una incertidumbre que implica tanto una natural intranquilidad como una fuerte fuerza desincentivadora a la contratación de un esquema de previsión complementario.

En Previsión individual

La regulación de la actividad de la oferta de productos de previsión social complementaria, en función de las circunstancias de cada momento, debería optar por un nivel de equilibrio entre la sobre regulación y la insuficiencia de la regulación de la actividad. Una sobre regulación puede degenerar en una estructura de cumplimiento más formal que real en aras a la protección efectiva de los intereses de los partícipes y beneficiarios, aparte de ineficiencias económicas de distinto tipo. Una insuficiencia en la regulación es la situación ideal para que la actividad se vea amenazada por intereses ilegítimos o fraudulentos, cuyo peligro es inevitable en todo tipo de procesos de ahorro/inversión en contra de los legítimos intereses de sus titulares. Se debe asumir que siendo la protección de aquellos intereses un objetivo básico, en cuanto sin confianza no cabe la actividad de previsión a largo plazo, la estabilidad y las garantías del modelo son primordiales de modo que más valdría asumir el coste de una cierta ineficiencia derivada de la concreción de los principios de buen gobierno y los procedimientos de control interno a implementar, y obligando a su efectivo cumplimiento, que el riesgo de la ineficacia de dichos controles y los efectos consiguientes en caso de evento. En consecuencia la adecuada regulación, y el coste consecuente, pueden interpretarse como el coste de la estabilidad a proporcionar a los titulares de derechos sobre los instrumentos de previsión. Se trataría pues de un coste necesario.

La perspectiva que debería prevalecer en la normativa de regulación y supervisión es que las normas se han promulgado para que efectivamente sean cumplidas, no para poder justificar en su momento que el evento no deseado que haya podido suceder haya sido por infracción de la norma. La estabilidad del sistema se defiende mejor evitando los eventos contrarios a los intereses de los titulares de derechos que sancionando o condenando, incluso penalmente, a los que hayan desarrollado las actuaciones en infracción de ley o incluso delictivas. Para ello la supervisión debería disponer de medios suficientes para desarrollar su función de proximidad al objeto de garantizar, en términos razonables, que tanto la comercialización, como el buen gobierno de las entidades o la gestión de las inversiones se realiza en beneficio de los partícipes-beneficiarios. Al respecto no parece suficiente una revisión a distancia fundamentada en la revisión de los estados contables y otros datos y estados estadísticos remitidos por las entidades, es conveniente tener capacidad para poder bajar a la realidad de los procesos internos de las entidades, ya sean gestoras, depositarias o comercializadoras en una forma actuación no reactiva ante los problemas que hayan podido surgir sino de una forma preventiva ante los mismos.

Si bien por cuestiones prácticas y operativas la figura de las "comisiones de control" en los planes de pensiones del sistema individual se ha sustituido de facto por la función de la entidad promotora del plan de pensiones, cabe la posibilidad de plantear figuras de supervisión interna independiente, similares a las existentes en otras jurisdicciones, que cumplan con requisitos de profesionalidad y eficiencia y a la vez constituyan un mecanismo de refuerzo del control interno de los fondos de pensiones y de evaluación independiente de la actividad.

Posiblemente una mayor precisión normativa o facilitando modelos de referencia acerca de la interpretación del supervisor del alcance de los principios de inversión y buen gobierno, de obligado cumplimiento por las entidades gestoras, detallando para cada nivel las funciones básicas, los principios inspiradores e incluso los documentos o registros de los procesos, objeto de supervisión, podría permitir un mayor nivel de seguridad en lo relativo a la selección de inversiones, y a la ejecución y monitorización de las mismas, en defensa de los intereses de los partícipes/beneficiarios y en prevención de posibles malas prácticas derivada de un mero cumplimiento formal.

Los programas de comunicación y de información, tendiendo a una información única e integrada, tanto de aspectos generales como a nivel individualizado, respecto a la protección efectiva de los sistemas, públicos y privados, constituyen un aspecto esencial para incentivar la contratación, mantenimiento y revisión de todos los esquemas que no sean de suscripción obligatoria. De igual modo el fomento de una mínima cultura financiera es muy importante en cuanto resulta imprescindible para la adecuación de la estructura de la inversión a lo largo del ciclo de la vida, para poder discernir entre las distintas ofertas y en definitiva para asumir la responsabilidad derivada de este tipo de decisiones y los riesgos consecuentes.

Por otra parte los gastos de gestión deberían regularse dinámicamente[230] garantizado la razonabilidad de los mismos en términos de equidad y de equilibrio contractual aún en los casos de información asimétrica entre las partes. La regulación de comisiones máximas o el incentivo en entidades *low-cost* constituyen posibles vías en este orden. La transparencia de la información debería ser una medida de fomento de la competencia y para ello parece conveniente promover y fomentar métricas adecuadas de riesgo y rentabilidad que permitan la homogeneidad en las comparaciones tanto en términos

---

[230] La comisión máxima que puede aplicar una entidad gestora en 2015 es del 1,50% sobre el valor del fondo, con anterioridad el límite máximo era del 2,00%. La tendencia es que estos límites vayan descendiendo paulatinamente pudiendo compensarse la pérdida de margen por incremento de volumen de negocio.

de riesgo-rendimiento como en términos de costes soportados.

Si se desea el fomento de la actividad de previsión complementaria cabe redefinir la mejora de los "beneficios fiscales" para el fomento de la previsión individual. Para ello deberían ampliarse los beneficios fiscales de modo que su actual "neutralidad", que hace que el modelo constituya en la actualidad una "hucha" para las autoridades fiscales, en tanto que buena parte de lo que no se recauda hoy se recaudará mañana tienda hacia mayores incentivos reales. Ampliar los límites de las aportaciones[231], o corregir la progresividad[232] en la tributación de las prestaciones u otras medidas similares serían adecuadas de desearse incentivar de una forma efectiva la previsión individual.

De igual modo parece aconsejable establecer medidas de incentivación de la transformación de parte de los derechos acumulados en los planes de previsión en forma de rentas vitalicias, inmediatas o diferidas, en tanto sólo dichos instrumentos permiten una cobertura efectiva del riesgo de longevidad y la cobertura de este riesgo, al igual que el de la dependencia, no es una necesidad

---

[231] Por motivos de recaudación fiscal el límite máximo de aportación anual a un plan de pensiones en España en 2015 se ha reducido desde 12.500 a 8.000 euros. Estas medidas no son coherentes con el fomento de los esquemas de previsión individual que requieren fundamentalmente estabilidad en su regulación.

[232] Si las prestaciones de los planes de pensiones (o planes de previsión asegurados) tienen la naturaleza de rendimientos del trabajo sus rentas se agregan a las prestaciones del sistema público de modo que el sujeto pasivo por el impuesto sobre la renta avanza en la escala progresiva del impuesto desincentivando el esquema. Una posibilidad sería que la tributación de las prestaciones de los sistemas complementarios tributasen como rendimientos del capital o con una escala independiente.

reconocida o interiorizada por amplios segmentos de la población y en consecuencia conviene incentivar.

Finalmente parece igualmente conveniente flexibilizar el esquema instituido e invariable desde 1988 en lo relativo al funcionamiento de los planes de pensiones individuales. Parece muy conveniente otorgar a los partícipes y beneficiarios la posibilidad de adaptar el plan de pensiones individual a un plan de pensiones personal incorporando garantías de capital mínimo, tasa de disposición garantizada vitaliciamente o garantía de capital de fallecimiento mínimo en línea con la oferta más avanzada en otros países.

En Seguridad Social

Cualquier reforma del sistema público de pensiones aconseja meditación consenso y un periodo transitorio de adaptación de forma que las expectativas de derechos no se vean truncadas sin posibilidad de adecuación por parte de los afectados a la nueva situación, de hecho siempre ha sido así en las recientes reformas.

La sostenibilidad del sistema es el objetivo principal y en consecuencia es lógico que periódicamente se planteen reformas paramétricas o de mayor calado para garantizar dicho objetivo.

La transparencia exige que los efectos derivados de las reformas no puedan ser desconocidas, posiblemente hay muy poco margen de actuación en la administración del sistema pero no existe ninguna restricción en la comunicación de los datos proyectados derivados de la nueva regulación.

De igual modo cualquier planteamiento de modificación no paramétrica del actual sistema público de pensiones, aunque sea parcial, debería realizarse de forma consensuada tras una extensa evaluación de los efectos. Al igual que con las reformas paramétricas, y en este caso aún con mayor sentido, deberían establecerse los periodos de transición, más o menos prolongados en función de la capacidad del sistema público, para no truncar en la medida de lo posible las expectativas creadas a lo largo de las carreras de cotización en el sistema público ni la necesaria confianza en la estabilidad del sistema.

Naturalmente algo que resulta obvio es, si lo que se pretende es transformar paulatinamente el modelo y no simplemente reducir los costes laborales, que el proceso sustitución de cotización al sistema público se acompase con el oportuno esquema de aportación obligatoria a un sistema privado, individual o colectivo, de no inferior cuantía. Las experiencias de otros países muestran que el actual sistema español tiene aspectos positivos que salvaguardando su sostenibilidad por un equilibrio dinámico entre aportaciones y prestaciones conviene preservar. Ello aconseja que las medidas de carácter redistributivo, fomento de determinadas actividades, o fomento económico en determinadas coyunturas dispongan de la oportuna fuente de financiación para no forzar más el actual equilibrio entre cotizaciones y prestaciones hoy por hoy ya amenazado. Cuando los esquemas complementarios ganen relevancia es importante señalar que, en función de los ciclos económicos, pueden generarse diferencias muy significativas de prestaciones, a igualdad de aportaciones, en función de la forma del ciclo económico que cada individuo haya podido experimentar, por lo que la reducción de la importancia relativa del sistema público de reparto debería realizarse en su caso con una amplia evaluación de sus consecuencias, no parece que sea algo modificable tras una breve discusión y análisis. De igual modo la traslación hacia esquemas complementarios de una parte creciente de la previsión aconsejaría que dicho proceso se acompase a la capacidad personal de asumir con responsabilidad las decisiones que los individuos deberán adoptar. Ante una problemática tan importante para el mantenimiento del Estado del Bienestar y la propia estabilidad del sistema económico, cualquier propuesta de transformación debería realizarse con rigor evitando crear espejismos de bienestar que sustrajesen a los ciudadanos la imagen fiel del nivel de la cobertura futura de sus necesidades. A título de ejemplo la no indexación plena a la variación del IPC de las pensiones públicas constituye una mala práctica en el sentido de la falta de transparencia que su impacto implica.

Otra práctica muy recomendable sería la presentación anual de los estados financieros del sistema público de pensiones informando del equilibrio proyectado y el balance actuarial entre cotizaciones y pensiones lo que permitiría erradicar populismos o implementar medidas con efectos y consecuencias poco meditadas. La mejora de la transparencia contribuye a la concienciación acerca de la problemática y en definitiva contribuye a la solvencia del sistema público.

Comercializadoras

Las mejores prácticas en la actuación de las entidades comercializadoras constituyen el hito inexcusable para el fomento de la previsión individual y garantizar la adecuación de los esquemas instituidos a las necesidades de previsión de los actuales y potenciales clientes. Como elemento esencial el mayor esfuerzo debería realizarse a nivel de formación de los empleados y agentes, tanto a nivel de conocimiento financiero como en materia de previsión[233], de forma que el asesoramiento pueda ser efectivo y adecuado a las necesidades de los clientes. La capacidad de proyectar cualquier esquema de aportación definida a una prestación objetivo complementaria a la pensión pública y el establecimiento de límites derivados de la volatilidad de las distintas alternativas de inversión debería constituir una habilidad generalizada. Si ello debe realizarse sin incrementar los costes de estructura, procederá la racionalización de procedimientos o la eliminación de procesos que no aportan valor para liberar capacidad de asesoramiento efectivo en el ámbito financiero y de previsión.

Una formación exclusiva o predominantemente financiera es insuficiente, al igual que una formación exclusiva o predominantemente aseguradora tampoco es adecuada para atender las necesidades de previsión. Si la existencia de ambos sesgos son probables, tanto en bancaseguros como por parte de redes de mediación tradicionales de las aseguradoras, parece claro el esfuerzo a realizar por cada una de ellas, mejorando los aspectos formativos en los que se observen mayores carencias. Como aspecto complementario a la formación de las personas estaría la disposición de sistemas de simulación, comparación y proyección de variables que potencie la capacidad de exposición. En tercer lugar

---

[233] En tanto el sistema de previsión individual es complementario del sistema público de pensiones el conocimiento de este parece en consecuencia ineludible.

estaría la estructura de comunicación adecuándola (por ejemplo por niveles) al nivel cultural de los destinatarios de la misma.

Otro aspecto esencial vendría por el cumplimiento de la normativa reguladora por convicción no como mera obligación de cumplimiento formal. Ello exige el conocimiento de su razón de ser y sus objetivos, de modo que sólo sea concebible que en el estricto conocimiento y cumplimiento de la normativa reguladora pueda desarrollarse toda la actividad comercial.

Parecería lógico que, como señal de madurez del modelo, la competencia entre las entidades comercializadoras de servicios de previsión se apoyase en la transparencia de la información y en la adecuación de las comisiones a los gastos y a los márgenes razonables por el ejercicio de la actividad. Nadie puede esperar que una actividad se ejerza sin cobertura de los costes y sin la retribución del capital requerido por la misma, pero también es de esperar que a medida que el negocio aumente los márgenes los mismos vayan adecuándose a los costes reales soportados. La tradicional estructura de regalos por aportaciones extraordinarias o traspaso de derechos de otras entidades (con la naturaleza de retribución en especie) o primas de suscripción por los mismos motivos, a cambio de un periodo obligatorio de permanencia, (con naturaleza de rendimiento del capital a efectos del IRPF) no parecen ser buenas prácticas sostenibles a medio plazo, en tanto dificultan la imagen correcta de las comisiones netas efectivamente repercutidas y crean un tratamiento no equilibrado entre el cliente fidelizado y el cliente denominado coloquialmente "subastero" que salta de entidad en entidad en búsqueda de la mejor oferta en cada momento disfrutando del referido esquema de premios.

El refuerzo de los ingresos por el aumento de los volúmenes medios de los fondos administrados solo se puede conseguir evitando el planteamiento de una oferta fundamentada en campañas con periodos de suscripción normalmente reducidos que multiplican la oferta de planes ineficientemente y son opuestos a una oferta de previsión complementaria permanente y adecuada a las necesidades del cliente que deben prevalecer respecto a los objetivos de comercialización de un producto.

Posiblemente la relación de confianza que se establezca entre comercializador y partícipe o beneficiario a medio plazo, puede ser, por la frecuencia y profundidad de las cuestiones y la importancia del objetivo pretendido, el aspecto más relevante para arrastrar otros contratos, en otros ámbitos financieros, de los titulares de los instrumentos de previsión. Lo que en otra época pudo suponer al respecto el préstamo hipotecario para la adquisición de la primera vivienda (tarjetas, seguros generales, seguros de vida riesgo, etc.) posiblemente se vea en el futuro sustituido por la relación derivada del instrumento principal de previsión individual y de ahí una importancia adicional de la capacidad de comercialización de los mismos que permita ganancia de cuota de mercado.

Gestoras y Depositarias

Los principales retos a los que se enfrentan las entidades gestoras y entidades depositarias hacen referencia a la adecuación de sus costes y racionalización de sus estructuras para poder ofertar los distintos instrumentos de previsión en similares condiciones a las susceptibles de obtenerse en los mercados más desarrollados.

Por otra parte cualquier tipo de atisbo bordeando los principios legales deberían ser erradicadas tanto en lo referente a los procesos de selección de las inversiones como en lo referente a las actuaciones que transmitan una imagen no fiel de la calidad de la gestión y de los rendimientos alcanzados.

Si bien la capacidad técnica requerida es idéntica, no parece compatible la mentalidad de gestor de un fondo de inversión con la correspondiente a la de un gestor de un fondo de pensiones. En estos últimos la perspectiva del largo plazo, (fases de acumulación y disposición) es mucho más contundente atendiendo a los objetivos finales de los partícipes/beneficiarios, que en lo referente a los partícipes de los fondos de inversión.

La competencia entre entidades en función de la transparencia debe ser aceptada y para ello la homogeneización de la información en lo relacionado al binomio rendimiento-riesgo parece ineludible.

La incorporación de criterios de inversión socialmente responsable, ISR, en la gestión de las inversiones de un fondo de pensiones debería ser lo ordinario, de modo que lo extraordinario fuese la no consideración de los criterios ISR, ya que incorporar la consideración de los riesgos extrafinancieros en el proceso de selección de inversiones constituye la primera línea de defensa de los intereses de los inversores a largo plazo.

Parece muy aconsejable que los principios inspiradores de la existencia de un control interno cumpliendo estándares internacionales, los principios de buen gobierno y los aspectos cualitativos de buena gestión derivados de los principios de Solvencia II, sean asumidos no como un coste adicional o una obligación formal sino como un pilar fundamental para la garantía de los intereses de los partícipes y beneficiarios.

La "cultura de riesgo" en el ejercicio de la actividad asumiendo la importancia de la gestión que les ha sido confiada por los, en definitiva, últimos titulares de los fondos gestionados, partícipes y beneficiarios, y la traslación de esta perspectiva en la organización y gobierno de la entidad constituye un elemento que no por su carácter cualitativo no deja de ser primordial.

El papel de las entidades Depositarias es crucial para la seguridad del modelo, ya que constituyen la primera garantía ex ante de la ejecución de las operaciones de inversión, tanto en la verificación de que las mismas se ejecutan en condiciones de mercado como en la verificación de su adecuación a la normativa reguladora, tanto en términos generales como en los específicos de cada fondo de pensiones cumpliendo los límites de diversificación y dispersión que sean de aplicación, como en otros tipos de transacción económica adicionalmente a la función última de depósito o custodia de los títulos representativos de los derechos de las inversiones realizadas.

En consecuencia, el establecimiento de una calificación crediticia mínima, la garantía de independencia de su actuación frente a la gestora y el rigor de su actividad o incluso su domiciliación y jurisdicción no deberían tener sombra de dudas en cuanto a las garantías aportadas y para ello parece recomendable una normativa rigurosa y que la supervisión sea muy próxima al ejercicio de la actividad corrigiendo cualquier actuación tendente a un mero cumplimiento formal.

Conclusiones

La previsión individual o previsión social complementaria es fundamentalmente un proceso de ahorro instituido durante la fase de actividad para disponer de suficiente capacidad económica para atender las necesidades de gasto en la fase de jubilación o retiro que no sean cubiertas por el sistema público de pensiones. Pero no se trata de un proceso de ahorro similar a cualquier otro que un individuo haya podido ejecutar a lo largo de su vida, se trata de un proceso de ahorro muy específico, único, a muy largo plazo, de cuantías que posiblemente para muchos constituyan la mayor dedicación de recursos a lo largo de su vida respecto a cualquier otra finalidad y con un objetivo definido y muy relevante desde la perspectiva del bienestar de la persona o unidad familiar involucrada. Proceso que no debe contemplarse como el ahorro de un excedente de renta sino como la inversión de un excedente generado por una reducción del gasto en la fase de actividad para permitir el nivel mínimo de gasto deseado en la fase de retiro. Y a la vez se trata de un proceso de ahorro en el que caben múltiples aproximaciones y respecto al cual deberán adoptarse decisiones de muy distinta naturaleza, desde la definición del objetivo, la selección del producto y entidad, el régimen de aportaciones, la cobertura de riesgos biométricos y sobre todo desde la perspectiva financiera la definición dinámica del *asset allocation* a lo largo de las distintas etapas de la vida.

Múltiples factores de aleatoriedad sobrevuelan a lo largo de todo el proceso, el partícipe de un plan de previsión no se desenvolverá en un mundo determinista y cierto sino al contrario en un entorno aleatorio sujeto a múltiples eventos y respecto a los riesgos financieros a una amplia dispersión de resultados probables. En el proceso de previsión los riesgos financieros inherentes a las distintas alternativas son muy relevantes pero quizás no tanto como todos los riesgos que pueden acaecer sobre la vida humana a lo largo del mismo. Al respecto lo relevante es la forma de afrontar la asunción, y en su caso la cobertura, de las distintas clases de riesgos. Y si bien se debe reiterar que la complejidad de la problemática es muy extensa por ser adicionalmente volátil, incierta y ambigua, y extenderse a ámbitos en los que cabe poca discrecionalidad como pueden ser los factores macroeconómicos o los sociales, desde la perspectiva individual de una partícipe la problemática es asumible bajo tres perspectivas, la confianza en la actuación de las autoridades de supervisión, la revisión periódica del planteamiento y el disponer de una adecuada asesoría. Casi con toda seguridad la realidad de los resultados del proceso diferirán de la previsión inicial proyectada, la adaptación periódica requerirá una colaboración profesional y rigurosa ya que los niveles de conocimiento y la necesidad de actualización de los mismos no hacen viable, en la inmensa mayoría de los casos, una gestión autónoma o personal, aunque ello no excluye del oportuno entender y atender de las consecuencias del proceso en defensa de los intereses particulares.

Dos hechos relevantes se han manifestado a lo largo de los distintos Capítulos, en aras a una optimización del proceso, por una parte la necesidad de destinar una parte de la inversión en renta variable así como también en algún momento en la contratación de rentas vitalicias. En previsión, el *asset allocation* deriva finalmente en un *product allocation,* y ello es consecuencia de la necesidad de cobertura de las principales contingencias cuyo control es trascendental para garantizar el cumplimiento de los objetivos del esquema de previsión complementaria. Nos referimos a las desviaciones que puedan registrarse en el rendimiento efectivo de las inversiones, la inflación y en la longevidad. Todas estas variables tienen sus valores esperados o medios y su propia tendencia de variación a lo largo del tiempo pero lo relevante para cada persona es evaluar cómo puede verse específicamente afectada y como puede protegerse de las desviaciones que puedan producirse y especialmente del evento de coincidencia de una alta variación al alza de los precios conjuntamente con una supervivencia muy superior a los valores medios y un rendimiento financiero escaso.

En beneficio de los intervinientes, el sector de la oferta complementaria de previsión precisa expandirse sobre bases de transparencia y para ello todo lo que contribuya a homogenizar la evaluación del rendimiento y del riesgo es imprescindible. Al respecto se ha pretendido realizar una aportación que permitiría proporcionar una mayor claridad a la transparencia de la oferta de previsión en lo relativo al binomio rentabilidad-riesgo ya que la transparencia sin la adecuada iluminación no proporciona

Final del proceso. Resumen y Conclusiones

claridad suficiente para captar la realidad y atender los objetivos de los intervinientes en el proceso.

Finalmente se puede resumir el comportamiento preciso por parte de los distintos involucrados con pocas palabras. Por parte de las personas se requiere una actitud responsable que a su vez exige conocimiento, dedicación y adopción de decisiones. Por parte de las entidades comercializadoras, gestoras y depositarias, rigor, convicción en el cumplimiento de la normativa y alta calificación profesional. Por parte de los reguladores proporcionar estabilidad, sostenibilidad del sistema público de pensiones y seguridad en la oferta complementaria.

Bibliografía

- Alonso P. et alter. *Análisis del riesgo en seguros en el marco de Solvencia II*. Madrid.Fundación Mapfre 2007.

- Alvarez M. et alter. *Previsión Social de las Administraciones Públicas.* Madrid. 2004

- Alvarez M. et alter. *Lo que el dinero no dice.* Madrid. Observatorio de Pensiones. Caser. 2015

- Alvarez M. *Un sistema de pensiones sostenible.* Madrid. Observatorio de pensiones. Caser. 2013

- Alvarez.M. et alter. *Previsión Familiar*. Madrid. Ediciones Prensa Global. 2012

- Badoc M. *Marketing Management para bancos y compañías aseguradoras europeas.* Barcelona. Eada Gestión. 1989

- Bernard F. et alter. *Contrôle Interne*. Paris. Maxima. 2008

- Besis J. *Risk Management in Banking*. Chichester. John Wiley & Sons. 2002

- Betzuen A. et alter. *Planes y Fondos de Pensiones.* Bilbao. Ediciones Deusto. 1989

- Cantor V. *Understanding Asset Allocation.* New Jersey. FT Prentice Hall.2006

- Cava J. *El arte de especular*. Madrid. M.A.Cava. 2007

- Colquitt J. *Credit Risk Management*. New York. McGraw-Hill. 2007

- Crouhy M. et alter. *The essentials of Risk Management*. New York. McGraw-Hill.2006

- De Lara A. *Medición y control de riesgos financieros*. México. Editorial Limusa. *2004*

- Diacon et alter. *Succes in Insurance*. London. John Murray. 1992

- Diebold et. Alter. *The Known, the Unknown and the Unknowable in Financial Risk Management*. Princeton. Princeton University Press. 2010

- Feria J. *El riesgo de mercado su medición y control*. Madrid. Delta Publicaciones. 2005

- Ferreras A. *Riesgo Operacional*. Madrid. Consejo Económico y Social de España. 2008

- Ferruz L. et alter. *Dirección financiera del riesgo de interés*. Madrid. Ediciones Pirámide. 2001

- Focardi S. et alter. *The matematics of financial modeling & investment management*. Chichester. J.Wiley & Sons. 2004

- Fontanals H. et alter. *Risc de tipus d'interès*. Barcelona. Fundació per a la Universitat Oberta de Catalunya. 2001

- Gregoriou G. et alter. *The risk modeling Evaluation Handbook*. New York. McGraw-Hill. 2010

- Herce J. et alter. *El futuro de las pensiones en España: hacia un sistema mixto.* Barcelona. Servicio de Estudios "la Caixa".1996

- Herce J. et alter. *La reforma del sistema público de pensiones en España.*
Barcelona. Servicio de Estudios "la Caixa".1995

- Hull J. *Introducción a los Mercados de Futuros y Opciones.* Madrid. Pearson Educación. 2002

- Jorion P. *Valor en Riesgo.* México. Editorial Limusa. 2004

- Knop R. et alter. *Medición de Riesgos de Mercado y Crédito.* Barcelona. Editorial Ariel. 2004

- Knop R. *Manual de Instrumentos Derivados.* Madrid. Ediciones Empresa Global. 2005

- Lasheras-Sanz A. *Matemática del Seguro.* Madrid. Editorial Dossat. 1948

- Levi E. *Curso de Matemática Financiera y Actuarial.* Barcelona. Editorial Bosch. 1973

- Malkiel B. *Un paseo aleatorio por Wall Street.* Madrid. Alianza Editorial. 2004

- Marrison C. *The Fundamentals of Risk Measurement.*
New York. McGraw-Hill. 2002

- Martinez E. et alter. *Gestión de carteras de renta fija.* Madrid. MCGraw-Hill.2002

- Neill A. *Life Contingencies.* Londres. W.Heinemann. 1977

- Partal A. et alter. *Gestión de riesgos financieros en la banca internacional.* Madrid. Ediciones Pirámide. 2011

- Perez J. et alter. *Instrumentos Financieros.* Madrid. Ediciones Pirámide. 2006

- Ramirez I. *El seguro complementario de invalidez.* Caracas. 1982

- Rayner J. *Managing reputational risk.* Chichester. J.Wiley & Sons. 2003

- Reason J. *La gestión de los grandes riesgos.* Madrid. Editorial Modus Laborandi. 2010

- Reuvid J. et alter. *Managing Business Risk.* London. Kogan Page. 2008

- Ruiz J. *Matemática Financiera.* Madrid. Centro de Formación del Banco de España. 1986

- Serrano F. et alter. *El sistema español de pensiones.* Barcelona. Editorial Ariel. 2004

- Serrano J.B. *El inversor tranquilo.* Madrid. Ediciones Díaz de Santos. 2013

- Spiegel M. *Statistics. New York. McGraw-Hill. 1961*

- Veganzones J. et alter. *Fondos de Pensiones y Seguridad Social.* Madrid. Gesinca. 1981

Páginas web

DIRECCION GENERAL DE SEGUROS Y FONDOS DE PENSIONES
http://www.dgsfp.mineco.es/

EIOPA
http://eiopa.europa.eu/

SEGURIDAD SOCIAL
http://www.seg-social.es/

ICEA
http://www.icea.es/

UNESPA
http://www.unespa.es/

INESE
http://www.inese.es/

INVERCO
http://www.inverco.es/

MORNINGSTAR
http://www.morningstar.es/

QUEFONDOS
www.quefondos.com/

"la Caixa". Pensiones
http://www.portal.lacaixa.es/caixafuturo

BBVA. Pensiones
http://www.jubilaciondefuturo.es

AVIVA. Pensiones
http://www.instituto-aviva-de-ahorro-y-pensiones.es

CASER. Pensiones
http://www.observatoriodepensiones.com

Glosario

Acciones (*Equities*): Son títulos emitidos por las entidades que determinan los derechos sobre los dividendos, la forma de gestión y en su momento sobre la liquidación del patrimonio de una sociedad.

Activos (*Assets*): Cualquier tipo de derecho o instrumento financiero propiedad de un particular o una entidad.

Análisis de sensibilidad (*Sensivity analysis*): Es la evaluación de la variación de valor de un activo como consecuencia del cambio de algún riesgo elemental.

Arbitraje (*Arbitrage*): Una estrategia de negociación que persigue el beneficio aprovechando diferencias de precios derivadas de ineficiencias del mercado

Asignación de activos (*Asset allocation*): Es la distribución de una inversión entre las distintas categorías de activos.

Back Office: Una expresión que se utiliza para referirse a las funciones en las entidades financieras de soporte del tipo contabilidad, administración, auditoría y similares.

Benchmark: Una referencia estándar utilizada para una comparación

Beta: Una medida del riesgo sistémico de un activo negociado en un mercado

Bono alta rentabilidad (*high-yield bond*): Instrumento de deuda a medio o largo plazo de baja calificación crediticia y rendimiento nominal superior al de emisores bien calificados

Calificación crediticia (*Credit rating*): Una evaluación de la probabilidad de incumplimiento por parte de un deudor

Capital Económico (*Economic capital*): Son los recursos propios necesarios por parte de una entidad para en función de los riesgos asumidos alcanzar una calificación crediticia objetivo.

Capital Requerido (*Regulatory capital*): Es el importe mínimo de los recursos propios de una entidad financiera de acuerdo con las normas reguladoras de su actividad.

Cartera (*Portfolio*): Un conjunto de inversiones agrupadas con un determinado objetivo y gestionadas conjuntamente.

Cobertura (*Cover*): Se refiere a la existencia de una protección ante un riesgo

Cobertura (*Hedging*): Técnica utilizada para transferir o minimizar el riesgo derivado de una determinada exposición

Coincidencia de duraciones (*Duration Matching*): Una técnica de cobertura del riesgo de interés haciendo coincidir las duraciones de los activos y los pasivos

Comité de Basilea (*Basel Committee*): Comité constituido por los supervisores de la actividad bancaria de los países más desarrollados.

Convexidad (*Convexity*): La relación entre la variación del precio de un bono y la variación del tipo de interés no explicada por el concepto de duración.

Correlación (*Correlation*): Es una medida de la tendencia de dos variables aleatorias a variar conjuntamente. Puede ser positiva o negativa. Su rango de valores es entre +1 y -1.

Costes de transacción (*Transaction costs*): El coste de realizar cualquier tipo de transacción

Covarianza (*Covariance*): Es una medida de la variación conjunta entre dos variables que constituye un paso intermedio en la cuantificación de la correlación.

Cuartil: Cada cuartil agrupa de una forma ordenada de menor a mayor un 25% de los distintos resultados de la variable. Los límites de cada cuartil se determinan mediante tres valores de la distribución Q1, Q2, Q3, siendo Q2 el valor de la mediana.

Cupón (*Coupon*): El pago periódico establecido en un bono o instrumento de renta fija

Curtosis (*Kurtosis*): Es una medida de la concentración de los valores de una variable aleatoria en torno a su valor medio. Es determinante de la alta probabilidad de valores extremos

Curva de tipos (*Yield Curve*): Es el conjunto de tasas de interés aplicables, según condiciones de mercado a distintos plazos.

Derivado (*Derivative*): Es un contrato cuyo precio se determina por el precio de otro activo o índice denominado subyacente.

Desviación estándar (*Standard deviation*): Es una medida de la dispersión de los valores de una variable en torno a su media. Es la raíz cuadrada de la varianza.

Deuda (*Debt*): Cualquier tipo de obligación de pago derivada de un compromiso asumido por un emisor.

Diferencia (*Gap*): Término utilizado para hacer referencia a una situación de no correspondencia entre dos flujos en un momento o a lo largo de un periodo determinado

Dividendo (*Dividend*): El pago periódico al que potencialmente acceden los accionistas derivado de la participación en los beneficios de una entidad.

Duración (*Duration*): Una medida de la sensibilidad del precio de un bono ante una variación del tipo de interés.

Exposición (*Exposure*): Es la cuantía o magnitud económica de riesgo asumido derivada de la titularidad de una inversión.

Factores de riesgo (*Risk factors*): Riesgos elementales determinantes del riesgo total derivado de una posición.

Flujo de Caja (*Cash flow*): Cobro (o Pago) en un momento determinado entre dos partes como consecuencia de obligaciones preestablecidas.

Fondo de inversión alternativa (*Hedge Fund*): Fondo de inversión caracterizado por tipos de inversión y estrategias más complejos que las categorías de inversión clásicas.

FRA, *Forward Rate Agreement*: Acuerdo por el que se pacta para un periodo futuro el tipo de interés aplicable sobre un capital por un periodo determinado.

Front Office: Una expresión que se utiliza para referirse a las funciones en las entidades financieras directamente relacionadas con las transacciones o con los clientes

Frontera eficiente (*Efficient frontier*): Un conjunto de portfolios o carteras que son óptimas atendiendo a la maximización del rendimiento para cada nivel de riesgo.

Gestión de activos/pasivos (*Asset/liability management, ALM*): Gestión del riesgo del tipo de interés considerando simultáneamente las posiciones en activos y los objetivos o las posiciones en el pasivo.

Gestión pasiva *(Passive management)*: A diferencia de la gestión activa es una estrategia que pretende replicar un índice de referencia.

Horizonte del inversor *(Investor's horizon)*: La expectativa de duración del periodo de la inversión en función de los objetivos del inversor.

Incumplimiento *(Default)*: No atención de un compromiso preestablecido derivado de cualquier tipo de contrato.

Índice Bursátil *(Stock Index)*: Un índice representativo de la variación de valor del conjunto de un mercado de renta variable.

Instrumento *(Instrument)*: En el ámbito financiero es un contrato que estable las obligaciones de las partes.

Letra del Tesoro *(Treasury Bill)*: Instrumento de renta fija cupón cero emitido por el gobierno a corto plazo.

Lifecycle fund: Fondo de inversión que adapta la combinación de renta fija y renta variable reduciendo la exposición a esta última en función de una edad objetivo.

Margen de Solvencia *(Solvency margin)*: Es el capital requerido para el ejercicio de la actividad a una entidad aseguradora de acuerdo con las normas reguladoras.

Media *(Mean)*: La media o promedio es el valor más probable de una variable

Mediana: Es el valor central de la variable en un conjunto de datos ordenados que deja a cada lado un 50% de las observaciones.

***Middle Office*:** Una expresión que se utiliza para referirse a las funciones en las entidades financieras que complementan el Front Office y el Back Office encargándose de todo lo relacionado con los riesgos asumidos.

Modelo de valoración *(Model value)*: Es la valoración atribuida a un instrumento financiero en función de un modelo de evaluación que se adapte a las características del título.

Monte Carlo: Es una técnica de evaluación de las probabilidades de determinados valores de una variable mediante la repetición de múltiples escenarios.

Opción *(Option)*: Es un contrato derivado que proporciona a su titular el derecho de comprar o vender un título a un precio determinado en un momento o periodo definido.

Pérdida esperada *(Expected loss)*: Es la pérdida probable media derivada de una exposición o de un conjunto de inversiones integradas en una cartera de inversión

Pérdida inesperada *(Unexpected Loss, UL)*: Es un nivel de pérdida por encima de un margen de confianza predeterminado.

Plan de pensiones individual *(Personal pension)*: Contrato en el que se establece la aportación definida a realizar por el partícipe en el mismo.

Precio de mercado *(Market price)* : Es el precio de equilibrio entre oferta y demanda

Prima *(Premium)*: Precio del seguro que debe satisfacerse al Asegurador para que asuma la cobertura pactada. En opciones el precio de la opción.

Prima de liquidez *(Liquidity premium)*: La diferencia entre los tipos de interés a largo y los tipos de interés a corto como consecuencia de la preferencia por la liquidez. Puede ser negativa.

Prima de renta variable *(Equity risk premium)*: Rendimiento por encima del derivado de los activos libres de riesgo que exigen los inversores en renta variable.

Probabilidad *(Probability)*: Es un indicador del mayor o menor grado de la posibilidad de acaecimiento de un evento. Su rango de valores va de 0 a 1.

Product allocation : Es la distribución del ahorro en un esquema de previsión individual entre distintas clase de contratos con características deferenciales

Provisión matemática *(Technical reserves o Policyholder's fund)*: Respecto a un contrato de seguro de vida es el valor actual del compromiso asumido por el asegurador neto de las obligaciones del asegurado

Punto básico *(Basis point)*: Denominado también "pipo" es 1/100 de un uno por ciento.

Rango de confianza *(Confidence interval)*: Es el tramo de valores de una variable aleatoria con una determinada probabilidad de acaecimiento

Reajuste *(Rebalancing)*: Es el proceso de ajustar periódicamente la estructura de una inversión al objeto de mantener la estructura inicial de la inversión o una determinada evolución a lo largo del tiempo.

Reclamación *(Claim)*: La solicitud de pago realizada por el asegurado al asegurador por haber acaecido el evento objeto de cobertura.

Rendimiento del capital ajustado al riesgo *(Risk-adjusted return on capital, RAROC)*: Es la tasa de rendimiento esperado ajustada al capital requerido.

Rendimiento por dividendo *(Dividend yield)*: Es el porcentaje que representa el importe del dividendo respecto el precio de mercado.

Renta Vitalicia *(Annuity)*: Contrato de seguro en el que las obligaciones del asegurador se extienden, salvo otras garantías, durante la vida del asegurado.

Repo: Es una venta de un título en la que simultáneamente se determina la obligación de compra en un fecha futura a un precio determinado.

Reversión a la media *(Mean reversion)*: Teoría aplicable a determinados instrumentos financieros que prevé que las fluctuaciones de valor se producirán en torno a una media o una tendencia.

Riesgo *(Risk)*: Es una situación en la que pueden derivarse pérdidas como consecuencia del acaecimiento de un evento probable pero no cierto

Riesgo de contraparte *(Counterparty risk):* Es la posibilidad de pérdida por incumplimiento de una parte en una operación financiera.

Riesgo de crédito *(Credit risk)*: Es la posibilidad de pérdida por incumplimiento por parte de un deudor.

Riesgo de liquidez *(Liquidity risk)*: Es la posibilidad de incurrir en pérdidas por cualquier tipo de circunstancia, especialmente falta de demanda, que hace que el mercado no funcione adecuadamente en la asignación de precios.

Riesgo de Mercado *(Market risk)*: Es la posibilidad de pérdidas como consecuencia de la fluctuación de los precios negociados en los mercados.

Riesgo del emisor *(Issuer risk)*: Es el riesgo de crédito, es decir de incumplimiento de las obligaciones asumidas en un bono, atribuido al emisor del mismo.

Riesgo operacional *(Operating risk)*: Es el riesgo de sufrir pérdidas debido a la inadecuación o fallos en los procesos, personal y sistemas internos o bien por causa de eventos externos incluyendo el riesgo legal.

Riesgo sistemático *(Systematic risk)*: Riesgo inherente al mercado no susceptible de reducción por la diversificación

Seguro de enfermedades graves *(Dread disease insurance)*: Una cobertura de seguro que preve el pago por parte del asegurador en caso de determinadas enfermedades graves.

Seguro temporal *(Term insurance o Temporary life insurance)*: Seguro de vida cuya cobertura se establece por un periodo determinado a veces renovable.

Sesgo *(Skew)*: En estadística es un indicador de la asimetría de la distribución de una variable aleatoria

Spread: Es la diferencia o margen entre dos tasas relacionadas o la variación de un margen como consecuencia de un cambio en un factor o elemento de riesgo.

Suma asegurada *(Sum insured)*: El límite de la responsabilidad asumida por el Asegurador en un contrato de seguro.

***Tactical asset allocation, TAA*:** Forma de gestión de una cartera modificando el peso relativo de las distintas clases de inversión en función de la evaluación de los distintos factores de riesgo.

Tasa de mortalidad *(Mortality rate)*: Probabilidad de fallecimiento asignada a una persona en función de su edad.

Tasa interna de rendimiento, TIR *(Internal rate of return, IRR)*: Es el tipo de interés que determinaría que el valor actual del flujo de pagos derivado de un instrumento fuese igual al precio de adquisición.

Tasa mínima de retorno *(Hurdle rate)*: Es el interés mínimo requerido por un inversor en función de la clase de riesgo de las distintas alternativas de inversión

Tipo Fijo *(Fixed rate)*: Es el establecimiento de una obligación financiera con carácter fijo durante la duración del contrato. Es lo opuesto a un tipo variable.

Tipo Variable *(Floating rate)*: Es el establecimiento de una obligación financiera revisable periódicamente en función de un parámetro establecido en el contrato. Es lo opuesto a un tipo fijo

***Unit-linked policies*:** Contratos de seguros de vida en los que el tomador asume total o parcialmente el riesgo de la inversión

Valor actual *(Present value)*: El valor en el momento presente equivalente a un flujo de pagos en el futuro.

Valor actual neto, VAN *(Net present value, NPV)*: Es la suma de los valores actuales de los flujos de pago que se derivan de un contrato.

Valor de rescate *(Surrender value):* El importe pagadero al tomador del seguro en caso de cancelación anticipada del contrato de seguro de vida.

Valor en libros *(Book capital)*: Es el patrimonio neto de una entidad valorado de acuerdo con los criterios contables establecidos reglamentariamente.

Valor en Riesgo *(Value at Risk, VaR)*: Es la medición de nivel de riesgo de una posición que indica para un periodo y un margen de confianza la pérdida máxima susceptible de producirse.

Valor razonable *(Fair value)*: Es la mejor evaluación de un instrumento financiero en un momento determinado.

Variable aleatoria *(Stochastic Variable)*: Una variable cuyo valor futuro es incierto

Variable subyacente *(Underlying variable)*: Instrumento financiero o referencia del que depende el valor de un instrumento derivado

Varianza *(Variance)*: Es la media de las diferencias al cuadrado de los distintos valores de la variable respecto a su media.

Volatilidad *(Volatility)*: En riesgo de mercado es la desviación estándar de los rendimientos observados en un periodo determinado.

Lista Cuadros y Gráficos

Figura 1. Condiciones y cálculo de la pensión de jubilación de la Seguridad Social 13
Figura 2. Límites Base de Cotización y Pensión Contributiva ejercicio 2015 14
Figura 3. Representación gráfica proceso de previsión 17
Figura 4. Evolución modalidades previsión social complementaria 23
Figura 5. Evolución dimensión media y derechos consolidados medios en planes de pensiones 25
Figura 6. Distribución del ahorro financiero de las familias en 2013 . 26
Figura 7. Esquema de las relaciones en los planes y fondos de pensiones 30
Figura 8. Distribución del patrimonio y partícipes según categoría de inversión 37
Figura 9. Distribución relativa inversión y partícipes por categorías de inversión 37
Figura 10. Rentabilidades anuales de los planes de pensiones en el periodo 2004-2014 por categorías de inversión 42
Figura 11. Valor final alcanzado por una inversión en Renta Fija a corto plazo o en Renta Variable 43
Figura 12. Rendimiento medio en cada ejercicio de las categorías de Renta Fija a corto plazo y Renta Variable en el periodo 2004-2014 .. 44
Figura 13. Evolución del valor alcanzado en cada ejercicio en las categorías de Renta Fija a corto plazo y Renta Variable. Periodo 2004-2014 44
Figura 14. Valor Final de un proceso de acumulación según duración y rendimiento medio 51
Figura 15. Diagrama proceso de cálculo de la aportación periódica en función de la prestación objetivo 57

Figura 16. Aportación mensual periódica necesaria para una renta mensual unitaria de 1.000 unidades en términos reales a distintas duraciones y rendimientos con una hipótesis de inflación del 2% 61

Figura 17. Aportación mensual periódica necesaria para una renta mensual unitaria de 1.000 unidades en términos reales a distintas duraciones y rendimientos con una hipótesis de inflación del 3% 62

Figura 18. Proceso de acumulación en un plan de previsión bajo la hipótesis de un rendimiento fijo del 3%..65

Figura 19. Proceso de acumulación en un plan de previsión bajo la hipótesis de un rendimiento fijo del 6%..66

Figura 20. Proceso de acumulación en un plan de previsión bajo la hipótesis de un rendimiento aleatorio...68

Figura 21. Resumen resultados derivados de simular reiteradamente un proceso de acumulación bajo la hipótesis de rendimientos aleatorios 69

Figura 22. Pérdida de valor real de una pensión pública en caso de desviarse la revalorización de la variación del índice de precios al consumo..84

Figura 23. Cuadro resumen del distinto tratamiento fiscal de diferenciadas alternativas para la instrumentación de un proceso de acumulación 92

Figura 24. Ranking de oferentes de productos de previsión social complementaria en España en 2013..96

Figura 25. Comparación evolución patrimonio de los grandes grupos financieros entre 2001 y 2014..98

Figura 26. Comparación rendimientos promedio, mínimo y máximo en las distintas categorías de inversión...100

Figura 27. Rendimientos medios por deciles en la categoría de Renta Fija Mixta...102

Figura 28. Rendimientos medios por cuartiles en la categoría de Renta Fija Mixta 102

Figura 29. Elementos determinantes del diferencial en la prestación final 105

Figura 30. Factores de aleatoriedad a lo largo de las fases de aportación y disposición..106

Figura 31. Representación gráfica del significado económico del riesgo distribuido normalmente 111

Figura 32. Representación gráfica del significado económico del riesgo con una distribución no normal 112

Figura 33. Rendimientos anuales en el periodo 2004-2014 en las categorías de Renta Fija a corto plazo y Renta Variable. 118

Figura 34. Cálculo del rendimiento promedio y volatilidad en el periodo 2004-2014 en las categorías de Renta Fija a corto plazo y Renta Variable 119

Figura 35. Representación gráfica del significado del VaR en función de resultados 136

Figura 36. Representación gráfica del significado del VaR en función de las pérdidas probables 137

Figura 37. Representación gráfica del significado del "Conditional VaR" en función de resultados 139

Figura 38. Calculo de la duración de un bono con vencimiento a diez años con pago periódico de cupones e interés del 6% 148

Figura 39. Gráfica del efecto de la convexidad en la valoración de un bono utilizando la Duración 149

Figura 40. Diferencias en la valoración de un bono atendiendo a la duración 151

Figura 41. Cálculo de la duración de un bono a diez años con un interés del 2,50% 151

Figura 42. Distribución Normal y distribución Beta 161

Figura 43. Representación gráfica de la pérdida esperada, pérdida límite con un margen de confianza y pérdidas excepcionales 162

Figura 44. Cuadro de calificaciones crediticias a largo plazo 169

Figura 45. Cuadro de calificaciones crediticias a corto plazo 171

Figura 46. Matrices de transición de calidad crediticia para un periodo de un año y de cinco años 176

Figura 47. Ejemplo de evaluación de una ratio HHI de concentración 180

Figura 48. Garantías instituidas en la normativa reguladora de los fondos de pensiones 202

Figura 49. Modelo de registro de decisiones bajo una estructura de buen gobierno en un fondo de pensiones 235

Figura 50. Esquema de obligaciones de información a partícipes y beneficiarios 241

Figura 51. Evolución comisión media de gestión en planes de pensiones individuales en el periodo 2007-2013 260

Figura 52. Evolución comisión media de depositaria en planes de pensiones Individuales en el periodo 2007-2013 262

Figura 53. Diferencias en el valor final alcanzado en distintos procesos de acumulación en distintas duraciones atendiendo a una diferencia en comisiones del 1% 264

Figura 54. Clasificación bidimensional del riesgo de mercado atendiendo a las características de dimensión y estilo de las entidades 269

Figura 55. Clasificación bidimensional del riesgo de la renta fija atendiendo a la calidad crediticia y a la duración de los bonos 270

Figura 56. Cuadro de dialogo para el acceso a los registros de los planes y fondos de pensiones de la Dirección General de Seguros y Fondos de Pensiones 274

Figura 57. Cuadro de información de la rentabilidad de los planes de pensiones de la Dirección General de Seguros y Fondos de Pensiones 275

Figura 58. Cuadro de información de comisiones de los planes de pensiones de la Dirección General de Seguros y Fondos de Pensiones 275

Figura 59. Resultado de un proceso de inversión en cinco años en un instrumento de renta fija teórico sin riesgo 286

Figura 60. Resultado de un proceso de inversión a cinco años en un instrumento de renta variable 287

Figura 61. Resultado de un proceso de inversión a cinco años combinando al 50% un instrumento de renta fija teórico sin riesgo y un instrumento de capital de rendimiento aleatorio 289

Figura 62. Rentabilidad y volatilidad del Ibex 35 en el periodo 2004-2014 295

Figura 63. Representación gráfica de la evolución de la rentabilidad y la volatilidad del Ibex 35..297
Figura 64. Evolución anual de los índices Ibex35 y Eurostoxx50......298
Figura 65. Gráfico evolución rentabilidades anuales de los índices Ibex 35 y Eurostoxx50 en el periodo 2005-2014..............................299
Figura 66. Rentabilidad anual y matriz de correlaciones entre las distintas categorías de inversión de los Fondos de Pensiones en el periodo 2004-2014..300
Figura 67. Gráfico de distintas funciones de densidad de variables aleatorias evidenciando alta probabilidad de los eventos extremos 302
Figura 68. Rango de variación de los rendimientos de distintas categorías de inversión a distintos plazos en función resultados del periodo 1950-2013..309
Figura 69. Efecto rendimiento y volatilidad en el valor final con determinados márgenes de confianza en distintos periodos 312
Figura 70. Cono de reducción de la dispersión de los resultados de la inversión en renta variable en términos reales a partir de datos del índice S&P 500 en el periodo 1950-2009..314
Figura 71. Evolución de un proceso de acumulación combinando renta fija y renta variable considerando los rendimientos aleatorios 317
Figura 72. Resultados medios derivados de simular un proceso de inversión 100% en Renta Fija..319
Figura 73. Resultados medios derivados de simular un proceso de inversión 100% en Renta Variable..320
Figura 74. Resultados de simular un proceso de inversión combinando al 50% Renta Fija y Renta Variable..............................321
Figura 75. Cuadro de resultados en valor final, valor final acotado y valor mínimo de combinar Renta Fija y Renta Variable en distintas proporciones considerando que ambas categorías de inversión se comportan como variables aleatorias..322
Figura 76. Tasa sostenible de disposición para distintos periodos en función de la estructura de inversión subyacente 335

Figura 77. Contraste de la validez de la regla del 4% como tasa de disposición sostenible atendiendo a distintas estructuras de inversión y evidencia empírica de comportamiento de los mercados en distintos periodos..337

Figura 78. Esperanza completa de vida a distintas edades a partir de 65 años diferenciando por sexo y considerando la suuervivencia conjunta de ambos o de alguno de ellos...340

Figura 79. Esquema de disposición de un fondo a partir de los 65 años utilizando como tasa de disposición variable el inverso de la esperanza de vida y un rendimiento del 1% 342

Figura 80. Esquema de disposición de un fondo a partid de los 65 años utilizando como tasa de disposición variable el inverso de la esperanza de vida y un rendimiento del 4% 343

Figura 81. Riesgos elementales en distintas categorías de inversión 347

Figura 82. Esquema para definir la estructura de inversión de un partícipe de un plan de previsión en función de su capacidad económica individual 356

Figura 83. Esquema para presentar la adecuación de la estructura de la inversión seleccionada por un partícipe en un plan de previsión cumpliendo los requisitos de ingresos mínimos requeridos en la fase de disposición..360

Figura 84. Estructura de la inversión de los Fondos de Pensiones (empleo, individual, asociado) en España en 2013 370

Figura 85. Esquema de los tres pilares en Solvencia II 381

Figura 86. Esquema de agregación del capital total requerido a una entidad aseguradora a partir de los riesgos elementales en función de los criterios de Solvencia II 382

Figura 87. Esquema de agregación de la pérdida máxima derivada del patrimonio de un fondo de pensiones bajo los criterios técnicos aplicados a las entidades aseguradoras en Solvencia II 383

Figura 88. Matriz de correlación de los riesgos de mercado y de default 388

Figura 89. Matriz de correlaciones entre los riesgos de interés, acciones, inmuebles, spread de crédito, divisa y concentración 389

Figura 90. Cuadro de shocks sobre tipos de interés para el cálculo del riesgo de interés 391

Figura 91. Agregación de los resultados de los riesgos elementales para determinar el VaR* en un fondo de pensiones con un nivel de riesgo medio-alto 398

Figura 92. Agregación de los resultados de los riesgos elementales para determinar el VaR* en un fondo de pensiones con un nivel de riesgo medio-bajo 398

Figura 93. Gráfico exponiendo la "Frontera Eficiente" en la teoría de la gestión de carteras 402

Figura 94. Gráfico de la curva de la "oferta eficiente" de los fondos de pensiones atendiendo al binomio de rentabilidad y riesgo 404

Figura 95. Probabilidad de ruina con distintas tasas de disposición y distintas estructuras de cartera 411

Figura 96. Gráfica de la "frontera eficiente" de la combinación de distintas clases de activos desde la perspectiva de sostenibilidad de la tasa de disposición y capital remanente al fallecimiento 411

Figura 97. Gráfica comparativa del comportamiento del capital disponible a lo largo del proceso de disposición comparando distintos "product allocation" 414

Figura 98. Ciclo vital de las personas en relación con los productos de previsión y el capital acumulado para complementar ingresos en la fase de retiro 417

Figura 99. Probabilidad de fallecimiento a distintas edades diferenciando por sexo 424

Figura 100. Tabla de supervivencia a distintas edades diferenciado por sexos 427

Figura 101. Tabla de capitales a asegurar por edades en forma de múltiplos sobre ingresos anuales 430

Figura 102. Probabilidades del evento de incapacidad absoluta a distintas edades diferenciando por sexos 434

Figura 103. Esperanza de vida total y libre de dependencia por sexos a partir de 65 años 441

Figura 104. Esperanza completa de vida a distintas edades diferenciadas por sexo 444

Figura 105. Gráfica de la evolución de la probabilidad de supervivencia de un hombre de 65 años 446

Figura 106. Probabilidad de supervivencia a partir de 65 años, diferenciada por sexos, y conjunta de una pareja de la misma edad 449

Figura 107. Gráfica evolución probabilidades de alcanzar distintas edades a partir de los 65 años considerando separadamente y conjuntamente una pareja de la misma edad..............450

Figura 108. Probabilidades de supervivencia calculadas a partir de una tabla dinámica para personas que alcancen los 65 años en 2045 454

Figura 109. Evolución de la esperanza de vida a los 65 años en España entre 1901 y 2011 454

Figura 110. Combinación de características incorporables en las modalidades de rentas vitalicias 466

Figura 111. Modelo de plantilla para el presupuesto de gastos familiares y en su caso planteamiento de un presupuesto dual......473

Figura 112. Adecuación del presupuesto de gastos en la fase de disposición en función límites de rendimientos de la estructura de inversión..............474

Figura 113. Decisiones implícitas derivadas de la forma de disposición 479

Figura 114. Modelo de disposición sistemática 483

Figura 115. Modelo de disposición no sistemática 485

Figura 116. Gráfica evolución saldo acumulado en la fase de actividad y en la fase de retiro..............496

Figura 117. Cuadro modelo completo en fase de acumulación y disposición..............497

Figura 118. Gráfica evolución saldo acumulado con límites mínimo y máximo en función márgenes de seguridad 498

Figura 119. Características de las distintas formas de disposición...499

CPSIA information can be obtained at www.ICGtesting.com
Printed in the USA
LVOW09s1705280416

485769LV00008B/161/P

9 781515 147176

A PRINCIPIOS DEL SIGLO XX LA DURACIÓN MEDIA DE LA VIDA DE UNA PERSONA EN LA FASE DE JUBILACION O RETIRO ERA MUY EXIGUA, EN CAMBIO A PRINCIPIOS DEL SIGLO XXI LA SITUACION HA CAMBIADO RADICALMENTE, ES PROBABLE QUE MUCHAS PERSONAS PUEDAN VIVIR EN LA FASE DE JUBILACION POR MAS TIEMPO DEL QUE HAYAN PERMANECIDO EN ACTIVIDAD LABORAL. POR OTRA PARTE LAS PENSIONES PUBLICAS DE JUBILACION, POR DISTINTOS MOTIVOS, SERAN CADA VEZ MAS MENGUANTES. POR LO TANTO EL MANTENIMIENTO DE UN DETERMINADO NIVEL O CALIDAD DE VIDA DURANTE LA FASE DE JUBILACION DEPENDERA TANTO DE LA RESPONSABILIDAD COMO DE LA INFORMACION Y ACIERTO DE CADA INDIVIDUO EN LAS DECISIONES QUE DEBERA ADOPTAR EN ARAS A SU PREVISION.

EN LO ESENCIAL UN ESQUEMA DE PREVISION INDIVIDUAL ES SENCILLO. LA COMPLEJIDAD APARECE CUANDO SE PLANTEAN LAS CUESTIONES CONCRETAS A LAS QUE SE ENFRENTA CUALQUIER PARTICIPE DE UN ESQUEMA DE PREVISION. CONSTITUYENDO EL RIESGO FINANCIERO SUSCEPTIBLE DE SER ASUMIDO UN ASPECTO ESENCIAL. LA INVERSION CON BAJO RIESGO IMPLICA UN RENDIMIENTO FINANCIERO MUY ESCASO, PERO LA INVERSION CON UN DETERMINADO RIESGO, EN EL SENTIDO DE DISPERSION DE LOS POSIBLES RESULTADOS, SOLO PUEDE SER ASUMIDA POR EL INVERSOR QUE TENGA CAPACIDAD ECONOMICA Y DISPOSICION PERSONAL PARA ELLO.

EL LIBRO "EL PASEO ALEATORIO HACIA LA JUBILACION" PRETENDE INTRODUCIR AL LECTOR EN LA MECANICA DEL PROCESO DE ACUMULACION QUE TIENE LA FINALIDAD DE HACER POSIBLE LA GENERACION DE UN FLUJO DE RENTAS EN LA FASE DE RETIRO, DESCRIBIR LAS DISTINTAS CLASES DE RIESGOS FINANCIEROS Y EXTRAFINANCIEROS A LOS QUE SE EXPONE, Y PONER DE RELIEVE COMO SE PUEDE DETERMINAR LA COMBINACION DE ACTIVOS, RENTA FIJA Y RENTA VARIABLE, QUE MEJOR PUEDE AJUSTARSE A LAS NECESIDADES INDIVIDUALES DE CADA PERSONA O UNIDAD FAMILIAR.

ISBN 9781515147176